사회학총서 7

제2판

# 가족과 친밀성의 사회학

김혜경 · 강이수 · 김현미 · 김효정 · 박언주 · 박혜경 · 손승영 · 신경아
이선이 · 이순미 · 이여봉 · 이은아 · 정승화 · 조은주 · 함인희 · 황정미

다산출판사

# 제2판을 내면서

김혜경(전북대학교 사회학과)

2014년 한국사회학회가 야심적으로 기획했던 사회학총서 발간 시리즈 중 제7권으로 발간되었던『가족과 친밀성의 사회학』이 약 10년 만에 제2판을 간행하게 되었다. 애초 학부 고학년 수준의 가족사회학 교재이자 동시에, 그 분야에 관심이 있는 대학원생을 포함, 가족에 대한 사회학적 설명을 듣고자 하는 학생들을 주 독자로 상정한 단행본이었다. 그간 가족의 급변하는 상황과 함께 사회학적 현실 분석과 이를 설명을 함께 제공하는 본서에 대한 관심도 높았으며, 그 결과 초판은 여러 차례에 걸쳐 재출간되었다. 그러나 십 년이면 강산도 변한다는 말이 무색할 정도로 가족과 관련한 현상들은 빠른 속도로 변해 왔기에 교재 개편의 필요성은 더욱 절실해졌다. 통계적으로도 큰 변화가 나타나서 2010년도에만 하더라도 30대 여성들 중 약 1/5만이 비혼이던 것이(남성은 38%), 십 년이 지난 2020년에는 남성은 절반 이상이 비혼화되었고 여성의 비혼율도 1/3을 넘어섰다(33.6%). 이제 결혼과 가족은 더 이상 성인이라면 의당 수행해야 할 생애과제이자 사회규범이라고 보기 어렵게 되고 있는 것이다.

그렇다면 가족사회학이라는 학문분야의 존립 필요성에 의문이 생길 수도 있을 것이나, 그러나 그것은 그리 간단한 문제는 아니다. 구조적 강압과 개인적 선택으로 이원화하기 어려울 정도로 강력한 결혼제도의 사회문화적인, 그리고 경제적인 위력 속에서 개인의 선택은 구조적 환경과 끊임없는 선택과 타협을 수행해야 한다. 결혼에 대한 확신도 없고 당장 결혼을 선택할 계획도 없지만 소위 출산적정연령의 건강한 난자를 보존하기 위한 난자냉동술은 점차 많은 이들의 선택이 되고 있다. 또한 주택 관련 대출 등을 포함, 일인당 평균 8천여 만 원의 부채를 가지고 있는 것으로 알려진 20~30대 가구주 청년(2022년, 한국보건사회연구원 조사)에게서 결혼은 싱글보다 어려운 선택인데, 이는 고학력 고소득자의 자발적인 선택을 중심으로 한 "결혼의 탈제도화"라는 가설이 애초 예측했던 것과는 매우 다른 현상이다.

이러한 상황에서 친구관계, 동성관계, 반려동물관계, 공동체적 생활, 비혼출산 등 여러 대안들에 대한 시도와 실험이 발생하며, 혹은 그와 반대로 원가족의 생물학적 부모와의 공생관계가 강화되기도 한다. 이와 함께 비혼 및 1인가구 증가, 출생률 저하라는 세계적인 가족현상을 공유하는 속에서도 예외적으로 낮은 사회적 승인을 받아 왔던 동거와 혼외출산, 동성 생활동반자와 같은 근대가족 개념의 코어를 동요시키는 실천들이 얼마나 확산될지에 대한 관심도 높다.

『가족과 친밀성의 사회학』 개정판은 가족사회학적 연구의 쟁점은 물론, 국가와의 관계, 계급, 젠더, 역사 속의 가족의 존재방식을 밝힘으로써, 개별 행위자들이 처한 상황의 구조적 맥락과의 상관성을 보여주려 했던 초판의 문제의식을 견지하고 있다. 개별 챕터의 주요 주제들을 보면, 개인화의 현상과 이론, 친밀성과 섹슈얼리티의 변화, 부부관계의 현실 및 이론, 한국 사회에서 부부관계 이상의 의미를 갖는 세대관계, 즉 부모자녀관계에 대한 사회학적 설명들, 국제결혼과 초국적 가족, 21세기가 20년이 지난 현재에도 여전히 어려운 일-생활 균형의 문제, 그리고 가족생활이 안고 있는 주요 변수인 폭력의 주제와 그 정책대안을 다룬다. 초판의 주제에서 빠진 부분은 인구학적 접근, 그리고 가족정책의 두 챕터이며, 새로이 추가된 한 챕터는 계급과 불평등이다. 위의 두 챕터가 개정판에 포함되지 못한 점은 무척 아쉽다. 그러나 가족변동의 인구통계적 측면, 그리고 정책적 대안과 관련해서는 각 챕터마다 일정 정도 담아내려는 노력을 하였다. 몇 년 후 제3판이 나올 때는 위의 두 챕터들이 다시 살아나기를 희망한다.

현재 총 12개로 구성된 챕터 모두에서 전반적인 수정작업이 진행되었으며, 특히 통계적 추이는 모두 개정되었고, 이론적으로도 새로이 주목받는 부분들이 추가되었다. 총 12개 챕터에서 기존의 필자들은 모두 참여하였으며, 그중 네 챕터는 젊은 연구자와 결합한 공저 형식으로 집필되어 교재의 완성도를 높이고자 했다. 그리고 무엇보다도 '수저계급'이라는 신조어를 만들 만큼 출산과 혼인을 통해 강화되는 가족제도의 지위재생산 효과를 다루고 있는 가족과 불평등 챕터가 새로 집필된 점을 기쁘게 생각한다. 제2판 발간을 위한 필자 전체회의가 열렸던 때가 2021년 8월이니 벌써 1년 반이라는 시간이 흘렀다. 그간 필자 전체회의와 부분모임, 윤독과정을 통하여 좋은 책을 만들고자 노력하며 학술공동체의 일원으로서의 책임을 다하고자 했던 필자분들과 제2판 출간준비 위원님들의 노력이 좋은 결실을 맺을 수 있기를 희망한다.

# 기획의 글(초판, 2014년)

김혜경(전북대학교 사회학과)

지금 한국사회의 변화의 급물살 속에서 가장 요동치는 현장은 바로 가족이라고 해도 과언이 아닐 것이다. 연애와 결혼, 출산을 포기한다고 하는 소위 '삼포세대'의 청년집단으로부터, 증가하는 만혼자와 1인가구, 이혼율의 증가, 출산율의 저하와 고령화는 삶의 버팀목이자 영혼의 안식처임을 자처해 온 가족을 그 내부에서부터 동요시킨다. 개인보다는 가족을 우위에 두는 한국의 가족주의는 오늘날 개인주의의 가치와 신자유주의적 개인책임의 윤리와 충돌하며 부식되고 있다. 그러나 아직 후기근대의 고립적 주체를 관계적 주체, 협동적 자아로 재탄생시키는 사회적 관계와 연대의 틀은 너무나 미미하여 여전히 가족은 개인의 사회경제적 삶과 정서적 관계의 취약한 보루로 남아 있다. 개인과 사회의 이러한 불안전한 관계 속에서 과연 가족과 그 구성원들은 어떻게 대처하며 자아를 유지하고 관계를 확보하고 있을까. 이러한 질문에 대한 관심은 최근 대중매체나 TV 종편방송에서 가족 관련 리얼리티 프로그램들이 급증하는 현상에서 직접적으로 반영되고 있다. 학술적으로도 이에 대한 해명이 없는 것은 아니어서 가족 관련 에세이류의 단행본들에 대한 대중의 관심도 증가하는 상황이다. 대학에서도 여성학 관련 수업은 쇠퇴의 경향을 겪는 것으로 보이는 반면, 가족 관련 수업의 수강생 수는 날로 증가하고 있다.

이 책은 이와 같은 변화하는 가족이 품고 있는 현실적 · 학술적 질문에 대한 전방위적인 답변을 시도한다. 이론적으로는 가족에 대한 정치경제학적 비판으로부터, 페미니즘적 가족론의 소개에 이르기까지, 그리고 인구학적 설명으로부터 역사적 접근까지를 포괄하고 있으며, 관계와 친밀성의 차원에서는 사랑과 섹슈얼리티, 개인화로부터 파트너십, 세대관계, 국제결혼의 현상을 다룬다. 정책적으로도 가족정책에 대한 개념적 위상은 물론, 일–생활의 균형, 가정폭력 주제 등 핵심적 가족 관련 문제와 정책을 검토하고 설명하였다. 그간 가족 교과서는 주로 학부생을 위한 개론서가 주를 이루어 왔다. 이 책은 여기서 한걸음 더 나아가 제반 가족 관련 주제들에 대한 보다 깊이 있는 사회학적 분석과 이론을 제시함으로써 학부생은 물론, 이 주제에 관심이 있는 학부 고학년생, 그리고 대학원생들의 일부에게까지도 도움이 될 만한, 가족연구의 초보적 길잡이가 되기를 희망하였다. 또한 필자들은 서구연구의 사례를 소개하는 것에 급급하지 않고, 내가 살고 있는 바로 그 자리와 한국사회 속에서 성별과 계급과 혼인상태의 차이를 변별해내며 가족의 현실을 담아내고자 노력하였다.

전체 구성은 1부 가족 분석의 관점, 2부 친밀성의 구조변동, 그리고 3부 가족, 국가, 사회 : 가족정책의 방향의 세 부로 나누어진다. 1부는 한국 가족변화를 읽는 관점과 틀을 제시하는 일종의 이론적 바탕이 된다고 할 수 있으나, 이 책의 다른 장들에서도 현상에 대한 충실한 분석은 동시에 그에 대한 이론적 관점의 소개와 병행되고 있으니, 각 장별로도 내용적 완결성을 갖추고 있다고 할 수 있다. 각 장의 구체적인 내용을 소개하면 아래와 같다.

먼저 1장 "가족사회학 연구의 흐름과 쟁점"에서는 먼저 가족인식에 영향을 미치는 다양한 신화(myth)를 살펴본 후에, 한국 사회학계에서 가족을 주제로 한 연구동향의 특성을 시기별, 주제별로 정리하였다. 그리고 뒤를 이어 가족사회학의 주요 쟁점 가운데 산업화와 핵가족 간의 친화성, 가족위기를 둘러싼 해체 및 재구조화 논쟁, 가족주의와 개인화 간의 충돌 등을 제시하였다. 2장 "가족 · 국가 · 사회재생산"은 가족에 대한 일종의 정치경제학적 비판이라고 할 수 있는데, 가족이 경제구조나 국가정책과 같은 거시적 사회현상과 밀접하게 연관되어 있음을 보여준다. 역사적으로 개발국가가 주도하는 고도성장 과정에서 한국의 가족은 자녀의 양육 및 교육, 장애인 · 장기질환자의 돌봄과 같은 재생산 역할을 거의 전적으로 부담해 왔다. 삶에 필요한 재화와 상품, 돌봄은 주로 사적 가족을 통해 제공되었으며, 가족을 삶의 기본단위이자 운명공동체로 보는 가족주의 이념이 한국사회에 뿌리내렸다. 그러나 만성적인 '가족 과부하'로 축적된 위험 요소들은 1997년 경제위기 이후 폭발적으로 분출되어 위험사회의 가족의 상황을 드러낸다고 보았다. 3장 "인구와 가족 : 가족의 인구학적 접근"에서는 근대인구로의 전환을 다루는 근대화이론, 제1차 인구변천이론, 제2차 인구변천이론을 소개한 후, 인구변동이 어떻게 가족을 변화시켰는지를 다루고 있다. 제2차 인구변천이론이 한국을 비롯한 아시아 국가에 적용되는 측면의 예로서 만혼화, 합계출산율의 저하, 이혼율의 증가현상을 일본과 비교하면서 보여주었다. 반면에 제2차 인구변천이론이 아직 잘 적용되지 않는 측면을 동거와 혼외출산에 대한 사회적 터부를 통해 소개하고 있다. 이어서 고령가족, 1인가구의 등장과 전개, 국제결혼의 증가에 대해 설명하였다. 4장 "역사 속의 가족 : 근대 100년의 한국 가족과 가족론"은 가족사적 관점에서 근대 100년의 한국 가족사를 조명한다. 그러나 가족의 경험이 그 자체로 가족에 대한 역사적 진실을 말한다고 보지는 않는데, 이 장에서는 1980년대 이후의 이론적 경향으로부터 부상한 대안적 관점들에 의거하여 한국 가족사를 설명하고자 하였다. 대안적 관점은 크게 세 가지로 소개되는데, 먼저 가족개념의 담론적 구성을 강조하는 후기구조주의의 접근으로부터, 식민지 역사의 경험과 '전통'에서 비판적 성찰의 자원을 찾는 탈식민주의 연구, 그리고 가족이 갖는 가부장적 성격에 대한 페미니즘적 비판인식을 토대로 역사분석을 시도하였다. 1부의 마지막 장인 5장 “가족과 페미니즘”은 가족연구에서 페미니즘적 관점을 본격적으로 제시하였으며, 방법론상으로 질적 방법론이 가진 의미를 강조한다. 또한 가사노동이나 모성 등 새로운 연구대상으로의 영역확장과 재해석의 차원을 열어 놓는다. 그리고 이들을 자본주의, 지구화, 신자유주의와의 맥락 속에서 설명하는데, 가족의 변화와 남성성의 재구성, 여성 내부의 계급적 차이에 주목하는 연구들을 통해서 새로운 시각을 제시한다.

2부에서는 가족관계와 친밀성의 현실에 대한 구체적인 분석이 진행된다. 먼저 6장 “가족과 개인, 개인화”에서는 개인과 가족을 둘러싼 정체성 갈등과 그로 인한 생활양식의 변화를 사회적 맥락에서 살펴보고, 후기근대 한국사회의 개인들이 지닌 가족의식과 자기정체성(self-identity)의 특징을 젠더 관점에서 고찰한다. 먼저 혼인율 · 출산율 · 이혼율의 변화와, 1인가구 및 황혼이혼의 증가 등 개인화 현상과 관련된 추세를 분석하고, 한국사회의 개인화에 내포된 복합적 의미를 탐구한다. 그리고 낭만적 사랑과 합류적 사랑 등 친밀성의 개인화에 대한 이론 등을 검토하고, 한국가족의 변화를 개인화의 관점에서 해석하며, 미래 전망과 과제를 제시하였다. 7장 “친밀성의 변화와 섹슈얼리티”는 ‘성과 사랑의 시대’로 칭해도 무방할 정도로 억눌렸던 성 욕구나 성에 대한 관심이 분출되는 현대사회에서 섹슈얼리티는 자기 정체성을 드러내는 기준으로 작용함을 강조한다. 과거의 제도적 결혼과 더불어 작동하던 생애 표준모델과는 달리 상업주의, 물질주의, 다문화 가족의 증가 등에 의해 개인이 자신의 삶을 조정하고 선택할 수 있는 여지가 넓어지면서 친밀성 형성에도 변화가 나타나는 현상을 설명하였다. 8장 “결혼, 부부로 살아가기”에서는 결혼과 이혼, 그리고 재혼을 둘러싼 사회적 변화의 흐름을 짚어내고, 그 안에서 오늘날 파트너십이 갖는 의미에 초점을 두었다. 또한 독신과 파트너십, 동성관계와 이성관계, 혼외동거와 법적 결혼, 그리고 이혼과 재혼 등을 포괄하는 논의를 전개하였다. 그 과정에서 성공적이고 행복한 삶을 위한 두 축, 즉 파트너로서 누구를 선택하고 선택하지 말 것인지 그리고 선택하고 선택받은 파트너와 어떻게 관계를 가꾸어 가야 할 것인지에 관해 기술하였다. 9장 "현대사회의 부모-자녀 관계"에서는 현대사회에서는 자녀의 존재가 지니는 의미, 부모가 된다는 것의 의미가 과거와는 다른 형태로 구성되어 있음을 밝힌다. 구체적으로 자녀의 가치, 부모역할, 자녀양육방식, 사회화, 자녀의 성인기 이행 등의 주제를 중심으로 현대사회의 특성이 부모-자녀 관계에 어떻게 반영되고 있는지 살펴보았다. 2부의 마지막인 10장 "국제결혼과 초국적 가족의 출현"은 1980년대 후반 이후 전 지구적 자본주의의 확산과 국가 간 경제적 격차의 심화로 인해 촉발된 이주의 현상에 주목한다. 그중에서도 '다민족-가족'의 증가를 다루는데, 바로 국제결혼이다. 본 장은 한국의 국제결혼 가족이 어떻게 협상을 벌여나가면서 '가족'의 의미를 확장하거나 변형시키고 있는지를 다룬다. 한국에서 '다문화가족'으로 불리는 국제결혼 가족은 한국의 가족규범이 재생산되는 장소이기도 하지만 다양한 문화권의 이주여성이 운반해 오는 가족 규범과 가치들에 의해 도전과 변형이 만들어지는 장소임을 확인할 수 있다.

3부는 가족문제와 가족정책에 대한 것이다. 먼저 11장 "가족의 위기와 가족정책"은 신자유주의로 인한 경제위기가 구조화되면서 노동시장의 유연화와 함께 노무직, 개인서비스 자영업 등의 생계기반이 약화된 현실에 주목한다. 개인들의 삶은 시장 중심의 생애 경력을 중심으로 강제되지만 결과적으로 가족의 돌봄기능의 약화와 돌봄을 둘러싼 가족갈등이 증폭되고, 아동 및 노인에 대한 방임이나 학대가 사회문제로 등장하게 되었다고 설명한다. 이에 2005년 여성부가 여성가족부로 확대개편되면서 한국사회에도 '명시적인' 가족정책 추진이 선언되었지만 가족정책 기능과 효과에 대한 의구심 또한 남는다는 점을 지적하였다. 12장 "일-생활 균형과 가족"은 여성의 취업이 증대하고 맞벌이 가구가 증가하면서 새로운 사회적 과제로 등장한 일과 가족생활의 양립을 다룬다. 1960년대 이후 현재까지의 일-가족의 관계를 역사적으로 살펴보는데, 먼저 일과 가족의 경계가 약한 1960~70년대 산업화 초기의 시기로부터, 기혼여성의 임금노동자화가 진행되고 일-가족 분리가 심화된 1980~90년대, 그리고 여성노동이 보편화되면서 양립갈등이 심화된 1990년대 중반 이후를 나누어서 살펴본다. 그리고 일-가족 갈등과 불균형의 현실을 설명하는데, 장시간 노동, 돌봄노동의 젠더 불평등, 취약한 공적 돌봄 서비스 등이 다루어진다. 이어서 양립 지원을 위한 정책과 방향을 제시하였다. 마지막으로 13장 "가정폭력의 문제와 정책적 대응"은 '삭막한 세상의 안식처'이자 사랑과 돌봄의 '공동체'라는 가족에서 벌어지는 가정폭력의 문제를 다룬다. 필자는 가족에 대한 신화와 이데올로기가 가정폭력의 진상을 은폐하고 국가의 개입을 지연시키는 데에 기여해 왔음을 강조하였다. 특히 페미니스트들을 중심으로 전개된 가정폭력추방운동은 가정폭력에 대한 정책적 개입을 가능하게 하는 성과를 낳음을 보여주었다. 구체적으로 이 장에서는 가정폭력의 개념, 원인 및 이론, 역사, 가정폭력추방운동, 가정폭력 관련 정책, 가정폭력의 실태 및 문제, 가정폭력 문제 해결을 위한 향후과제를 살펴본다.

지금까지 살펴본 바와 같은 이 책의 다양한 주제들과 설명방식에서 짐작할 수 있는 것처럼 이 책은 압축적 근대화 속의 한국사회에서 개인과 사회 간의 통합과 갈등이 응축되어 있는 가족적 삶의 딜레마와 변화, 그에 대한 가족(원)의 대응과 행위성에 대해 서술하고 분석하며, 그에 대해 이론적으로 설명하고자 노력하였다. 그런 점에서 이 책이 가족사회학의 교과서인 동시에 심층적인 가족이해를 돕는 분석서로서의 소임을 다하기를 희망해 본다. 마지막으로 1년여에 이르는 집필기간 동안 교재의 목적과 취지에 부합하는 글을 만들기 위해 여러 차례의 모임과 논의에 참여하며 수고해 주신 필자들에게 다시 한번 감사드리며, 좋은 책을 만드는 작업에 동참해 주신 여성학, 인류학, 사회복지학 분야의 외부 필진들에게도 감사드린다.

# 차 례

## 1장 | 가족사회학 연구의 흐름과 쟁점 — 함인희

1. 가족 : 신화(神話)를 넘어 2
2. 한국 가족사회학 연구의 흐름 : 해방 이후~1990년대를 중심으로 5
3. 가족사회학 연구의 새로운 흐름 : 2000년대 이후를 중심으로 13
   1) 가족 해체론 및 가족 재구조화 논쟁 13
   2) 전통적 가족주의와 탈근대적 개인화의 충돌 15
   3) 생애주기의 탈표준화와 낭만적 관계의 다양화 17
   4) 결혼 시장과 불평등의 재생산 20
4. 가족사회학의 미래 전망 23

## 2장 | 가족 · 국가 · 사회재생산 — 황정미

1. 가족부양의 제도적 변화 : 산업자본주의 · 복지국가 · 세계화 32
   1) 산업자본주의 사회 : '가족임금'과 핵가족 규범의 결합 32
   2) 복지국가와 가족 : '남성 생계부양자' 이데올로기의 제도화와 한계 34
   3) 세계화 시대 : 돌봄 위기와 '세계가족' 36
2. 압축 성장과 한국 가족의 역동성 41
   1) '개발국가' 주도 산업화와 가족 이데올로기 41

2) '계층화된 남성 생계부양자' 모델과 가족 내 성별 분업 43
3) 재생산 위기와 가족의 다양성 · 복합성 확대 46
3. 소결 : 한국 가족의 미래와 쟁점들 51

3장 | 가족, 계급, 사회불평등 조은주

1. 불평등에 대한 접근과 가족 : 차등적 접근과 관계적 접근 57
2. 소득불평등과 가족 60
3. 여성의 경제활동과 불평등 66
4. 가족과 계급재생산 72
5. 마치며 : 가족의 변화와 불평등 78

4장 | 가족과 페미니즘 박혜경 김효정

1. 페미니즘 가족 연구란 무엇을 말하는가? 82
2. 가족 지식의 해체 : 우리가 알고 있는 것과 같은 가족은 없다 84
3. 어떠한 새로운 개념과 지식을 만들어 내는가? 88
1) 가사노동의 발견 88
2) 모성의 재개념화와 재발견 90
3) 가부장제와 정상가족 개념에 대한 비판 93
4. 페미니즘 가족 연구와 사회 변화 96

## 5장 | 역사 속의 한국 가족 : 근대 100년의 가족 담론과 현실 — 김혜경


1. 우리가 아는 가족, 현실과 역사 104
2. 가족에 대한 역사적 접근방법과 이론 105
   1) 신가족사의 접근법 105
   2) 대안적 접근 110
3. '전통'가족의 역사화 : 식민지시대 '근대'가족의 형성 115
   1) 조선 후기의 가족 변화 116
   2) 식민지하 가족의 근대적 변화 117
4. 해방 그리고 전쟁 · 분단의 위기상황과 가부장적 가족주의 120
5. 1960~70년대의 '박정희체제'의 근대적 통치성과 가족 변화 122
6. 1980년대 중반 이후 가족담론의 급진화 및 변동 124
7. 맺음말 126


## 6장 | 가족과 개인화 — 신경아, 이순미


1. 가족, 오래된 딜레마 130
2. 가족주의와 싱글턴 사이에 선 한국 가족 131
3. 한국 사회의 개인화 현상들 135
   1) 가족구성의 변화 135
   2) 가족과 개인에 관한 인식의 성별 차이 145
   3) 개인화의 두 의미 147
4. 개인의 형성과 변화에 관한 이론적 설명 151
   1) 근대사회 개인의 출현과 그 의미 151
   2) 후기근대사회의 개인과 친밀성 153
5. 한국 사회의 가족과 개인 159

## 7장 | 친밀성의 변화와 섹슈얼리티

손승영
정승화

1. 섹슈얼리티에 관한 이론 소개 164
   1) 성적 욕망의 이론 164
   2) 권력으로서의 섹슈얼리티 이론 165
   3) 성찰적 근대성과 섹슈얼리티 167
2. 현대사회의 성과 사랑의 모습 169
   1) 사랑 이데올로기의 확산과 차가운 친밀성 169
   2) 이벤트화된 연애문화 173
   3) 표준모델로부터의 이탈과 가족다양성의 증가 176
   4) 비혼 경향의 증가 180
3. 친밀한 관계에 대한 성찰을 기대하며 182

## 8장 | 파트너십의 구성과 해체 그리고 재구성

이여봉

1. 만혼의 시대, 비혼의 시대 186
2. 파트너십 구성의 다양화 188
   1) 혼외동거 189
   2) 법적 혼인 194
3. 파트너십의 해체 203
   1) 졸혼 204
   2) 이혼 207
4. 파트너십의 재구성 215
   1) 연속적 단혼제와 재혼 215
   2) 재혼의 이유와 재혼과정 217
   3) 재혼가족관계 219
   4) 다시 행복 찾기 221
5. 나가며 : 성공적인 파트너십을 위하여 222

## 9장 | 현대사회의 부모–자녀 관계 이선이

1. 자녀의 가치 226
1) 후기산업사회의 자녀의 가치 226
2) 정서적 가치가 높은 존재 227
3) 자녀의 현실적 유용성 229
4) 개인이 아닌 사회적 차원의 자녀가치 230
5) 가족주의 규범과 자녀의 가치 231
2. 부모가 되는 경험 232
1) 아이를 낳는 사람들과 낳지 않는 사람들 233
2) 부모가 되는 다양한 경로 238
3) 부모로의 역할 전환 244
3. 자녀양육방식 247
1) 좋은 부모의 기준 247
2) 집중양육방식 250
3) 계층과 양육방식 251
4. 사회화와 부모–자녀 관계 253
1) 사회화의 기제 : 고전 심리학 이론들 253
2) 사회화의 기제 : 사회학적 이론들 255
3) 사회화의 양방향성 256
4) 부모의 영향이 얼마나 큰가? 257
5. 성인자녀와 부모 관계 258
6. 나가며 260

## 10장 | 국제결혼과 초국적 가족의 출현 김현미

1. 세계가족, 글로벌 가구, 그리고 초국적 가족 266
1) 용어 : 국제결혼과 결혼이민 266

2) 개념 정의 : 세계가족, 초국적 가족, 글로벌 가구 269
2. 한국에서의 국제결혼 가족 271
1) 다문화가족의 출현 271
2) 다문화가족정책의 의의와 한계 274
3. 문화교차지역으로서의 다문화가족 277
1) 의식주와 생활양식의 차이와 교섭 278
2) 젠더관계 280
4. 초국적 가족 만들기 283
5. 국제결혼 가족의 자녀와 2세 286
6. 마치며 288

11장 | 일–생활 균형과 가족의 변화 강이수 이은아

1. 현대사회와 일–생활 균형 292
2. 일–가족에 대한 접근 : '일–가족 갈등'에서 '일–생활 균형'으로 294
1) '여성문제'로서의 '일–가족 갈등' 294
2) 일–생활 균형과 패러다임 전환 296
3. 한국의 일–가족 변화와 젠더 관계 297
1) 시기별 일–가족의 변화 297
2) 여성의 경제활동 참여와 성별화된 돌봄노동 300
3) 장시간 노동과 이상적 노동자 규범 302
4) 노동시간의 유연화와 조직문화 303
4. 일–생활 균형을 위한 정책과 과제 304
1) 일–생활 균형정책의 의미 304
2) 한국의 일–생활 균형정책 도입 307
3) 한국의 일–생활 균형정책 308
5. 성평등한 일–생활 균형 사회를 위하여 315

## 12장 가정폭력의 문제와 정책적 대응 박언주

1. 가정폭력의 개념 320
2. 가정폭력을 설명하는 이론 322
3. 가정폭력 추방운동 325
  1) 가정폭력 추방을 위한 토대구축 325
  2) 「가정폭력방지법」 및 「가정폭력처벌법」의 법제화 326
4. 가정폭력에 대한 정책적 개입 328
  1) 가정폭력범죄의 처벌 328
  2) 가정폭력피해자 지원 331
5. 가정폭력의 실태 및 문제 333
  1) 가정폭력 피해 경험 333
  2) 가정폭력 가해자에 대한 사법체계의 대응 336
  3) 가정폭력 피해여성의 도움여청 337
6. 가정폭력문제 해결을 위한 향후 과제 339
  1) 가정폭력 개념 및 정책대상 제고 339
  2) 가정폭력처벌법의 목적조항을 피해자 인권보호로 일원화 340
  3) 가정폭력범죄에 대한 사법체계의 적극적 대응 341
  4) 가정폭력 피해자의 자립개념 전환 및 지원 확대 342
7. 나가며 343

참고문헌 345

찾아보기 387

01장

# 가족사회학 연구의 흐름과 쟁점

| 함인희(이화여자대학교 사회학과) |

# 1. 가족 : 신화(神話)를 넘어

"가족! 그것은 우리로 하여금 병을 같이 앓게 하고, 같은 치약을 쓰게 하며, 디저트를 더 먹겠다고 다투게 하고, 서로의 샴푸를 몰래 훔쳐 쓰게 하며, 돈도 빌려 주고, 아픔을 주기도 하면서, 또 그 아픔을 달래주기도 하는, 울고 웃으며 사랑하게 만드는 작고 신비로운 끈이다.… 각자의 방문을 잠그고 살다가도, 어려운 고통에선 모두가 힘을 합쳐 서로를 지켜 주는, 그런 특별한 삶을 살아가게 하는, 우리를 하나로 묶어 주는 보이지 않는 끈, 그것이 가족이다."

에마 봄베크(2007)의 시에 나오는 가족의 모습은 일상의 소소한 풍경이 손에 잡힐 듯 담담하게 묻어나면서도, 관계성의 욕구를 충족시키기 위해 인류가 고안해 낸 제도로서의 진정성을 느끼게 해 준다.

하지만 가족을 정의하는 일은 생각만큼 쉽지 않다. 가족사회학자 중에는 '가족'을 어떻게 규정하느냐가 마치 심리학의 로르샤(Rorschach) 테스트에 해당된다고 주장하는 이도 있다(Skolnick and Skolnick, 1997). 가족 간 심각한 갈등이 정신 질환의 원인이 된다는 점을 들어 가족을 '미친 제도(mad institute)'라 규정하는 정신분석학자도 있고, 가족이야말로 '고통의 세계(worlds of pain)'임이 분명하다고 주장한 사회심리학자도 있다(Rubin, 1994). 그런가 하면 가족이 목표로 삼는 이상과 가족의 현실 사이에는 괴리가 존재한다는 점에서, 동시에 가족은 '무엇을 말할 수 있는가?'보다 '무엇을 말해서는 안 되는가?'에 관한 규범이 보다 정교하게 발달되어 있다는 점에서 가족을 '문화적 위선(cultural conspiracy)'이라 명명한 학자도 있다.

우리는 대체로 가족을 친근하고 익숙하게 받아들일 뿐만 아니라, 필연적인 현상이자 자연스러운 제도로 인식한다. 덕분에 가족 규범으로부터 이탈된 것에 대해서는 관심을 갖지만 가족 규범 자체를 문제 삼지는 않는다(Rubin, 1994). 가족의 보편성, 규칙성, 전형성을 규명하려는 노력이 꾸준히 진행되어 온 반면, 가족의 변화에 대해서는 의구심의 눈초리를 보이거나 부인하려는 시도가 끊임없이 진행되어 왔음 또한 사실이다(안호용 · 김홍주, 2000).

확실히 가족은 '신비화(mystified)'된 측면이 존재한다. 신성한 제도로서의 가족은 우리들로 하여금 도덕적 · 윤리적 행위양식의 저장고라는 느낌을 불러일으킴으로써 가족에 대한 객관적 인식을 원천적으로 봉쇄하는 경향이 있다. 가족주의가 유독 강한 한국 사회는 가족의 신성성이 그 어느 사회보다 강력하게 작동하리라 추측된다(김동춘, 2020).

가족에 관한 인식은 겹겹의 신화(神話)에 둘러싸여 있다. 여기서 신화란 과학적 증거나 객관적 탐색작업을 거치지 않은 채 무비판적으로 수용되고 있는 통념이나 믿음을 의미한다. 오늘날까지도 우리의 가족 인식에 영향을 미치고 있는 대표적 가족신화를 살펴보기로 한다.

먼저 전통사회 가족은 안정되고 조화로운 집단이었으리라 믿는 신화가 있다. 그러나 가족의 황금시대는 존재하지 않았다는 것이 일련의 가족사(史) 연구를 통해 밝혀지고 있다. 오히려 산업화 이전 시대의 가족은 높은 신생아 사망률과 전쟁 · 전염병 · 기근 등으로 인해 가족구성원의 사망이 일상화되어 있었고, 어린 자녀의 유기 및 아내 구타 등 가족폭력도 빈번했던 것으로 밝혀지고 있다. 특별히 여성에게 출산은 죽음과 직결된 경험임을 보여주는 사료도 발굴되고 있다. 전통가족을 이상화하거나 미화함은 오늘날 가족이 경험하는 다양한 위기를 가족해체의 징후로 보는 정서와 밀접한 관계가 있다.

두 번째 가족신화로는 '정상가족'을 둘러싼 고정관념을 들 수 있다. 가족의 정상성에 대한 견고한 기준을 만들어 냄으로써, 이 기준에 부합하지 못할 경우 비정상적이거나 부족한 결손상황 그래서 부끄러운 문제

상황으로 인식하도록 만든다. 그러나 최근 들어 1인가구 및 한부모 가족의 증가와 다양한 형태를 지닌 복합가족의 등장에서 볼 수 있듯이 가족관계 및 가구유형에 그 어느 때보다 다채로운 양상이 나타나고 있다. 이외에도 정상가족 신화에 도전하는 가족양식으로는 동거, 선택적 무자녀 가족, 동성 부부, 공동체 가족, 초국적 가족 등을 들 수 있다.

가족의 실제 모습은 이처럼 다양함에도 정상가족에 대한 신념이나 이미지는 비교적 강하게 남아 있다. 하지만 정상가족은 자연스러운 형태도 아니요, 보편적인 형태도 아니다. 문제는 정상가족 규범이 누구에 의해 만들어졌으며 누구에 의해 강화되고 있는가이며, 정상가족 규범에 의한 피해자가 누구인가를 물어야 한다는 점이다. 정상가족 대 비정상가족의 이분법은 정상가족에게도 상당한 압력이 된다. '무늬만' 가족의 정상성을 유지하기 위해 가족 내부의 균열과 갈등을 위장하는 '요새가족(fortress family)'이나 '빈 조개껍데기 가족'의 출현은 정상가족 이데올로기의 부정적 폐해를 엿볼 수 있는 좋은 예이다.

세 번째 가족신화로는 가족성원끼리 공통의 욕구와 삶의 양식 그리고 경험을 공유하고 있으리란 가정을 들 수 있다. 가족 간에는 이타적 사랑이 우러나오며 가족 내 의사결정은 조화롭게 이루어지고 있다는 이미지는, 실제 가족 안에 상존하는 권력관계, 부모 · 형제 · 친족 간의 경쟁관계, 가족생활의 정서적 측면에 내재한 부정적 측면을 부인하거나 애써 숨기는 기능을 한다. 사랑과 헌신, 배려와 결속을 이상화하는 가족 감정의 이면에는 경쟁과 갈등, 증오와 이기심이 동전의 양면처럼 공존하고 있음에도, 어느 한 면만을 과도하게 강조하는 오류를 범하고 있는 것이다.

네 번째 가족신화로는 가족과 사회를 분리된 영역으로 이분화하거나 실제로 통합되어 있는 세계를 분리된 것인 양 개념화하는 경향을 들 수 있다. 가족과 사회를 분리된 영역으로 간주하는 이유는 성역할 이데올로기를 정당화하기 위함이요, 가족 안에서는 사회에서 있었던 일을 잠시 보류해 두고 사회에 나가서는 가족 안에서 있었던 일을 잠시 잊고 일에 전념하도록 하기 위함이다(Hochschild, 1989; 이재경, 2022). 곧 공사영역의 이분법은 가족과 사회를 좌우대칭에 둠으로써, 가족은 무자비한 세상 속의 천국이요, 가족관계는 사회관계와 달리 이타적이고 비경쟁적이라 보도록 유인한다. 동시에 가족은 자족적 집단이요 독립적 실체이며 사회와 무관하게 고고함을 유지해 갈 수 있는 제도로 간주하도록 한다. 그 결과, 기대를 충족시키지 못하는 가족은 불건강하고 부적절한 가족으로 비판과 우려의 대상이 되기도 한다.

이처럼 다양한 신화에 둘러싸여 있는 가족은 실체를 탐색해 들어가려는 순간 우리의 손아귀에서 미끄러져 나가기에, 가족을 향해서는 고정관념 및 편견에서 자유로운 열린 마음과 실체에 직면하려는 솔직한 태도를 가져야 할 것이다.

## 2. 한국 가족사회학 연구의 흐름 : 해방 이후~1990년대를 중심으로

이 장에서는 해방 이후~1990년대에 이르기까지 사회학적 관점에서 진행된 가족 연구의 흐름을 정리해 보기로 한다. 해방 직후인 1945년부터 1960년대 초에 이르기까지 한국의 가족과 일상적 삶에 대한 기록은 김두헌(1949)의 『조선가족제도연구』를 제외하고는 거의 공백이다. 사회학적 이론과 방법론을 적용하여 가족을 본격적으로 연구하기 시작한 것은 1960년대 이후부터이다. 해방 30주년, 40주년, 50주년을 기해 가족사회학 연구 동향을 정리한 논문(최재석, 1976; 한남제, 1984; 이동원 외, 1996)을 기반으로, 주제별 연구의 흐름을 간략히 살펴보기로 한다.

첫째, 가족제도 연구는 가족구조 및 기능, 가족 크기와 유형, 가족원의 범위, 가족주기 등을 중심으로 꾸준히 이어져 왔다. 미국 사회학계를 풍미했던 실증주의적 영향이 가족 연구에도 그대로 반영되어, 인구센서스 자료나 표본조사를 통해 한국 가족의 크기, 가족의 세대별 구성, 가족원의 범위 등을 실증적으로 규명하는 연구가 주를 이루었다.

1970년대로 접어들면서 사회학 전반에 실증주의가 쇠퇴하는 특징을 보이지만, 가족 연구는 여전히 실증주의적 관점을 견지하면서 산업화로 인한 가족기능의 분화 및 전문화 그리고 가족규모의 축소과정에 초점을 맞추고 있다(한남제, 1974). 1980년대 들어서는 가족주기의 특성 및 변화에 대한 실증적 관심이 증가하면서, 대부분의 한국 가족은 적어도 한 번은 확대가족을 경험한다는 점, 가족규모의 축소가 자녀양육 기간의 축소로 이어지지는 않는다는 점 등 한국 가족의 특수성을 드러내는 데 일정한 성과를 보이고 있다.

산업화 및 도시화가 한국의 가족 변화에 미친 영향에 주목한 연구들은, 가족규모의 축소 및 세대별 구성의 단순화, 가족유형의 다양화, 가족주기의 변화로 인한 전업주부의 기회비용 증가, 빈둥지 가족 시기의 출현, 가족의 정서적 유대기능 강화 등 전반적으로 '핵가족화'를 지향하는 것으로 결론짓고 있다. 다만 이 결론에 대해서는 가구중심의 분석단위가 갖는 한계를 고려할 때, 과연 한국 가족의 '핵가족화'를 지지할 수 있을지에 대한 반론 또한 강하게 제기되었다(서선희, 1991; 장현섭, 1993).

둘째, 전통사회의 친족 및 동족집단에 관한 연구는 최재석 교수가 독보적 지위를 확보한 가운데 일부 인류학자들이 가세하고 있다. 최 교수는 제도사적 관점에서 친족 및 동족의 범위를 밝히고, 친족 및 동족조직의 특성과 기능을 규명하는 동시에, 상속 및 혈연계승에 나타나는 친족집단의 특성 등을 탐색하고 있다. 이 과정에서 최 교수는 조선시대 중기 이후 상속제도, 양자제도, 혼인제도 등에서 부계혈연중심 가족원리가 그 이전 시대에 비해 더욱 강화되어 왔음을 사료 분석을 통해 입증한 바 있다(최재석, 1983).

1990년대 이후는 사회사 연구의 활성화에 힘입어 여성사 및 가족사 연구 또한 활발히 이루어짐으로써, 가족에 관한 신화 및 고정관념을 불식시키는 데 적극 기여하고 있다. 실제로 조선시대 가부장적 질서가 정착되면서 부인권이 약화되는 과정을 증언한 연구(조은, 2000), 식민지적 근대화를 통해 가족 내 훈육과 아동기가 정착되는 과정을 규명한 연구(김혜경 · 정진성, 2001), 양육 가치관 및 이혼사례를 통해 조선시대 가족 이데올로기를 분석한 연구(이순형, 1997) 등은 괄목할 만한 성과라 하겠다. 조선시대 가부장제의 정착과정을 치밀하게 추적한 연구(이효재, 2003)와, 베버의 가산제 개념을 동원하여 유교적 가부장제의 특성을 탐색한 연구(박미해, 2010) 또한 가족사 연구의 백미라 할 것이다.

셋째, 가족 가치관 연구는 주로 전통적 가족 규범으로서의 효(孝)나 가(家)의식, 가족의 범위에 대한 관심과 더불어 삼강오륜에 입각한 유교적 규범이 산업화 · 도시화 · 서구화되면서 겪게 된 변용과정에 초점을 맞추고 있다. 곧 부부유별, 부자유친 등과 같은 전통적 유교윤리에 기반한 가족가치의 규범적 영향력은 점차 약화되어 가는 반면, 조강지처 개념이나 아들을 통해 대를 이어가야 한다는 관념 등은 여전히 강한 규범으로 남아 있는 이중성을 밝혀내면서, 변화하는 상황에 부응하는 새로운 가족가치의 부재로 인해 일종의 아노미 상태가 야기되고 있음을 문제로 제기하고 있다.

1980년대 들어 새삼 주목받기 시작한 '가족주의' 연구는 전통사회의 조직 원리로서 가족주의적 특성을 고찰함으로써 가족주의가 한국 사회의 변동에 미친 영향을 탐색하고 있다. 동시에 현대 산업사회에서 가족주의 원리의 변용과정을 적응적 측면과 갈등적 측면에서 동시에 조망하고 있다(이광규, 1994). 이 시기 가족주의와 사회변동의 관련성 및 가족주의의 현대적 변용에 대한 관심이 증가하고 있음은, 서구의 이론으로는 설명되지 않는 한국 사회 특유의 '농축된 변화'를 규명하고자 하는 노력의 결과라 하겠다(조혜정, 1986; 박영신, 1987).

넷째, 사랑과 결혼을 주제로 한 연구는 1990년대부터 본격적으로 축적되기 시작하였다. 서구식 부부중심가족의 영향을 받아 한국에서도 가족을 조망하는 렌즈가 전통적 관례 내지 제도로부터 '친밀한 관계성'으로 변화되고 있음을 반영한다 하겠다. 배우자 선택을 둘러싼 구체적인 혼인거래 관행 속에서 한국 가족의 전통적 요소가 자본주의적 시장경제 요소와 결합하여 매우 독특한 양태로 나타나고 있음을 밝힌 연구(김모란, 1995)는 주목할 만하다. 배우자 선택 시 부모의 영향력이나 배우자의 가족배경의 중요성이 상대적으로 약화되어 가는 대신, 혼인거래 관행이 보다 정교해짐으로써 혼인을 통한 사회경제적 지위 계승이 공고화되는 경향을 보이고 있다는 것이다.

다섯째, 단일연구 주제로서 가장 많은 업적이 축적된 영역은 가족관계 연구이다. 이 중 부부관계 연구가 가장 활발히 이루어져 왔는데, 연구의 대부분은 서구의 부부중심가족을 설명하는 데 동원된 기능론 및 교환론의 이론틀 및 개념 그리고 측정방법 및 분석도구 등을 빌려와 한국 가족의 경우에는 어떻게 나타나는지 검증하는 형식을 취하고 있다. 1970년대는 제도중심의 이론틀 안에서 부부간의 역할분업을 주제로 한 연구가 주를 이룬 반면, 1980년대 후반 이후는 부부간의 권력관계, 적응 및 커뮤니케이션, 부부생활 만족도, 부부관계의 질, 안정성, 부부갈등 등 관심의 폭이 다양화되고 있다.

한국의 부부관계는 역할을 중심으로 하는 '제도(institutional) 결혼'으로부터 부부관계의 친밀성이 중심이 되는 '우애(companionship) 결혼'으로 변화되어 가고 있으며, 부부간 권력관계는 '남편 우위형', '남편 지배형'으로부터 '부부 평등형', '부부 의논형'을 향해 변화해 가고 있다는 것이 잠정적 결론이다. 그러나 과연 한국의 부부관계가 서구식 부부관계와 동일한 측정기준에 따라 비교되고 평가될 수 있을 것인지, 한국의 가족도 서구처럼 부부중심적으로 변화해 가고 있는지 여부는 다양한 해석의 여지를 남겨 놓고 있다.

부모-자녀관계에 대한 연구도 비교적 활발한데, 2세대 핵가족의 부모-자녀관계는 가족 내 사회화 과정에 초점을 맞추어 부모의 자녀관 및 자녀에 대한 역할기대를 다룬 연구가 중심이 되고 있다. 1990년대 들어서는 세대 간 갈등과 아버지 역할 및 위상에 대한 관심이 새롭게 등장하고 있다(임인숙, 2000; 박재홍, 2003).

친족관계를 다룬 연구는 장남의 분가 실태, 고부관계(김현주, 2001), 부계제의 약화 및 양계제의 강화 속에서 나타나는 시댁 및 친정과의 관계 변화, 3세대 가족의 만족도 등에 초점을 맞추고 있다. 이들 연구는 한국 가족의 특수성을 밝혀내는 데 중요한 시사점을 제공해 줄 수 있는 영역임에도, 전통사회의 친족제도를 다룬 연구와 유기적 연결관계가 약하다는 점, 친족관계의 특성을 규명할 수 있는 이론틀이 취약하다는 점, 아울러 한국 가족의 특수성을 드러낼 수 있는 비교연구의 부재 등이 한계로 지목되고 있다.

여섯째, 거시적 관점에서 가족문제 및 가족정책을 조망해 보는 연구는 1990년대 이후 눈에 띄게 증가하고 있다. 전통적 가부장제 가족의 해체 징후에 대한 관심과 더불어 가족성원의 일탈 및 가족폭력에 대한 연구, 한부모 가족, 빈곤 가족, 장애아 가족 등 사회보장제도의 수혜대상 가족 지원방안에 대한 연구 비중이 높아지고 있다.

가족문제 및 가족의 위기상황에 대한 대부분의 분석은 문제를 야기시킨 주범이 급격한 산업화 과정이라는 인식에서 출발하고 있다. 1980년대 후반 이후부터는 가족문제를 사회구조적 요인에 의해 파생되는 사회문제로 보는 시각과 함께, 국가의 가족정책이 사회 변화로 인한 가족의 적응문제를 효율적으로 해결해 주지 못함으로써 가족의 위기상황을 고조시키고 있다는 비판이 제기되고 있다(장경섭, 2009).

일곱째, 사회구조와 가족의 변화를 주제로 한 연구는 대체로 근대화, 산업화, 자본주의화, 민주화 및 정보화 등이 가족 전반에 미친 영향을 분석하는 데 초점을 맞추고 있고, 전반적인 사회 변화가 가족에 미친 영향과 역으로 가족제도 및 가족주기의 변화가 사회 변화 및 개인의 적응에 미친 영향을 분석하고 있다. 나아가 가족과 사회를 이분화하는 고정관념으로부터 탈피해야 함을 역설하는 연구(이재경, 1995)도 있다.

다만 사회 변화와 가족 변화의 관련성을 규명하는 과정에서 근대화 혹은 산업화의 어떠한 요인이 구체적으로 가족 변화를 추동했는가에 대한 분석적이고 실증적인 연구에 치중하기보다는, 사회구조적 변화를 하나의 배경변수로 전제하고 있다는 점에서 한계를 보이고 있다.

여덟째, 가족사회학 분야에서 이론 및 방법론의 정립은 사회학 이론 및 방법론의 전반적 발전과 흐름을 같이하며 진행되어 왔다. 그 결과 1980, 90년대 들어오면 1960, 70년대의 기능주의적 접근으로부터 탈피하여 마르크시즘 가족론과 비판 가족론, 여성해방론적 시각과 가족사적 접근 등 관점이 다양화되는 추세를 보이게 된다.

다양한 이론적 시각에서 가족관계 및 가족의 작동방식을 설명함에 따라, 지금까지 암암리에 가족 논의에 전제되어 온 일련의 보수성이 비판을 받게 되었다(이효재 편, 1988; 조은, 1990). 가족은 사회의 기본제도로서 사회통합 기능을 수행하며, 안정성을 최우선의 가치로 두고, 조화로운 의사결정이 이루어지는 장으로 그려져 왔다. 그 결과 가족제도 안에서 성역할 분업구조의 생산과 재생산을 통해 남성중심의 가부장제를 공고히 유지해 왔다는 점, 계급지위 및 사회 불평등의 재생산과정에서 가장 중요한 메커니즘으로 작동하는 제도가 가족이라는 점, 가족을 무대로 폭력과 범죄적 행동이 빈번히 발생하고 있다는 점 등에 대해서는 상대적으로 관심을 기울이지 않았다는 점이 기존 연구의 한계로 지적되었다.

아홉째, 특정 지역 및 특정 계급을 기반으로 하는 가족 연구도 주목을 요한다. 특정 집단 가족 연구로는 농촌가족 연구를 필두로, 노동자 가족, 자영업자 가족, 도시빈민 가족 연구 등이 있다. 이들 연구는 마르크시즘 가족론에 입각하여 가족의 계급재생산 기능 및 노동력 재생산 기능과 가족 전체의 생존을 위해 이들 가족이 채택하는 가족전략, 가족 내 성 불평등 상황 등에 초점을 맞추고 있다.

특정 집단을 대상으로 한 가족 연구[1]는 가족의 다양한 삶의 양식을 규명하는 동시에 가족과 지역사회 혹은 계급구조와의 관련성을 통해 가족에 대한 사회학적 이해의 지평을 넓히고 있다는 점에서 긍정적 평가를 내릴 수 있다. 그러나 이들 연구는 현재로서는 서술적 수준에 머물러 있어 계급적 기반이나 지역사회적 특성을 달리하는 가족 간 비교가 체계적으로 이루어지지 못하고 있으며, 가족의 계급적 기반에 관한 연구는 기존의 계급이론에 통합되지 못한 채 가족을 이해하는 배경변수로 한정되는 점 등을 문제로 지적할 수 있을 것이다.

마지막으로 서구 페미니즘이 가족사회학 분야에 미친 영향을 간과해서는 안 될 것이다. 비판적 전통이 취약했던 가족사회학계에 비판적 패러다임을 가미함으로써, 기능주의적 시각에서 벗어나 젠더 정치학의 관점에서 가부장제를 분석하고 비판하기 시작한 점(조옥라, 1986), 가부장제의 변형과 극복에 초점을 맞추기 시작한 점(조혜정, 1986), 여성주의적 시각에서 가족법을 대상으로 비판을 활성화하기 시작한 점(양현아, 2000, 2002) 등은 주목할 만한 성과라 하겠다.

---

1 북한 가족 및 이산가족 연구 또한 분단현실에 기반한 한국 가족의 특수성을 규명하는 데 시사하는 바가 클 것이다. 1980년대 이후 꾸준히 진행되어 온 북한 가족 연구는 북한식 주체사상에 입각한 가부장적 가족론이 현실 사회주의 체제하에서 어떻게 가족의 특성을 결정하는지에 초점을 맞춘 연구가 주를 이룬다. 또한 이산가족 연구(박명선, 1991) 및 남북한 가족의 비교 연구 등도 이루어지고 있다.

나아가 가족사회학 영역에서 관심 밖에 머물렀던 주제들을 연구영역으로 포섭하기 시작했다는 점도 긍정적 평가를 받아 마땅할 것이다. 가사노동의 성격을 둘러싼 논쟁, 재생산 혹은 출산을 여성의 경험과 새로운 형태의 노동 관점에서 조망하기 시작한 연구(신경아, 2001), 도시 중산층 전업주부의 경험을 "구조적 무권력화와 구성적 권력화"로 개념화한 연구(조형, 1997), 한국 가족의 근간을 구성하면서도 연구의 사각지대에 머물러 왔던 모성에 관한 본격적 연구(김경애, 1999; 심영희 외, 2000) 등은 페미니즘의 공헌임이 분명하다.

"개인적인 것도 정치적인 것"이라는 의식의 전환하에, 지금까지 극히 개인적 차원의 딜레마로 인식해 오던 여성 삶의 모순을 사회구조적 원인에서 파생된 정치적 차원의 이슈로 공론화한 것 또한 페미니즘의 공헌이다. 여기에는 자녀양육 및 탁아문제를 공보육 개념으로 전환한 시도, 매맞는 아내에 대한 연구, 낙태 연구 등을 포함시킬 수 있을 것이다. 기타 '정의(justice)'의 관점에서 가족제도를 분석한 연구(이재경, 1995) 또한 신선한 시도라 하겠다.

페미니즘이 한국 가족 연구에 미친 영향과 관련해서도 비판적 반성이 요구됨은 물론이다. 명분으로는 한국 여성이 처한 전반적 불평등 현실을 부각시키면서 불평등의 원인을 규명하는 과정에서 보편성과 특수성을 가리려는 노력을 내세웠으나, 여전히 서구 페미니즘 이론에 대한 의존도가 높다는 점, 이에 따라 담론수준은 매우 추상적인 데 반해 우리의 현실에 적용해 보는 노력은 경험적 자료수준에 머무는 경우가 빈번했다는 점, 나아가 가족을 총체적 제도로 접근하기보다는 반(反)가족 정서를 앞세움으로써 역설적으로 가족이 실종되는 시행착오를 겪고 있다는 점 등은 향후의 연구를 통해 극복해야 할 과제라 하겠다.

# 3. 가족사회학 연구의 새로운 흐름 : 2000년대 이후를 중심으로

3절에서는 한국 가족의 변화를 어떻게 포착할 것인가를 둘러싼 논쟁과 함께 2000년대 이후 진행된 전통적 가족주의와 개인화의 충돌 그리고 성인 모색기(emerging adulthood) 낭만적 관계의 다변화 및 결혼 시장의 변화에 초점을 맞추어 연구의 흐름을 정리해 보고자 한다.

## 1) 가족 해체론 및 가족 재구조화 논쟁

오늘날 한국 가족의 상황을 놓고 해체적 위기로 규정할 것인가, 아니면 재구조화 및 다양화 과정으로 진단할 것인가는 흥미로운 논쟁을 불러일으키고 있다. 다만 이에 답하는 작업은 연구자의 가족 가치관이나 이데올로기에 따라 변화 실태에 관한 관찰에서는 대부분 일치하면서도, 해석에 있어서는 가족이 해체 위기에 직면해 있다는 우려와 가족이 새로운 환경에 적응하여 다양화되고 있다는 논의가 맞서고 있다. 재구조화에 주목할 경우에도 단절과 새로운 구조의 형성을 강조하는 입장이 있는가 하면 구조의 변형임을 강조하는 입장도 있다.

실제로 안호용 · 김홍주(2000)는 지난 40여 년간 급격히 변화해 온 한국의 가족이 해체 혹은 쇠퇴 과정을 겪는 것이 아니라, 새로운 원리에 의해 재구조화되고 있다는 입장에 서 있는 반면, 변화순 외(2000)는 다양한 가족유형의 등장을 전통적 가부장제 가족의 해체라는 관점에서 조망하면서 이들 가족을 위한 복지지원 대책의 시급함을 주장하고 있다.

현재 한국 가족의 변화를 해체적 위기로 보느냐, 재구조화로 보느냐 여부[2]는 전통과 근대를 축으로 논쟁이 전개되는 상황에서, 전통가족을 중시하는 입장에서는 전통가족=정상가족이라는 신념을 고수하면서, 특히 산업화 및 도시화 과정에서 정상적인 전통가족이 문제가 있는 핵가족으로 변화함으로써 가족이 위기에 처해 있다고 진단한다. 이로 인해 가족에 의한 노인부양이 방기되고, 가장의 권위가 약화되며, 가정의 교육기능이 실종되고, 청소년의 일탈문제가 심각해지고 있다는 것이다. 이러한 상황을 장경섭(1992)은 '가족위기의 핵가족 책임론'으로 규정한다.

반면 근대가족을 지지하는 측면에서는 개인의 자유 내지 성평등을 지향하는 '근대 핵가족'이 정상가족이라는 믿음을 가지고 있다. 이들은 전통가족의 위계성과 불평등성, 그리고 비민주성을 강하게 거부하는 동시에, 민주와 평등이라는 근대적 가치의 확산이 가족의 위기를 극복할 수 있는 대안이라고 확신한다. 이러한 맥락에서 여성의 지위 변화와 성별역할구조의 해체, 나아가 아동 및 노인 부양의 사회적 책임을 강조한다.

이러한 위기논쟁은 양측 모두 앞서 언급했던 가족신화로부터 자유롭지 못한 결과, 가족과 사회의 이분법을 자연스럽게 수용한 상태에서 고전적 가족기능의 중요성에 집착하는 성향을 보이고 있다.

한편 가족의 재구조화에 주목할 경우에도 가족 내 성과 세대에 따른 권력관계에 대해 지나치게 낙관적 전망을 담고 있으며, 전통가족과 차별화된 재구조화 원리의 규명 또한 간과하는 한계를 보이고 있다. 어떠한 원리에 따라 가족이 재구조화되고 있는지에 대한 논의가 현실보다는 당위에 기울어, 연구자들의 이상적 · 도구적 가족관에 지나치게 의존하는 경향을 보이기도 한다. 그로 인해 최근 급격히 증가하고 있는 다양한 가족생활에 대한 진지한 검토를 소홀히 하고 있다는 점, 더불어 가족 변화

2 이 논쟁은 핵가족화 및 다원화를 둘러싸고도 해석의 차이를 보인다. 장경섭(1992)은 한국 가족의 변동상황을 '불균형 핵가족화'로 규정하고 있는 반면 장현섭(1993)은 이념적 형태와 실제적 행동의 차이를 강조하면서 핵가족화 자체에 강한 의문을 제기한 바 있다.

에 대한 진지한 성찰과 위기의 해법을 찾아가는 과정에 주목하기보다는 정치적 · 사회적 목적을 달성하기 위한 수단으로 가족위기가 자리매김되고 있다는 점에서 비판을 받기도 한다.

향후 한국 가족의 해체적 위기냐 재구조화냐를 규명하는 작업은, 암묵적 합의에서 출발하여 동일한 현상에 대한 해석의 차이로 귀결됨으로써 순환적 논쟁에 빠지는 한계를 극복하고, 가족이 진정 위기상태에 있는지, 있다면 무엇이 가족의 위기인지, 특정 위기는 왜 나타났는지 그 원인을 진단해 보고 사회적 합의를 통해 극복방안을 모색하는 작업이 보다 중요하리라는 절충안(함인희, 2002)이 나오고 있다.

## 2) 전통적 가족주의와 탈근대적 개인화의 충돌

한국 가족의 변화양상에 주목하는 학자들 다수는 가족의 불안정성이 심화되고 있고, 양육과 부양의 위기가 증폭되고 있다는 점에서 "가족이 쇠락하고 있다."는 일종의 위기의식을 공유하고 있다. 나아가 IMF 외환위기 이후 가족의 변화가 증폭되었다는 사실에 주목하면서, 변화의 폭과 깊이가 예기치 못했던 사회구조적 위기에 대한 일시적 반응수준을 넘어 새로운 전략을 모색해 가는 질적 전환의 요소를 함축하고 있다는 사실에도 동의한다. 연장선에서 이젠 가족이 위험사회의 도피처가 아니라 위험사회의 진원지로 등장하게 되었다는 문제의식도 공유하고 있다(장경섭, 2009; 김혜영, 2013).

흥미로운 사실은 한국 가족도 서구와 유사하게 가족규모의 축소를 지향하는 미니멀화 전략을 구사하고 있는 것으로 추론되는 가운데, 전통적 가족주의와 탈근대적 개인화 경향이 절묘하게 혼합되면서 충돌 가능성을 내포하고 있다는 점이다.

소비 자본주의와 개인화의 상호작용 결과로 등장한 서구의 '미니멀 가족'은 더욱더 강력한 '개인화'를 지향해 가면서, 개인을 구속해 오던 가족관계의 끈을 약화시키는 방향으로 진행해 가고 있다. 산업화 시기, 친족 및 지역사회로부터 독립성과 자율성을 추구하던 가족은 이제 한걸음 더 나아가 가족구성원으로서의 책임과 의무로부터 일정한 거리를 둔 채 자유를 갈망하는 개인의 등장을 목격하고 있다(Dizard and Gadlin, 1990; Beck and Beck-Gernsheim, 2002).

단, 서구와 비교해 볼 때 여전히 가족주의가 강하게 작동하고 있는 한국 사회에서는 가족규모의 축소현상 속에 두 가지 흐름이 상호 충돌하며 공존하고 있는 듯하다. 즉, 가족규모의 축소를 통해 가족주의에 내재한 이기적 · 공리적 성격을 더욱 강화해 가는 흐름이 그 하나요(이민아, 2013), 기존의 이념형적 핵가족 내지 전형적 가족으로부터 탈출을 시도함으로써 가족주의의 부담을 회피하고자 하는 흐름이 다른 하나라 하겠다(장경섭 외, 2019).

한편 한국 가족의 변화를 신가족주의에서 포스트 가부장제로 개념화하고 있는 이재경(2022)의 연구는 주목할 만하다. 여기서 신가족주의(neo-familism)란 부계 가족주의와 핵가족의 결합을 의미한다. 1990년대 도시 중산층 여성의 가족 경험을 분석한 결과, 여성들이 핵가족 이념을 수행하면서도 직계가족 범위에서 행위를 하는 현상을 신가족주의로 명명한 것이다. 가족의 가부장성에 저항하면서도 핵가족의 생존과 번영을 위해 양계적 방향으로 대가족적 연대를 도모하고 있었다는 것이다. 반면 포스트 가부장제는 개인화 추세와 가족주의가 공존함을 지칭한다. 가부장적 젠더 질서의 약화에도 불구하고, 가족주의가 개인의 삶과 가족관계, 그리고 사회구조적 차원에서 여전히 중요한 영향력을 행사하는 현상을 포스트 가부장제로 포착한 것이다.

한국 사회의 개인화가 서구의 개인화와 다름을 강조하고 어떻게 다른가에 주목하는 연구들 또한 그 의미를 새겨볼 만하다. 일례로 김혜경

(2013)은 IMF 외환위기 시 노동시장에 진출한 청년세대의 개인화와 가족주의의 관계를 분석한 결과, 부모에 대한 효도와 부양이라는 전통적 규범의 쇠퇴를 확인하였다. 단 이들의 개인화는 원가족과의 강력한 관계 속에서 진행된다는 점에서 한국의 개인화 과정은 제도적 가족주의와 결합하는 가족 지향성을 보인다는 데 방점을 찍고 있다.

한국 사회 개인화의 성격을 둘러싸고는 개인주의 없는 개인화(장경섭, 2019), 압축적 개인화(홍찬숙, 2012), 가족지향적 개인화(김혜경, 2013; 이순미, 2014), 페미니즘 없는 개인화(허은, 2017) 등 다양한 개념들이 제안되고 있다. 이들 논의에서 공통적으로 나타나는 특징으로는 한국의 경우 서구와 달리 일차적 개인화와 이차적 개인화가 압축적으로 진행되고 있고, 개인화 속도에 젠더 차이가 있으며, 개인화 과정이 제도적 가족주의와 결합하는 가족지향성을 보인다는 점이 지목되고 있다(개인화 관련 논의는 이 책의 여러 장에서 심도 있게 논의되고 있으니 참조할 것.).

### 3) 생애주기의 탈표준화와 낭만적 관계의 다양화

20세기까지도 성인으로 가는 길은 사랑–결혼–출산이 표준 생애주기의 전형적 경로였다. 오늘날은 개인의 생애주기에 '성인 모색기(emerging adulthood)'가 새로이 등장했고(Arnett, 2015), 생애주기의 탈표준화가 진행되고 있다. 젊은 세대는 결혼 및 가족 구성 여부와 성인기 진입을 분리(decoupling)하는 대신 성인이 된다는 의미를 경제적 독립에 두고 있다.

한국에서도 생애주기의 탈표준화 경향은 1970년대 출생 세대로부터 시작되었다는데 대체로 동의한다(최선영, 2020). 남춘호 · 남궁명희(2012) 연구는 성인기 이행의 근대적 유형이 불안정해지고 있음을 보여주고 있고, 이순미(2014)는 '생애과정의 탈근대화' 개념 아래 성인기 이행이 젠더 및 계층에 따라 달리 진행되는 이중적 과정임을 입증하고 있다. 실제로 한국인의 성인기 이행과정은 고학력 남성을 중심으로 근대성이 지속되는 반면 여성의 경우는 탈근대적 생애과정이 두드러져 '복합적 탈근대화' 경향을 보인다는 것이다.

초기 성인기를 규정하는 표준화된 각본(스크립트)이 사라진 오늘날(Arnett, 2015), 낭만적 사랑에 빠지는 횟수, 시기, 유형, 시퀀스 모두 각본 없는 무대에서 개인기를 발휘하고 있는 상황이 펼쳐지고 있고(Cherlin, 2010), 결혼 전 성관계 양상 또한 변화되고 있다.[3]

결혼이 필수적 의무로부터 개인적 선택으로 화한 상황에서, 과거 금기시되었던 혼전관계, 혼외 출산, 동거, 동성 결혼 등에 대한 포용력이 확대되고 있다. 미국에서는 혼전(non-marital) 성관계나 동성관계 및 가벼운 섹스에 대해 보다 허용적인 태도 변화를 보이고 있다. 혼전관계 및 가벼운 섹스의 허용도는 남성이 여성보다 높은 반면 동성 간 결혼의 허용도는 여성이 남성보다 높다. 동성 간 결혼이 인정되기 시작한 것은 2004년부터이나 관련 연구가 나온 것은 2015년 이후인데, 2009~16년 사이 남성 간 결혼은 255%, 여성 간 결혼은 193% 증가했다(Tillman *et al.*, 2019).

동거의 허용도가 증가하고 있음도 주목할 만하다. 미국 여성의 약 4분의 3이 서른 살까지는 적어도 한 번 이상의 동거를 경험한 것으로 나타나고 있다. 동거가 결혼의 대안인지 싱글의 대안인지에 따라 미묘한 차이가 있긴 하나 동거의 장점으로는 커플끼리 경제적 자원을 pooling하여 보다 나은 주거를 확보할 수 있고, 식비 등 일상 비용 절감이 가능

**3** 초기 성인기에는 왕성한 성관계를 보이는 것과 달리, 20대 초반에는 상대적으로 성생활 비중이 떨어지고 있다. 이유는 성관계나 친밀한 관계는 개인의 커리어 추구에 방해가 되는 것으로 인식하는 경향이 있고, 개인주의의 발달은 자신이 원치 않는 성관계를 강요하는 사회적 압력에 저항하도록 하고 있으며, 온라인 포르노그래피라는 대안이 존재하며, 각종 커뮤니케이션 테크놀로지의 발달은 오프라인 관계 시 자신감을 갖고 협상할 수 있는 기대 혹은 능력을 감퇴시켰고, 부모와 함께 거주하는 비율 증가도 한몫하는 것으로 밝혀졌다.

하다는 점, 데이팅에 비해 커플끼리 오랜 시간을 함께할 수 있고 정서적 지원이 더 용이하다는 점이 지목되고 있다(Sassler and Miller, 2017). 결혼을 계획 중인 싱글 여성의 3분의 2가 결혼 전 동거를 기대한다는 연구도 있다(Manning and Smock, 2005).

한국에서도 비혼 동거가 결혼의 대안으로 부상하면서, 혼인신고 이전 동거 기간이 1년 이상인 부부 비율은 1995년 7.1%에서 2015년 10.8%로 증가했다(김순남, 2022).

이러한 변화를 가능케 한 요인으로는 두 가지가 지목되고 있다. 첫째는 강력한 문화적 이데올로기 역할을 하는 표현적 개인주의(expressive individualism)의 등장이요, 다른 하나는 젊은 세대에게 허락되는 경제적 기회와 경제적 역할의 변화이다. 표현적 개인주의란 정서적 만족감과 개인적 욕구 및 느낌을 자유롭게 표현하고자 하는 태도를 의미하는 개념이다(Cherlin, 2010). 평균 수명의 연장과 저출산 흐름은 성인 역할에 빨리 안주하도록 하는 사회적 압력을 약화시키는 대신, 자기 발전과 개인의 행복 추구에 보다 많은 시간을 투자하도록 허용하고 있다(Klinenberg, 2012). 이제 사랑과 헌신의 관계는 개인에게 의미, 성장, 행복을 제공해야만 한다는 믿음하에 놓이게 되었다.

둘째는 지식경제, 하이테크, 탈산업화, 4차 산업혁명 등이 노동시장의 양극화를 초래함으로써 개인의 생애주기 전이 및 결혼 시장에도 확실한 영향을 미쳤다. 고학력, 고숙련, 고임금 노동자 vs. 저학력, 중위 저숙련, 저임금 노동자로 양극화되는 과정에서, 남성의 임금 하락 폭이 여성보다 컸고 이에 따라 남성 생계부양자 모델이 쇠퇴하게 되었다. 대신 지식경제 전환이 낳은 여성의 교육수준 향상과 취업률 및 임금 상승은 결혼 및 출산을 결정하는 과정에서 젠더 평등을 증가시켰고, 대졸 여성 비율이 증가함에 따라 친밀한 관계 속에서 커리어 전망이나 결혼에 대한 젠더 차이가 사라지고 있다(Sweeney, 2002).

결론적으로 오늘날의 초기 성인기 세대는 부모의 감시를 떠나 성관계 및 친밀한 관계의 자유를 경험할 기회가 증가했고, 자신들의 욕구(및 상황)에 따라 낭만적 관계를 형성하길 원한다. 그 결과 친밀한 관계유형은 더욱 다양화되고, 관계의 경계는 보다 모호해지고 측정 또한 어려워지는 결과를 가져오고 있다. 일례로 성적 친밀성과 정서적 친밀성이 분리되어 나타나기도 하고(Fincham, 2012), 후크업(hook-up)과 FWB(friends with benefit), 심각한 데이팅과 LAT(living apart together, 오래된 연인이지만 주거는 공유하지 않는) 커플 구분이 어려워지고 있는가 하면, 새로운 유형으로서 시간제 동거 혹은 데이팅과 동거의 중간 단계라 할 스테이 오버(stay over) 관계 등이 등장하고 있다(Arnett, 2015; Jamison and Ganong, 2011).

### 4) 결혼 시장과 불평등의 재생산

근대 낭만적 사랑의 신화는 결혼의 경제적 속성을 은폐해 왔으나, 오늘날 결혼은 두 사람의 다양한 자원이 교환 또는 거래되는 경제적 행위임이 분명해지고 있다. 결혼은 이제 새로운 계층 구분의 표식(marker)이 되었고, 안정적 결혼생활은 사회적 위신(social prestige)의 주요 지표가 되었다.

결혼 시장은 시장경제 원리를 따라 작동한다. 결혼 적령기에 진입한 이들은 조건이 좋은 배우자를 만나기 위해 경쟁하고, 시장이 가치를 부과하는 조건을 갖추기 위해 노력한다. 이때 교환의 규칙은 성비, 젠더 규범, 고용 조건 등에 의해 결정되고 학력, 소득, 외모, 직업 등 유사한 조건이나 자원이 상호 교환되고 거래된다(이재경, 2002). 배우자 선택 시 가장 중요한 조건으로 남녀 모두에게 안정된 직장이 부상했다(Gurrentz, 2018).

결혼연령은 올라가는 추세지만, 사회경제적으로 소외된 집단일수록 자신들의 결혼 갈망을 포기하는 경향이 나타나고 있다(James-Kangal *et al.*, 2018). 과거에는 대졸 여성보다 고졸 여성의 결혼연령이 낮았으나 지금은 역전되었고, 미국에서는 대졸 여성의 결혼 비율이 고졸 여성의 두 배에 이른다. 반면 동거 및 혼외 출산 비율은 저학력 여성에게서 높게 나타난다(Cherlin, 2010).

카르본과 칸(2014)은 신자유주의 및 불평등 심화로 대변되는 경제구조의 변화가 결혼 시장 메커니즘에 영향을 미침으로써 가족구성 과정에 결정적 변화를 가져왔음을 보여주고 있다. 윤영수(2015) 또한 낭만적 사랑과 소비자본주의의 결합이 이중적이고 모순적인 로맨스 소비 각본을 만들며, 이는 불평등한 젠더관계를 지속시키는 결과를 가져온다는 사실을 입증했다. 로맨스 소비가 확대되고 경제적 합리성에 따라 관계가 형성될수록, 여성은 '주체적이고 합리적인 소비자' 또는 '감정의 주체적 행위자'로 여겨지지만, 실제로는 남성의 우월한 경제력으로 인해 비주체적 로맨스를 경험하게 된다는 것이다.

결혼 시장을 통해 부모의 자원이 자녀에게 이전됨으로써 계층 불평등 구조가 재생산됨은 익히 알려진 사실이다. 고졸 이하 학력의 저소득층에서는 결혼의 탈제도화 현상이 진행되고 있지만, 대졸 이상의 중산층에서는 결혼이 특권으로 작용하게 된다. 이는 경험적 자료를 통해 검증되고 있어, 사회경제적 지위가 높은 남성일수록 결혼 가능성이 상승한다. 20, 30대 남성의 경우 대졸 이상의 혼인율이 가장 높고, 고졸의 혼인율은 대졸 이상에 비해 저조하며 교육수준이 낮을수록 초혼연령이 상승한다.

한국노동패널 2015년 자료를 토대로 30대 남녀의 결혼 이행과정을 분석한 결과(조귀동, 2020), 30대 남성의 결혼 이행에 가장 큰 영향을 미친 요인은 소득과 정규직 여부 등 경제적 조건으로 확인되었다. 종사상 지위와 자가주택 보유 여부가 중요하게 작용한다는 연구도 있다(주휘정 · 김민석, 2018). 20~30대 남성 노동자 중 임금 상위 10%와 하위 10%의 기혼자 비율은 각각 82.5%, 6.9%로 나타나고 있고, 정규직의 기혼자 비율은 비정규직의 2배에 이른다(김유선, 2016).

반면 여성의 사회경제적 지위가 결혼에 미치는 영향은 제한적이며 복합적이다. 여성은 교육수준이 높을수록 초혼연령이 상승한다(박경숙 외, 2005; 유홍준 · 현성민, 2010; 통계청, 2017). 최근 코호트에서 40세 미만 비혼 비율을 보면 고졸 미만 여성이 고졸 및 2년제 대졸 여성보다 높다. 학력에 따른 결혼율 차이는 그다지 크지 않으나, 저학력 여성의 결혼 가능성이 낮아지는 추세라는 조심스런 해석이 나오고 있다. 정규직, 소득 정도, 대기업 재직 여부 등도 여성의 결혼에 영향을 미치는 주요 요인이다.

결혼 비용, 가족의 경제력 등 조건의 문제로 학력이 낮은 저소득층 여성의 결혼이 비자발적으로 지연되는 현상도 관찰되고 있다. 대학 졸업 후 안정된 직장에 취업한 고학력 여성들은 결혼을 '제 나이에' 하려는 경향이 있으나, 실제 결혼 이행은 매우 신중하게 이루어진다. 실제로 전문직, 대기업, 정규직, 고학력 여성의 경우 자신과 어울리는 '완벽한 결혼'을 구상함으로써 결과적으로는 결혼을 자발적으로 연기하는 현상이 나타나기도 한다. 결혼 시장에서는 사회경제적 측면의 미스매치보다는 결혼 가치관 등 문화적 영역의 미스매치가 고학력 여성의 결혼 이행을 지연시킨다는 분석도 있다(계봉오 외, 2021).

고학력 여성들은 경제적 능력, 잠재력, 학력 등 보상이 돌아올 수 있는 배우자를 원했고, 결혼 결정 시 부모에 대한 의존이 큰 반면, 저학력 여성들은 비슷한 배경의 상대를 만나 예속되지 않고 부모와도 독립적으로 살기를 원하는 경향이 있다. 오늘날 한국의 결혼 시장에서 중산층 결혼은 부모와 당사자 모두가 참여하는 기획된 가족 프로젝트의 성격을 띠고 있다면, 저소득층 결혼은 불안정한 독립의 특징을 보인다는 해석은 한국 결혼 시장의 핵심을 요약하고 있다 하겠다(이재경, 2022).

## 4. 가족사회학의 미래 전망

가족에 관한 한은 제도로서의 가족이 '해체' 혹은 '몰락'하고 있다는 주장도 하나의 신화요, 안정되고 조화로운 공동체를 상정함 또한 신화이다. 가족은 '불확실성(uncertainty)'이 증가할 것이요, '친밀한 환경'으로서의 의미가 강화되리라는 전망이 우세하다.

여기서 가족의 불확실성이 증가할 것이라는 의미는 이혼율 급증, 출산율 감소, 고령사회 진입 등의 인구학적 반란과 더불어 다양한 가족형태가 증가하리라는 것과, 모든 가족생활 영역에서 과거에는 당연시되어오던 것이 이제는 의식적인 선택 영역으로 화하게 되었음을 의미한다. 곧 결혼을 할 것인가? 한다면 언제 할 것인가? 결혼 전에 출산을 할 것인가? 몇 명의 자녀를 낳을 것인가? 혹은 낙태를 할 것인가? 결혼을 지속할 것인가? 등등이 모두 개인적 선택의 영역으로 들어오게 되었음을 의미한다.

더불어 전반적인 경기침체와 함께 '고실업 사회'로 진입하면서 가족의 양극화와 더불어 하강이동의 폭이 확대될 것이다. 이에 따라 가족의 생활수준 유지를 위해 더욱 많은 노동에 투자하게 될 것이며, 청소년 및 소수집단, 그리고 젊은 세대 가족들이 가장 큰 피해를 보게 될 것이다. 그뿐만 아니라 가족이 정치적 논쟁의 전면에 등장하게 될 가능성 또한 높아졌다. 가족해체가 자녀 학대, 아내 구타, 약물 및 알코올 중독, 빈곤, 범죄, 폭력의 증가 등 모든 사회문제를 야기했다는 비난을 받게 되면서, 요동치는 가족생활이 사회적 차원의 빅 이슈로 등장하게 될 것이다.

가족의 변화에 대해서는 여전히 비관적 전망과 낙관적 전망이 공존하며 맞설 것이다. 흥미로운 사실은 낙관적 견해보다 비관적 주장이 앞으로도 보다 큰 설득력을 가질 것이라는 점이다. 곧 개인적 자유와 자아실현이 결혼 및 자녀양육이나 부양, 돌봄보다 중요한 가치로 부상하게 되면서 가족은 취약한 제도로 쇠락할 것이라는 주장이 어필할 것이다.

그러나 최근 들어서는 낙관론과 비관론 모두 가족의 복잡 미묘한 현실을 정확히 포착하지 못하고 있다는 점에서 제3의 입장이 부상하고 있다(Sweeney, 2002). 실제 가족은 강한 지구력과 끈질긴 생존력 및 회복력을 보유하고 있으되, 해결을 기다리는 수많은 문제에 봉착하고 있음을 인정한다. 현재 가족이 직면하고 있는 문제들은 공공정책의 어젠다(agenda)이긴 하지만 가족해체의 징후들인 범죄, 매매춘, 포르노 등과 혼돈해서는 안 된다고 보는 것이다.

제3의 입장에서는 가족정책이 공공생활의 질을 향상시키는 데 중요한 역할을 한다고 본다. 이들은 아무런 문제가 없다고 보는 낙관론자들과 구분되고, 과거를 미화 · 이상화하며 시계를 돌리고자 하는 비관론자들과 구별된다. 일례로 맞벌이 부부의 자녀양육문제를 놓고 보수주의자들의 해법은 엄마를 다시 가정으로 보내야 한다고 보는 반면, 낙관론자들은 이들 아동의 문제가 생각보다 심각하지 않으며 자녀에게도 일정한 혜택이 있다고 주장한다. 제3의 입장은 다수의 어린이들에게 심각한 해가 됨을 인정하되, 해법이 엄마의 가정 복귀에 있다기보다는 일하는 엄마의 선택대안이 희소함에 있다고 본다. 곧 기업과 학교가 변화된 가족생활에 대해 적절히 대응하지 못한 데 문제해결의 열쇠가 숨어 있다고 보는 것이다.

결국 가족의 변화는 오랜 시간 진행되어 온 사회구조적 변화에 대한 하나의 반응으로서, 산업사회로부터 탈산업사회로 이행 중인 과정에서 가족 또한 적응과정을 겪고 있다고 봄이 타당할 것이다. 이러한 문제의식으로부터 가족사회학 영역에서 새롭게 부상하게 될 쟁점을 열거해 본다면, 첫째, 가족의 어두운 측면, 곧 자녀학대, 배우자 구타, 근친상간, 노인 학대, 가족동반 자살 등에 대한 공공의 관심이 증가함에 따라 이에 대한 연구 요구도 높아질 전망이다. 물론 가족의 부정적 측면이 새롭게 '발견'된 것도 아니요 최근 들어 더욱 증가하고 있는 것도 아니다. 그보다는 이들 현상을 사회문제로 보는 공공의 인식이 강화되면서 가족만의 부끄러운 비밀을 공공정책 속에서 다루게 된 것이 변화의 요체라 할 수 있다.

둘째, 가족 관련 통계에 대한 신뢰도 및 타당도 제고를 향한 요구가 강화될 것이다. 가족 관련 통계는 그 자체로 단순하거나 자명한 것은 아니다. 일례로 조이혼율 통계는 단순히 이혼한 커플/결혼한 커플의 비율을 계산한 것으로 개별 커플의 실제 이혼율과는 거리가 있다. 과거의 통계는 신뢰도 및 타당도에 있어서도 문제를 노출했다. 이제 가족문제의 원인을 보다 정확히 진단하고 변화의 방향을 정확히 예측하는 데 대한 요구가 증가하면서, 종단적 연구를 더욱 활성화하고, 남성과 소수집단의 경험을 포함하기 위한 노력이 필요할 것이다.

관련해서, 통계 결과를 해석함에 있어서도 다양한 시각의 접근이 활성화될 전망이다. 과거엔 이혼보다 배우자 유기 및 별거가 만연했고, 오늘날 이혼으로 끝나는 부부의 다수가 예전엔 배우자의 사망으로 종결되었을 가능성이 있다는 점에서 이혼율 상승이 역사적 트렌드인지, 아니면 가족붕괴의 결정적 지표인지는 여전히 의문이다. 마찬가지로 혼외출산의 증가가 도덕적 해이를 의미하는지, 새로운 도덕 규범의 등장을 암시하는지도 의문이며, 출산 감소가 이기심의 발로인지, 신중함의 표현인지도 의문이다. 이들 의문을 풀어가는 과정에서 새로운 통계기법이 개발되고 의미 있는 사료들이 발굴될 것이다.

셋째, 과거 가족학자들은 관계가 소멸되는 원인 규명에 주력했으나, 앞으로는 관계가 지속되는 이유에 관심을 주목하게 될 것이다. 특히 결혼 및 친밀한 관계가 다른 인간관계와 구분되는 속성은 무엇인지, 결혼 및 친밀한 관계를 지속시키도록 하는 수수께끼는 무엇인지 풀기를 희망하고 있다. 친밀한 관계 유지가 얼마나 어려운가에 대한 문제의식이 증가하면서, 친밀한 관계의 역설적 본질을 규명하기 위한 노력이 증가하리라 예상된다.

넷째, 무엇을 가족으로 볼 것이냐, 나아가 무엇을 가족문제로 규정할 것이냐 하는 이슈는 계속해서 가족정치학의 핵심을 구성하게 될 것이다. 결국 모든 사람들은 가족에 우호적이지만, 가족을 위해 어떻게 해야 할 것인가를 놓고서는 한 치의 양보도 없는 논쟁을 벌이고 있다. 이들 문제는 무엇을 정상으로 혹은 문제 상황으로 볼 것이냐를 규정하는 이념적 논쟁을 수반할 것이며, 향후 이혼 및 재혼, 입양은 물론 출산 기술의 발달과 동성애 커플의 등장으로 인해 이 문제를 향한 도전은 거세어질 가능성이 높다.

다섯째, 가족 연구는 이론과 실제 사이의 괴리를 극복하면서 새롭게 부상하는 가족 현상에 대한 정확한 진단이 시급한 과제로 떠오를 것이다. 연구를 완성할 때 즈음이면 가족 현실은 이미 새롭게 변화를 시작한 경우가 빈번한 만큼, 이론과 현실 사이의 간극을 줄이기 위한 노력이 필히 요구된다. 1인가구 비율이 폭증하는 상황에서 1인가구를 가족에 포함할 것인지, 어떤 경로를 거쳐 1인가구가 되는지, 1인가구가 경험하는 삶의 신산함은 어떤 모습인지, 1인가구를 위한 사회정책적 수요는 무엇인지 등의 연구가 뒷받침되어야 할 것이다.

"생활동반자관계에 관한 법률"은 아직 통과된 법안은 아니지만, 이에 대한 사회적 관심을 환기하는 동시에 이론적 기반을 공고히 하는 작업을 병행해야 할 것이다. 생활동반자란 혼인이나 혈연으로 맺어진 관계는 아니지만, 함께 살며 서로를 돌보기로 한 이들을 일컫는다. 다양한 형태의 생활공동체를 법률적 차원에서 합법적 단위로 인정하자는 것이 생활동반자법의 취지이다. 이 법이 제정되면 생활동반자는 서로 법적 보호자가 될 수 있다. 성별과 관계없이 성인 2명이 서로를 파트너로 등록하면 재산상속이나 사회보장 등 기존 결혼관계와 동등하게 권리를 보장받을 수 있는 덴마크의 '파트너십 등록제'[4]나 프랑스의 느슨한 가족 결합이라 할 팍스(PACs · 시민연대계약)[5] 등 선진국 사례는 우리에게 타산지석이 되어 줄 것이다.

반려견이나 반려묘 등이 가족의 일원이 되기 시작했음도 주목을 요한다. 이 현상은 가족의 범위와 의미 나아가 우리가 가족 구성원에게 기대하는 바가 무엇인가에 대한 관심을 환기시켜 준다. 반려견과 반려묘가 죽었을 때 슬픔과 상실감을 달래 주기 위한 상담이 새로운 영역으로 떠오르고 있는 상황에서 가족 연구자들의 진지한 관심이 요구된다.

마지막으로 가족은 이제 일국의 경계를 뛰어넘어 초국적 가족연계망을 확산시켜 가는 가운데 '세계가족'의 성격을 강화해 갈 것이다. 다문화가족, 결혼이주 가족, 세계가족 등을 이해하고 분석함에 있어 새로운 개념 및 이론의 개발이 요구됨은 재론의 여지가 없을 것이다(이혜경 외, 2006; 벡 외, 2012).

사회학적 패러다임하에서 가족을 연구하는 작업은 급변하는 가족 현실을 포착하면서 변화의 원인을 다각도로 추적하고 변화의 다중적 의미를 풍부하게 해석하며 변화의 방향을 예측함에 정확도를 높이기 위한 노력을 계속해 갈 것이다.

---

4 1989년 10월 1일 도입된 제도로 '시민 결합(civil union)'이란 용어로 널리 알려져 있다. 파트너 중 한 명이 덴마크 시민으로서 국내에 거주하거나 두 명 모두 2년 이상 덴마크에 거주한 경우, 성(sex)에 관계없이 파트너십을 인정받음으로써, 상속 · 사회보장 등 거의 모든 면에서 부부와 동등한 권리 및 의무를 보장받게 된 제도로, 최초의 합법적 결혼 대체제도였다는 평가를 받고 있다.

5 팍스는 이성이든 동성이든 두 명의 성인이 서로의 관계를 법적으로 인정받을 수 있는 제도이다. 1999년 동성애 보호와 출산율 제고를 목적으로 프랑스 민법 515-1에 규정되었다. 2013년 동성혼을 인정하기 시작했고 변화하는 상황에 맞춰 개정을 시도하고 있다.

02장

# 가족 · 국가 · 사회재생산

| 황정미(서울대 여성연구소) |

흔히 가족이란 개인의 친밀한 삶의 장소이며 정서적 상호작용이 이루어지는 곳, '각박한 세계로부터의 피난처'라고 생각하는 사람들이 많다. 또한 한국을 비롯한 아시아 사회에서는 가족을 인륜(人倫)의 근거라 보고 가족 규범을 사회질서의 출발점으로 여기기도 한다. 그러나 가족 안의 삶이 언제나 질서정연하고 안락한 것은 아니며, 생존을 위한 자원 확보에서 더 나은 삶을 위한 경쟁에 이르기까지 역동적인 사회질서가 가족관계를 가로지르고 있다. 더욱이 21세기 사회에서는 이른바 '전통적 가족'의 모습과는 다른 다양한 가족들이 확산되어 왔으며, 사회경제적 변화의 고비에서는 '가족 위기론'이 심심치 않게 대두한다. 급속한 기술 혁신, 질 좋은 일자리의 감소, 사회양극화, 새로운 가치관의 등장 등 미래를 예측하기 어려운 변화로 사회의 복합성이 높아질 때 가족의 복합성 또한 증폭된다.

이 장에서는 가족이 개인적 사생활의 영역만은 아니며, 여러 거시적 사회현상들, 가령 경제구조나 노동시장, 국가, 계층, 부(富)의 재분배 등과도 밀접하게 연관되어 있다는 점을 살펴본다. 부모님, 조부모님의 생애 이야기를 들어보면, 20세기 후반 한국인들의 가족생활은 안정과 정체보다 이동과 전환으로 점철되어 있다는 것을 쉽게 발견하게 될 것이다. 예를 들면, 산업화 과정에서 농촌에 살던 가족들이 도시로 이동하면서 가족형태뿐 아니라 친족관계가 크게 바뀌었고, 부동산 경기 변동이나 전세금 인상, 경제위기와 구조조정 탓으로 가족의 경제 형편이 하루아침에 뒤바뀐 경우도 많다. 최근에는 다른 가족원이 없이 혼자서 생활하는 1인 가구가 늘어나고 있다. 세계화와 더불어 국경을 넘는 이주가 빈번해지며, 국제결혼이 증가하고 또 부모와 자녀가 국경을 넘어 따로 거주하는 원거리 가족(기러기 가족)도 나타난다. 이처럼 가족이란 하나의 보편적 형태를 띠는 것이 아니며, 매우 다양하고 가변적인 모습을 보인다.

역사적으로 다양한 가족의 모습을 연구해 온 학자들은 "가족이란 구성원의 역할과 행위를 그들의 둘러싼 환경 변화에 맞추도록 조정하는 역사적 구성물이자, 인간관계의 다양한 집합이며, 보편적인 형태를 가지고 있는 고정적 실체가 아니다."(틸리 · 스콧, 2021)라고 설명한다. 이러한 가족들의 다양성과 역동성을 있는 그대로 관찰하고 나아가 그 차이를 체계적으로 분석하기 위해서는 먼저 우리 사회에 널리 퍼져 있는 '가족 신화(神話)'와 고정관념으로부터 벗어날 필요가 있다.

급속한 기술 변화로 미래 불확실성이 높아지는 사회에서 사람들은 '먹고사는 문제'에 대한 불안에 민감해지며, 자본주의 생산체계 안에서 더 좋은 위치로 올라가고자 치열한 생존 노력을 기울인다. 국가 차원에서도 글로벌 자본주의 질서 안에서 경쟁력을 확보하기 위해 산업전략과 경제정책을 우선 과제로 추진하고 있다. 그런데 시야를 좀 더 넓혀 보면, 자본주의는 시장과 생산체제의 조직적 원리로만 지속되는 것은 아니다. 기업이나 국가 경제가 원활하게 발전하기 위해서는 사회재생산(social reproduction)을 효과적이고 안정적으로 관리할 수 있어야 한다(장경섭 2018: 197). 인구의 증감, 노동력의 양적 · 질적 변화, 공동체 구성원(시민)의 충원 등은 이러한 재생산 활동의 집합적 결과이다. 또한 사회재생산은 가족을 매개로 한 일련의 활동, 즉 외벌이 또는 맞벌이로 부양 · 살림의 기반을 마련하고, 결혼(동거)을 하고, 자녀를 출산 · 양육하고, 교육투자 등으로 본인과 자녀의 직업 능력을 키우고, 의존적 가족원(노령의 부모, 장기질환자 등)을 부양 · 수발하는 활동들이 없이는 이루어질 수 없다. 돈을 버는 생산 활동뿐 아니라 가족구성원의 부양과 돌봄, 생애과정에 따라 미래를 준비하는 활동을 포함한 광범위한 재생산 활동이 원활하지 못하다면, 기업 · 국가 · 사회공동체의 존속과 발전에 필수 조건인 구성원의 확보와 유지, 증진도 기대하기 어려울 것이다.

사회학자들은 국가와 가족, 사회재생산을 연결하는 제도적 역사가 국가마다 상이하다는 점을 분석해 왔다. 이러한 시각에서는 가족을 단지 친밀한 관계의 사적 공간으로만 보지 않으며, 가족을 매개로 한 재생산 활동들이 자본주의 경제와 국가를 지속가능하게 하는 사회적 제도의 한 축이자 다양한 상호작용을 만들어 낸다는 점을 강조한다. 현대 국가는 가족을 통해 이루어지는 노동자/시민의 출생과 양육, 사회화가 이루어지는 교육제도 등에 많은 예산과 정책을 통해 개입하고 있다. 역으로, 일자리의 변화나 국가로부터의 지원 여부에 따라 가족들이 살아가는 모습도 영향을 받는다. 이처럼 삶의 파고를 헤쳐 나가는 가족들의 다양한 실천과 대응 전략들을 거시적 배경 위에서 분석하고 이해하는 사회학적 상상력이 그 어느 때보다도 중요하다고 하겠다.

# 1. 가족부양의 제도적 변화 : 산업자본주의 · 복지국가 · 세계화

## 1) 산업자본주의 사회 : '가족임금'과 핵가족 규범의 결합

사람들은 좋은 교육을 받고 사회적으로 우대받는 직업을 희망하며 이것을 인생의 중요한 목표로 삼기도 한다. 직업적 성취는 개인의 예외적 노력으로 도달하기도 하지만 사실 대부분 가족관계 안에서 만들어지는 것이다. 사람의 기본적인 의식주는 가족단위의 생계부양을 통해 충족되며, 식구(食口)라는 말은 생계를 함께하는 가족의 현실을 잘 드러내는 한국식 표현이다. 근대 산업자본주의 사회에서 대다수의 가족들은 임금노동을 통해 생계비용을 벌어들인다. 가족구성원 중에서 누가, 그리고 몇 명이 취업해서 어느 정도의 임금을 받는가에 따라 가족 내 분업구조가 달라지는 것이다. 그런데 시야를 넓혀 보면 임금노동만이 인간 사회에 필요한 노동의 전부는 아니다. 가사노동이나 돌봄노동과 같이 인간 사회에 꼭 필요한 일이라도 가족 내에서 여성이 수행한다는 이유로 화폐로 보상받지 못하는 무급노동도 있다. 이처럼 생계유지와 일정 수준의 삶을 지속하기 위해 필요한 다양한 노동과 역할들이 가족 내에서 어떻게 분담되고 있는지, 이러한 역할분담이 사회적 제도와 어떻게 연관되어 있는지를 이해하는 것이 중요하다.

사회학자들은 서구의 산업화 과정에서 나타나는 가족의 변화를 역사적으로 분석해 왔다. 자본주의가 발달함에 따라 가족 단위로 농사를 짓거나 수공업 생산을 하는 형태가 쇠퇴하고, 가족들이 각기 취업해서 벌어들이는 임금으로 가족의 생활을 충당하게 되었다. 18~19세기 자본주의 초기에 일(노동)과 가족, 작업장과 가정의 공간적 분리가 진행되었는데, 이 시기에도 모든 가족구성원의 경제적 기여를 당연시하였으며 남성 가구주를 중심으로 모든 가족이 생산적 일에 종사하는 것이 일반적이었다(틸리 · 스콧, 2021). 초기 자본주의 사회에서 공장노동의 조건은 매우 열악했고 임금 또한 매우 낮았기 때문에, 생계유지를 위해서는 되도록 많은 가족원들이 임금을 벌어야 했다. 아동노동은 일반화되어 있었고 여성들도 생계비를 벌기 위해 공장노동이나 가내 서비스 노동(하녀노동) 등에 나서야 했다.[1]

기술 변화와 중공업의 성장, 산업규모의 확대 등으로 19세기 말에 서유럽의 생산성은 크게 높아졌다. 산업구조의 변화로 제조업 등 새로운 분야에서는 아동이나 여성보다는 성인 남성 노동력을 우선적으로 필요로 하였다. 20세기 초 산업자본주의 질서가 안정화됨에 따라 서구사회에

1 19세기 중반 맨체스터 등의 영국 직물공장에서는 아버지가 자녀들과 함께 한 공장에서 일하고, 임금은 모두 합하여 아버지가 공장주로부터 받았다고 한다. 또한 1840년대 프랑스 아미앵의 기록을 보면 아이들은 6세나 7세가 되면 일을 하기 시작했고 대부분의 아동노동자는 10세에서 14세였다. 또 많은 부모들은 딸들을 인근 도시로 보내 하녀 등 가내 서비스 일을 하게 하였다. 딸들은 번 돈을 대부분 부모에게 보냈으며, 가족의 생계비로 쓰였다(틸리 · 스콧, 2021).

서는 이른바 '가족임금(family wage)'이 제도화된다. 즉, 남성의 임금은 단지 한 명의 노동에 대한 대가로만 지급되는 것이 아니라, 남성 가장이 부양하는 가족 전체의 생계 및 생활비용을 충당한다는 사회적 의미를 갖게 된 것이다. 이러한 변화는 우선 산업생산의 중심인력으로서 더 많은 교섭력을 갖게 된 남성 노동자들의 임금 상승에 기초하고 있으며, 아울러 아동과 기혼여성의 삶에도 변화를 수반하였다.

흔히 말하는 산업사회의 '핵가족' 구조는 위에서 설명한 가족임금과 잘 부합한다. 가족임금의 제도화는 임금생활자들이 중산층의 일정한 소비수준을 유지하는 데 중요한 기반이 되었다. 이제 아동은 가족의 수입을 늘려주는 자산이 아니라 더 많은 교육비의 소비를 유발하는 대상으로 바뀌었다. 이렇게 하여 더 많은 가족들이 자녀 수를 줄이는 선택을 하게 되었다. 또한 새로운 분업구조하에서 여성들은 가사와 양육에 더 많은 시간을 할애하고 경제활동보다 주부와 어머니 역할에 더 치중하게 되었다.

### 2) 복지국가와 가족 : '남성 생계부양자' 이데올로기의 제도화와 한계

산업구조와 임금의 변화뿐 아니라 사회의 재생산과 인구를 관리하는 국가정책은 가족의 삶에 큰 영향을 미친다. 서구에서는 산업사회의 남성 노동자들에게 닥쳐올 수 있는 사회적 위험에 대비하기 위해 국가가 관리하는 사회보장제도가 도입되었다. 2차 대전 말기에 영국 사회보장 시스템의 청사진을 제공한 베버리지 플랜에서는 '사회보장'을 물질적 '결핍(want)'에 대비하여 최소한의 소득을 보장하는 것으로 정의하고 있다. '결핍'이란 '가족과 개인이 건강한 최저생활을 할 수 있을 만큼의 자산이 결여된 상황'을 말하며, 이때 가족은 남성 노동자가 부양하는 '남성 생계부양자' 가구였다(오사와 마리, 2007: 122). 20세기 서구 복지국가의 정책은 국가별로 다양한 형태를 띠고 있지만, 크게 보면 남성 임금노동자의 표준적 노동생애를 전제로 하여 이들에게 발생할 수 있는 위험(이른바 구 사회적 위기, old social risks)에 대비하기 위해 노령연금, 산재보험, 실업보험 등의 사회보장제도를 설계하였다는 공통점을 갖고 있다.

복지국가는 한편으로 임금노동자를 가구주로 하는 가족의 안정성을 높이는 역할을 하였지만, 다른 한편 특정한 가족형태, 즉 남성 생계부양자 가족을 이른바 '정상가족(normal family)'으로 간주하고 제도적으로 우대하는 경향을 보였다. 여성은 가장의 보호를 받는 '피부양자'로 인식되었고 사회보장제도 안에서도 남성 노동자가 받는 연금 등에 의존하는 존재로 간주되었다. 실제로 어느 사회에나 일하는 여성은 항상 있었고 남성(가장) 없이 홀로 자녀를 양육하는 어머니들 또한 있었지만, 이들은 이른바 '정상가족'의 틀에서 벗어난다는 이유로 사회적 낙인을 피하기 어려웠다. 자녀가 있는 홀어머니들에게 복지지원이 제공되었지만, 주로 가족임금 체계의 실패(즉, 가장의 부재)를 보완하는 잔여적인 지원에 그쳤다. 어떤 경우에도 임금소득자와 전업어머니의 급부 사이에, 또한 기혼여성과 한부모 여성의 생활수준 사이에는 명백한 격차가 존재하였으며(올로프, 2000: 83), 복지지원은 남성 생계부양자 가족을 우대하는 제도로 설계되었다. 한 예로, 미국에서는 유색인종 홀어머니와 자녀로 구성된 가족들이 경제적 빈곤과 더불어 문화적 낙인으로 고통을 받은 사례가 많다. 이들의 빈곤문제는 도시 빈민가에서 성장하는 유색인종 청소년들의 열악한 교육환경과 안정적 일자리의 부족 등 장기적으로 누적된 사회적 차별에서 비롯된 것이지만, 이들 중 다수가 국가의 복지지원을 받는다는 이유로 미국 사회의 건강성을 해치는 '복지 의존(welfare dependency)'의 상징, 이른바 '복지 어머니(welfare mothers)'라는 비난을 고스란히 받았던 것이다(홉슨, 2000).

남성 생계부양자 가족을 뒷받침하는 복지국가정책은 20세기 후반에 이르면 점차 위기를 맞이하게 된다. 대규모 작업장에서 남성 노동자들을 안정적으로 고용하고, 풍요로운 노동자들의 대량소비가 다시 경제성장을 지탱하는 식의 포디즘(Fordism)적 사회질서가 약화되고, 이른바 신자유주의적 구조조정, 고용의 유연화가 전 세계로 확산되었다. 특히 금융자본주의의 확대와 경제의 글로벌화, 산업의 구조조정 등은 고용구조에도 근본적인 변화를 가져왔다. 고용의 유연성이 높아지고 질 좋은 일자리가 감소하면서 한 명의 남성 노동자가 가족을 부양하는 식의 가족임금체계는 기초부터 약화되었다. 이와 더불어 여성들의 취업과 사회참여가 동시에 확대되면서 맞벌이 부부가 점차 늘어나게 되었다. 복지국가의 가족지원정책은 새로운 구조개편의 과제에 직면하게 되었다.

### 3) 세계화 시대 : 돌봄 위기와 '세계가족'

서구 복지국가는 산업사회에서 유급노동을 하는 노동자의 생애주기를 기준으로 이들에게 닥쳐올 수 있는 질병, 노령, 은퇴, 실업 등의 위험에 대응하여 복지정책을 설계하였다. 그런데 1980년대 이후 탈산업사회 이행기에는 과거의 위험과는 구분되는 '새로운 사회적 위험(new social risks)'(Taylor-Gooby, 2004)들이 확산되었는데, 이는 전통적 복지국가를 통해서는 해결하기 어려운 것이었다. 새로운 사회적 위험은 네 가지 변화의 과정으로 설명된다. 첫째, 여성의 유급노동 진출이 늘어나면서 맞벌이 가구가 늘어나는데, 이는 저성장 사회에서 가구소득을 적정수준으로 유지하기 위해 유급소득자의 수를 늘리려는 가족의 대응으로 볼 수 있다. 둘째, 인구구조 변화로 고령자가 늘고 돌봄(care)에 대한 수요가 증가하였지만 가정 내에서 여성이 돌봄을 제공하는 전통적 방식은 더 이상 원활하게 작동하지 않는다. 셋째, 노동시장의 변화로 교육과 고용의 연계가 강화되었으며, 교육수준이 낮은 사람들은 실업이나 불안정 취업

등으로 사회적 배제에 직면할 위험이 커진다. 넷째, 신자유주의적 세계화의 영향으로 서구 복지국가들은 재정적자를 줄이기 위해 복지지출을 조정하고 사회 서비스 분야에서 민영화를 확대하는 경향이 나타난다. 이전에는 국가가 제공하던 서비스를 시장에서 돈을 주고 구매하도록 만드는 민영화의 경향은 시민-소비자들이 원하는 서비스를 '선택'하게 한다고 하지만 결과적으로 불만족스러운 선택을 하게 만들며, 국가가 민영화된 서비스의 질을 높이고 적정 가격을 유지하도록 규제하는 데에는 한계가 있다.

맞벌이 가족의 증가는 한편으로 여성의 고학력화와 직업진출 기회가 늘어났기 때문이지만, 다른 한편 고용의 불안정성 증가와 실질적인 임금가치의 하락으로 한 명의 벌이만으로는 가족의 소비를 충당하기 어려워진 현실을 반영하는 것이기도 하다. 이제 여성들도 노동자로서 자신의 생애계획을 수립하고 독자적 경력을 추구하게 되었으며(벡 · 벡-게른스하임, 2002), 한 가족 안에서 경제활동과 양육활동을 누가 어떻게 분담할 것인가를 조정하는 일이 더욱 복잡해졌다. 사회적으로는 돈을 벌기 위한 직업활동(생산노동)과 자녀를 낳아 기르고 노인을 돌보는 양육활동(재생산 노동)을 가족이 더 이상 다 맡아서 하기 어려운 상황에서, 돌봄 결핍과 돌봄 위기(care crisis)의 해소는 복지국가의 중요한 과제로 부상하였다.

여성의 취업 증가와 돌봄 위기에 대응하는 복지국가의 정책들은 나라별로 상이한 형태를 보인다. 많은 학자들은 복지국가의 정책이 어떤 가족형태를 전제하는가에 따라 몇 가지 유형으로 구분된다고 분석하였다(올로프, 2000; 이혜경 · 홍승아, 2003). 이러한 논의를 종합해 보면 1980년대 선진국의 생활보장 시스템은 '남성 생계부양자'형, '양립지원(work-life balance)'형, '시장지향(market oriented)'형 등 세 가지 유형으로 나누어 볼 수 있다(오사와 마리, 2007: 123-125). 남성 생계부양자형은 앞에서 살펴본 대로 남성 임금노동자와 피부양자(전업주부와 자녀)로 구성된 가족을 전제하며, 피부양자의 노후와 삶의 질은 남성 가장 명의의 연금과 사회보험을 통해 보호된다. 이와 달리 '양립지원'형 국가에서는 남녀의 고용평등을 지원하는 정책적 규제(차별금지, 적극적 조치 등)와 더불어 아동수당, 영유아를 위한 보육 서비스, 고령자 돌봄 서비스와 육아휴직 등 가족지원정책이 적극적으로 제도화되었다. 개인들은 소득의 많은 부분을 세금과 사회보험료로 국가에 납부하며, 국가는 이를 재원으로 포괄적인 지원과 서비스를 제공한다. 마지막으로 '시장지향'형에서는 가족을 지원하는 공공정책이 약하며 노동시장의 규제는 최소한으로 유지한다. 국가가 제공하는 복지지원이나 서비스는 한정되어 있고, 개인의 성과에 따라 지급되는 것으로 여겨지는 임금을 통해 가족의 필요를 충당한다.

20세기 후반 자본주의 경제는 국가별로 차이는 있지만 여성의 유급노동 진출을 확대하는 전반적인 변화를 가져왔다. 산업구조 변화로 서구와 북미의 이른바 선진국에서 대규모 공장의 생산직 일자리가 감소하게 되고, 고학력 · 고숙련 기반의 서비스직이 우대를 받으면서 고학력 여성들의 취업 기회도 확대되었다. 중산층 가족생활을 유지하는 데 남성 1인의 소득에 의존하기보다는 부부 모두가 취업하는 맞벌이가 유리한 선택이 되었으며, 특히 고학력 맞벌이 부부는 안정적 소득과 가사 · 돌봄 노동을 함께 분담하는 평등한 가족문화의 상징으로 주목받게 되었다(에스핑-안데르센, 2009; Cherlin 2004). 개별 가정의 입장에서는 다수의 소득원을 유지하면서도 부모가 일하는 시간 동안 자녀 양육과 돌봄을 해결하기 위해 국가가 제공하는 보육 서비스를 이용하거나 또는 시장에서 상품화된 돌봄노동을 구매하게 된다. 그런데 공보육 서비스가 발달한 북유럽 복지국가 이외의 다수 서유럽과 북미 국가에서는 가사노동과 돌봄을 제공하는 값싼 노동력에 대한 시장 수요가 크게 증가하였다. 이러한 돌봄노동에 대한 수요는 개발도상국 출신의 이주여성들이 서구 및 북미로 유입되게 만드는 글로벌 연쇄작용을 일으켰다. 서구의 돌봄 위기가 개발도

**[그림 1] 글로벌 돌봄 연쇄 : 돌봄 노동자의 국제이주와 초국적 가족**

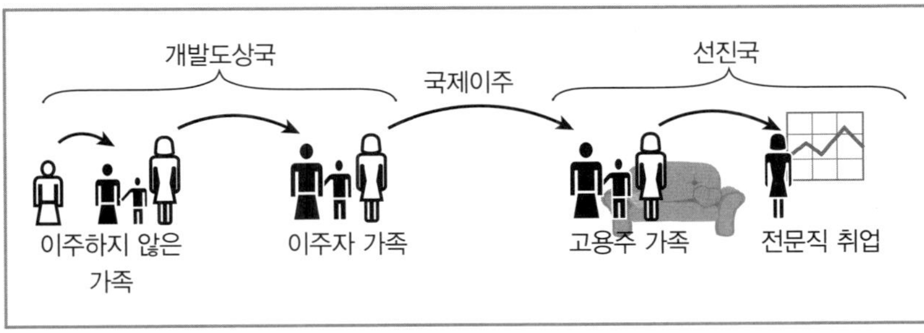


출처 : Carling, 2005.

상국 여성들의 이주를 촉발하는 돌봄노동의 국제적 분업현상을 미국의 사회학자 혹쉴드는 '글로벌 돌봄 연쇄(global care chain)'라고 개념화하였다(Hochschild, 2000).

지구자본주의(global capitalism)는 상대적으로 경제가 발전된 지역과 저발전된 지역(개발도상국) 간의 삶의 질 격차가 벌어지는 양극화를 심화시켜 왔으며, 이러한 지역 간 격차는 가족부양을 위해 글로벌 국제이주를 유발시키는 요인으로 작용한다. 가령, 서구 대도시에 거주하는 여성들의 취업이 늘어나면서 자녀와 노약자를 가정 내에서 돌보아 줄 일손이 부족해졌고, 가사노동을 담당할 저임 노동력으로써 이주여성에 대한 수요가 늘어났다. 다른 한편 아시아, 아프리카, 중남미 등 개발도상국 여성들은 만성화된 빈곤과 가족부양의 위기를 타개하는 방안으로 국외이주를 선택하게 된다. 지구자본주의의 영향 안에서 많은 개발도상국은 외채 누적 등으로 경제위기에 직면할 위험이 높아지고, 만성화된 위기는 일자리 축소와 전통적 생업의 위축, 정부재정 감소의 악순환 속에서 가족들의 생계에도 위기를 초래한다. 실업과 일자리 부족, 빈곤 등이 누적된 상황에서 여성들이 새로운 생계 책임자로 나서게 되었고, 새로운 생존의 대안을 찾기 위해 가사노동자로 해외 취업에 나서게 된 것이다(Sassen,

2000).

이주여성 돌봄 노동자의 원거리 모성(long-distance mothering)은 가족 부양을 목적으로 하는 해외취업, 즉 경제적 목적의 이주노동이라는 성격과 더불어 국경을 넘어 연결되는 새로운 가족의 모습을 보여준다. 벡과 벡-게른스하임은 국경을 넘어 형성되고 유지되는 가족의 다양한 모습을 '세계가족'으로 개념화하였다(벡 · 벡-게른스하임, 2012). 세계가족은 경계를 넘어 함께 사는 가족이며, 기본적으로 두 유형으로 구분된다. 첫 번째는 이주여성 돌봄 노동자의 원거리 모성처럼 서로 다른 나라에 떨어져 살고 있지만 같은 문화에 속하는 가족 유형이다. 두 번째는 같은 곳에 살고 있지만 서로 다른 나라 출신이며 가족 안에 세계화된 차이가 그대로 구현되는 유형(예를 들면, 국제결혼으로 형성된 가족)이다. 이처럼 세계가족은 다양한 경로를 통해 상이한 모습으로 형성된다. 공동의 장소와 같은 국가로 묶이는 전통적인 '일국가족'이 아니라, 부분적으로는 본인이 원해서, 부분적으로는 어쩔 수 없이 먼 곳과 낯선 것을 포함하는 가족-연대의 형태로 살아가는 사람들이 늘어나고 있다.

부양과 돌봄을 위한 가족의 재생산 활동이 국경을 넘어 '글로벌화'되는 현상은 초국적 가구 또는 글로벌 가구(global householding)로 개념화되기도 한다. 단지 해외에서 더 좋은 기회를 찾기 위한 것뿐 아니라, 한 국가 안에서 가족 재생산의 위기와 난관을 극복하기 위해 글로벌 가구는 형성된다. 자녀 유학을 위한 기러기 가족, 자녀 양육비용을 벌기 위해 임금이 더 높은 외국으로 어머니나 아버지가 단신취업하는 경우, 손자녀 돌봄을 위해 조부모가 이주하는 경우, 이주민이 고향에 있는 부모에게 생활비와 병원비를 송금하는 경우 등 글로벌 가구의 모습은 매우 다양하다. 글로벌 가구는 가구구성원들 사이의 국경을 넘는 움직임과 교류를 통해 생활비와 수입을 충당하고 필요한 자원을 주고받는 활동이 증대될 때 그 안정성이 유지된다(Douglass, 2007; 김영옥 · 김현미 2013).

# 2. 압축 성장과 한국 가족의 역동성

## 1) '개발국가' 주도 산업화와 가족 이데올로기

1960년대 이후 본격화된 한국 산업화의 압축성과 국가주도적 특징은 가족의 삶에도 큰 영향을 미쳤다. 서구의 산업화가 장기간에 걸쳐 서서히 진행된 것과 달리, 후발 국가인 한국의 산업화는 국가 주도의 경제계획에 입각하여 '따라잡기식' 전략으로 불과 이삼십 년이라는 짧은 기간 동안 돌진적인 방식으로 추진되었다. 개발국가(developmental state)가 주도하는 수출지향적 산업화의 경쟁력은 노동자들의 저임금을 통해 확보되었다. 1960~70년대의 개발국가는 산업현장에서 노동자의 복지를 향상하기 위한 정책을 도입하기보다는 이들의 요구를 억제하는 통제정책을 통해 저임금에 기반한 경제성장 기조를 지속하고자 하였다. 박정희 체제하에서는 1961년 생활보호법과 아동복지법, 1973년 모자보건법 등 사회복지에 대한 기본 입법을 비롯하여 산업재해보험, 의료보험, 군인연금과 공무원연금 등 복지의 제도적 형태들이 부분적으로 입안되기도 하였다. 그러나 정책의 목표는 '결핍'을 해소하기 위한 사회보장의 실질적인 제공이 아니었으며, 사회적 취약자들이 각자의 능력으로 자립자활해야 함을 강조함으로써 복지비용을 최소화하고 경제성장에 모든 자원을 집중하는 경제개발 우선주의, 곧 '선성장 후분배'에 맞추어져 있었다(황정미, 2000: 178-179).

'선성장 후분배'론은 곧 '선가족 후복지', 즉 가족이 일상적 생계부양뿐 아니라 예기치 못한 위험에도 모든 책임을 져야 하며, 국가는 가족의 생계부양이 실패한 극단적인 경우에만 개입해야 한다는 사회복지정책의 기조와 동전의 양면을 이룬다(박승희, 2002: 83). 고도성장 시기의 한국에서 외국자본과 국내자본은 생계수준에 못 미치는 열악한 저임금을 유지하면서도, 노동력의 재생산을 위한 비용은 개별 가족들이 해결하도록 사적 부문으로 전가하였다(김수영, 2004: 152-153). 국가정책에 의한 사회보장이 부재한 상황에서 생계유지를 위해 가족구성원들은 더욱 가족에게 의존하게 되었다. 생활비 절약과 내핍생활, 그리고 가족 누군가의 희생에 기대어 살림을 꾸려나갈 수밖에 없었으며, 부족한 소득을 보충하기 위해 어머니가 부업을 하고, 10대의 딸이 학교를 그만두고 도시의 공장에 취업해서 남동생의 학비와 생계비를 송금해 주는 경우도 빈번하였다. 박정희 정권하의 산업화가 외형적 고도성장의 이면에 누적시켜 왔던 사회적 갈등과 빈곤 문제는 공적인 방안을 통해 해소되지 못하고 고스란히 가족들의 몫으로 넘겨졌던 것이다.

더 나아가 '운명공동체로서의 가족'은 경제적 기능을 넘어서 일종의 이데올로기이자 집합적 정서로 자리잡게 되었다. 산업화 과정에서 심한 억압과 소외를 받은 남성 노동자들이 산업재해나 질병 등으로 폐질화되어 노동시장에서 쫓겨나더라도 기존의 시장질서와 국가정책에 정면 도전하지 않고 상황에 순응한 것은 그들 또한 가족이라는 운명공동체에 기대어 현실을 감내하였기 때문이라고 볼 수 있다(김동춘, 1994). 개발국가는 한편으로 대가족 가치관과 다산풍습을 억제하기 위해 산아제한과 과학적인 가족계획을 계몽하였지만, 다른 한편 유교적인 충효사상과 가부장적 순응 등 전통적 가족윤리를 강조하는 이중적 정책을 전개하였다(황정미, 2000). 산업화와 도시화 과정에서 핵가족이 늘어나는 것을 긍정적인 변화로 보는 한편, 서구화의 영향을 받은 전업주부들이 가부장적 가족질서에 순응하지 않으면 가족해체의 위기가 올 것이라는 비판 담론도 함께 나타났다(김혜경, 2009). 가족의 생계와 필요를 가족에게 모두 전가하려는 개발국가의 정책은 가족 내의 전통적 위계질서를 강조함과 동시에 억압적인 권위주의 체제를 정당화하려는 이데올로기와 밀접하게 결합되어 있었다.

## 2) '계층화된 남성 생계부양자' 모델과 가족 내 성별 분업

압축적 산업화를 경험한 한국 사회에서 가족단위의 생계부양, 운명공동체인 가족의 생존전략은 일종의 사회적 규범으로 자리 잡았다. 이러한 사회적 배경에서 생계부양자인 남성의 책임과 지위는 매우 강화되는 것처럼 보인다. 그러나 남성 생계부양자를 지지하는 사회적 규범이 강하다는 점과, 실제로 다수의 남성이 생계부양자로서 적절한 소득(가족임금)과 안정적 직장을 유지할 수 있는가는 별개의 문제이다. 남성 생계부양자 가족의 형성과 지속성은 구체적인 자료를 통해 분석해 볼 필요가 있다.

앞에서 살펴보았듯이 박정희 체제하에서 노동자의 요구는 폭압적 통제로 억압되어 있었다. 그러나 1980년대 이후의 정치적 변동과 특히 1987년 민주화 운동을 통해 임금인상과 복지확대를 위한 노동자들의 요구가 폭발적으로 분출되었으며, 이 시기에 결성된 대기업 노동조합을 중심으로 전개된 임금인상 투쟁은 실질적으로 가족의 생계를 부양할 수 있는 가족임금을 목표로 삼고 있었다(김수영, 2004: 165). 1980년대 이후의 산업구조 변화와 중공업의 성장은 대기업 제조업 노동자들의 임금인상과 가족임금의 확보를 뒷받침하는 것처럼 보였다. 그러나 대기업 제조업 노동자들의 고임금은 잔업과 특근 등 경기변동에 따라 조정되는 장시간 노동을 통해서만 가능하였고(조주은, 2004), 성공적 생계부양은 남성 부양자가 가정 안에 부재할 때 가능하다는 점에서 역설적이다. 또한 대기업과 중소기업의 임금격차가 극심한 이중구조하에서 가족임금 수준의 소득을 확보할 수 있는 임금생활자는 일부에 불과하였다.

한국에서 가족임금과 '남성 생계부양자 가구'의 안정성 여부는 가족의 생애주기와 산업사회의 고용체계가 어떻게 연결되는지, 즉 표준적 노동생애가 안정적 가족주기와 적절하게 결합되어 있는가를 통해 분석할 수 있다. 직업생활은 성인으로서 한 개인의 성공이나 안정적 생활기반을 마련해줄 뿐 아니라, 개인이 일정한 시기에 가족을 형성하고 나이가 들면서 자녀 출산, 자녀 양육과 교육, 개인의 노후 준비, 부모 부양 등을 할 수 있는 경제적 기반이다. 즉, 사람은 평생 살아가면서 일정한 시기에 중요한 생애사건(출생, 진학, 졸업, 취업, 결혼 등)을 겪게 되는데, 각 단계에서 필요한 역할을 수행하고 인간다운 삶을 유지하기 위해서는 일정한 소득과 더불어 제도적 뒷받침을 필요로 한다. 앞에서 살펴본 '가족임금' 체제는 남성 노동자에게 안정적인 평생고용과 더불어 가족을 부양할 수 있는 임금을 제공함으로써 노동생애(working life course)와 가족의 생애주기가 일치되도록 조정된 하나의 사회적 모델이라고 볼 수 있다.

한국 남성의 경제활동참가율은 비교적 높은 수준을 유지해 왔으며, 표면적으로 남성들은 평생 취업을 하고 있다. 그런데 '지속적 취업'의 이면을 살펴보면 생계부양자로서의 역할을 안정적으로 수행할 만한 질 좋은 취업이 단절 없이 유지되고 있는 것은 아니다. 1932년부터 1961년 사이에 출생한 사람들의 생애취업 경험을 실증적으로 분석한 최선영과 장경섭(2012)의 연구에 따르면, 취업한 남성들 중 결혼 시점의 직업을 45세까지 변함없이 유지하는 경우는 대략 10명 중 4명에 불과했다. 또한 결혼 당시의 직업에 따라 직업유지율은 커다란 편차를 보였다. 대체로 관리직과 (준)전문직, 자영업 고용주, 농업 종사자는 절반 이상이 45세까지 직업을 변함없이 유지하였다. 이와 달리 사무직, 생산직, 서비스 판매직 등 전형적 임금근로자들은 직업유지율이 그보다 낮았으며, 특히 취업한 기업의 규모가 작을수록 직업을 유지하는 비율은 더 낮은 것으로 나타났다(최선영 · 장경섭, 2012: 215-216). 임금노동에서 물러난 남성들은 주로 자영업이나 일용 노동자, 단순 노무직과 같은 주변적 노동으로 이동하였다.

이처럼 1960년대 이후 자본주의의 발전과정에 동원된 노동자들의 노동생애는 '준비기 → 활동기 → 은퇴기'로 진행되는 이른바 산업사회의 '표준적 노동생애'와는 거리가 멀었다고 할 수 있다. 절반 이상의 남성들이 노동생애의 절정기로 간주되는 45세 이전에 이직, 전업, 계층적 하락 등의 경험을 하는 것으로 나타나며, 남편의 소득이 감소하는 시기에 기혼여성들의 취업이 늘어나는 경향을 보인다. 한국 산업자본주의하에서 남성 생계부양자 가족은 폭넓은 임금생활자에게 확산되기보다는 노동시장 상층부의 정규직에 안착한 일부 집단에 국한되어 왔다. 전형적 남성 생계부양자 가족이라기보다는 '계층화된 남성 생계부양자' 모델에 더 가깝다(김영순, 2010).

여성의 교육수준 증가와 더불어 전반적으로 여성의 노동참여가 증가하였으며, 1980년대 이후에는 본격적인 임금노동, 즉 제조업 생산직과 서비스업 등에서 일하는 기혼여성들이 늘어났다. 한국 여성들의 노동생애는 특히 출산, 양육, 가족돌봄과 같은 여성들이 가족 내에서 담당하는 재생산 노동의 필요에 따라 조정되는 경향이 있다. 여성의 노동시장 참여는 주로 출산과 초기 양육이 이루어지는 30대를 기점으로 갈라지는 양상을 보이며, 취업을 지속하는 여성과 경력단절 · 재취업을 반복하는 여성, 장년기에 이르러 생계비 마련을 위해 경제활동을 시작하는 여성 등 복잡한 경로들이 나타난다. 1990년대 중반 이후에는 여성취업이 폭넓은 직종과 분야로 확산되어 고학력 전문직에서 남성과 경쟁하는 여성들이 나타나지만, 비정규직 중 여성 비율이 매우 높으며 저임금의 불안정한 일자리에 여성이 집중되는 현상은 지속되었다(강이수, 2007; 신경아, 2016). 특히 저소득층 여성들에게는 의무만 있고 혜택은 없는 상황, 즉 남성 노동자들의 불안정한 노동생애가 가족으로 전이되어 노동계층 기혼여성들은 생계형 취업과 더불어 가사노동과 돌봄을 떠맡는 결과를 가져왔다고 볼 수 있다(김영순, 2010; 최선영 · 장경섭, 2012: 226-227).

이러한 논의를 종합해 보면, 한국의 산업화 과정에서 남성 위주의 가족 위계를 당연시하는 가족 이데올로기가 확대되었으나 실제 남성 생계부양자 가족이 안정적으로 제도화되었다고 보기는 어렵다. 한국 남성들은 생애기간 동안 지속적으로 일을 하고 여성과는 구분된 생계부양자로서의 임금 트랙에 들어갈 가능성이 훨씬 크다. 그러나 많은 남성들은 직업 안정성을 장기적으로 누리지 못하는 것으로 분석되며, 가족주기상으로 많은 지출이 필요한 40대 후반에 생계부양자 역할을 할 수 있는 남성은 일부 계층에 국한되어 있다. 여성들의 경험을 보면 취업 기회는 전반적으로 늘어났지만 정규직에 진입하지 못할 경우 고용 불안정성에서 벗어나기 어렵다. 출산, 양육 등 가족주기상의 필요 때문에 일을 그만두었다가, 이후 다시 취업할 때는 더욱 임금이 낮고 불안정한 일자리를 감수하는 등 단절적 · 불연속적 노동생애를 살아가는 경우가 많다.

### 3) 재생산 위기와 가족의 다양성 · 복합성 확대

한국의 압축적 산업화는 단기간에 경제성장 목표를 달성하는 데에는 상당한 성과를 거두었지만, 사회 재생산과 안정적인 가족부양 체계를 정착시키는 데에는 많은 굴곡과 난관이 뒤따랐다. '압축적 산업화'의 특징은 농업 위주의 사회에서 노동집약적 경공업, 자본집약적 중화학공업, 나아가 기술집약적 정보통신산업으로의 전환과 서비스업의 확대 등 거대한 산업적 전환이 불과 30~40년 사이에 집중적으로 진행된 것이다. 압축적 산업화는 국가 차원에서는 효과적 성장전략이 될 수 있겠지만, 개인의 노동생애 관점에서 보면 이전에 습득한 숙련이나 직업경험이 금방 무용지물이 되고 또다시 새로운 조건에 적응해야 하는 힘든 환경이다. 거시적 산업구조의 전환이 한 개인의 생업활동기간에 불과한 30~40년 안에 집중적으로 전개되었다는 사실은, 급속한 전환기를 살아가는 개인들의 생애과정과 직업지위가 근본적으로 불안정성을 띨 수밖에 없었음을 보여준다(장경섭, 2009).

이처럼 위로부터 산업화를 주도한 한국의 '개발국가'는 산업육성과 경제성장을 최우선시하였고, 사회 재생산과 관련된 사회정책 사안들은 '경제개발에 부담을 주지 않거나 도움이 되는 방향으로' 편의적으로 처리해 왔다. 성인 노동연령 인구뿐 아니라 가능한 모든 사회집단을 국가에 의한 사회보장적 보호대상으로 인정하지 않았고, 특히 스스로 안정적 고용을 통한 소득확보와 사회보장이 불가능한 집단들(예컨대 노인, 아동, 청소년, 장애인 등)의 부양과 보호도 모두 가족의 몫으로 강제하는 결과를 가져왔다(장경섭, 2011: 68-69). 사적 가족의 자구노력에 의존하여 개발국가의 사회정책 책임과 지출을 최소화하고자 하였고, 그 결과 급속한 경제개발이 초래한 사회적 부담과 위기가 사적 가족에게 전가되었으며, 만성적인 가족의 과부하는 위기 요소들을 가족 내부에 축적시켰다. 이러한 위험들은 1997년 경제위기를 계기로 폭발적으로 분출되었다.

1997년 11월 이른바 'IMF 사태'의 와중에서 가장 뜨거운 이슈 중 하나는 경제위기로 인한 '가족해체' 문제였다. 한국인의 삶이 불안정해지고 위기에 처했을 때 기댈 수 있는 '최후의 안전망'으로 여겨졌던 가족이 이제 그 역할을 완수하기 어려워진 것이다. 1990년대 중반부터 제조업 및 서비스업, 은행 등의 구조조정이 진행되었고, 남성의 실업이 장기화될수록 이혼이나 별거를 경험하는 비율이 높다는 연구 결과들이 제시되었다(안병철 외, 2001). 국가복지가 미비했던 한국 사회에서 생계부양자의 실업은 곧 가족구성원 전체의 복지를 위협하였으며 초유의 대량실업이 이혼율 급상승으로 이어진 것은 피할 수 없는 현실이었다(황정미, 2007: 339-341). 조이혼율(인구 1,000명당 이혼 건수)은 1990년 1.1에 불과했으나 1997년 2.0, 1998년 2.5, 2003년에는 3.5로 크게 상승하였다.

1990년대 말 경제위기는 가족의 위기에 대한 사회적 관심이 확산되는 계기가 되었으며, 2000년대에 들어서자 다양한 가족위기론과 더불어 가족을 지원하는 정책이 필요하다는 목소리들이 높아졌다. 비혼과 만혼의 확산, 1인가구의 증대, 매년 출생하는 신생아 수의 감소 등은 이른바 '저출산-고령화'와 인구위기론을 부각시켰으며, 가족의 변화가 초래할 '나쁜 일'과 부정적 미래에 대한 우려가 크게 확산되었다.

그러나 과도한 가족위기론은 가족의 변화를 한쪽의 편향된 시각으로 평가할 우려 또한 크다. 핵가족화 이후에도 지속되는 가족규모의 감소, 낮은 출산율, 1인가구의 증가 등을 가족해체나 일종의 사회병리현상으로 보는 것은 과도한 편견이다. 이미 산업화를 경험한 많은 국가에서 20세기 후반 이러한 현상이 나타났으며, 인구학자들은 이를 '제2차 인구변천'이라고 개념화하였다(Lesthaeghe, 2010). 그런데 인구변천의 과정은 국가별로 상이한 유형과 경로를 보인다. 한 국가 안에서도 가족을 형성하는 시기와 방식이 다양하게 나타나며 결과적으로 가족의 다양성이 확대

[그림 2] 세계 각국의 1인가구 비율 변화 : 1960~2018

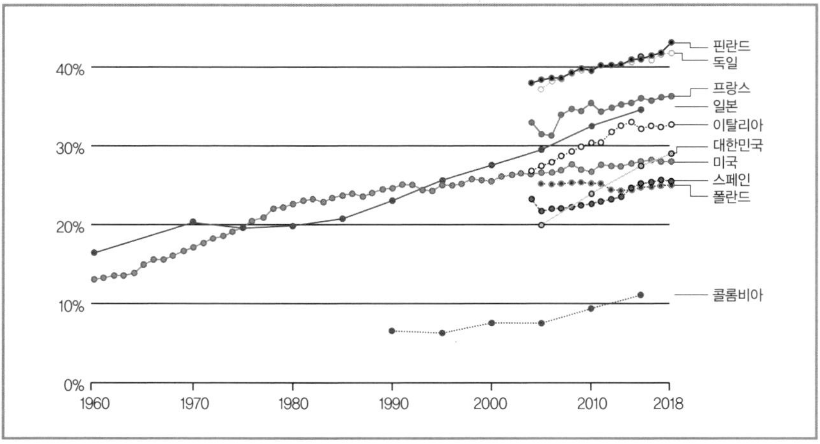


출처 : Our World in Data(https://ourworldindata.org/living-alone), 송효진 · 황정미 · 조은주 외, 2021, p.58.

자료 : United Nations Database on Household Size and Composition 2019; 그 외 EU, OECD의 가구 데이터베이스 및 각 국가별 조사자료 참조.

〈표 1〉 주요 국가의 1인가구 비율 변화 : 2010~2018

| | 핀란드 | 독일 | 프랑스 | 일본 | 이탈리아 | 한국 | 미국 | 스페인 | 폴란드 | 콜롬비아 |
|---|---|---|---|---|---|---|---|---|---|---|
| 2010 | 39.5 | 39.8 | 35.3 | 32.4 | 30.3 | 23.9 | 26.7 | 22.6 | 25.2 | 9.4 |
| 2015 | 40.9 | 41.2 | 35.9 | 34.5 | 32.1 | 27.2 | 28.0 | 25.2 | 24.7 | 11.1 |
| 2018 | 43.0 | 41.7 | 36.2 | – | 32.6 | 29.3 | 28.0 | 25.5 | 25.0 | – |

자료 및 출처 : [그림 2]와 같음.

된다는 점을 연구자들은 밝히고 있다(Billari and Wilson, 2001, Kuronen, 2010). 한편으로는 비혼과 만혼, 자녀 출산의 연기, 혼인율 감소, 이혼율과 재혼율 증가 등으로 부양과 친밀성의 새로운 관계들이 나타나며, 반면 일부에서는 전통적 가족관계와 부양이 지속되기도 하면서 21세기 가족의 다양한 모습들은 더욱 복합적으로 확대되고 있다.

[그림 2]는 1960년대 이후 산업화를 경험한 서구와 북미, 아시아, 그리고 남미 국가에서도—그 비율이나 증가속도는 다르다 하더라도—1인가구가 점차적으로 증가하는 공통의 거시적 추세를 보여준다. 핀란드, 독일에서는 1인가구가 전체 가구의 40% 이상으로 매우 높지만, 유럽 안에서도 폴란드, 스페인은 1인가구 비율이 20% 중반으로 다소 낮다. 한국의 1인가구 비율은 30% 정도이지만 그 증가속도가 매우 가파르며, 향후에도 급속하게 상승할 것으로 예측되고 있다.

〈표 2〉는 가족의 규모를 나타내는 평균 가구원 수, 합계출산율과 혼외출산율, 모성고용률 등 주요 가족지표를 통해 나라마다 다른 가족의 모습을 보여준다. 스웨덴은 평균 가구원 수가 1.8명으로 가족의 규모가 작고 1인가구 비율도 높은 나라이지만, 합계출산율(2020년 1.66)은 표에 제시된 다른 나라보다 높다. 높은 혼외출산율은 결혼의 탈제도화[2]가 상

2 미국의 사회학자 철린(Cherlin, 2004)은 20세기를 통해 결혼의 탈제도화가 진행되어 왔다고 분석한다. 제도적 결혼은 우애적 결혼으로 전환되어 왔으며, 어떤 주어진 규범에 따라 부부가 각각의 역할을 수행해야 한다는 생각이 약화되어 왔다. 한마디로 요약하면 역

〈표 2〉 주요 가족지표 국제비교

| | 한국 | OECD 평균 | 일본 | 이탈리아 | 독일 | 스웨덴 |
|---|---|---|---|---|---|---|
| 평균 가구원 수 (2015, 명) | **2.70** | 2.46 | 2.33 | 2.30 | 2.00 | 1.80 |
| 합계출산율[1] (1995) | **1.63** | 1.77 | 1.42 | 1.19 | 1.25 | 1.74 |
| 합계출산율 (2020) | **0.84** | 1.59 | 1.33 | 1.24 | 1.53 | 1.66 |
| 혼외출산 비율 (2018, %) | **2.2** | 40.7 | 2.3 | 34.0 | 33.9 | 54.5 |
| 모성고용률[2] (2019, %) | **57.0** | 70.9 | 70.6 | 57.5 | 73.2 | 86.1 |

주 : 1) 합계출산율(total fertility rate) : 한 시점에서 15~49세 가임기 여성들이 평생 낳을 것으로 예상되는 자녀 수를 추정한 통계치

2) 모성고용률(maternal employment rate) : 0~14세 자녀가 있는 15~64세 여성의 고용률(전일제+파트타임)(단, 한국은 15~54세 여성, 일본은 15세 이상 여성 기준)

자료 : OECD Family Database 2020(https://www.oecd.org/els/family/database.htm: 검색일 2022.8.10)

당히 이루어졌음을 보여주며, 여성들은 출산 이후에도 8할 이상이 취업을 지속한다. 한국의 특징을 살펴보면, 평균 가구원 수(2015년 기준)는 OECD 국가 평균보다 더 많지만 1인가구가 급속히 증가하고 있으며, 특히 출산율이 1995년에 비해 2020년에 급속히 감소하였다. 일본과 마찬가지로 혼전 동거나 혼외출산은 매우 낮은 수준이다. 어린 자녀가 있는 어머니들의 고용률은 일본 등 다른 국가에 비해 낮은 편으로 이탈리아와 비슷하다. 스웨덴이 출산율과 모성고용률이 모두 높은 사회라면, 한국은 둘 다 낮은 사회라는 특징이 나타난다.

---

할(role)에서 자아(self)로의 변화, 즉 고정된 아내 혹은 남편의 역할을 수행하기보다는 친밀한 관계 속에서 서로의 행동방식을 협상하는 관계로 변화되어 왔다는 것이다. 결혼의 탈제도화를 보여주는 사회적 지표는 동거의 증가, 혼외출산의 증가이다.

이렇게 가족지표를 국제적으로 비교해 보면 '혼전 동거나 혼외출산은 결혼의 안정성을 약화시킨다', '어머니의 취업이 늘어나면 자녀 출산이 줄어들 것이다'는 식의 주장이 경험적 근거가 없음을 알 수 있다. 성인기로 이행하면서 '취업–결혼(동거/비혼)–출산과 양육'으로 이어지는 시기와 순서를 선택 · 조합하는 방식은 각 사회의 고용환경이나 가치관, 유급노동과 무급노동의 성별 분담에 따라 달라지며, 가족을 통한 재생산의 양상도 상이하게 나타난다.

특정 형태의 가족이 표준 또는 정상 가족이라는 생각에도 큰 변화가 나타나고 있다. 결혼과 가족생활에 대한 한국인들의 인식조사 결과를 보면 결혼은 더 이상 필수가 아니라고 생각하며, 법률혼이 아닌 동거관계, 미혼(비혼) 부모와 자녀로 이루어진 관계, 그리고 혼인과 혈연관계가 아니라도 생계를 함께하는 관계라면 모두 가족으로 볼 수 있다는 인식, 다시 말해 가족의 다양성을 폭넓게 수용하는 태도가 확장되고 있다(여성가족부, 2021; 변수정 외, 2017; 황정미, 2018).

## 3. 소결 : 한국 가족의 미래와 쟁점들

이 장에서는 가족을 단지 친밀한 사적 관계로만 환원할 수 없으며 거시적 사회 재생산의 관점에서 가족의 다양한 모습과 변화상들을 어떻게 분석할 수 있는지 살펴보았다. 가족을 통한 부양과 생존은 개인적 관심사인 동시에 사회 공동체와 국가정책의 핵심 어젠다임이 분명하다. 산업구조와 기술의 변화, 계층 양극화, 노동시장 구조변동과 질 좋은 일자리의 감소, 국경을 넘어 부양관계를 연결하는 글로벌 가구의 증가, 다양한 가치관의 확산 등 사회의 복합성이 증대되는 시기에 가족의 복합성도 어느 때보다 증폭되고 있으며, 다가오는 미래에 변화의 속도는 더욱 가팔

라질 것이다. 특히 한국 사회는 1인가구의 증가, 합계출산율의 저하 등 가족과 인구의 변동을 다른 나라보다 매우 압축적으로 경험하고 있다. 가족의 미래와 가족구성원의 더 좋은 삶을 위해 공동체의 체계적 대응이 어떻게 마련되어야 할지를 놓고 다양한 토론들이 진행 중이다. 특히 한국 사회의 맥락에서 숙고해 보아야 할 몇 가지 쟁점이 있다.

첫째, 개발시대에 만들어진 '선가족 후복지' 패러다임은 2000년대 이후 복지정책이 확대되면서 어느 정도 변화되었지만, 가족을 위한 공적 지원의 필요성과 근거에 대한 사회적 합의는 아직 형성되는 과정 중에 있다. 보육료 지원, 대학 학자금 대출, 기초노령연금, 장기요양보험 등 지난 20여 년간 복지지원이 확대되는 과정에서는 가족의 무거운 부양 부담을 국가가 덜어 주어야 한다는 주장, 즉 '가족을 통한 지원'이 필요하다는 인식이 뒷받침되었다. 한 예로 통계청 사회조사 결과를 보면 부모의 노후부양을 가족이 맡아야 한다는 응답은 2012년 33.2%에서 2020년 22.0%로 감소했지만, '가족, 정부, 사회가 함께'해야 한다는 응답은 같은 기간 동안 48.7%에서 61.6%로 크게 증가하였다(통계청, 2020).

가족을 통한 지원, 복지를 통해 가족을 유지한다는 식의 발상에는 한국 특유의 가족중심 가치관이 녹아 들어가 있다. 이는 서구식 자유주의, 즉 복지를 늘리면 사적 가족이 파괴될 것이며 개인의 자율성이 우선이라는 인식과는 차이가 있으며, 또한 가족이 아니라 개인의 권리 보장을 기준으로 복지정책을 설계하는 유럽의 사회민주주의 가족관과도 거리가 있다. 한국 사회에서는 가족 유지를 위한 국가지원을 바람직하게 여기지만, 왜 가족을 유지시킬 필요가 있는지에 대한 논의는 치밀하지 않다(박승희, 2002: 87). 이로 인해 가령 가족을 지원하는 것과 가족구성원인 개인을 지원하는 것은 어떻게 다른가, 가족을 지원한다면 과연 가족의 정의와 단위는 무엇인가와 같은 질문들이 꼬리를 물고 이어질 수 있다. 가족의 모습이 더욱 다양해지는 시대, 개인화가 급속하게 진행되는 상황에서 가족재생산에 대한 지원은 더욱 중요해졌지만, 또한 가족 단위의 지원이 이른바 표준적 정상가족 이외의 다른 가족들을 배제하거나 차별하는 결과를 낳을 수도 있다.

둘째, 한국 사회의 계층 불평등과 사회 양극화가 심화되면서 이제 가족이 위험과 불안정성이 이전되는 통로가 될 것이라는 우려도 커지고 있다. 특히 성인 이행기, 독자적 가족형성기에 진입한 청년들이 스스로 독립된 삶을 설계하고 영위하는 데 활용가능한 자산, 선택의 기회구조가 결국 부모의 계층 지위에 따라 좌우된다는 점을 많은 경험적 연구들이 보여준다. 1988~98년에 출생한 청년들의 삶의 질을 경험적으로 분석한 연구는 부모의 교육수준에 따라 청년들의 삶의 질이 영향을 받는다는 점을 지적하였다(변금선 · 김기헌, 2019). 2000년대 이후 노동시장에 진입한 20대 청년들의 이행궤적을 분석한 연구에 따르면, 상용직 임금노동으로 진입하여 20대 후반에 안정적 소득을 확보하는 유형의 청년들은 12.2%에 불과하며, 이들은 이행의 과정에서 불안정성을 경험하는 다른 청년들에 비해 계층 지위가 높게 나타났다(박나리 · 김교성, 2021). 또한 20~34세 청년의 빈곤을 국제적으로 비교해 보면, 우리나라에서는 기혼 청년의 빈곤 위험이 부모와 함께 사는 청년보다 낮은 것이 특징이다. 청년 중 상대적 소수만이 결혼으로 이행하고 이들 기혼 청년의 빈곤 위험이 다른 집단에 비해 낮다는 것은, 혼인이 점차 중간층 이상이 누리는 새로운 지위가 되고 있음을 시사한다(김수정, 2020: 95).

셋째, 인간이 살아가는 데 반드시 필요한 돌봄을 누가 어떻게 분담할 것인가는 앞으로 가족과 사회 재생산에서 핵심 쟁점이 될 것이다. 코로나 팬데믹 시대를 거치면서 가족의 돌봄 부담은 더욱 무겁게 확인되었다. 그런데 일시적으로 거의 모든 사회활동이 중지되고 가족 안에서 대부분의 일상 생활과 돌봄이 집중적으로 수행되는 코로나 시기 동안 출산율의 변화가 국가별로 상이하다는 점도 주목된다. 2019년과 2020년의 합계출산율을 비교해 보면, 독일과 프랑스는 큰 변화 없이 소폭 감소에 그쳤으며 그리스, 핀란드, 룩셈부르크에서는 오히려 출산율이 높아지는 변화가 나타났다. 그에 비해 한국의 출산율은 감소세를 지속하면서 2019년 0.917에서 2020년 0.84로 세계 최저수준을 보였다.[3] 물론 출산율의 변화는 다양한 요인들의 영향을 받겠지만, 공적 돌봄의 안정적 제공, 그리고 가족 안에서 여성과 남성의 돌봄 역할의 분담 여부에 따라 팬데믹 시대의 가족생활에 상당한 차이가 있었던 것으로 볼 수 있다.

앞으로 사적 가족뿐 아니라 공적 국가와 시민사회, 기업 등이 사회재생산을 위해 협력하고 새로운 역할 분담을 제도화하는 노력이 필요하며, 그러한 노력의 성패에 따라 한국 사회의 미래상은 크게 달라질 것이다. 다양한 가족의 시대에는 개인이 사회권에 기초하여 가족정책을 사고해야 한다. 가족에 대한 의무와 책임을 강요하기보다는, 누구나 원하는 가족을 형성하고 독립적으로 살아갈 수 있는 권리를 보장하는 사회를 지향하는 발상의 전환이 필요하다.

---

**3** 유럽 국가들의 2019년과 2020년 출산율을 비교한 자료에 따르면, 독일(1.54 → 1.53)과 프랑스(1.27 → 1.24)는 완만한 감소세를 보였고, 그리스(1.34 → 1.38), 룩셈부르크(1.34 → 1.36), 그리고 핀란드(1.35 → 1.37)에서는 출산율이 뚜렷하게 상승하였다. (https://ec.europa.eu/eurostat/en/web/main/data/database, 검색일 2022.8.10.)

03장

# 가족, 계급, 사회불평등

| 조은주(전북대학교 사회학과) |

가족은 경제구조와 노동시장, 국가 등의 사회 제도와 질서가 교차하면서 서로 다른 구조적 힘들이 작동하는 장이다. 또한 가족을 통해 구성되는 복잡한 사회적 · 경제적 · 감정적 관계들은 교육, 노동, 병역, 건강, 법 준수의 의무 등을 규율하고 관리하는 데 있어 중요한 역할을 한다(Foucault, 2006: 81–82; Duschinsky and Rocha, 2012; 조은주, 2018: 276–277). 가족은 그 구성원들을 학교에 가고 일터에서 노동하도록 만들며, 산업자본주의의 구성원을 재생산함으로써 자본주의 경제를 지속가능하게 하는 제도적 기반이 된다. 그러므로 가족에 대한 이해는 불평등의 구조적 차원과 구체적 메커니즘, 변화의 양상을 설명하고 분석하는 데 있어 필수적이다.

사회불평등(social inequality)은 경제적 불평등과 권력의 불평등, 지위의 불평등을 포함하는 포괄적인 개념이다(신광영, 2004). 사회불평등에 관한 논의는 대체로 임금이나 소득, 자산 등 경제적 차원에서의 불평등을 중심으로 하는 경향이 있지만, 사회불평등이 곧 경제적 불평등을 의미하는 것은 아니다. 젠더나 인종, 장애 등 경제적 불평등에 국한되거나 경제적 불평등으로 환원되지 않는 중요한 불평등의 차원들이 존재하며, 사회불평등은 경제적 불평등을 포함하여 권력 및 지위, 위신의 불평등, 명예와 인정(recognition)의 불평등 등 여러 차원을 포괄하는 개념이라고 할 수 있다.

그러나 자본주의 사회에서 경제적 불평등은 단지 경제적 영역에 한정되는 현상이 아니며 문화적 · 정치적 불평등과 긴밀하게 결합되어 있는 문제다. 직업이나 학력, 생활양식 등 경제적 불평등으로 완전히 설명되지 않지만 경제적 불평등과 밀접한 연관을 갖는 불평등의 차원들은 인간의 삶에 큰 영향을 미친다. 따라서 경제적 불평등으로 환원되지 않는 불평등의 차원들 역시 경제적 불평등과 어떻게 결합하는가의 문제에 주목함으로써 보다 깊이 이해하고 설명할 수 있다. 이 장에서는 주로 경제적 불평등에 초점을 두고 불평등에 관한 논의에서 왜 가족이 핵심적인 중요성을 가지게 되는가의 문제를 다룬다.

## 1. 불평등에 대한 접근과 가족 : 차등적 접근과 관계적 접근

불평등에 관한 사회학적 접근은 차등적 접근(gradational approach)과 관계적 접근(relational approach)으로 구분해 볼 수 있다(Ossowski, 1963; Wright, 1979: 5-8, 2005: 183-185). 차등적 접근은 소득이나 자산 등의 양적인 차이를 바탕으로 불평등에 접근한다. 소득수준을 상중하로 구분하거나 소득계층을 5분위 또는 10분위로 구분하는 것을 차등적 접근의 예라고 할 수 있다(신광영, 2004: 162). 불평등에 관한 차등적 접근은 주로 분석적 필요에 따른 여러 기준에 의해 사회집단을 몇 개의 계층 범주로 나누어 분석한다. 소득이나 자산은 불평등에 대한 차등적 접근에서 사용되는 대표적인 지표들이다. 연구자는 분석적 필요에 의해 사회집단을 소득이나 자산의 분포에 따라 몇 개의 범주로 구분하여 접근하거나 소득 및 자산의 차이가 다른 변수와의 관계에서 보여주는 유의미한 경향성을 포착하고자 한다.

이와 달리 관계적 접근은 불평등을 사회적 '관계'의 산물로 이해한다. 관계론적 시각에서 보았을 때 불평등은 소득이나 자산의 양적인 분포의 차이로만 보기 어려우며, 계급(class)이나 젠더 등 사회적 관계에 배태된 구조적 속성과의 연관을 통해 파악된다. 마르크스나 베버의 계급이론은 이러한 관계적 접근의 중요한 예이다. 마르크스는 계급을 생산양식에 의해 구조화된 사회적 관계로 보았다. 가령 똑같이 택시를 운행하는 직업을 갖고 있더라도 자기 소유의 택시를 운행하는 경우와 회사에 고용되어 택시를 운행하는 경우 서로 다른 계급에 속한다. 자본주의 사회에서 계급은 생산수단인 자본의 소유 여부에 따라 나뉘므로 적어도 그 개념상 소득수준 등의 양적 차이와는 무관하다. 불평등에 대한 관계론적 관점은 또 다른 고전사회학자인 베버의 이론에서도 중요한 요소다. 베버는 계급과 지위(status), 파당(party) 등 불평등의 여러 양상에 주목하면서 경제적 불평등을 지위불평등을 비롯한 불평등의 다른 차원과 결합하여 접근해야 한다고 보았다.

불평등에 관한 차등적 접근과 관계적 접근은 반드시 배타적이거나 양립불가능하다고 할 수 없다. 가령 불평등의 관계적 속성에 주목하는 계급 연구 역시 소득이나 자산 등이 차등적으로 분포되는 양상에 관심을 가진다. 다만 불평등의 관계적 · 구조적 속성으로서 계급의 중요성에 착목하는 경우 사회적 자원과 기회의 분포 자체가 아니라 자원과 기회가 계급에 따라서 어떻게 차별적으로 분배되는가에 주목하게 된다. 특히 불평등의 관계적 · 구조적 속성에 대한 관심은 이를 설명하기 위한 이론적 작업의 필요성을 요청하므로 상대적으로 이론적 지향이 강하게 나타난다. 반면 불평등에 대한 차등적 접근에서는 소득이나 자산 등의 양적 차이가 분석의 초점이 되기 때문에, 정확한 데이터에 근거한 엄밀한 계량분석(quantitative analysis)의 중요성이 특히 부각된다.

물론 차등적 접근에서도 이론의 중요성은 간과되지 않으며, 관계적 접근에서도 국가 간 대규모 비교연구를 비롯해 다양한 차원의 계량분석이 이루어진다(Wright, 1997; Goldthorpe, 2000). 그러나 불평등에 관한 차등적 접근과 관계적 접근의 상대적인 강조점의 차이 및 관점의 차이를 비교하여 이해하는 것은 중요하다. 가족과 불평등을 논하는 데 있어서도 차등적 접근과 관계적 접근은 서로 다른 강조점과 유용성을 가지고 있다. 가족과 불평등의 관계를 다룸에 있어 소득이나 자산 등의 양적 분포에 주목할 경우 차등적 접근이 유용하다. 반면 불평등의 질적 차원이나 구조적 속성, 역사적 궤적에 초점을 두고 가족과 불평등에 접근할 경우 불평등에 관한 관계적 관점이 보다 요구될 것이다. 자본주의로의 이행 또는 자본주의의 구조변동 같은 거시적인 변동과정이나 특정한 역사적 조건에서 특정한 계급이 공유하는 구체적이고 집합적인 경험, 문화, 의식세계 등은 사회적 자원과 기회의 양적 차이로는 설명되기 어렵다. 그리고 그 집합적 경험, 문화, 의식세계에서 가족은 각별한 의미를 가진다.[1]

가족은 불평등에 관한 차등적 접근과 관계적 접근, 계층론적 분석과 계급론적 분석 모두에서 핵심적인 중요성을 가진다. 불평등에 관한 논의에서 가족이 간과되거나 누락될 경우, 소득이나 자산을 포함해 여러 형태의 사회적 자원 및 기회가 어떻게 차등적으로 분포되어 있는가, 그리고 그 격차가 시간에 따라 어떻게 변화하는가를 제대로 조망하고 분석하는 것이 불가능하다. 가족은 불평등의 분석 단위와 관련하여 불평등에 관한 설명을 정교화하고 심화시키는 데 있어 중요할 뿐만 아니라 불평등이 유지되고 재생산되거나 변화하는 구체적 과정과 메커니즘을 이론적 · 경험적으로 설명하는 데 있어서도 핵심적이다.

---

1 역사적으로 자본주의는 가족과 계급의 관계에 심대한 영향을 미쳤다. 가족중심성(domesticity) 역시 분명한 계급적 성격을 띠면서 부상했으며, 낭만적 사랑, 어머니와 자녀 사이의 새로운 관계 등 근대 가족과 결합하여 등장한 여러 역사적 현상들에서 계급은 핵심적인 요소였다. 가족 내 여성들의 자원과 권위는 계급에 따라 차이가 있었으며, 이는 가족과 계급의 관계를 복합적으로 만들었다(Donzelot, 1979; Laslett and Brenner, 1989: 392; Seccombe, 1990; 조은주, 2018: 154, 243). 한국의 경우 가족의 근대적 변형과정에서 등장한 주부의 이념형, 즉 가정을 합리적으로 관리하고 자녀를 훌륭하게 양육하기 위해 전문가 담론을 광범위하게 참조하고 습득해서 실천해 나가는 여성의 삶은 중간계급의 이상에 기초한 것이었다(조은주 2021: 160).

## 2. 소득불평등과 가족

경제적 불평등을 논할 때 가장 많이 거론되는 지표는 소득이다.[2] 경제활동에 참여하는 사람들이 모두 동일한 소득을 얻는 사회가 존재한다고 가정해 보자. 그 사회에서 소득불평등은 존재하지 않는다고 볼 수 있을까? 개인의 소득이 모두 동일하다고 하더라도, 가족 간의 소득불평등은 크게 나타날 수 있다. 예를 들어 1명만이 경제활동을 하는 5인 가족과 2명 모두 경제활동을 하는 2인 가족 사이에서 불평등이 발생하게 되기 때문이다. 이처럼 가족을 중심으로 하는 소득불평등의 양상은 개인의 소득과 전체 가족구성원의 수, 경제활동에 참여하는 가족구성원의 수에 따라 달라진다.

개인의 소득불평등을 논할 때 가정되는 것은 [그림 1]의 좌측 원과 같은 상황이지만, 실제 현실에서 사람들은 우측 원과 같이 혼자 살아가거나 다른 사람과 가족(가구)[3]을 구성하여 주거와 생계를 함께하면서 살아간다. 따라서 소득불평등에서 가족의 중요성을 고려하지 않을 경우 불평등의 현상 및 메커니즘에 관한 중요한 차원들을 누락시킬 위험이 크다.

---

2 일반적으로 불평등 연구에서 가장 널리 활용된 지표는 소득이지만, 최근 들어 부동산이나 금융자산 등 자산의 불평등 문제 역시 주목받고 있다(신진욱, 2013; 전병유 · 정준호 · 정세은, 2017; 황규성 · 강병익, 2017; 이성균 · 신희주 · 김창환, 2020).

3 '가족'과 '가구(household)'는 밀접한 연관을 가지고 있으나 엄밀히 말하자면 구분되는 개념이다. 가족은 대체로 혼인, 혈연 또는 입양 등으로 이루어지는 집단을 일컬으며, 가구는 주거와 생계를 같이 하는 단위를 지칭한다. 가족과 가구는 일치할 수도 있지만 아예 무관할 수도 있다. 가족의 형태가 다양해지면서 혈연관계와 혼인을 중심으로 하는 가족의 정의를 수정하고 가족의 개념을 전면적으로 재구성해야 한다는 논의가 최근 활발히 이루어지고 있다(김순남, 2022). 이와 동시에 가족보다도 가구가 실질적으로 보다 중요성을 가진다는 견해도 널리 받아들여지고 있다. 가족과 가구 개념은 가족 연구에서 매우 중요한 쟁점을 제기해 주고 있지만 이 장에서 다루는 주제의 범위를 넘어서므로 이 장에서는 맥락에 따라 가족과 가구를 별도의 설명 없이 혼용하거나 병기하여 사용한다.

[그림 1] 개인 단위와 가구 단위 소득 분석 모형

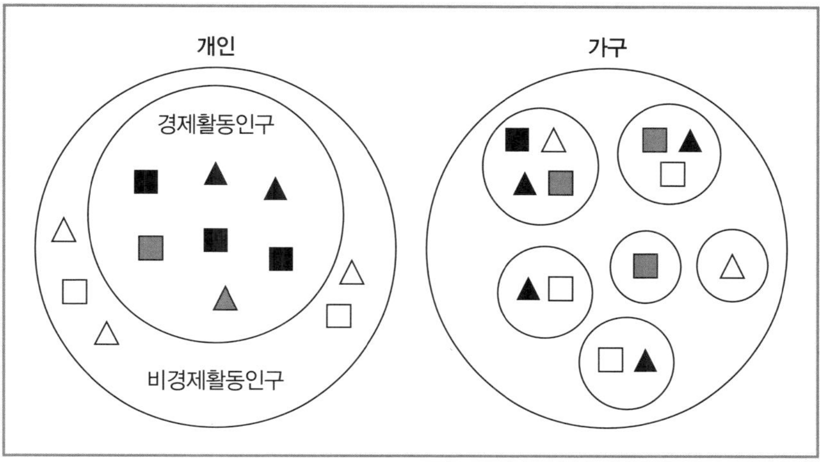


주 : 삼각형과 사각형은 여성과 남성, 흑색과 회색, 흰색은 각각 취업자, 실업자, 비경제활동인구(학생, 전업주부, 구직단념자 등)를 뜻함. 우측 큰 원 안의 작은 원은 가구 표시임.
출처 : 공주 · 신광영(2018: 8)을 바탕으로 재구성함.

소득불평등에서 가족이 가지는 중요성을 이해하기 위해서는 소득불평등이 발생하는 여러 메커니즘을 다층적으로 파악해야 한다. 소득불평등은 크게 임금(wage), 근로소득(earings), 가구소득(income) 등의 차원으로 구분해서 살펴볼 수 있다(김창민 · 김은경 · 신광영, 2020: 34). 임금은 피고용자가 고용주로부터 얻는 소득을 의미하며, 교육이나 근속연수 등 이른바 인적 자본에 의해서만 결정되는 것이 아니라 성별, 기업규모, 고용형태 등 노동시장의 분절(labor market segmentation)에 따라 불평등하게 구조화된다(김영미, 2015; 전병유, 2018; 정이환, 2013, 2015, 2018). 근로소득은 임금을 받는 피고용자와 고용주, 자영업자 등 경제활동을 통해 개인들이 얻는 소득을 모두 포함한다. 근로소득에서 나타나는 불평등은 고용주와 피고용자 사이에서 나타나기도 하지만 자영업의 비중이나 자영업 소득불평등의 영향을 받기도 한다. 고용주나 자영업자보다 피고용자의 수가 훨씬 많기 때문에 근로소득 불평등에서 임금의 불평등은 매우 중요한 요소다.

가구소득은 가구구성원의 근로소득에 자산소득(금융소득, 부동산소득 등), 사적이전소득, 공적이전소득(공적연금, 기초연금 등) 및 조세와 사회보장분담금의 재분배효과를 모두 포함한다. [그림 2]에서 보듯이 임금과 근로소득, 가구소득은 각기 다양한 요인에 의해 영향을 받으며, 각각의 차원에서 불평등이 발생하는 메커니즘이 상이하다.

[그림 2] 소득불평등의 여러 층위 및 영향 요인

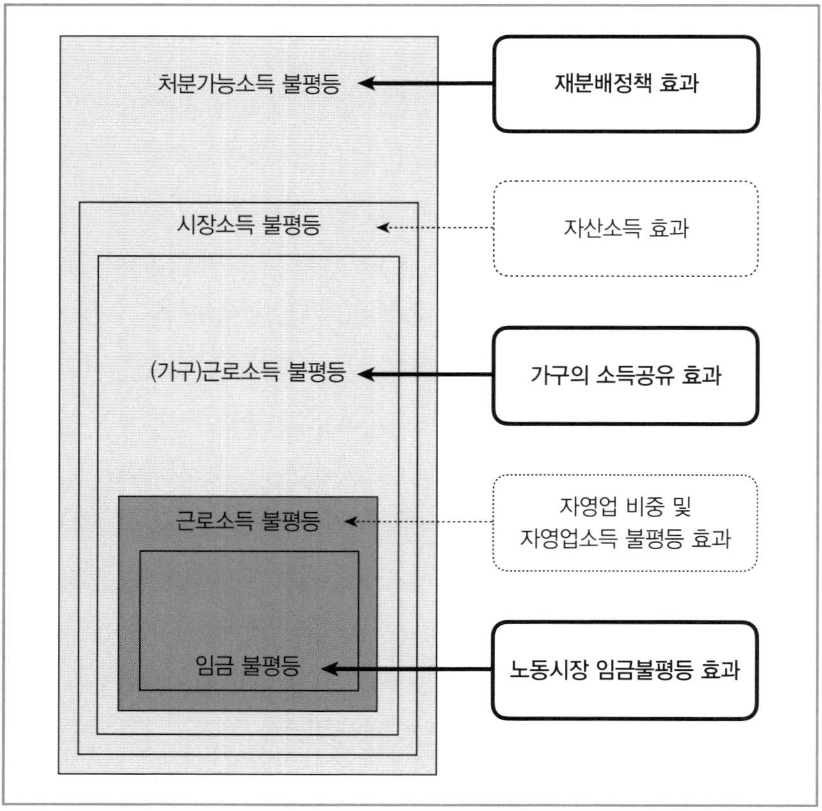


주 : 진한 회색 사각형은 개인소득, 옅은 회색 사각형은 가구소득을 나타냄. 장지연 · 이병희(2013: 74)와 박용민 · 허정(2023: 7)을 결합하여 재구성함.

개인을 기준으로 하는 소득불평등과 가족을 기준으로 하는 소득불평등은 서로 다른 양상을 보일 수 있다. 가족(가구)을 기준으로 하는 소득불평등의 전반적인 양상은 가족구성원의 수, 가족구성원의 경제활동 참여 형태 등에 따라 달라지기 때문이다(Esping-Anderson, 2007). [그림 2]에서 보는 것처럼 개인의 임금소득은 불평등의 기초적인 출발점이다. 그러나 임금격차가 큰 사회에서도 가구근로소득의 불평등은 상대적으로 낮아질 수 있다. 저소득층에서 더 많은 가족구성원이 경제활동에 참여하여 가구소득 격차를 일정 정도 줄일 수 있기 때문이다. 4인 가족에서 단독 생계부양자의 월 소득이 800만 원인 경우와 4인 가족 중 2명이 각각 월 200만 원의 소득을 얻는 경우를 가정해 보자. 개인수준에서 근로소득의 격차는 4배에 달하지만, 가구(가족) 단위에서 근로소득 격차는 2배로 줄어든다. 이를 [그림 2]에서 보듯이 가구의 소득공유 효과라고 할 수 있다.

가구근로소득의 불평등이 높은 사회에서도 처분가능소득(disposable income), 즉 최종적인 소득불평등은 완화될 수 있다. 처분가능소득은 국민연금이나 기초연금, 아동수당 등 공적 소득이전 프로그램의 효과와 조세 및 사회보장분담금 등 재분배정책의 효과를 반영하기 때문이다(장지연 · 이병희, 2013: 75). 즉 전체적인 소득불평등에 영향을 미치는 주요 요소는 노동시장의 임금불평등 효과와 가족 효과(가구의 소득공유 효과), 재분배정책 효과로 구분해 볼 수 있다.[4]

[그림 3]은 전반적인 소득불평등에 있어 임금불평등 효과와 가족 효과, 재분배정책 효과가 국가별로 어떻게 다르게 나타나는지 보여준다. 가구근로소득의 불평등수준은 개인근로소득에 비해 모든 나라에서 낮게 나타나고 있는데, 이는 가족(가구) 효과에 의해 근로소득 불평등이 완화

4 [그림 2]의 자영업 효과와 자산소득 효과는 전반적인 소득불평등에서 그 중요성이 상대적으로 낮다.

[그림 3] 주요 28개국의 소득불평등 층위별 지니계수[5]

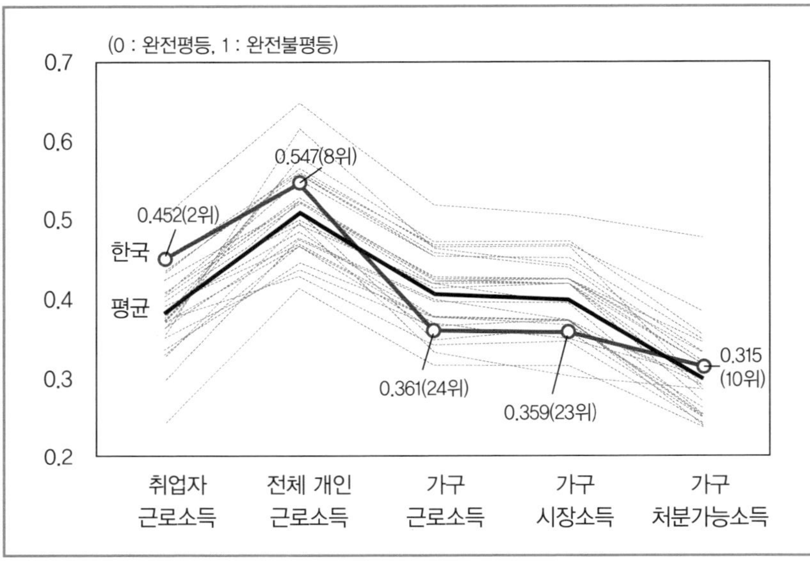


자료 : 가계금융복지조사 및 Luxembourg Income Study(LIS)
출처 : 박용민 · 허정(2023: 7).

되는 현상이 조사대상 국가에서 공통적으로 확인됨을 뜻한다.[6] 또한 가구근로소득에 자산소득을 포함한 시장소득에서 불평등이 완화되거나 증대되는 효과는 거의 없는 반면, 재분배정책 효과를 반영하는 처분가능소득의 불평등수준은 모든 국가에서 감소하는 것으로 나타나 정부의 재분배정책이 불평등을 완화시킨다는 것을 보여주고 있다.

한국의 경우 다른 나라에 비해 노동시장의 불평등이 심각해 취업자

5 [그림 3]과 [그림 4]에서 조사대상 국가는 OECD 가입국 중 LIS에 수록되어 있는 33개국 중 세후 기준 소득만 보고한 6개국(칠레, 프랑스, 헝가리, 멕시코, 폴란드 및 슬로베니아)을 제외하고, 한국과 비교할 수 있는 아시아 국가로 대만을 추가하여 총 28개국이다. 비교시점은 외국의 경우 코로나19 이전 LIS DB에 수록된 최신 연도, 한국은 같은 기준에 따라 2019년이다(박용민 · 허정, 2023: 3).

6 [그림 3]에서 취업자 근로소득에 비해 전체 개인 근로소득 불평등이 높게 나타나는 이유는 실업자를 포함하고 있기 때문이다.

[그림 4] 국가별 가구소득 공유 효과*와 정부 재분배정책 효과**

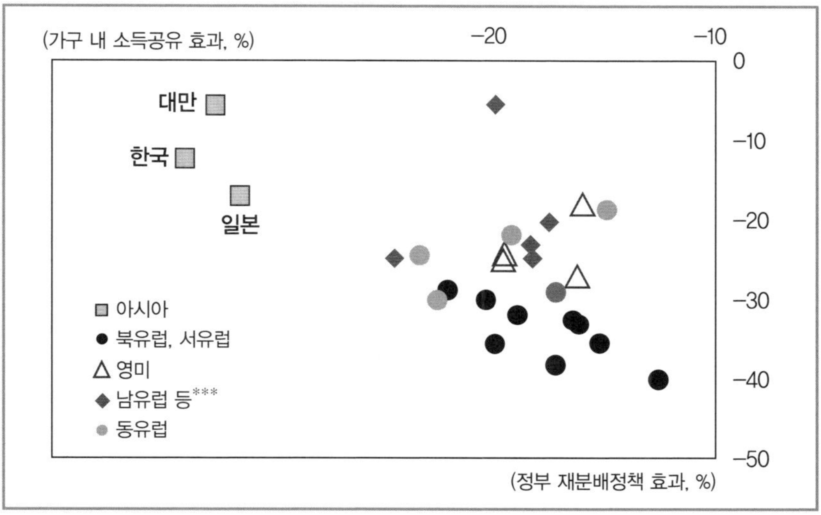


주 : * 가구 균등화 근로소득 지니계수의 전체 개인 근로소득 지니계수 대비 변화율
** 가구 균등화 처분가능소득 지니계수의 가구 균등화 시장소득 지니계수 대비 변화율
*** 남유럽, 남미 및 이스라엘
자료 : 가계금융복지조사 및 LIS
출처 : 박용민 · 허정(2023: 8).

근로소득의 불평등이 조사대상국 중 2번째로 높은 것을 확인할 수 있다. 반면 가족(가구)을 통한 소득공유의 효과는 근로소득의 불평등을 상당히 낮추고 있다. 또한 특징적인 것은 정부의 재분배정책 효과가 다른 나라에 비해 매우 약하게 나타난다는 점이다. [그림 4]는 소득불평등에 있어 가족 효과와 재분배정책 효과가 각기 어떻게 나타나는지 지역별로 표시하고 있다. 한국을 포함한 아시아 국가들에서는 가족(가구)을 통한 소득불평등 감소 효과가 높게 나타나는 반면 정부의 재분배정책 효과는 크지 않다. 북유럽과 서유럽 국가들에서는 가족(가구)을 통해 소득불평등이 완화되는 정도는 약하지만 정부의 재분배정책에 의해 불평등이 크게 완화되는 것으로 확인된다.

노동시장에서의 임금불평등이 극심하더라도 저소득층 가족에서 구성원들이 노동시장에 다수 참여할 경우 가구소득 불평등이 완화되는 효과를 보일 수 있다. 즉 저소득층에서 여성의 경제활동이 적극적으로 이루어지는 경우 가족(가구) 단위에서의 소득불평등은 줄어든다. 한국의 소득불평등이 개인수준에서 심각하지만 가구수준에서 상대적으로 낮게 나타나는 것은 이 때문이다(문지선, 2015: 51). 그러나 저소득층의 적극적인 노동시장 참여로 가구소득 불평등을 완화하는 데는 한계가 있다(장지연, 2012; 장지연 · 이병희, 2013). 또한 고소득층 가족에서 여성의 경제활동이 증가할 경우 가구소득 불평등은 더욱 증대될 수 있다. 이는 불평등과 가족의 관계를 다룸에 있어 여성의 노동 및 여성의 역할이 핵심적인 요소임을 뜻한다.

## 3. 여성의 경제활동과 불평등

남성의 경제활동이 일반적으로 가족부양의 성격을 가지는 것으로 자연스럽게 간주되는 데 반해 여성의 경제활동은 한층 복잡한 성격을 가진다. 이는 가족과 불평등의 관계를 복합적으로 이해하는 데 필수적인 요소다. 먼저 앞에서 살펴본 소득불평등의 여러 차원 중 임금불평등은 개인수준에서 나타나는 불평등이지만, 이 역시 가족과 밀접한 연관을 가진다는 점에서 출발해 볼 수 있다. 성별 임금격차는 다양한 요소에 의해 발생하지만, 남성을 생계부양자로 가정하는 가족임금(family wage)으로 정당화되며, 여성의 경제활동을 부차적으로 간주하는 인식을 반영한다. 이에 더하여 기혼여성의 낮은 임금은 배우자 소득과 함께 추산되는 가구소득으로 인해 은폐됨으로써 덜 문제시된다(문지선, 2015: 44).

남성중심의 '이상적 노동자 규범(ideal worker norm)'(Williams, 2010),

즉 이상적인 노동자를 암묵적으로 남성으로 전제하는 규범은 여성의 경제활동을 제약하는 동시에 노동시장에서의 여성과 남성 사이의 불평등을 심화시킨다. 여성들은 이상적 노동자 규범에 자신을 맞추기 위해 씨름하거나 이를 단념해야 하며, 성별 임금격차와 평가 및 승진체계에서의 불평등을 감수하거나 이를 뛰어넘기 위해 분투해야 한다. 이와 같은 현실은 여성들로 하여금 노동시장으로부터의 이탈을 선택하게 만드는 기제가 된다. 즉 표면적으로는 여성들이 일자리를 떠나 노동시장을 이탈하는 것으로 나타나는 현상이 실제로는 이상적 노동자 규범에 대한 분노와 회의, 저항의 의미를 가진다는 뜻이다. 여기서 노동시장에 남을 것인가 떠날 것인가의 문제, 또는 노동시장으로 다시 돌아갈 것인가 말 것인가의 문제는 단지 여성 개인의 선택의 문제가 아니며 그가 속한 가족의 소득 및 계급의 영향을 받는다.

[그림 5] 혼인코호트별 교육동질혼의 비율 분포

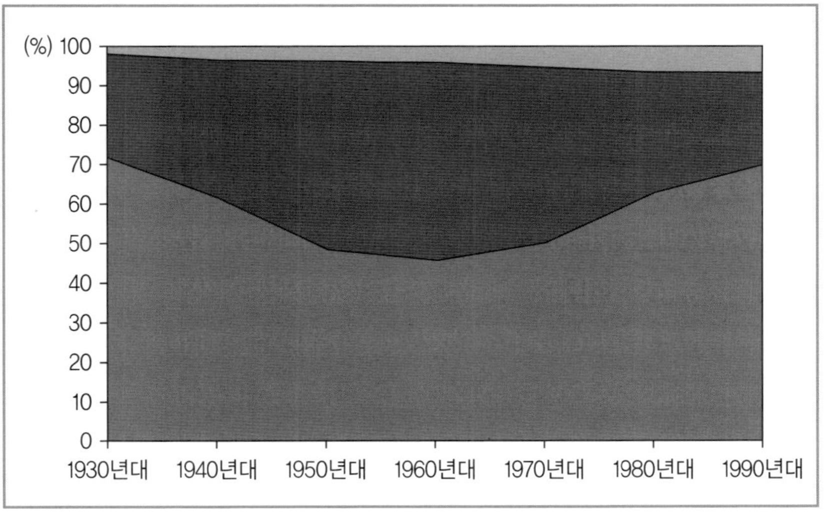


주 : 중간 회색은 교육동질혼, 진한 회색은 여성의 상승혼, 연한 회색은 남성의 상승혼을 나타냄.

출처 : Park and Smits(2005: 114).

소득불평등에서 가족의 효과는 가족구성원의 수와 경제활동 여부의 단순 합으로 나타나는 것이 아니다. 혼인관계의 패턴이나 부부 경제활동의 양상이 결합하여 가족(가구)의 근로소득 불평등에 영향을 미친다. 여기서 중요한 것이 동질혼(assortative mating; homogamy)의 비율이다. 동질혼은 학력이나 소득, 가족적 배경 등이 유사한 사람끼리 결혼하는 경향을 가리킨다. 한국은 부부의 교육수준이 비슷한 교육동질혼(educational homogamy)의 비율이 다른 국가에 비해 매우 높은 것으로 알려져 있으며(Smits, Ultte, and Lammers, 1998), 이러한 높은 동질혼 비율은 대체로 점점 강화되는 경향이 있는 것으로 보고된다(장상수, 1999; Park and Smits, 2005; Seong, 2014). [그림 5]에서 보듯이 1960년대 혼인코호트부터 여성의 상승혼은 줄어드는 반면 남성의 상승혼은 소폭 늘어나고, 전반적으로 교육동질혼이 지속적으로 확대되는 추세를 보여 1990년대 혼인코호트에서는 약 70%에 달하는 것으로 나타난다.

이와 같이 높은 동질혼 비율은 소득불평등에 영향을 미친다. 노동시장의 임금불평등이 심하고 동질혼의 비율이 높은 사회를 가정해 보자. 임금소득이 학력 차이를 반영한다고 했을 때, 임금소득이 각각 200만 원과 800만 원인 사람들이 비슷한 소득수준의 배우자와 결혼하여 맞벌이를 할 경우 가구소득은 400만 원과 1,600만 원으로 벌어지게 된다. 이때 동질혼의 효과는 모든 소득계층에서 맞벌이가 이루어질 경우를 전제로 한다. 만약 저소득층에서만 맞벌이가 나타나는 경우 앞의 가정을 그대로 반영했을 때 가구소득의 격차는 400만 원과 800만 원으로 줄어든다. 즉 동질혼의 비율과 여성 경제활동의 양상은 가구(가족)의 소득불평등에 큰 영향을 미친다.

한국의 경우 여성의 학력은 경제활동 참여에 부정적 효과를 미치는 것으로 나타나며, 고학력 여성일수록 노동시장 이탈 후 재취업하는 비율이 낮아 흔히 M자형으로 나타나는 경제활동 참가율 곡선 역시 L자형으로 나타나는 특징을 보인다(김영옥, 1999; 2006; 김태홍 · 김종숙, 2002; 강순희, 2014; 박수미, 2002; 은기수 · 박수미, 2002). 앞서 살펴보았듯이 한국은 교육동질혼 비율이 높기 때문에, 임금수준이 학력을 반영한다고 전제했을 때 고학력 기혼여성은 상대적으로 남편의 소득수준이 높을 것으로 예상할 수 있다. 실제로 한국에서 남편의 소득이 높을수록 여성의 경제활동 참여가 낮아지는 경향이나 남편 소득에 따라 여성의 고용형태가 달라지는 경향, 저소득층에서는 여성의 경제활동이 전반적으로 높게 나타나는 경향이 확인된다(윤자영, 2012; 장지연 · 전병유, 2014; 문지선, 2015). 앞서 [그림 3]과 [그림 4]에서 한국의 개인수준에서의 높은 소득불평등에도 불구하고 가족(가구)수준에서 소득격차가 줄어드는 이유가 여기에 있다.

[그림 6]은 이러한 한국 사회의 특징을 보다 구체적으로 드러낸다. 이 그림은 2000년대 중후반 7개 국가의 자료를 바탕으로 가구주 개인소득을 5분위로 나누고 소득이 전혀 없는 경우를 포함시켜 6개 그룹으로 나누었을 때 각 소득분위의 배우자 고용률을 보여준다. 한국은 가구주가 소득이 없을 때 배우자가 노동시장에 참여하는 비율이 대단히 높은 반면 가구주의 소득이 높을 경우 배우자의 노동시장 참여가 매우 낮게 나타난다. 이러한 특징은 다른 국가와 비교했을 때 현저하다. 즉 가구주의 소득이 배우자의 노동시장 참여에 미치는 영향이 매우 크게 나타나며, 그 결과 가구소득의 불평등수준이 완화되고 있는 것이다.

한국 사회에서 고소득의 배우자를 가진 여성의 경제활동 참여율이 낮게 나타나는 이유는 두 가지로 나누어 볼 수 있다. 첫째, 여성의 경제활동은 가족상황으로부터 크게 영향받는 경향이 있다(Gerson, 2011). 남편의 소득수준이 높을 경우 여성의 경제활동은 생계부양과 무관한 선택으로 간주되어 가족에 대한 의무를 회피하는 이기적 선택이라는 비난을 피하기 위해 정당화를 필요로 하기도 한다(Damaske, 2011). 따라서 저소득층에서 생계를 위한 여성의 경제활동이 보다 폭넓게 나타나는 반면 고소

[그림 6] 가구주의 소득분위별 배우자의 고용률

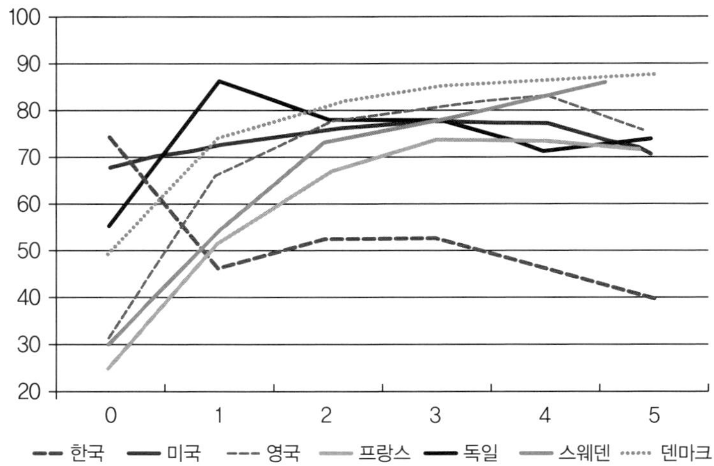


주 : 가구주 연령 65세 미만인 부부가구를 분석하였으며, 가구주의 소득이 없는 경우는 0, 있는 경우는 5분위로 구분했다. 부부가구 중에서 가구주의 소득이 없는 경우는 한국 14.3%, 미국 30.4%, 영국 28.7%, 프랑스 31.9%, 독일 36.7%, 스웨덴 19.3%, 덴마크 22.3%임.

자료 : Luxembourg Income Study(LIS) 2000년대 중후반 자료

출처 : 장지연 · 이병희(2013: 99).

득층에서는 여성의 경제활동 비율이 상대적으로 낮게 나타난다. 특히 한국은 전반적인 임금불평등수준이 매우 높고 성별 임금격차는 세계적으로 가장 높게 나타나기 때문에, 여성의 낮은 임금은 고소득 배우자를 가진 고학력의 기혼여성이 경제활동에 참여할 유인은 물론 정당성을 떨어뜨린다. 성별 임금격차나 비정규직의 여성화 등 노동시장의 성불평등 구조를 간과해서는 안 되는 이유다(이순미, 2015: 92).

둘째, 고소득층에서 여성의 가족 내 역할이 더욱 중요하게 간주되기 때문이다. 특히 일반적으로 한국 여성의 경제활동 참가율 곡선을 M자형으로 설명하는 데 비해 유독 고학력 여성의 경우 L자형으로 나타나는 것은 단지 출산이나 육아 등의 영향으로만 보기 어렵다. 물론 여성의 낮은

임금수준이 참여의 유인과 정당성을 떨어뜨리기도 하지만, 영유아기의 미취학자녀뿐만 아니라 취학자녀의 교육 및 입시에서 어머니의 역할이 강조되는 현상이 광범위하게 나타나면서 계급재생산과정에서 어머니 역할이 경제활동 참여보다 더 높게 평가되기 때문이다(박소진, 2009). 고소득 가구에서 취학자녀가 어머니의 취업을 제약하는 효과는 특히 고등학교 재학 자녀를 둔 여성에게서 뚜렷이 관찰되는 것으로 나타난다(김대일, 2008: 75). 이는 다음 절에서 살펴볼 가족과 계급재생산의 문제와 연결시켜 생각해 볼 수 있다.

여성의 경제활동 참여를 포함해 전반적으로 한국 사회에서 나타나는 가족의 변화는 앞으로 소득불평등의 양상에도 큰 영향을 미칠 것으로 전망된다. 기혼여성의 경제활동이 남편의 소득이나 가구소득에 영향받는 경향은 일반적으로 나타나지만, 그 영향은 계급 · 계층에 따라 다르게 나타나며 사회적인 조건에 따라 변화한다. 미국의 경우 1960년대까지 저소득층 여성들의 경제활동이 보다 활발하였으나 이후 중간 이상 소득계층 여성의 경제활동이 활발해지면서 여성의 경제활동이 가구소득분포의 격차를 완화시키는 효과는 사라지는 현상을 보였다(Maxwell, 1990; Lee, 2008). 앞의 [그림 3]에서 서유럽과 북유럽 국가들의 경우 가족이 소득불평등을 완화시키는 효과가 미미하게 나타난 이유다.

한국에서도 기혼여성의 경제활동이 남편의 영향을 받는 경향은 점차 감소하는 경향을 보인다(정성미, 2019). 여성의 경제활동은 점차 저소득층에서 중간소득층 이상으로 확대되는 추세를 보이면서 가구소득 불평등에 미치는 여성의 경제활동의 효과 역시 변화한다. 고학력 기혼여성이 저학력 기혼여성에 비해서는 경제활동 참여가 낮은 편이지만 시간이 흐를수록 참여가 높아지는 경향을 보이므로, 기혼여성의 경제활동 참여가 가구소득 불평등을 심화시키는 현상(Juhn and Murphy, 1997; 김영미 · 신광영, 2008; Kwon, 2008)은 한국에서도 나타나기 시작하고 있다. 한국의 높은 임금불평등과 불평등을 완화시키는 데 있어 미미하게 나타나는 정부 재분배정책의 효과를 감안할 때, 여성의 경제활동은 가구소득의 불평등을 완화시키는 거의 유일한 기제였던 가족 효과(가구의 소득공유 효과)를 무력화하는 역설적인 상황에 직면하고 있는 것이다(이재경, 2022: 155-158). 노동시장의 극심한 임금불평등에 주목하고 정부 재분배정책을 획기적으로 강화시켜야 할 필요성이 그 어느 때보다 절대적인 과제로 제기되고 있다고 할 수 있다.

## 4. 가족과 계급재생산

불평등에 대한 논의는 일차적으로 소득이나 자산 등의 사회적 자원과 기회가 어떻게, 얼마나 불평등하게 분포되어 있는가의 문제를 다룬다. 지금까지 살펴본 바와 같이 이와 관련하여 가족은 매우 큰 중요성을 가진다. 그뿐만 아니라 이러한 불평등이 왜, 어떻게 재생산되는가의 문제 역시 대단히 중요한 주제다. 그리고 불평등의 재생산과 관련해서도 가족은 핵심적인 위상을 가진다. 부모가 가진 사회적 자원과 기회의 차이가 자녀의 삶에 얼마나 큰 영향력을 행사하는가의 문제는 사회적으로 큰 관심을 끄는 주제이기도 하다. 대부분의 사회에서 부모의 사회경제적 지위는 자녀의 사회경제적 지위에 영향을 미친다(Sorokin, 1959). 그러나 그 영향이 확대되는지 혹은 감소하는지, 또 부모의 영향은 왜, 어떻게 작용하는지의 문제는 중요한 주제다. 불평등의 재생산 문제는 최근으로 올수록 더욱 큰 사회적 관심의 대상이 되고 있다.

이른바 금수저나 흙수저에 관한 이야기가 계속해서 회자되는 것은 불평등의 재생산 문제가 사회적으로 얼마나 첨예한 주제인지를 드러낸다. 특히 한국 사회에서는 개인의 능력이나 자질이 아닌 다른 요소가 사회경제적 성취에 미치는 영향에 대한 관심이 뜨겁다. 따라서 사회적 자원과 기회가 얼마나 차별적으로 불평등하게 주어져 있는가의 문제보다도 부모가 가진 자원이 자녀의 학업성취 및 사회경제적 성취에 얼마나 영향을 미치는가의 문제에 더욱 주목하는 경향이 강하다. 현대 사회에서 교육은 사회경제적 성취를 결정하는 핵심 요인으로 여겨지고 있으나(Blau and Duncan, 1967), 노동계급은 중간계급에 비해 낮은 교육적 기대로 인해 자녀들에게 교육에 대한 동기부여를 상대적으로 덜 하는 경향을 보인다(Goldthorpe 1987: 172). 이처럼 불평등의 재생산과 계급재생산에 있어 가족의 영향은 핵심적이다.

계급재생산과 가족의 관계를 논할 때 중요한 것이 문화자본(cultural capital)의 개념이다. 문화자본은 부르디외가 제기하여 주목받게 된 개념으로, 부르디외는 마르크스의 자본 개념을 확장시켜 자본을 '축적된 노동'의 산물로 정의하면서, 그 형태는 물질적인 형태일 수도 있고 체화된(embodied) 형태일 수도 있다고 보았다(Bourdieu, 1986: 241). 즉 어떤 형태의 자본이든 많은 시간을 들여 수행한 노동의 과정과 결과물이 축적되어 있으며, 가시적인 물질의 형태나 신체 혹은 정신에 체화된 형태를 취할 수 있다는 것이다. 그리고 일단 축적된 자본은 다양한 종류의 이윤(profits)을 창출한다. 주목할 것은 이 자본의 획득과 전수에 있어 가족이 가지는 중요성이다.

부르디외는 인간의 삶에 구체적인 조건을 제공하고 성향과 기질, 취향을 형성시키는 핵심적인 장은 바로 가족임에 주목하면서(Bourdieu and Passeron, 1990: 72), 불평등이 재생산되는 과정에서 가족의 역할이 얼마나 핵심적인가를 보여주었다. 부르디외는 자본을 크게 세 가지 유형, 즉 경제자본(economic capital)과 사회자본(social capital), 그리고 앞서 언급한 문화자본으로 구분하여 제시하였다(Bourdieu, 1986). 경제자본은 즉각 화폐로 전환되며 재산권의 형태로 제도화될 수 있는 자본이

[그림 7] 부르디외의 세 가지 자본유형

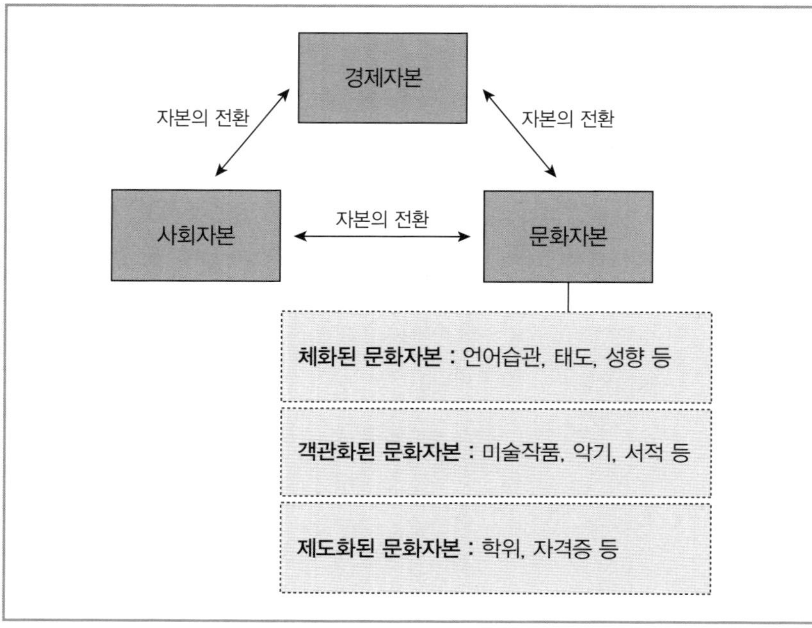


다. 사회자본은 서로 친분이 있는 관계 혹은 상호 인정의 관계의 네트워크에 지속적으로 속해 있음으로써 얻게 되는 실질적 · 잠재적 자원의 총합을 일컫는다. 마지막으로 문화자본은 체화된 상태와 객관화된 상태, 제도화된 상태로 존재한다. 체화된 문화자본은 사람의 신체 또는 정신(mind)의 성향이나 기질을 뜻하는 것으로, 언어습관이나 태도, 행동거지, 취향 등을 예로 들 수 있다. 반면 객관화된 문화자본은 미술작품이나 악기, 서적 등 재화(cultural goods)의 형태를 취한다. 제도화된 문화자본은 학위나 자격증처럼 제도적으로 인정되어 노동시장 등에서 직접 활용될 수 있는 유형의 자본이다.[7]

**7** 경제자본과 문화자본, 사회자본은 사회적 인정을 획득함으로써 상징자본(symbolic capital)이 된다. 즉 상징자본은 앞서 말한 세 가지 유형의 자본과 달리 자본의 특정한 유형을 가리키는 용어가 아니며, 별도로 존재하는 자본이 아니다. 어떤 형태의 자본이든 사

이 세 가지 유형의 자본은 특정한 조건하에서 서로 전환이 가능하다. 예를 들어 값비싼 오페라 공연 티켓을 구매할 수 없다면 오페라를 감상하는 취향은 생겨날 수 없다. 현악기를 수준 높게 연주할 수 있는 음악적 감각은 장기간에 걸친 교습 비용과 악기 구입 비용을 전제로 한다. 이처럼 경제자본이 문화자본으로 전환되는 예는 다양하게 떠올려 볼 수 있다. 다른 한편 세련되고 자신감 있는 언어습관과 태도를 가진 사람이 취업면접에서 좋은 점수를 얻어 치열한 경쟁을 뚫고 고소득 일자리를 얻게 되는 경우를 생각해 보자. 이를 두고 체화된 문화자본이 경제자본으로 전환되었다고 해석할 수 있다. 인맥을 통해 중요한 사업을 성공시키는 것은 사회자본이 경제자본으로 전환되는 예다. 이와 같은 자본의 전환과정이 즉각적이거나 항상 용이한 것은 아니다. 가령 높은 수준의 경제자본을 가진 사람일지라도 문화자본이나 사회자본이 취약할 수 있다. 복권에 당첨되어 갑자기 많은 돈을 가지게 된 사람이 그 돈으로 예술적인 안목이나 취향, 영향력 있는 인사들의 인맥을 자동적으로 얻을 수 있는 것은 아니다.

이와 같은 부르디외의 자본 개념을 통해 볼 때, 우리는 불평등이 세대를 거쳐 재생산되는 메커니즘을 보다 폭넓게 이해하고 접근할 수 있다. 가족을 통해 계급이 재생산된다고 했을 때 그 의미는 단지 소득이나 자산이 부모세대에서 자녀세대로 이전되는 것에 있지 않다. 가족을 통해 자녀들은 어떤 사람들과 교류하며 사회적으로 어떤 집단에 속해 살아가는가를 학습하고 이어받으면서 사회자본을 물려받는다. 특히 문화자본, 그중에서도 체화된 문화자본은 가족의 영향력이 가장 깊게 작용하는 자본의 유형이다. 자수성가한 사람이 자신의 소득으로 미술작품을 구매할 수도 있고(객관화된 문화자본), 노력해서 학위를 취득할 수도 있지만(제도

회적 평가를 통해 그것이 자본으로서의 정당성을 인정받음으로써 상징적 효과를 갖게 될 때 상징자본이 된다.

화된 문화자본), 사용하는 어휘, 억양, 사람을 대하는 태도, 취향, 습관 등은 가족 안에서 체화된 형태로 자녀에게 전수되기 때문이다.

문화자본은 학업적 성취 및 사회경제적 성취를 통해 계급재생산의 메커니즘으로 작용한다(DiMaggio, 1982; DiMaggio and Mohr, 1985; Robinson and Garnier, 1985; Kalmijn, 1994). 한국 사회에서도 부모의 문화자본은 자녀의 성적 및 학업성취에 영향을 미치는 것으로 나타나고 있다(장미혜, 2002; 김현주 · 이병훈, 2007; 김경근 · 변수용, 2007). 그뿐만 아니라 문화자본의 함의는 계급별로 문화나 취향이 다르며 계급별로 문화자본의 편차가 있다는 것을 넘어서 그 편차가 생겨나고 계급적 경계가 만들어지는 과정에서 더욱 깊이 확인된다(조은, 2001: 168). 문화자본을 통한 계급재생산과정에 대한 질적 접근은 그런 점에서 의의가 크다.

미국의 사회학자 아네트 라루(Annette Lareau)는 부르디외의 이론을 바탕으로 자녀 양육에 있어서 계급 간 차이가 어떻게 나타나는가를 방대한 질적 연구를 통해 분석하였다. 라루에 따르면 중간계급 가족에서 나타나는 양육방식은 합심양육(concerted cultivation)을 특징으로 하는 반면, 노동계급 및 빈곤층 가족에서는 부모들이 자녀에 대하여 자연적 성장의 달성(accomplishment of natural growth)을 기대하는 양상을 보인다. 구체적으로, 중간계급 가족에서는 자녀의 재능과 의견 및 능력을 잘 평가하고 지원하려는 부모의 능동적인 노력이 특징적으로 나타났다. 부모는 자녀에게 설득의 언어를 구사하고 자녀와의 의사소통과 의견조율의 과정을 중요하게 여겼으며, 부모와 자녀 사이에서 자녀의 논리력과 협상능력, 능동적 태도, 권리의식을 향상시키는 대화가 일상적으로 이루어졌다. 반면 노동자계급이나 빈곤층 가족에서 부모들은 대체로 지시의 언어를 사용하며, 자녀들은 부모의 지시를 자연스럽게 받아들이고 이에 대해 질문이나 대응을 거의 하지 않았다(Lareau, 2011).

이러한 차이는 부르디외의 문화자본, 특히 체화된 문화자본의 의미를 잘 드러낸다. 라루의 연구에서 중간계급의 자녀들은 병원에서 의사를 만나거나 학교에서 교사를 만날 때, 즉 공식기관의 전문가나 권위를 가진 성인을 대면할 때 주눅 들지 않고 자신의 상태와 감정을 구체적으로 전달하고 적극적으로 의사소통하며 반론을 제기하거나 협상한다. 가족을 통해 부모로부터 체화된 문화자본은 이 자녀들이 교육제도를 거쳐 노동시장에 진입할 때까지 지속적으로 일종의 이윤을 창출하게 될 것이다. 반면 노동계급과 빈곤층 가족의 자녀들은 지식이나 권위를 가진 성인을 대면했을 때 소극적이고 수동적인 태도를 취하며 질문에는 대답하지만 스스로 질문하지는 않는다. 중간계급의 자녀들이 문화자본과 함께 체득한 권리의식은 노동계급과 빈곤층 가족의 자녀들에게서는 나타나지 않는다.

계급재생산과정에서 문화자본과 경제자본의 의미와 영향력은 계급에 따라 다르게 나타난다(Dimaggio and Mohr, 1985; Lamont and Fournier, 1992; Peterson and Kern, 1996). 문화자본의 유형이나 문화자본이 가족을 통한 계급재생산에서 작용하는 양상 역시 사회마다 다르게 나타나며 시대에 따라서도 변화한다. 가령 한국 사회에서 영어 실력은 최근으로 올수록 중요한 문화자본으로 간주되며, 특히 부모의 경제자본과 밀접한 관련을 보인다(최샛별, 2003). 영어 실력이 문화자본의 성격을 가지는 것은 한국 사회의 특징적인 양상이며, 이는 한국의 부모들이 자녀의 영어 교육에 관심을 쏟는 이유를 설명해 준다. 또한 언어습관이나 태도 등 체화된 문화자본의 중요성은 최근으로 올수록 점점 더 증대되고 있다. 입시나 취업에서 지필시험의 비중이 압도적이었던 과거에는 체화된 문화자본의 중요성은 미미했을 것이며, 사교육 비용을 지출할 수 있는 경제자본의 중요성은 보다 컸을 것이다. 반면 최근으로 올수록 지필시험보다는 정성평가나 면접 등의 비중이 높아지면서 체화된 문화자본의 중요성은 더욱 증대되고 있다.

## 5. 마치며 : 가족의 변화와 불평등

지금까지 살펴본 것처럼 가족은 불평등이 작동하는 여러 층위에서 중요한 요소다. 가족은 사회적 자원과 기회의 불평등한 분포를 반영하는 제도 및 질서인 동시에 불평등을 확대시키거나 완화시키면서 재생산하는 메커니즘이다. 그러므로 가족에 대한 면밀한 이해 없이 불평등의 양상이나 불평등의 재생산에 대한 체계적이고 깊이 있는 분석과 논의는 불가능하다. 가족이 정서적 삶과 경제생활의 단위일 뿐 아니라 젠더체계(gender system)를 포함하는 제도라는 점은 생산의 사회적 분업체계와 젠더의 결합, 생산과 재생산의 구조적 관계에 있어 가족에 주목해야만 하는 필요성을 상기시킨다.

마지막으로, 최근 나타나는 가족의 변화와 불평등의 상관관계에 대해 살펴보자. 최근 많은 관심을 끌고 있는 것처럼 가족은 심대한 변화를 겪고 있는 중이다. 가족의 변화는 그 자체로 불평등과 매우 밀접한 연관을 가진다. 가족의 변화는 불평등의 양상과 성격을 변화시키는 조건일 뿐 아니라, 가족의 변화 역시 불평등의 구조적 조건 위에서 일어나고 있는 현상임을 강조해 둘 필요가 있다.

첫째, 가족의 변화는 불평등의 양상에 중요한 영향을 미친다. 성별분업의 양상이 변화하고 여성의 노동에 대한 인식과 실천이 변화함에 따라 가족은 과거와 점점 더 다른 형태를 띠게 된다. 그리고 앞서 살펴본 것처럼 경제활동에 참여하는 가족구성원의 수는 가족의 소득을 변화시키는 가장 기본적인 요소이므로, 여성의 경제활동은 불평등의 전반적 분포를 변화시킨다(Esping-Anderson, 2007). 그뿐만 아니라 한부모 가족의 증가, 고령화에 따른 노인인구의 증가, 사별로 인한 독신가구의 증가, 혼인지연과 비혼 선택, 이혼의 증가에 따른 1인가구의 증가, 무자녀 가족의 증가, 동거가구의 증가 등 전반적으로 나타나고 있는 가족의 변화는 모두 불평등의 양상에 직접적이고 광범위한 영향을 미친다. 가족의 변화는 소득불평등의 거시적 분포를 변화시키는 중요한 요인이다.

둘째, 가족의 변화는 불평등의 양상에 중요한 영향을 미칠 뿐 아니라 그 자체로 구조적 불평등의 효과이자 결과이기도 하다. 취업과 결혼, 출산 등 중요한 생애사적 사건을 중심으로 하는 생애과정에서 일어나는 구조 변화는 계급 및 계층에 따라 차별적으로 나타나는 양상을 보인다. 결혼이 일종의 계급의 표식이 되는 것(Cherlin, 2020; Lauer and Yodanis, 2010; 퍼트넘, 2016; 이재경, 2022)은 그 때문이다. 이른바 결혼의 탈제도화(deinstitutionalization of marriage)(Cherlin, 2004)로 불리는 현상 역시 계급에 따라 큰 차이를 보이게 된다(Cherlin, 2020). 특히 가족의 변화가 가장 첨예하게 나타나고 있는 청년 세대에서 이러한 현상은 각별히 주목할 필요가 있다. 청년층에서 나타나는 높은 실업률, 낮은 혼인율, 저출산 등은 근대적 생애과정이 불안정해지는 현상을 드러낸다. 생애상태의 가역성과 불안정성이 증가하면서, 사회경제적 지위에 따라 결혼이 부모에 대한 의존으로 대체되기도 하고 저소득 부모와 자녀가 상호지원을 위해 동거하는 '스크럼 가족'이 늘어나거나 자원이 없는 계층에서 전통적 생애과정의 양상이 나타나는 등 가족의 변화와 불평등은 보다 복잡한 관계를 보이고 있다(이순미, 2017). 결국 가족의 변화를 이야기할 때, 그 변화의 내용과 성격이 무엇이며 어떤 사회집단, 어떤 사회계층 및 계급에서 나타나는 현상인지를 구체적으로 파악하여 논의함으로써 우리는 가족의 변화는 물론 사회불평등의 양상을 더욱 충실히 이해할 수 있게 될 것이다.

04장

# 가족과 페미니즘

|박혜경(충북여성재단 대표이사)|

|김효정(한국여성정책연구원 부연구위원)|

# 1. 페미니즘 가족 연구란 무엇을 말하는가?

최근 인터넷 등 대중매체에서 가족이 격한 논쟁거리가 되는 것을 곧잘 볼 수 있다. 가족에 관한 사회 전반의 인식이 변화되고 있는 가운데 젠더, 연령, 학력에 따라 그 견해 차가 커지고 있기 때문이다. 페미니스트들이 전통적인 가족질서를 가장 힘주어 비판해 온 집단이었음을 생각하면, 이런 현상에는 페미니즘이 한국 사회에 불러일으킨 파장의 영향 또한 적지 않을 것이다. 그래서인지 페미니즘에 대한 적대적 태도 또한 드물지 않게 보게 된다. 페미니즘은 과연 한국 가족에 분란만 일으킨 것일까? 이 장에서는 페미니즘의 관점에서 가족을 연구하는 것은 무엇이고 기존 가족 연구와 어떻게 다르며, 가족 연구에 어떠한 독특한 기여를 해 왔고 또 할 수 있는지를 살펴봄으로써 페미니즘 가족 연구에 관한 이해를 돕고자 한다.

페미니즘 가족 연구를 설명하기 위해서 페미니즘 또는 페미니즘 관점의 연구란 무엇을 말하는 것인지를 간략히 언급할 필요가 있다. 페미니즘 연구는 '페미니즘의 관점으로 세계를 인식하는 것'(하딩, 2002)으로, 가부장적 지식체계에 도전하고 새로운 질문과 패러다임을 생산해 내는 것을 목적으로 한다. 즉, 페미니즘 연구를 정의하는 핵심은 페미니즘이라는 관점 그 자체인데, 페미니즘 내의 다양한 논쟁과 이념적 갈래가 있지만 페미니즘 관점에서 수행하는 연구는 젠더에 기반한 위계(gender hierarchy)와 차별에 반대하고 평등과 민주적 관계를 지향한다는 공통점을 갖는다.[1]

1 이런 점에서 여성학이나 페미니즘 연구를 하나의 분과학문(discipline)으로 보는 것은 적절하지 않다는 의견도 있다. 어떠한 학문 또는 학과로 분류하는 지금의 분과학문체계가 각 분과학문의 내적 속성에 따른 것인 양 정당화되고 있지만, 페미니스트 인식론 논의들은 이러한 현실이 사실상 기존 분과학문들 간의 이해타산을 다툰 결과라고 비판한다(하

페미니즘 연구에서 젠더는 주요한 개념이자 분석 범주로 사용된다. 이는 자연적 · 생물학적 개념을 바탕으로 구획되는 성별 이분법에 도전하면서 젠더가 어떻게 개인의 일상과 사회제도, 규범, 질서를 형성하고 조직하고 작동시키는지 인식하기 위함이다. 젠더 개념을 통해 우리는 여성다움이나 남성다움이란 것이 본래 있는 것이 아니라 우리의 인식 속에서 만들어지는 것이고, 여성과 남성의 관계를 조직하는 사회적 규칙 속에서 젠더화된 실천이 수행되며, 그러한 규칙들과 실천들 간의 상호작용 속에서 젠더화된 사회질서가 어떻게 생산되고 유지되고 강화되는지 살펴볼 수 있다.

최근 페미니즘 이론에서는 계급, 인종, 섹슈얼리티, 민족, 국적, 장애 또는 이주 여부 등에 따른 차이 및 차별들과 상호교차(intersectionality) 속에서 젠더가 작동한다는 인식이 점점 더 중요해지고 있다(프리드먼, 2002). 이러한 인식은 이론적 차원을 넘어 경험 연구에서도 구체적으로 나타나고 있는데, 예를 들어, 신자유주의 맥락에서 일어나고 있는 지구적 차원의 계급 재편이 여성의 삶과 가족을 어떻게 변화시키고 있는지가 연구된다. 또한 페미니즘 연구는 그 과정에서 또는 연구의 결과를 통해 젠더 위계와 성차별에 도전하고 성평등으로의 변화를 이끌어 내는 것까지를 포함하는 실천적 차원을 내포한다.

이러한 페미니즘 연구에 관한 이해를 바탕으로 할 때, 페미니즘 가족 연구는 가족에 내재된 젠더 위계와 질서를 드러내고, 문제를 제기하고, 평등하고 민주적인 가족관계로 나아가기 위한 방법과 전략을 모색하는 연구로 정의할 수 있다. 지금까지 페미니즘 가족 연구는 가족 내 젠더 권

딩, 2002). 기존의 학문체계를 넘어서야 하는 여성학의 학문적 과제에도 불구하고, 기존의 학문체계/분야로부터 '학문'으로 인정받아야 한다는 관념 또는 현실적 필요성으로 인해 기존 학문체계의 틀을 순응적으로 받아들이는 것은 여성학 지식의 성장을 지체시키는 요소가 될 수 있다는 지적(조순경, 2000)도 유의할 필요가 있을 것이다.

력관계를 드러내고, 생물학적이고 보편적인 자연화된 제도로서의 기존의 가족 개념에 도전해 왔다(쏘온 · 얄롬, 1991). 한국 가족에 관한 페미니즘 관점의 연구들은 기존의 핵가족 이론이 서구 백인 중산층 가족을 모델로 하고 있다고 비판하는 한편, 한국의 유교문화와 가부장제 가족질서 속에서 젠더권력을 분석해 왔다. 특히 한국의 압축적 근현대사 및 사회변화에 따른 가족의 변화를 분석하고, 한국 사회에 가족 관련 논쟁과 토론을 선도하면서 가족에 관한 성찰적 접근을 견인하는 데 기여했다. 다음의 절에서는 페미니즘 가족 연구는 가족을 둘러싼 어떠한 개념에 도전했고 어떠한 지식 생산에 기여하였는지, 미래사회의 변화 속에서 페미니즘 가족 연구의 과제는 무엇인지에 관해 차례로 논의한다.

## 2. 가족 지식의 해체 : 우리가 알고 있는 것과 같은 가족은 없다

전통적인 서구과학에서 지식을 생산하는 과정은 대상을 바라보는 것, 즉 인식대상에 초점을 맞춤으로써 이루어져 왔다. 하지만 페미니즘 연구에서는 연구대상을 바라보는 나, 즉 인식주체와, 지식이 생성되고 유통되는 사회적 맥락과 지식공동체의 성격도 성찰의 대상이 된다. 기존의 학문에서 여성, 흑인 등 피억압집단의 경험이 중요하게 언급되지도, 해석되지도 않았던 것은 지식생산자 즉, 인식주체 나아가 학문공동체가 주로 서구 백인 중산층 남성들로 이루어졌기 때문이라고 보기 때문이다. 페미니스트들은 기존의 가족에 관한 이론과 지식이 누구의 경험에 기초한 것인지를 질문하면서 가족의 개념 자체에 대한 질문으로까지 나아간다(콜리어 외, 1991). 우리가 알고 있는 가족에 관한 지식들이 누구의 지식이며, 경험인지를 질문하게 되면, 우리가 가족이라고 알고 있던 것들이 사실상 사람들이 처해 있는 위치에 따라서 다르게 경험되고 이해될 수 있음을 깨닫게 된다. 이러한 질문을 통해 페미니스트 가족 연구들은 우리가 알고 있는 것과 같은 가족이란 서구 백인 중산층 남성중심의 시각이 만들어 낸 허구라고 주장한다. 역설적이게도 페미니즘 가족 연구는 가족의 개념 자체를 해체함으로써 가족 연구의 지평을 확장시켰다.

이 절에서는 페미니즘 관점의 가족 연구의 기여를 두 가지로 요약하여 설명한다. 한 가지는 그것이 기존의 가족 연구에 대하여 어떠한 도전을 해 왔는가 하는 것이고, 다른 한 가지는 그것이 기존의 가족 연구와는 다른 어떠한 새로운 지식이나 개념을 만들어 냈거나 기존의 연구를 어떻게 발전시켰는가 하는 것이다. 현대 가족에 관한 페미니즘 연구의 도전에서 기능주의 사회학이론에 대한 비판은 핵심적이다. 페미니즘 가족 연구는 기능주의 가족이론은 핵가족을 산업사회에서 보편적이고 정상적인 가족(normal family)으로 봄으로써 다양한 가족의 경험적 현실을 비가시화하고 침묵하게 만들어 왔다고 본다. 특히 기능주의 가족이론은 가족 안의 성별분업을 당연하게 전제로 하고 있지만, 페미니스트들은 그러한 지식이 이성애 백인 중산층 가족의 경험에 기준을 두고 있다고 지적한다. 페미니스트 연구자들은 인종, 계층, 국가 정책 및 사회 구조 등에 따라 가족 경험이 어떻게 차별적으로 구성되는지 드러냄으로써 다양한 관점에서 가족을 연구해야 할 필요성을 강조한다. 한국 사회에서도 여성이 생계노동에 참여한 것은 단지 최근의 현상이 아니다. 한국 전쟁과 전후 산업화 시기에 한국 여성들은 공식 또는 비공식 부문에서 일하면서 가정의 생계 책임을 나누거나 전적으로 담당해 왔음이 여러 페미니즘 연구를 통해 밝혀져 왔다.

또한 페미니스트들은 가족 안의 남녀 권력관계를 단지 경제력의 차이에 의한 것으로 환원적으로 설명하지 않는다. 남성 또는 여성이라고 하는 젠더 정체성은 이미 위계를 내포한 것이어서, 여성은 경제력을 갖더라도 남성의 권력에 도전해서는 안 된다거나 남성이 위축되지 않도록 그의 권위를 더욱 북돋워 주어야 한다는 가부장적 통념의 지배를 받기 쉽다. 기혼여성의 경제활동이 증가했음에도 여전히 남성중심적인 부부관계를 유지하고 있는 여성들의 상황이 여러 연구들을 통해 밝혀짐으로써 젠더 권력관계에서 경제적인 것만 아니라 문화와 관념의 변화도 중요하다는 것이 분명해졌다. 또한 페미니즘 가족 연구자들은 가족을 이해관계를 공유하는 하나의 단위로 보는 관념이 가족구성원들 사이에 존재하는 사회계급과 성별에 따른 이해갈등을 은폐시킨다고 비판한다. 페미니스트 가족 연구자들은 가족이 '삭막한 세상의 안식처'(Lasch, 1977)가 아니라, 성별과 연령에 따른 위계관계에 기반을 두고 폭력이 행사되고, 비민주와 복종을 배우는 장소가 되기도 한다고 주장한다(콜리어 외, 1991). 페미니스트들을 포함한 연구자들의 가족, 즉 정상가족 개념에 대한 해체는 가족이라는 개념 자체를 불가능하게 하는 정도로까지 나아간다. 이에 따라 가족이라는 용어 대신에 가족-가구, 친밀한 결사체라는 용어가 주장되기도 하는데, 많은 연구자들은 '가족들'이라는 용어를 사용함으로써 가족의 다양성에 대한 인정을 나타낸다.

한편 이러한 새로운 지식의 생산을 위한 연구방법론적인 측면에 초점을 맞추어 보면, 페미니즘 가족 연구에서는 심층면접이나 구술사 같은 질적 연구방법들이 많이 사용되는 경향이 있다. 그것은 양적 데이터들이 여성들의 주관적 이해나 미시적 차원을 설명하는 데에 한계가 있기 때문이다. 여성처럼 그 경험이 기존 학문에서 충분히 설명되지 못한 이들에 관한 연구는 기존에 수립되어 있는 학문적 개념이나 해석이 제시할 수 없는 새로운 발견을 가능하게 하는 접근이 필요하다. 이것을 위해서는 통계 같은 경성자료보다 심층면접과 같은 연성자료를 사용하는 것이 도움이 된다. 연구자의 질문과 이에 대한 답변을 몇 가지 보기들로 완결적으로 제시해야 하는 양적 연구방법은 연구자가 파악하거나 예상하지 못한 연구참여자들의 경험이나 인식이 반영될 여지가 적지만, 심층면접이나 구술인터뷰 등 질적 연구방법에서는 그러한 내용이 포착될 가능성이 상대적으로 높다. 젠더를 중심으로 가족생활과 가족 내 권력관계가 어떻게 구성되는지 분석하고, 그 속에서 여성들의 협상과 저항을 드러내기 위해서는 질적 연구방법이 보다 적절할 수 있다. 심층면접조사나 참여관찰, 구술생애사, 민속지적 연구방법 등이 많이 사용되는데, 직장을 가진 기혼여성이 가정과 일터에서 모두 일한다는 것을 밝혀 낸 혹실드(Arlie Hochschild)의 유명한 책 『두 번째 교대근무(*The Second Shift*)』는[2] 가족생활에 관한 참여관찰과 심층면접조사를 통해 이루어졌다.

그러나 질적 연구만이 페미니즘 가족 연구의 방법으로 활용될 수 있는 것은 아니며, 양적 방법을 활용한 연구도 가능하다. 가족에 관한 양적 자료를 활용하여 가족의 개념과 인식, 구조와 형태, 관계의 변화를 분석하는 연구는 한국 가족의 가부장적 가족질서의 변화를 이해하는 데 효과적이다. 양적 연구의 수행을 위해서는 양질의 데이터 구축이 중요한데, 여성가족패널조사, 한부모가족실태조사, 다문화가족실태조사 등 가족에 관한 다양한 조사가 수행되고 시계열적 자료가 축적되면서 가족의 다양성이 증가하는 현실을 통계적으로 입증할 수 있는 유용한 토대를 제공하고 있다. 다만 여성주의 가족 연구에서는 실증주의적 사회과학에서와는 달리 질적 연구가 많이 이루어지고, 그것을 통해 기존의 지식이나 개념으로 드러낼 수 없었던 많은 경험적 현실에 대한 이해와 해석이 가능했다는 특징을 가지고 있다.

---

**2** 이 책의 한국어판은 『돈 잘 버는 여자, 밥 잘 하는 남자』(백영미 역, 아침)이다.

# 3. 어떠한 새로운 개념과 지식을 만들어 내는가?

페미니즘 가족 연구는 새로운 질문과 해석을 제공할 뿐 아니라 기존의 학문적 개념들이 이러한 질문과 해석에 부적합할 때 개념을 해체하거나 재구성하기도 하고 새로운 용어를 만들어 내기도 해 왔다. 현재 성별 분업, 가사노동, 돌봄노동 등의 페미니즘의 개념은 거의 일반적으로 사용되며, 여성의 경험과 입장을 특별히 고려하는 접근도 확산되고 있다.

## 1) 가사노동의 발견

페미니즘 이전의 연구들은 여성이 가사를 수행하는 것을 여성이라는 성에 내재한 고유한 속성에 따라 부여된 수행으로서 자연스러운 것이라고 보고 이것에 대해 질문하지 않았다. 다만 여성이 가사노동을 잘 수행하는 데 필요한 지식과 기술을 가르치고 연구하는 데에 집중해 왔다. 반면에 페미니스트 연구자들은 여성이 집안에 머물면서 특정한 일을 전담하게 된 원인과 그것이 여성의 삶과 사회 전체에 어떠한 영향을 미치는지를 질문했다. 나아가 가사노동의 성격과 여성이 대가 없는 부불노동인 가사노동을 전담하도록 짜여진 자본주의 사회구조의 성격을 밝혀 왔다.

페미니스트 정치경제학자들은 임금이 노동자의 자기재생산과 세대재생산 비용인데, 이러한 재생산을 여성이 무급으로 해 주기 때문에 자본가는 그만큼의 임금을 주지 않고도 남성 노동자에게 일을 시키고 있다고 주장했다. 이처럼 자본은 여성의 무급 가사노동을 착취함으로써 이윤을 창출한다는 것이다.[3] 페미니스트들에 따르면, 남성들은 여성들이 자신의

---

3 임금은 노동자의 재생산 비용인데, 자본가가 노동자의 노동력 투입으로 발생한 잉여를 노동자에게 다 돌려주지 않고 일부만 임금으로 주고 나머지는 자기의 이익으로 가져가는 것 자체가 노동력에 대한 착취라는 것이 정치경제학적인 설명이다. 이런 틀에서 보면, 노

일자리를 빼앗지 못하도록 자본가와 결탁하여 노동시장에서 여성을 배제함으로써 이러한 무급 가사노동이 여성에 의해 계속 제공되는 체제가 유지되도록 도왔다(하트만, 1981). 이처럼 페미니스트들은 자본주의가 여성의 재생산노동에 대한 착취에 기반을 두고 있다고 설명한다.

페미니스트 경제학자들 사이에 가사노동이 교환가치를 가진다는 데에는 논쟁이 있으나 사용가치를 갖는다는 점에 대해서는 대체로 동의가 이루어져 있다. 페미니스트들은 가사노동의 가치평가를 위해 임금지불을 주장하기도 하였으나, 지불방법이 여성을 남편이나 국가에 예속되도록 만들 것이라는 우려와 함께, 무엇보다 여성이 가사노동자가 되게 하는 구조를 재생산할 것이라는 비판 때문에 실현에는 제약이 있었다(이화여자대학교 한국여성연구소 편, 1985).

페미니스트들은 가정의 영역에서 가사노동이 어떻게 수행되며 그 경험이 여성들에게 어떠한 영향을 미치는지에 관한 연구들을 통해, 가사노동은 다른 노동과 마찬가지로 숙련을 필요로 하며, 가정 안에 고립된 채 수행되는 노동이며, 반복적이고, 수행의 성과가 잘 드러나지 않는 비가시성을 가진다고 지적했다(오클리, 1996). 페미니스트들은 가사노동이 낭만적으로 묘사되면서 주부들은 스스로 노동하고 있다는 인식을 갖기 어렵게 되고, 주부는 가정 안의 천사로 그려진다고 비판한다. 가사노동 및 주부에 관한 페미니스트 가족 연구자들은 성별분업에 기반을 둔 핵가족 질서가 여성에게 무엇이었는지를 알리는 데 큰 기여를 하게 된다. 베티 프리단은 저서 『여성의 신비』(1963)에서, 미국 중산층 교외 지역에 고립된 채 살아가는 주부들의 소외감을 '이름을 붙일 수 없는 병'이라고 불렀다. 페미니스트들의 이러한 저작들은 낭만화된 가족질서에 대한 비판적

동자의 재생산은 실질적으로 그의 부인의 가사노동을 통해 이루어지기 때문에 이에 대한 대가를 자본가가 지불하지 않는 것은 노동자의 임금착취에 덧붙여 초과 착취라고 정의된다.

통찰을 제공해 주었다.

여성을 가사책임자로 보는 젠더 관념은 취업한 여성에게 직장과 가정 모두에서 일해야 하는 상황을 만들었다. 이러한 현상을 혹실드(Arlie Hochschild)는 '두 번째 교대근무'라고 불렀는데(혹실드, 2001), 많은 연구들이 이러한 여성의 이중부담이 부부갈등의 원인임을 밝혀 왔다. 남성 1인 생계부양자 모델을 유지하는 것이 점점 어려워지는 등 성별이분법체계가 약화되면서 일과 가정 사이의 갈등을 비판하고 이 둘 간의 조화로운 대안을 찾는 페미니즘 연구의 중요성이 커지고 있다.

세계화에 따라 여성의 국제적 이동과 이주가 증가하면서 가사노동 연구가 새로이 주목을 받고 있다. 남미나 아시아 빈국에서 이주해 온 여성들이 북미 등 잘 사는 국가의 가사도우미로 취업하는 현상이 증가하고 있기 때문이다. 한국 사회에도 조선족이나 동남아시아에서 이주해 온 가사도우미들이 존재한다. 여성의 노동이주는 제한되거나 불법이기 때문에 이 이주여성들은 불법 이주자라는 더욱 주변화된 노동자로서 북미 등 잘 사는 국가의 중상층 여성들을 대신하여 가사노동을 수행한다. 이처럼 가사노동과 여성이 맺는 관계는 더 이상 단일하지 않다. 세계화의 맥락에서 가사노동자 또는 주부라는 젠더로서의 여성의 위치가 사회계급 및 인종과 교차하면서 어떻게 변화되고 있는지에 관심이 모아지고 있다(박혜경, 2010; 파레냐스, 2009).

## 2) 모성의 재개념화와 재발견

페미니스트 가족 연구자들은 여성이 어머니가 된다는 것이 자연스럽고 당연한 것이라는 생각에 의문을 가졌다. 그들은 연구를 통해서 여성이 어머니가 되는 것은 모성 본능에 의한 것이 아니라 여성을 일차적 양육자로 만드는 사회제도 때문이라고 주장했다. 즉 여성이 자녀를 기르는 책임을 혼자 또는 주로 지게 된 것은 사회적으로 강제된 것, 즉 '강제적 모성'(리치, 2002)이라는 것이다. 페미니스트들은 모성에 관한 역사 연구를 통하여 우리가 알고 있는 모성애나 어머니노릇이란 근대에 창안된 것이라고 강조한다(리치, 2002; Ehrenreich and English, 1978). 특히 한국 사회에서 모성은 식민지배와 전쟁의 경험과도 밀접하게 연관된 것으로 연구되었다.

페미니스트들은 제도로서의 모성이 강제된 것이라고 비판하면서도 경험으로서의 모성은 매우 다양한 것이라는 점을 밝혀 내고자 하였다. 경험의 차원에서 어머니노릇(mothering)은 여성의 전략과 선택, 갈등을 통해 이해되어야 하는 것이다. 이러한 연구들을 통해서 여성들이 모두 모성애를 가지고 있는 것도 자녀양육을 잘 할 수 있는 것도 아니라고 밝혀졌다. 어머니노릇은 다양해서 자녀를 잘 돌보지 못하거나 자녀에게 의존하거나 자녀를 조종하는 어머니도 있다(Glenn, 1994). 자녀양육의 책임은 여성들이 직장을 다니기 어렵게 하지만, 노동자 어머니들에게 생계벌이는 곧 자녀를 위한 것으로써 어머니노릇의 연장이다. 하지만 전업주부 어머니가 어머니의 이상으로 칭송되는 환경에서 노동자 어머니는 자녀를 충분히 돌보지 못한다는 죄책감과 사회적 비난에 시달린다. 초도로우(2008)는 정신분석학을 통해 어머니 혼자 자녀를 기르는 것이 가부장제[4]를 재생산하게 된다고 설명했다. 어머니 혼자 자녀를 기르는 환경은 여아와 남아의 관계 능력을 다르게 갖게 만드는데, 남아와 달리 여아는 관계적인 자아를 갖게 되어 또다시 어머니노릇을 할 수 있게 된다는 것이다.

---

4 최근 페미니스트들은 가부장제라는 용어 대신 젠더관계, 또는 젠더 위계구조 등의 용어를 주로 사용한다. 가부장제라는 용어가 남녀관계의 역사적 변화를 나타내지 못하는 몰역사적인 용어로 비판을 받아 왔기 때문이다. 가부장제라는 용어 대신 루빈(Rubin)은 '섹스-젠더체계'라는 용어를 제안하기도 했으나, 이 용어 역시 앞에 다른 한정어를 붙여야만 역사적 변화를 나타낼 수 있다는 한계를 가지고 있다는 비판을 받는다.

그런데 페미니즘 가족 연구자들은 어머니노릇의 억압적인 성격에만 관심을 둔 것은 아니다. 러딕(2002)은 자녀를 기르는 경험은 여성들로 하여금 '모성적 사고(maternal thinking)'를 가능하게 하는데, 그러한 사고방식은 평화정치라는 대안을 가능하게 할 수 있다고 보았다. 러딕에게 모성적 사고는 어머니-여성이라는 지위에서가 아니라 자녀양육의 경험에서 비롯되는 것이다. 길리건(1997)은 여성이 자녀를 양육하는 환경은 여아와 남아에게 다른 자아발달을 가져와 여성은 관계적 자아를 갖게 되며, 여성적 자아는 열등한 것이 아니라 다른 것이라고 주장하면서 인지발달이론의 남성중심성을 비판했다.

초도로우 논의는 가부장제를 종식시키기 위해서는 어머니만이 아니라 아버지도 자녀양육에 참여해야 한다는 점을 설득하기에 매우 힘 있는 주장이라고 할 수 있다. 하지만 초도로우는 다른 페미니스트들에 의해 모성 경험의 다양성을 간과했다는 비판을 받았다. 그의 논의가 자녀에게 집중할 수 있는 전업주부 어머니의 경험을 보편적인 것인 양 설명했기 때문이다. 러딕과 길리건의 논의도 마찬가지 이유에서 비판을 받았고, 더욱이 모성 경험을 낭만화할 우려도 제기되었다.

어머니노릇의 변화에 주목한 페미니스트 연구들은 모성의 개념 자체가 불안정해지고 있다고 지적하면서 어머니나 어머니노릇이 생물학과 관련된 것이라는 관념에 도전했다. 재생산 기술의 발달로 생물학적 유대를 가진 '진짜 어머니'를 가려내는 것은 어려워졌으며, 다른 한편으로 취업어머니를 대신한 아이돌보미들이 자녀를 양육하는 현실도 아이를 돌보는 행위가 동일한 어머니 경험일 수 있는가 하는 의문을 갖게 하기 때문이다. 이러한 페미니즘의 비판은 어머니되기나 어머니노릇이란 존재하지 않는다고 주장하는 것이 아니라, 그것을 생물학적인 본능에 의한 것으로 보는 관념에 도전하는 것이다. 최근에는 자녀양육을 어머니의 일로 한정하는 모성이라는 용어 대신에 부모노릇이라는 용어가 제안되고,

부모나 가족의 틀을 넘어선 돌봄(care) 개념이 주목을 끌고 있다(폴브레, 2007). 돌봄 논의는 돌봄의 윤리학 등 이론적인 논의에서부터 정책에 관한 연구들에 이르기까지 폭넓게 이루어지고 있다. 페미니즘 돌봄 논의에서는 주로 돌봄 제공자였던 여성들의 입장을 고려하여 돌봄의 수혜자만이 아니라 돌봄 제공자를 누가 돌보아야 하는가라는 문제도 제기된다.

### 3) 가부장제와 정상가족 개념에 대한 비판

페미니스트들은 성별분업에 기초한 가족 또는 가부장제 가족이 어떻게 형성되고 변화되었는지를 연구함으로써 성차별 질서가 인간의 본성에 따른 것이 아니라 사회적으로 형성되었고 미래에 변화될 것임을 설명하고자 했다. 이러한 연구는 남녀차별의 역사라고 할 만한 것인데, 성차별적인 가족제도가 어떻게 만들어진 것인가가 그 중심적 내용이다. 이러한 연구들은 인류학과 역사학을 넘나들면서 이루어졌다. 특히 성차별의 기원에 관심을 두는 연구들은 가부장제(patriarchy) 개념을 사용하였는데, 그 기원이 자본주의와 관련 있다고 보는 이론들은 특히 자본주의적 가부장제와 가족제도를 밀접하게 연결시킨다. 이러한 논의들에서, 남녀 불평등한 또는 여성 억압적인 사회질서는 부의 사적 소유와 더불어 생겨났거나(엥겔스, 2012), 자본주의하의 여성의 재생산 또는 가내 생산에 대한 착취에 의해서(메이야수, 1989), 또는 자본주의하의 소비 공동체로서의 가족의 형성을 통해서 가능해진 것(Delphy, 1984)으로 설명된다. 델피는 여성의 노동시장에서의 낮은 지위, 기혼남성에 대한 고용자들의 선호, 그리고 여성교육에 대한 낮은 투자 등 사회적으로 내재된 차별과 가부장제 이데올로기가 남성 지배를 지지하고 영속시키는 방법에 관해 살펴본다. 특히 소비(consumption)행위에 주목하여 가족구성원들 간의 소비행위가 동등하지 않고 가족 내 위계에 따라 다양한 부문에서 차등적으로 이루어지는 방식을 드러냄으로써, 자본주의하에서 가족이라는 공간을 중심으로 성차별적 위계가 지속되고 작동하는 방식을 보여준다.[5]

페미니스트 역사 연구들은 근대를 통해 성별분업이 강화되었다는 분석에 대체로 동의한다. 가부장제 기원논쟁이 보여주듯이 성별분업의 역사는 매우 길지만 지금과 같은 이분법적인 성별분업은 일터와 가정의 분리를 가져온 근대적 변화를 통해서 이루어졌다는 것이다(얄롬, 2003; 우에노 치즈코, 1994). 이러한 변화는 가족의 삶을 그전과 매우 다른 것으로 만들었는데, 이렇게 형성된 가족이 오늘날 우리가 가족이라고 믿고 있는 것의 시초가 된 것이다.

페미니즘 가족사 연구를 통해 한국 사회에서 가부장제도가 조선 후기에 강화되었다는 사실과 그 변화과정이 조명되었다(이효재, 2003). 이들 연구들은 호적자료 분석을 통해 조선 후기 여성 호주의 존재를 밝힘으로써 남성 호주가 우리의 전통이라는 주장을 반박하거나(정지영, 2002; 조은, 2005), 법 담론 분석을 통해 호주제가 우리 고유의 전통이라는 담론을 해체했다(양현아, 2011). 또한 조선시대 어머니 지위 강화가 여성의 성(sexuality)에 대한 통제의 성격을 가지는 등 젠더관계 변화의 복잡하고 이중적인 측면을 분석하고(조은, 1997, 1999), 독신여성, 첩 등 결혼제도 바깥에서 그 제도와 관계를 맺고 있는 여성들의 위치에 관한 연구를 통해 여성의 삶과 사회적 지위가 남성과 맺은 관계에 따라 어떻게 달라지는지를 연구했다(정지영, 2004).

서구의 페미니즘 가족 논의는 주로 핵가족의 이성애 중심성과 전형

---

5 일례로 감자 가격이 폭등하여 수급이 원활하지 않은 시기에 부족한 감자는 남편의 몫으로 주어지고 아내와 자녀는 파스타나 쌀 등의 대체 음식을 먹는 방식으로 차등적 소비가 수행된다. 그러나 음식과 같은 생존에 필수적인 요소들은 현대사회에서 어렵지 않게 보장될 수 있는데, 그럴수록 소비행위의 가시적 차이는 점차 줄어들게 되며 마침내 음식이 충분히 풍족하게 주어질 때 음식에서의 소비 차이는 완전히 사라지고 다른 부문에서의 차등적 소비로 대체된다(Delphy, 1984: 52-53).

성, 기능주의 가족이론에 대한 비판에 초점이 맞추어 전개된 반면(쏘온 · 얄롬, 1991), 한국 가족에 대한 페미니스트 논의에서는 핵가족 비판과 한국 가족의 가부장적 규범과 문화에 대한 문제제기가 중요하게 이루어졌다. 가부장제는 한국 가족의 중요한 특징 중 하나로 조선 후기 이후 산업화 이전까지 호주제와 함께 한국 가족주의의 중심을 구성하면서 제도적 · 문화적 영향력을 행사했다. 가부장제 가족은 남성중심의 부계 혈통과 유교적 위계질서를 강조하고 가족관계를 통해 이를 강화한다(이효재, 1996; 조옥라, 1986). 그러나 1960년대 이후 산업화가 급속히 진전하면서 농경중심의 전통적 대가족은 구조와 형태적 측면에서 빠르게 변화하였고, 가구규모의 감소, 부부와 자녀로 구성된 2세대 가구의 증가 등 가구형태의 변화가 나타났다. 이와 같은 가족의 형태적 근대화 속에서 한국 가족의 부계 가족원리는 약화되는 반면 부부중심의 핵가족 이념은 강화되었고, 양계적 방향으로 대가족적 연대를 꾀하면서 핵가족의 이상이 병존하는 양상이 나타났다. 21세기 이후에는 개인화 경향의 강화와 함께 가부장적 젠더질서는 약화되었으나 가족주의는 지속되는 현상을 보이고 있다. 이재경(2022)은 이러한 산업화 이후 한국 가족의 변화에 대해 전자를 '신가족주의'로, 후자를 '포스트가부장제'로 명명하였다.

정상가족 개념에 대한 비판은 페미니스트들이 지속적으로 관심을 가져온 가족 연구의 주제 중 하나로, 한국에서는 2004년 「건강가정기본법」 제정으로 인해 사회적으로 쟁점화되었다. 후기 산업사회 다양화와 개인화 추세 속에서 1990년대 이후 한국 가족은 형태적으로나, 질적으로나 그 다양성이 증가해 왔다. 그러나 특정한 형태의 가족을 건강한 가족으로, 그 외의 가족은 건강하지 못한 결핍된 가족으로 구획짓는 이 법은 정상가족 이데올로기 강화를 시도함으로써 가족의 다양성이 증가하는 사회변화에 역행적이라는 점에서 많은 페미니스트들의 비판을 받았다(이재경, 2004). 이후 비혼 및 동거의 증가, 초혼연령 증가, 출산 지연, 이혼 증가, 1인가구 증가 등 가족의 변화가 본격화되면서 이성애 핵가족의 독점적 지위의 약화와 가족 다양성의 증가를 정책에 반영해야 할 필요성이 높아졌다. 2021년 4월 발표된 제4차「건강가정기본계획」은 이전의 가족 유형별 접근을 넘어 가족다양성 의제를 주요 어젠다로 내세웠다는 점에서 변화를 시도하는 모습을 보이기도 하였다. 그러나 '건강가정'이라는 용어에 변화가 없고 여전히 혼인 · 혈연 · 입양에 근거한 협소한 가족 개념을 유지하고 있다는 점에서 기존의 가족 패러다임을 유지하고 있다는 한계를 노정하였고, 이듬해 가족에 대한 정의를 확대하기로 한 방침을 철회하면서 퇴행적 행보를 보이고 있다고 비판된다.

페미니즘 가족 연구는 가족의 다양성 증대가 정상가족에서 벗어난 가족들의 재현과 나열로 나타나는 것을 비판한다. 개인은 생애과정 속에서 결혼, 이혼, 별거, 동거 등 다양한 관계를 맺고 해소하면서 살아가고, 그 속에서 나타나는 가구형태 역시 1인가구, 다인 가구, 한부모 가구 등 다양한 양상으로 나타나게 된다. 페미니즘 가족 연구는 가족 형태 및 질서의 역사적 변화를 연구하고, 이를 통해 가족의 개념과 정의에 대해 질문하고 성찰함으로써 평등하고 민주적인 가족 또는 가족이라고 불리는 공동체의 발전에 기여해 왔다.

## 4. 페미니즘 가족 연구와 사회 변화

페미니즘 가족 연구들은 성평등한 사회를 지향하는 세계관을 기반으로 하고 있기 때문에 연구의 실천적인 함의에 많은 관심을 가진다. 한국적인 맥락에서 특별히 실천적인 중요성을 가진 가족 연구는 호주제에 관한 역사적 · 법적 연구들이었다. 한국여성학회 초기에는 학회지를 통해 한국 가부장제의 특수성을 집중 조명하는 등 서구중심적인 논의에서 벗어나고자 노력하였다. 이들 연구들은 호주제 옹호론에 대한 가장 강한 대항담론을 형성하는 데 기여하였고, 2005년 호주제 폐지를 이끌어 내는 데 중요한 역할을 하였다. 「건강가정기본법」 등 1990년대 이후 신경제 또는 신자유주의 체제하에서 두드러지게 나타났던 친가족적(pro-family) 담론과 정책들에 대한 비판적 연구들도 이러한 관심을 반영한다(박혜경, 2010; Stacey, 1996). 이러한 연구들을 통해 페미니스트들은 국가가 가족주의 정책과 담론을 동원하여 복지비용을 개별 가족들에게 전가시키려 한다고 비판했다.

21세기 이후 성평등한 젠더관계에 대한 사회적 요구와 함께 미투 운동 등 여성에 대한 젠더폭력(gender-based violence against women) 이슈와 페미니즘 흐름이 전 세계적으로 부상하면서 페미니즘 관점의 연구는 더욱 주목받고 있다. 한국 사회에서는 2015년 강남역 여성 살인사건을 계기로 소위 페미니즘 리부트(feminism reboot)로 불리는 페미니즘의 대중화가 본격화되었고, 각계각층에서의 미투 운동, 불법촬영 반대 운동, 낙태죄 폐지 운동으로 이어졌다. 온라인 공간을 중심으로 페미니즘 네트워크가 만들어졌고, 신자유주의 체제하에 정당화되고 권장되었던 자기계발 담론의 성별화된 모순성과 불평등에 대한 인식은 탈코르셋, 4B 운동 등 정치적 저항으로 나타나기도 하였다.[6] 여성이기 때문에 강요되고 기대되어 왔던 다양한 여성들의 경험은 문학서사나 대중매체를 통

6 탈코르셋, 4B 운동은 2010년 중반 한국 사회의 페미니즘 대중화 이후 청년여성들을 중심으로 온라인 공간을 매개로 확산된 대표적인 페미니즘 의제들이다. 탈코르셋 운동은 10~20대를 중심으로 특히 2018년에 활발하게 이루어졌는데, '탈코'가 비단 외모 가꾸기에 국한된 문제가 아니라 '평등한 경쟁'을 저해하는 불공정한 코르셋이라는 인식, 짧은 머리와 노메이크업이라는 규격화된 지침에 따른 실천 등이 '탈코' 실천에 대한 온라인 공간에서의 인증전략을 통해 빠르게 확산되고 가시화되었다(김애라, 2019). 4B(4非, 비섹스, 비연애, 비결혼, 비출산) 운동은 주로 20~30대 여성들 사이에서 확산되었으며, 낭만적 사랑 안에서 비가시화되는 젠더 불평등에 대한 인지와 거부, 여성혐오와 가부장적 구조의 희생자가 되지 않겠다는 적극적 의지, 그리고 스스로에 대한 사랑과 새로운 삶의 양식의 지향이라는 의미로 이루어졌다(강미선 외, 2020).

해서도 확산되었다.[7] 기존의 여성성과 여성 역할에 대한 문제제기와 해체는 일상 곳곳에 스며들어 당연시되어 왔던 젠더화된 사회질서 및 성역할 전반에 대한 문제제기 및 해체와 맞닿아 있다. 이러한 페미니즘의 흐름은 여성의 몸과 역할에 관한 사회적 논의를 촉발하는 모습으로도, 여성의 특정 행동과 언어를 비난하고 여성혐오와 반페미니즘 정서를 강화하는 기폭제로도, 젠더화된 실천과 사회구조에 내재된 여성차별과 불평등에 대한 새로운 인식으로도 이어지면서 복합적인 양상으로 나타나고 있다.

페미니즘의 공론화 및 대중화 이후 가부장제는 더욱 빠르게 쇠퇴할 것으로 예상되기도 하였다. 그러나 빈부격차에 따른 남성 생계부양자 지위의 불안정성이 심화되고 성평등 정책과 제도의 발전이 젠더 위계구조를 부인하는 근거로까지 과도하게 해석되면서 페미니즘은 역공(backlash)을 경험하기도 하였다. 페미니즘에 대한 백래시는 여성뿐만 아니라 이주민, 난민, 장애인, 빈곤층 등 사회구조적 약자가 자신(주류남성)의 이익을 앗아간다는 잘못된 인식과 그에 기초한 혐오가 표출되는 현상과 맥이 닿아 있다. 사회구조적 차별과 불평등에 대한 도전은 페미니즘이 등장하게 된 기본적인 출발점이다. 따라서 최근 한국 사회의 백래시 현상을 페미니즘 관점에서 분석하는 연구의 중요성이 높아지고 있다. 또한 가족 변화와 사회 변화는 긴밀하게 연관된다는 점에서, 복잡하고 다양하게 변화하고 있는 위계관계 속에서 가족질서가 어떻게 변화하는지 진단하고 그 함의를 살피는 페미니즘 가족 연구의 역할이 더욱 중요해지

7 대표적인 예로 소설 『82년생 김지영』, 다큐멘터리 "B급며느리", 웹툰 "며느라기" 등이 있다. 이러한 대중문화 콘텐츠들은 젠더폭력, 남녀차별, 경력단절, 독박육아, 고부갈등 등 가족과 일상의 삶에 스며든 가부장제와 성차별의 현실을 여성의 경험을 통해 그려내 높은 사회적 공감을 이끌어 냈다. 그러나 다른 한편으로는 심각한 여성혐오와 페미니스트 마녀사냥 등으로 인해 이러한 콘텐츠를 소비하거나 관심을 기울이는 것만으로도 '페미'라는 비난을 받거나 공격당하는 상황이 벌어지기도 하였다.

고 있다.

현재 저출산, 고이혼율, 고령화, 아동기의 연장 등, 가족의 구조적이고 질적인 변화는 가족 연구에 활기를 불어넣고 있다. 페미니스트 가족 연구자들은 남녀 모두 일과 가족 또는 여가를 병행할 수 있도록 가족과 노동환경이 변화되어야 한다고 주장하는데 이러한 논의들은 이론적으로 근대성 자체를 비판하는 데에까지 이른다. 성별분업의 약화는 아버지의 양육 참여 증가로도 나타나는데, 이러한 새로운 아버지노릇도 연구주제로 관심을 모으기 시작했다. 증가하는 분거가족과 이주결혼의 문제 역시 페미니즘 가족 연구의 관심을 모으고 있다. 이주여성들은 유입국에서 가사나 양육 도우미로 취업하는 경우가 대부분인데, 이들은 본국에 자녀를 남겨둔 경우가 많아 이들 자녀들에게는 보살핌의 공백이 일어난다. 이처럼 페미니스트 가족 연구들은 지구적 차원의 불평등한 보살핌의 분배나 이주결혼 여성의 시민권 등 불평등이 일어나는 현실을 조명한다(파레냐스, 2009; Ehrenreich and Hochschild, 2002).

증가하는 개인화와 고용불안정의 사회적 맥락에서 가족의 변화를 살피는 연구도 관심을 받고 있다. 부계적 가족주의의 해체와 재구성의 양상을 살펴보는 연구(김혜경, 2013), 남성 생계부양자 모델의 균열과 젠더관계의 변화를 살펴보는 연구(신경아, 2014), 여성의 경제활동 진출에 따른 성별분업 규범과 실천의 변화를 살펴보는 연구(허은, 2017) 등이 이루어졌다. 기혼여성의 경제활동이 증가했음에도 여전히 남성중심적인 부부관계를 유지하고 있는 여성들의 상황이 존재하고, 특히 한국은 남성 생계부양자 가구의 비중과 성별 임금격차가 큰 편으로 성평등한 가족관계의 변화를 도모하는 데 실질적인 어려움이 존재한다. 여성의 생산노동 참여에도 남성의 가사노동 참여가 더딘 상황은 '지연된 혁명' 또는 '미완의 혁명'으로 명명된다(Hochschild, 1989; Gerson, 2011). 이러한 상황을 타개하기 위해서는 남성-여성, 생계부양자-가사돌봄자, 정규직-비정규직 등 젠더화된 이분법의 해체가 필요하다. 페미니즘 가족 연구는 여성의 동등한 자원확보와 가족 내 평등한 가족관계에 관한 다양한 연구를 수행하면서, 가족이라는 소위 사적 세계에서도 정의와 민주주의를 앞당기려 노력하고 있다.

기존의 가족 규범에서 벗어나는 새로운 방식의 친밀성의 실천을 살펴보고 의미를 부여하는 연구들도 이루어지고 있다. 동거, 비혈연공동체, 비혼 한부모, 동성 커플 등 가족실천과 가족정체성이 다양해짐에 따라 이러한 현상을 설명하고 분석하기 위한 연구들이 제출되고 있으며, 가족의 구성 및 형태에 따른 차별을 해소하고 모든 사람이 원하는 사람과 원하는 방식으로 가족을 구성할 보편적 권리로서의 가족구성권 논의도 나타나고 있다. 한국 사회에서는 특히 호주제 폐지 이후 부계 가족과 성별분업의 원리가 약화됨에 따라 가족 안의 젠더관계도 변화되고 있는 것으로 보인다. 남녀의 결혼관에 나타나던 전통적 성별분업 의식과 실천은 빠르게 약화되고 있으며, 남성의 육아 참여가 늘어나고 있다. 결혼과 출산을 반드시 해야 한다는 인식이 줄어들면서 제도로서의 결혼과 가족은 탈제도화의 양상을 보이는 가운데 사회문화적 영향력은 지속되는 등 복합적인 변화가 나타나고 있다. 그러나 이러한 변화에도 불구하고 결혼과 가족생활에서의 근대적 젠더 규범 체계는 해체되지 않고 있어 가족 내 성평등 실현을 저해하고 있다. 대표적으로 육아휴직을 살펴보면, 육아휴직자 중 남성이 차지하는 비율은 2020년 기준 22.7%에 불과하여 여전히 커다란 성별 격차가 존재한다.[8] 페미니즘 관점의 가족 연구들은 이러한 변화를 유의하게 관찰하면서 가족 변화를 설명해 내고 있다. 요컨대 가

8 OECD 자료에 따르면 한국의 육아휴직자 중 남성 비율은 2010년 2.7%에서 2020년 22.7%로 20.0%p 증가하였다(OECD, 2022). 남성 육아휴직자 비율의 증가는 남성의 돌봄 참여와 가족 내 성역할 규범의 변화와 연관된다는 점에서 주목할 만하나, 여전히 여성이 육아휴직자의 대다수를 차지한다는 점은 양육을 둘러싼 젠더 불평등이 공고히 유지되고 있는 현실을 보여준다.

족 변화는 생계부양자와 가사전담자 간의 결합이라는 젠더 위계관계에 기반을 둔 근대가족 모델이 약화 또는 해체되면서 일어나고 있다는 점이 중요하다. 즉, 지금의 가족 변화는 젠더관계의 변화를 설명하지 않고는 이해될 수 없으며, 젠더관계 변화는 가족질서의 변화를 이해함으로써 분명하게 인식될 수 있다. 가족 연구에서 페미니즘 관점은 주변적이거나 부수적으로 받아들여지던 종래의 상황에서 벗어나 점점 중요하게 인식되고 있다.

05장

# 역사 속의 한국 가족 : 근대 100년의 가족 담론과 현실

| 김혜경(전북대학교 사회학과) |

# 1. 우리가 아는 가족, 현실과 역사

가족에 대해 이야기할 때 흔히 겪는 어려움 중 하나가 가족은 생물학적이고 자연적이며, 인간의 본능과 관련된 것이라고 보는 태도이다. 바로 그러한 인식 때문에 가족에 대한 관점은 다른 어떤 영역에서보다도 주관적인 가치판단과 이데올로기적인 색채를 띠게 된다. 즉 가족의 현실이란 '현실 자체'에 대한 이해는 물론, 그러한 현실에 대한 '가치 판단'이라는 해석상의 문제를 내포하고 있다. 그 결과 똑같은 현실이 '해체' 혹은 '변화'로 달리 이해되어 왔으며, 또 '변화'로 이해되는 경우에도 그에 대한 평가는 '바람직한' 변화 혹은 '위협적인' 변화로 그 평가가 상이하다(바렛 · 맥킨토시, 2019). 많은 가족사회학자들의 지적처럼 가족의 현실, 혹 그에 대한 사실(fact)에는 가족이 가진 도덕적 가치에 대한 입장 차이, 즉 '가족의 가치(family value)'에 대한 일정한 판단이 내재해 있어 가족에 대한 학문적 접근을 어렵게 해 왔다. 가족에 대한 역사적 접근은 그러한 가족 연구경향을 넘어설 수 있는 한 가지 단초를 제공해 준다. 대표적으로 우리가 아는 '근대가족'에 대한 역사적 이해가 그것이다. 예컨대 근대가족은 '전통'가족과는 다른, '발전한' 가족의 유형이라거나, 혹은 산업화를 바탕으로 한 부부중심적 핵가족으로 단정되는 경향이 있으나 많은 가족 연구자들과 가족사가들이 지적하는 바와 같이 그것은 가족이 역사적으로 존재해 온 방식이 아니다. 여러 연구들이 지적하는 바에 따르면 '근대가족'은 전통가족과 이분법적 단절로써 취급되기 어려운 점이 있으며, 가족의 근대적 변형도 이러한 특정한 가족상을 향한 수렴의 과정으로 이해되기도 어렵다(Hareven and Plakans(eds.), 1987). 지난 100년간 급격한 식민지화와 근대화를 겪어온 우리나라에서의 가족의 근대적 변형과정 역시 이러한 상식적인 변화의 과정으로 읽히기 어렵다.

# 2. 가족에 대한 역사적 접근방법과 이론

## 1) 신가족사의 접근법

서구의 경우 1960년대 이후 '신가족사'의 연구경향을 보면 확대가족적 형태가 18세기 중반 이후로 산업화 · 도시화에 기능적인 핵가족으로 변화했다고 보는 구조기능주의적 접근을 비판하는 공통점을 가진다. 마이클 앤더슨에 의하면 이러한 새로운 가족사 연구경향은 인구통계학적 접근, 심성사적 접근, 그리고 가구경제적 접근의 세 가지 대표적인 접근으로 분류된다(Anderson, 1980). 먼저 '인구통계학적 접근'은 과거 교회의 교구대장과 같은 자료를 수량적 사회과학의 방법을 활용하여 분석해서 가족의 인구학적 유형을 재구성해 내는 기법을 이용하였다. 그 결과 근대 수백 년간의 가구규모 등을 추적해 내는 성과를 올리기도 했다. 대표적으로 라슬렛(Peter Laslett)은 16세기부터 19세기 말까지 100곳의 영국 마을을 분석한 결과 평균 가구규모가 하인들을 포함해도 약 4.75명 내외로 유지되어 왔다고 주장하였다(Anderson, 1980: 23). 이러한 발견은 가족의 형태가 산업화를 거치면서 확대가족으로부터 핵가족으로 변화해 왔다는 가족사회학의 고전적인 명제를 비판하는 중요한 성과가 되었다. 한편 '가구경제적 접근'은 가구를 단위로 전개되는 생산의 방식과 노동관행, 상속제도, 재산의 이용형태, 고용기록 등 경제적 특성을 중심으로 그것과 가족유형과의 관계, 계급별 가구의 특성 등을 살펴봄으로써 위의 접근들과는 대조적인 경향을 보인다(Anderson, 1980: 65-84). 지역간 차이는 있으나 예컨대 직계가족은 상속유형으로 볼 때 단독상속이 실행되는 지역에서 더 많이 발견되며, 단독상속분은 형제간의 지원은 물론, 부모의 노후부양을 위한 몫으로 사용된다는 것이다(Anderson, 1980:

68).

마지막으로 '심성사적 접근(sentiment approach)'은 인구통계적 · 가구경제적인 객관 지표가 아니라, 사람들이 가족에 대해 부여하는 의미와 가치를 중시하는 접근이다.[1] 대표적으로 필리프 아리에스는 "가족생활의 사회사"라는 부제를 달고 있는 『아동의 탄생』(*Centuries of Childhood*, 1965)이라는 저서에서 아동기 형성의 역사를 통해 근대가족의 심성사적 변동의 구조를 읽어 낸다. 그는 가족 초상화나 교회 장식품, 아동의 의복, 의사의 진료기록이나 일기와 같은 비공식적 자료나 질적인 자료를 활용하여 '아동기'라는 연령단계가 형성된 것을 매우 근대적 현상이라고 주장하였다. 즉 봉건사회는 어린이에 대한 특별한 개념이 존재하지도 않았고 어린이는 마치 작은 어른처럼 취급되었다는 것이다. 그러나 16~17세기 무렵 어린이에 대한 사회적 태도에 일정한 변화가 발생하는데 보호와 동시에 훈육의 대상으로서의 아동관이 부상하였으며, 특히 18세기 이후로는 가족에서의 위생과 육체적 건강에 대한 관심의 증가와 함께 자녀가 가족 내에서 중심적인 인물로 부각되었다고 한다. 그리고 유약함과 순진함, 훈육의 필요성을 내포하는 어린이 개념의 등장은 동시에 그 어린이를 보호하는 어머니나 사적 가족의 강화를 동반하였다는 것이다. 실제로 새로운 어린이상의 등장과 함께 각종 초상화나 교회의 예술작품들에서는 어린이를 보호하는 어머니나, 아이들을 중심으로 하는 구도를 가진 그림들이 흔히 발견되었다.

아리에스는 근대가족의 핵심적 특징을 사회적 격리성과 프라이버시의 강화, 즉 중세와 달리 거리나 지역사회로부터 엄격히 구분된 부부와

---

1 이것은 집단심성의 구조로서의 역사를 바라보는 아날학파의 관심을 공유하는 입장이다. 아날학파의 발전사를 보면, 사건과 연대기 중심의 사료제공을 넘어서서 장기지속의 역사구조 분석을 지향하는 F. 브로델 중심의 2세대 아날학파, 그리고 이전 세대의 연구에 '집단심성' 연구를 포함하여, 문화현상에 대한 사회사적 연구의 토대를 쌓은 G. 뒤비 등의 3세대 아날학파로 전개된다.

[그림 1] 아동기의 형성

출처 : 아리에스, 2003, 표지화.

자녀 중심의 사생활 공간으로 변화한 것에서 찾고 있다. 그리고 그 변화과정에서 권력의 중심으로 자리잡은 구성원은 남성 가장이었다(Aries, 1965: 345-56). 즉 근대로의 변화에 따라 승리한 것은 개인이 아니라 (남성 가장의) 가족으로서, 이제 가족은 사회와 격리된 배타적인 공간이 됨과 동시에, 가족의 발전은 친족 및 지역사회의 망, 즉 사회성(sociability)의 후퇴를 동반하는 것이었다. 물론 이러한 변화는 아리에스의 지적에서도 나타나는 것처럼 보편적이기보다는 귀족이나 부유한 장인 등의 계급에서 먼저 나타나기 시작한 현상으로, 19세기까지도 여전히 대다수의 가족은 중세의 모습과 크게 다르지 않았다고 할 수 있다.

한편, 로렌스 스톤(L. Stone)의 영국 가족사 연구도 이러한 접근방식의 대표적 성과이다(Stone, 1977). 그는 앞의 인구통계학적 접근법에서 사용한 가족재구성 기법과 같은 방식은 출생과 사망, 결혼율을 통해 가족사를 조망하는 장점을 갖지만 사람들이 서로를 어떻게 대하고, 또 서로에 대하여 어떻게 느꼈는지를 설명해 줄 수 없다고 하였다. 대신 신문 · 잡지 · 단행본 등의 공식 발간물, 그리고 개인의 편지나 일기 · 자서전과 같은 사적 기록에 대한 사례 연구법(case study)을 통하여 가족과 관련한 '심성(mentalite)'의 변화에 주목하였다. 즉 구조가 아닌 의미, 실재(reality)보다는 관념(idea)으로서의 가족의 변화에 주목한 결과 그는

16~18세기 사이 영국의 가족사는 시대적 · 계층적 · 문화적인 차이점에도 불구하고 일정한 변화경향을 보이고 있다고 제시하였다. 특히 가족에 대한 친족과 지역사회의 영향력 약화, 그리고 가족 내의 관계적 · 애정적 개인주의(affective individualism)의 증대라는 흐름이 그것이다. 구체적으로 1500년 이후로 영국 가족은 다음과 같은 세 단계의 변화를 거쳐왔는데, 초기의 '개방형 혈통가족(open lineage family)' 단계에서는 친족과 지역사회의 영향력이 막강하며, 상대적으로 가족 내적 친밀성은 미약한 경향을 보였다고 한다. 한편, 16세기 중반부터 17세기까지는 '제한적인 가부장제 핵가족(restricted patriarchal family)'의 유형이 나타나기 시작하는데 이 단계에서는 가족과 지역사회 간의 경계가 강화되고 제한적 형태나마 핵가족이 발생하였다고 한다. 그 배경에는 국가 · 교회와의 관계 속에서 봉건영주의 권위가 위축되는 변화가 있었으며, 그 결과 지역사회에 대한 봉건영주의 지배질서가 약화되고, 그것이 핵가족 단위의 지배구조를 강화하는 결과를 낳았다고 한다.[2] 그러나 그것은 보편적이기보다는 주로 상류층에서 발견되는 현상이었으며, 이후 17~18세기에 나타나는 우애혼(companionate marriage) 관계의 핵가족과는 달리 '가부장적' 핵가족의 특성을 갖는다. 이후 17세기 초·중반 무렵부터 18세기를 통해 폐쇄적인 가정중심적 핵가족(closed domesticated nuclear family)이 등장하였다고 보았다. 이 시기에 와서야 비로소 가족/친족 · 지역사회와의 경계가 확실히 심화되고, 가족의 프라이버시가 강화되며, 애정적 가족관계와 낭만적 사랑의 이념이 확산된다고 하였다. 물론 이러한 특성들은 시대별로 중첩되어 나타나기도 하고, 계층별 · 신분별로 차이가 있어서 일반화는 어렵지만 스톤은 다양한 가족사적 자료를 정제하여 특정 집단에서 나타나는 가족의 변화를 시대 변화의 상징으로 추상화하는 방법, 즉 베버

2 이러한 변화에는 국민국가의 성장, 부부 · 가족생활을 중시하는 종교개혁의 발흥, 그리고 유아사망률의 감소와 같은 인구학적 변화 등 여러 요인이 작용하였다.

적 의미에서의 이념형(ideal types) 구축이라는 시도를 하였다(Stone, 1977: 14).

미국의 가족사가 쇼터(E. Shorter)의 접근은 위와는 약간 다른데, 근대가족의 심성적 특성과 그러한 심성적 변화를 가져온 경제구조상의 변화를 강조하였다. 즉 18세기 말 이후 서구가족은 자유와 개인주의를 특징으로 하는 자본주의의 발전이 가져온 심성적 특성의 변화, 즉 자유에 대한 소망(wish to be free)으로 인해 가히 성혁명이라 할 만한 과정을 거치면서 새로운 가족이 발생했다고 한다. 즉 혼전 성관계의 자유화 경향과 함께, 성과 사랑이 결합되게 되었으며, 그러한 결합은 결혼제도와의 연결 속에서 정당화되는 것으로 발전하였다. 이와 함께 특히 중간층을 중심으로 모성애와 자녀에 대한 감정의 변화(애정의 증가)가 동반되었으며, 이러한 제반 특징은 전통가족에서는 보기 어려운 근대가족의 속성으로 이해되었다(Shorter, 1975).

아리에스를 필두로 스톤과 쇼터 등의 심성사적 가족사가들의 연구결과에 따르면 서구가족의 근대적 변형은 가족관계에서의 애정적 개인주의(affective individualism)의 증대, 지역사회로부터 고립한 핵가족화, 그리고 모성애의 강화 현상 등을 특징으로 하고 있었다. 그러나 사람들이 가족에 대해서 생각하는 방식과 가치 등 가족의 의미를 밝힌 심성사적 연구의 기여에도 불구하고 그것은 변화에 대한 동적 분석이 부족하다고 지적된다. 즉 심성사의 접근은 가족의 의미의 담론적 속성, 거기에 개입하는 권력관계의 작용을 적절히 고려하지 못한다는 것이다. 나아가 그것은 현재를 중심으로 과거를 해석하는 진화론적 · 현재중심적 · 서구중심적 역사관이라는 비판을 받는다(Minson, 1985; Donzelot, 1979).

## 2) 대안적 접근

앞에서 살펴본 바와 같은 신가족사의 연구경향, 즉 인구통계적, 가구경제적, 그리고 심성사적인 접근은 이후 가족의 실체적 · 이념적 속성 자체에 대한 근본적인 회의와 도전의 시각들에 직면한다. 본 장이 제시하고 있는 대표적인 세 가지의 관점은 첫째, 후기구조주의적 · 푸코주의적 연구, 둘째, 탈식민주의적 연구, 셋째, 페미니즘적 접근이다. 먼저 후기구조주의적 연구는 가족 발생에 대한 진화론적 관점과 단일한 기원론을 거부하며, 담론권력이 수행한 정치적 효과에 초점을 둔다(Donzelot, 1979). 대표적으로 동즈로는 가족의 변화를 고정된 가족상을 향한 진화론적 · 일방향적 전개 속에서 분석하는 것보다는, 가족을 둘러싼 정치적 환경, 담론적 질서와의 상호작용의 결과로서 이해하고자 한다. 예컨대 18세기 말 이래 프랑스에서 가족은 생물학적 · 규범적으로 고정된 요소로 정의되기보다는, 그것을 둘러싼 다양한 사회세력—국가, 자본, 사법기구, 교회, 박애주의 사회사업 이념, 의학 · 정신분석학 등의 근대학문—과의 역관계 속에서 끊임없이 조정당하거나 대응하는 전략체, 혹은 그 결과물(효과)로 이해된다. 담론의 효과로서 가족을 접근하는 이상 가족에 대한 정의는 근본적으로 유동적일 수밖에 없다.

식민지적 근대성이 전개되고 있던 20세기 전반기 한국에서도 가족의 '이념형'은 급속히 변화하고 있었는데, 친족을 중심으로 한 부계혈족공동체로부터 핵가족을 중심으로 한 새로운 결속체로의 이행이 규범적인 가족 변화로 제시되었다. 한국 가족의 변화를 조선조 시기부터 현재에 이르기까지 통사적으로 접근한 김동춘(2020)은 문중, 가문, 부계성을 중심으로 하는 조선조 사회의 '씨족 가족주의'가 식민지 시기를 거치며 호주 중심의 핵가족주의로 변모했다고 지적하였다. 한편 후기구조주의적 · 계보학적 접근을 구체화한 김혜경(1998, 2006)은 한국 사회 근대가족의 형성을 산업화 · 도시화가 본격화한 1960~70년대가 아닌 일제 강점기의 담론적 상황 속에서 찾고자 하였다.[3] 1920~30년대 담론의 주요 경향은 민족주의, 식민주의, 과학주의 등의 다양한 성격을 띠고 있었는데 먼저 1920년대의 민족주의 지식인들은 "민족과 국가에 대한 공공적 관념은 부재한 채 가문일족에 관한 사덕적(私德的) 관념만이 지배하는" 문중중심의 혈연적 대가족주의를 비판하며 문명론적 가족개량 담론을 유포하였다. 또한 식민권력의 정책과 가족담론은 '친족이 지배하는' 사회질서를 '친족을 통한' 질서로 바꾸어 내면서 가족을 사회통치의 매개고리로 통합시켰다. 한 예로 차남 이하 아들의 법적 분가를 규정한 민법 개정은 문중중심의 친족적 지배질서구조를 법적 핵가족을 매개로 한 국가적 지배구조로 변화시키는 효과를 갖는다. 즉, 통치의 대상이자 동시에 주체로서의 가족의 위치가 구성되는 결과가 발생하는 것이다. 물론 그 때의 핵가족은 법제적으로는 호주중심의 가부장적 핵가족이며, 사회문화적으로는 현모양처의 성역할 규범을 내장한 식민지적 근대가족이다.

한편 유학파 지식인들을 통해 서구의 연애와 사랑에 대한 서적이 번역되거나 서구적 연애관이 도입되고, 연애결혼이 근대적인 가족형성의 기초로 제시되었다. 이를 통해 가족이 '친애(親愛)'의 집단으로 재정의되자 신교육을 받은 신여성은 애정에 기반한 '신가정' 만들기의 주체로 부상하였다. 특히 인구의 근대적 관리와 서구적 의료체계의 확산 속에서 유아사망률 감소와 아동의 건강을 관리할 가족의 역할이 부상하면서 여성들은 근대적 의료와 육아법의 실천자라는 모성적 지위를 획득하였다.

3 계보학적 접근은 계급 · 민족 · 젠더와 같은 거대담론에 기대지 않고, 미시적인 사건들의 담론적 출현에 관심을 가지고 그 의미의 연결망, 지식권력의 작동을 추적한다. 담론적 사건들은 역사적 · 사회적 조건과의 관련 속에서 동태적으로 파악되며, 집단 간의 경합과 권력작용이 중시된다.

20세기 전반기의 이러한 복합적인 담론적 지형 속에서 식민지 근대가족의 상이 구성되었다.

둘째, 포스트식민주의의 접근인데, 이것은 제3세계의 가족사적 경험은 제1세계와는 다르다는 문제의식에서 출발한다. 포스트식민주의 연구자들은 그간 사회과학의 근대화 패러다임이 역사적으로 전 인류의 3/4이 경험했던 식민지의 경험, 여전히 탈식민의 역사에도 깊은 흔적을 남기고 있는 사회적 조건을 분석의 중심부로 포함시켜 내지 못했다고 비판한다(양현아, 2012). 이러한 접근법은 제1세계의 시선으로 쓰여졌던 식민지의 역사를 재해석하는 역사쓰기(historiography)의 방식을 낳았으며, 또한 민족주의나 마르크스주의와 같은 급진 담론에서도 소외되었던 하위주체, 서발턴(subaltern)[4]의 역사를 조명한다.

포스트식민주의 페미니즘은 특히 '전통'에 대한 분석을 통해 여성이라는 기호가 어떻게 민족과 국가의 틀로 전유되었는지에 대해 지적한다. 예컨대 라타 마니(Lata Mani)는 비판적 역사쓰기의 시도를 통하여 19세기 말 인도의 과부순장제도인 '사티'에 대한 논쟁을 분석하였다. 사티는 남편이 죽으면 부인이 남편의 뒤를 좇아 남편의 화장 현장에서 함께 장작더미에 올려질 것을 요구하는, 즉 일종의 과부순장의 관습이었다. 사티는 민족주의, 식민주의 담론 속에서 민족전통 혹은 미개풍습으로 달리 규정되고 있었지만, 정작 당사자인 여성의 상황은 주변화되었으며, 여성의 희생은 '전통'의 수호라는 담론에 묻히게 되었음을 비판하였다(Mani, 1998). 또한 인도의 가족제도가 개인을 억압한다는 영국 식민주의자들의

4 하위주체(subaltern)는 애초 이태리 마르크스주의자 안토니오 그람시에서 유래된 개념으로 1980년대 이래 인도의 대안적인 역사연구그룹 〈인도하위주체연구회〉를 통해 주목되기 시작했다. 이것은 계급이나 민중 개념과 달리 단일하고 동질적인 피지배계급의 정체성으로 환원되지 않는 모순적인 요소들을 가지고 있다. 즉 지배헤게모니 안에 있지만 지배구조가 다 전유하지 못하는 타자성을 갖는, 그래서 혼성적이고 양가적이며, 가변적인 형태의 저항성을 갖는다(태혜숙, 2008: 33).

주장을 비판하는 인도의 민족주의 지식인들은 이중적 담론화 전략으로 저항했다. 한편으로는 서구적 가정이 갖는 위생과 규율의 가치를 강조하며 가정생활의 근대적 변화를 옹호하고, 다른 한편으로는 서구 부르조아지 계급 사생활의 기초가 되는 부부중심적 핵가족제도는 배척하는 전략을 취하였다(Chakrabarty, 1994). 여기에는 서구적인 핵가족의 특성은 개인주의적 · 이기적인 것이고, 인도의 확대가족제도는 전통적 · 공동체적 가치를 보유한 것이라는 이분화 담론이 내포되어 있었다. 즉 민족주의자나 식민주의 세력 양측에게 가족의 가치와 전통은 '근대적인 것'과 '전통적인 것'의 논리가 필요에 따라 결합, 갈등하고 있었던 논쟁적 공간이었다. 특히 확대가족 담론의 전통과 공동체 미화는 여성의 지위에 대해서는 부정적인 효과를 가진 것이었다.

이와 유사한 논리가 일제 강점기에도 가족의 개념을 둘러싸고 진행되었다. 양현아(2012)는 일제 강점기 소위 가족의 '관습'과 호주제도는 식민당국의 법제적 조사와 심문의 과정을 거치며 고유의 '전통'으로 재구성되었으며, 탈식민 이후에도 그것은 '전통'이라는 명분으로 가족법에 반영되면서 초월적인 지위를 가지고 유지되었다고 지적한다. 그 결과 호주제의 법적 지위는 2005년에 폐지되기까지 약 반세기 동안 가부장제를 정당화해 왔다. 한편 1970년대 '박정희체제'도 부계 확대가족을 '전통'으로 미화하면서 효와 가족주의의 이념을 체제 유지의 담론적 자원으로 활용하였다(김혜경, 2009). '조국 근대화'라는 기치를 걸고 진행된 개발주의적 근대화 전략은 가부장적 민족주의를 필요로 하였으며, 주요 언론에서는 핵가족적 가치가 확산하는 경향을 비판하였다. 즉 확대가족제도를 민족의 전통으로 호명하면서 여성의 자리를 가정과 며느리의 위치에 제한하는 담론을 유포하였다.

셋째, 페미니스트 가족사 연구의 입장은 대안적인 가족사 연구의 중요한 부분을 구성한다. 주요 연구주제들에는 가부장적 가족제도의 전개,

모성 개념의 역사적 구성, 재생산권과 낙태 통제의 역사 등이 포함된다. 특히 모성역할의 생물학적 본성론을 의문시하는 모성의 사회적 구성의 역사에 대한 연구가 많았다. 예컨대 유럽의 역사를 대상으로 17~18세기 빈발하는 영아유기 현상 및 높은 유아사망률의 문제나 위탁양육, 상류층 사교계 여성들의 모유수유 거부현상 등에 대한 연구가 이루어졌다(바댕테르, 2009). 또한 20세기 미국에서 진행된, 어머니 역할의 과학화를 선도한 각종 근대지식의 확산이 가져온 모성 개념이 분석되었다(서러, 1995). 그리고 혼인 외의 임신과 낙태에 대한 가공할 만한 가부장적 통제와 그 아래에서 개인적 희생을 감내해야 했던 여성들의 역사도 빠뜨릴 수 없는 여성주의적 가족사 연구의 주제이다. 적법하지 않은 관계에서 임신한 여성을 주민들이 함께 호수에 익사시키는 행위를 마을의식으로 치루는 끔찍한 사례도 등장한다(마일스, 2005: 340). 한편 산업화 이후 여성의 가정 밖 공장노동 참여가 증가하면서 발생한 가족과 자본의 재생산 기능의 위기는 가족임금제도를 통하여 봉합되었다. '가족임금제'는 남성 노동자와 자본가의 이해관계가 결합하여 발생한 것으로, 이를 통해 남성 가장은 공장에서는 가족을 대표하는 수준의 임금을 받고, 가정에서는 부인의 가사노동 서비스를 누릴 수 있는 가장의 지위를 보장받게 되었다(하트만, 1989: 48).

그러나 서구에서도 가족에 대한 생물학적 본질주의나, 남성 부양자와 여성 전업주부라는 성별분업의 자연성을 상정하는 관점, 모성과 가족 실천들을 사적 문제로 취급하여 공적 이슈화하지 못하게 하는 공·사 이원론을 비판하는 페미니스트 가족 연구물이 등장한 것은 그리 오래된 일은 아니다(쏘온·얄롬, 1991).[5] 한편 조은·이정옥·조주현(1997)은 푸코주의 담론분석 등의 방법론을 활용하여 담론권력적 현상으로서의 근대가족의

5 1982년 미국에서 간행된 쏘온 등의 페미니즘 가족 분석서가 십 년도 되지 않은 시점에 번역된 것은 한국 가족 연구에서 페미니즘적 가족 연구가 가진 중요성을 설명한다.

발생과 계급문제, 성별분업 현상 등에 대한 사회사적 문헌자료를 검토, 가족에 대한 대안적 접근을 종합하였다.

한편 페미니즘적 접근과 결합한 한국 사회의 가족 연구 주제로는 모성에 대한 연구들이 특히 많다. 이들은 모성이 여성의 본능도, 출산과 함께 당연히 발생하는 생물학적 속성도 아니라, 일상적으로 되풀이되는 경험 속에서 힘겹게 터득해 나가야 하는 사회적 역할임을 강조한다(신경아, 1998: 166; 심영희 · 정진성 · 윤정로 공편, 1999). 또한 세계적으로 유례를 찾아볼 수 없을 정도로 성공적이라 하던 1960~70년대의 가족계획사업이 여성의 모성권과 몸에 대한 권리를 어떻게 제한해 왔는지가 분석되기도 했다. 배은경(2005)은 가족계획사업 이전인 1950년대부터도 이미 가정주부들은 해방과 전쟁의 격변기 속에서 자신과 가족의 삶을 합리적 · 근대적으로 재구성하기 위해 출산력 조절을 시도해 왔으며, 이후의 가족계획사업은 이러한 토대를 바탕으로 전개된 것이라고 주장하였다. 그러나 결과적으로는 국가의 적극적인 출산조절정책은 여성들의 재생산 권리도, 사회참여라는 시민적 권리도 보장하지 못하고 말았다고 하였다. 결국 가족계획사업 속에서 여성의 몸은 여성 자신의 것이기보다는 가족과 국가의 자산이었다는 성찰이다.

## 3. '전통'가족의 역사화 : 식민지시대 '근대'가족의 형성

전통가족은 근대가족과 이분법적으로 분리되거나, 정체된 채 극복대상으로 남아 있는 것이 아니라, 역사적 맥락에서 형성되어 온 원리이자 사회적 담론이다. 일본의 사례에서도 봉건시대 무사가족의 전통적 요소가 명치유신기 근대가족의 모델로 정립된 것처럼(우에노 치즈코, 2009) 특히 전통이란 요소는 식민지적 근대가족의 형성사에서 주요한 축이 되어 왔다.

## 1) 조선 후기의 가족 변화

조선의 건국은 성리학을 지배 이념으로 하였으나 그것이 지배계층 이외에까지 영향력을 발휘하는 데는 오랜 시간이 걸렸다. 조선조 후기에 가서야 비로소 장자를 통한 가계계승을 중심으로 하는 중국식 종법사상[6]이 생활원리로 확산되고 가부장제가 강화되었다(최재석, 1983; 이이효재, 2003). 성씨와 족보의 흔적에서도 조선조 중기 이전까지는 불교의 영향이 강하게 남아 있었기 때문에 중국식 종법제도는 생소한 것이었으며, 부모쌍계가 지켜졌다고 한다(김동춘, 2020: 33). 적자중심의 부자계승권이 강화되면서 여성의 지위는 아들과 종중 집안에 예속되었다. 조선 전기 재산상속 분쟁 기록을 보면 부인으로서의 상속권은 약화되고, 아들의 어머니로서의 위치가 중시되는 등 가부장제의 물질적 토대가 강화되었다(조은, 1999). 여성의 호주승계권도 약화되어 17세기만 해도 남편이 죽으면 아내가 호주로 기재되었으나 이후의 호적기록에는 아들이 호주가 되는 변화를 보인다(정지영, 2002).

한편 인구학적 측면에서 보면 조선시대 가족의 규모와 형태는 충분한 논란거리가 된다. 부계 이념이 강화되는 조선조 후기에 와서도 직계가족은 1/4을 조금 넘는 수준이며, 핵가족이 65%를 차지하고, 이외에 약간

6 애초 중국의 종법제는 고대 씨족국가사회에서 왕위계승이나 상속이 형제간의 상속제도로 이루어지다가 점차 부자계승제도로 바뀐 데서 유래한다. 원시농업에서 농사방법의 개량과 생산성의 발달로 가족적 공동체가 형성됨에 따라 상속제는 부자중심의 혈통계승으로 변화해 갔다. 남송(南宋)시대에 와서 주자의 신유학은 종법제도의 적장자계승, 즉 종자(宗子)계승이라는 주(周)나라 시대 적자주의를 계승하였으며, 적자가 없을 때 적통(嫡統)을 이어갈 후계자를 서자나 동생의 아들로 잇는 혈통주의 대신, 종족 중 입양자를 선택, 종통(宗統)을 이어가는 적계(嫡系)주의를 발전시켰다(이이효재, 2003: 31-32).

의 독신가족이 존재하였다(최재석, 1983). 최재석의 연구결과에 의하면 농촌가족은 상민의 경우 5인 이하의 소인수 가족이 다수였으며(전라도 곡성현, 1756년), 도시가족은 그보다 더 적어 양반은 3.7~4.0명 사이, 상민은 3.4명, 그리고 천민은 3.0명에 머물고 있어서(대구, 1825년) 전통사회 대가족설과는 다른 사실을 보여준다(최재석, 1983). 즉 조선조에 이미 소수가족, 핵가족이 지배적이었으며, 도시화 · 산업화가 핵가족화를 가져온 것이 아니라는 의미이다. 그러나 이와 달리 전통사회 핵가족설을 비판하는 입장에서는 가구형태의 비율로는 핵가족이 더 많았으나, 가족형태별 인구 수로 볼 때 확대가족에 속한 인구 수가 더 많으며, 가구의 내부구성도 다양하여 비핵가족적 특성이 강하다는 점을 지적한다. 예컨대 한말 한성부 호적을 분석한 결과, 1가구에 2쌍 이상의 부부가 있는 경우가 적지 않으며(21.6%.), 혈연 외의 가족, 고용관계 등을 포함한 가구도 많다는 점(29%)이 제시되었다(조은, 1993).

## 2) 식민지하 가족의 근대적 변화

식민지하에서 가족은 어떠한 방식으로 근대가족이 되는가? 식민(지)성과 근대성을 서로 대립적이고 이분법적이기보다는 상호 연결되는 속성을 가진 것으로 파악하고, 식민성을 근대가 구현되어 가는 여러 양식 중 하나로 접근할 때 가능한 개념이 바로 '식민지적 근대성(colonial modernity)'이다. 90년대 후반 이래 한국 사회에서도 식민지(적) 근대성 논의가 전개되기 시작했으며, 그 기본 문제의식은 식민지 시기 연구가 가진 수탈론과 근대화론의 이원론을 넘어서고자 한 것이다(김진균 · 정근식, 1997). 미뇰로(Mignolo)에 따르면 서구 근대의 성립과정에서 보인 식민화 현상, 그리고 식민화가 (제국에 의한) 근대화를 배경으로 진행된 양면성을 고려한다면 그 둘은 별개가 아니라 근대 식민지 세계체제의 양

측면이라고도 풀이된다(조형근, 2006: 55).

1920년대 초반 식민지에서는 소위 '가족개량론'이라 할 만한 엄청난 양의 가족제도 개조론이 부상하였으며, 일제 강점기 거의 전 기간을 통해 가족과 성별역할의 문제는 사회적 논란의 핵심에 놓여 있었다. 앞서 언급된 것처럼 1920년대의 민족주의 지식인들은 문중 중심의 혈연적 대가족주의를 비판하며 핵가족 중심의 문명화를 주장하였다. 그러나 그 핵가족 규범은 서구와는 다른 내용으로 채워지고 있었다. 먼저 '법제적인' 측면에서 보면 일본 가족법의 가(家, 이에) 개념이 점차적으로 확대적용되었다. 식민지하에서 가족법은 1912년의 민사령 제정 이래 1939년까지 3차례의 개정을 거쳤는데 그 결과 호주에게 강력한 가족지배권과 법적 대표권을 부여하는 비민주적인 호주제도가 법제화되었다. 또한 전통적인 제사상속과 식민법제의 호주상속을 일체화시킴으로써 전통적인 호주제가 보다 강화되고 족보편찬이 유행하는 등 부계혈통중심의 가족 관념을 재강화하는(홍양희, 2005: 136-37) 역설적인 현상이 나타나기도 했다.

[그림 2] 가정상품의 상업화와 부부가족 개념

출처 : 『여성』, 조선일보사 1939.2., 15면; 김혜경, 2006, p.277에서 인용.

한편 연애결혼과 부부애정 등을 강조하는 서구적인 가족 개념은 이미 1910년대 말부터 일본에 유학한 지식인집단을 통해서 도입되기 시작하였다. 정서적 가정생활에 대한 관심과 함께 '양처현모'라는 성별분업적 부부역할을 보여주는 일본의 가정문화도 소개되었다. 여기서 흥미로운 점은 한국에서 '양처'의 개념은 서구나 일본에서와는 달리 당대 '신여성'의 이념과 적극적으로 통합되어 있었다는 점이다(김수진, 2009). 이는 '신여성'이 수행할 수 있는 공적 역할과 기회가 제한되면서 결혼 내의 역할이 강화된 식민지적 근대의 상황과 관련이 크다. 또한 당시의 신진학문인 가정과학은 전업주부라는 근대적 여성역할을 규범화하는 효과를 가져왔다(김혜경, 1999). 그리고 근대적인 부부애정과 같은 가족가치는 자본주의적 상품화와 결합하여 광고의 소재로도 등장하였다.

그러나 낭만적 사랑에 기반한 신가정은 애초 성별분업에 기초한 근대 가정의 모델이었으며, 현실은 이러한 이념과는 상당한 괴리를 보인다. 즉 식민지하 경제구조는 가장역할을 담당할 남성 생계부양자를 지지할 수 있는 노동시장을 갖추고 있지 못했던 것이다. 경제활동인구 중 농림업 종사자가 절대다수를 차지했으며(78.5%, 1930년), 기업부문에서도 임금취득 중간층의 규모는 거의 무의미한 수준에 불과했다. 대부분의 인구는 농촌에 거주했으며 상당수가 빈곤으로 인해 도시로 이농하여 도시빈민 등 주변부 계층을 형성하였다. 농촌의 경우 식민지적 자본주의화로 인해 토지의 상품화가 급속히 진전되면서 소작농이 증가하여 전체 농가의 51%를 차지하게 되었는데(1930년), 생산물의 절반이 넘는 소작료를 부담해야 했기 때문에 일상적으로 빈곤에 시달렸다. 더욱이 남성들이 점차 일거리를 찾아서, 공부를 위해, 혹은 독립운동을 이유로 집을 떠나 도시로, 국외로 향하게 되면서, 아버지 대신 어머니가 중심이 되어 꾸리는 '어머니중심 가족'의 모습을 띠는 경우도 늘어나게 되었다(문소정, 1995: 458). 이처럼 이농하는 남자들이 증가하면서 농가에는 일손이 부족하게 되고, 그 결과 여성의 노동력이 중요해졌는데, 특히 1930년대의 '농촌진흥운동'은 여성을 가정 밖의 노동에 동원하였다.

## 4. 해방 그리고 전쟁 · 분단의 위기상황과 가부장적 가족주의

일본의 식민 지배 종식 후 한국 사회는 분단과 전쟁, 냉전체제 속에서 강력한 반공주의의 이념적 상황에 놓이게 된다. 특히 1950~53년의 한국전쟁은 인구의 1/6에 달하는 이산가족을 낳으며 민족의 고통을 가중시켰다(김귀옥, 2004: 43).[7] 이런 상황에서 한국 사회와 가족을 설명하는 핵심적 배경으로 분단이라는 상황이 가져온 근본모순이 제기되었다. 사회학자 이효재는『분단시대의 사회학』에서 남북 분단이 역사적 사건을 넘어 일상의 삶을 좌우하고 있으며, 그럼에도 불구하고 사회적 이념과 연구들은 "마치 분단되지 않고 살아가는 것처럼" 왜곡된 현실인식을 보인다고 비판하기도 했다. 한편 월남과 월북 · 납북, 전쟁으로 인한 남성의 부재 속에서 남편을 대신하여 가장이 되어야 했던 50년대의 '전쟁미망인'들은 시장과 가족의 양 영역을 넘나들며 가족과 사회의 유지에 보루가 되었다(이임하, 2004). 그러나 많은 여성들이 가장을 대리하는 역할을 수행했음에도 불구하고 그것이 꼭 부계 가족주의를 약화시키는 결과를 낳은 것은 아니다. 여성의 경제 참여는 남성의 부재를 대신하는 임시적인 활동으로 여겨졌으며, 여성의 권리를 요구하는 것은 이기적인 행동으로 비춰지는 등 오히려 이데올로기적으로는 여성의 지위가 더 종속화되는 모습을 보이기도 했다. 이는 정전과 분단체제가 고착되면서 가부장적 가족주의와 가부장적 남성성이 강화되는 현상과 관련된 것으로 이해할 수 있을 것이다(소현숙, 2022: 363). 실제로 일제 강점기나 전쟁 · 분단과 같은 국가 부재나 공적 질서의 위기 시 현실적인 아버지 부재의 상황

---

7 월남인, 혹은 월북인 등 이산 당사자만 해도 약 100여 만 명이고, 그 가족을 포함하면 그 수는 약 400여 만 명이었다.

은 오히려 상징적인 아버지상과 부계 가족상을 불러들이고 강화하는 역설적 효과를 낳기도 한다(조혜정, 1986).

법제적 측면에서는 1958년의 신민법은 가족제도의 근대화를 표방하였지만 여전히 일제 강점기하의 가족법의 호주중심제도가 유지되었다. 그러나 가정법률상담소 등 법률전문집단과 여성운동계는 호주제 가족법을 개정하려는 노력을 지속하였으며, 1970년대에 들어서는 국가의 가족계획사업정책을 활용하여 남아선호사상이 가져오는 인구증가문제를 제기하며 호주제 폐지의 당위성을 강화하였다(김혜경, 2009).

한편 1950년대의 사회적 불안과 빈곤 상황이 낳은 식량부족, 열악한 주거환경, 영양결핍, 높은 유아사망률 등의 문제는 가족개혁과 생활조건 향상을 위한 사회적 캠페인을 촉발시켰다(이재경, 2003). 이러한 캠페인은 구식 결혼풍속과 가족관습의 해체, 전통적이고 가부장적인 확대가족에 대한 비판 등의 내용을 포함하고 있었다. 이와 함께 가사노동의 합리화, 가정 내 보건위생을 강조하는 현상이 부상하였는데, 당시 신문의 가정란의 특집기사들은 소비생활의 합리화, 식생활 개선문제, 부엌개량의 필요성 등을 제안하였다. 특히 모성담론과 현모상이 강조되었으며, 자녀양육과 관련된 과학적 지식을 통해 어머니들을 계몽하고자 하였다. 이러한 새로운 역할은 전후 한국 사회 '재건'에 특별히 중요한 것으로 인식되어 일반대중에게 널리 퍼져나갔다(이재경, 2003).

1950년대의 사회상황은 여러 가지 새로운 사회적 세력과 문화적 규범을 발생시켰는데 대표적으로 미국 문화의 확산을 꼽을 수 있다. 1950년대의 원조경제는 한국 경제의 미국에 대한 예속을 심화시킴과 동시에 미국 문화의 모방과 수용 또한 급진전하였다. 미국의 팝송과 영화, 기독교와 크리스마스 문화, 구호물자로 들어온 밀가루와 옥수수가루, 우유 등의 식품, 의류나 의약품, 미군부대 매점 PX 물자 등 소위 '미제'의 보급과 확산은 미국에 대한 문화적 종속을 증대하였다(김귀옥, 2004: 46).

한편 1956년 상영되어 대중의 높은 관심을 받았던 〈자유부인〉이라는 영화에서 미국 문화는 대중적 선망과 동시에, 댄스홀에 다니는 일탈적 가정주부를 만들어 내는 원인이라는 이중적인 시선을 받고 있었다.

## 5. 1960~70년대의 '박정희체제'의 근대적 통치성과 가족 변화

1960~70년대의 약 20년간은 경제적으로는 급속한 공업화가 진행되었으나 노동과 농촌의 영역이 정책적으로 소외되던 시기로, 국가주도적 경제발달(developmental statism)과 정치적인 군사독재가 공존하는 점에서 '박정희체제'라는 고유명사로 불리기도 한다. 18년간의 지배기간 중 1972년 유신헌법 제정 이후의 체제 후반기는 정치 · 사회적 이념의 보수화가 진행되었다. 경제개발정책은 가족주의 가치관을 활용하여 도시 노동자 가구와 농촌 부모 가구의 세대적 지지를 유도하고 저임금으로 노동력의 재생산을 보장받고자 했다(김수영, 2001). 1980년대까지도 도시 노동력의 상당부분은 이농자로 충원되었는데 이들의 도시 이주에서 친족망은 중요한 자원이 되었고, 농촌가족과의 물질적 상호 교류는 이들의 저임금을 보충하는 중요한 기반이 되었다(김혜경 · 신현옥, 1990; 이종구 외, 2005).

한편 담론상으로 보면 1972년 유신헌법의 제정 이후 1970년대는 효도와 노인공경의 미덕을 강조하는 대가족의 이념이 공적 영역의 지배담론으로 확산하였다. 이것은 경제발전과 사회 근대화라는 맥락에서 부상하던 1960년대의 소가족(핵가족) 찬미론과는 상반되는 것이었다(김혜경, 2009). 그러나 급속한 산업화와 도시화가 진행되면서 점차 친족과 가족제도로부터 독립한, 낭만적 사랑과 부부중심적 핵가족의 '이상(理想)'이

[그림 3] 가족계획 포스터(1975년)

부상하였다. 또한 1960년대 초반부터 시행되었던 가족계획사업도 핵가족의 규범을 정상화하는 의도치 않은 결과를 낳았다. 특히 1971년 '두 자녀 운동' 초기에 등장한 "딸 · 아들 구별말고 둘만 낳아 잘 기르자."는 슬로건은 이전의 "알맞게 낳자."와는 명백히 다른 것이며, 그것도 1남 1녀도 아닌, '딸 아들 구별말고'라는 구호를 내걸고 있었다는 점에서 혁신적인 방향전환이었다(김혜경, 2009). 가족계획사업은 표면적으로는 자녀 수의 규범만을 제시했지만, 그것이 내포하고 있는 가족관은 핵가족주의의 규범이라고 할 수 있었다.

그러나 박정희체제는 단지 군사독재와 물리적인 억압으로서만 유지되는 체제는 아니었다. 조은주(2018)는 근대사회의 지배형태가 억압과 통제, 죽임과 같은 가시적인 주권권력을 통해서가 아니라, 사람들의 삶과 생명 · 인구를 관리하고 표준화된 삶의 기준들을 정상화(규범화)함으로써 유지된다는, 인구와 생명권력에 대한 미셸 푸코의 통치성(governmentality) 개념을 가족계획사업에 적용하였다. 즉 가족계획사업의 효과는 단지 자녀 수의 축소나 가족 형태의 변화, 여성 재생산권의 문제만이 아니라, 가족을 국가 통치의 개입 지점이자 지식 대상으로서 새로이 태어나게 했다는 점에서 한국 사회 근대성의 형성에 결정적인 계기로 작용했다고 설명된다(조은주, 2018: 23).

## 6. 1980년대 중반 이후 가족담론의 급진화 및 변동

1980년대 이후 한국 사회는 경제적 · 사회문화적으로 근대와 후기근대를 압축적으로 통과하면서 급진적으로 변화하였다. 도시화, 산업화는 물론, 인구 및 가족구조 변화, 사회문화적 가치변동이 전개되었다.[8] 가족에 대한 담론이 급변한 것도 이 시기였다. 이전까지 가족에 대한 이론적 관점이 핵가족의 사회적 기능과 존재를 필수요건으로 하는 구조기능론적 관점을 주요한 특징으로 했다면, 1980년대 중후반 이후로부터 1990년대 중반의 약 십 년 동안에는 마르크스주의의 계급론적 가족이론과 페미니즘 가족론, 해체주의적인 포스트모던 가족이론 등 이전과는 전혀 다른 접근의 급진적 가족론이 등장하였다(김혜경, 2012).

1980년대 중반에는 마르크스주의 가족론의 고전인 엥겔스의 『가족의 기원』(원제는 『가족, 사유재산, 국가의 기원』)이 번역되며 지성사적 전환을 예고했다. 그리고 〈여성한국사회연구회〉라는 가족연구모임은 계급론적 관점과 결합한 가족연구물을 번역하거나, 계급별로 상이한 한국 가족의 현실을 분석하면서 가족 연구의 시야를 확장시켰다(여성한국사회연구회 편, 1990). 몇 년 지나지 않아 연이어 페미니즘 시각의 가족 단행본들이 출간되었다. 〈또하나의 문화〉라는 동인모임이 간행한 『새로 쓰는 결혼이야기 1, 2』(1996)는 지금까지 당연시되어 온 결혼제도가 여성들에게 어떠한 구속을 만들고 있는가를 솔직하게 이야기하며, 비혼주의 · 레즈비어

8 도시인구는 1980년의 57%에서 2000년 80%로 급증하였으며, 여성의 고교취학률은 62%에서 96%로 늘어났다. 가족구조가 다양화하였는데 3세대 이상의 확대가족은 17.0%에서 8.4%로 줄어들었고, 출산률의 감소 및 단독가구의 증가로 인해 평균 가구원 수는 4.5명에서 3.1명으로 감소하였다. 같은 기간 조이혼률은 0.6에서 2.5로 급상승하는 등 핵가족의 안정성이 약화되었다.

니즘 등 이성애적 혼인제도를 넘는 대안들을 소개하기도 했다. 포스트모더니즘 소개서들의 발간이 급증하기 시작한 것도 이 시기였다. 이러한 담론상의 변화는 1980년대 말, 90년대 초반 국내외의 체제변동의 상황과도 관련이 있다고 할 수 있다. 국제적으로는 1989년 사회주의 동독의 서독과의 통합 및 1991년 소련(소비에트 연방)의 해체와 같은 현실 사회주의권의 붕괴, 그리고 국내적으로는 1987년의 6월 항쟁 이후 진행된 민주적 정치체제의 진전이 그것이다. 이것은 계급이나 민족과 같은 거대집단보다는 개인(주의)을 강조하는 사회문화적 분위기를 조성하였으며, 그러한 속에서 사랑과 성, 자아정체성에 대한 고민의 공간이 형성되었다.

특히 1990년대 중반 연이어 번역된 앤소니 기든스와 울리히 벡 등의 대표적인 탈근대 가족 연구서는 한국 사회의 가족론을 역사화하고, 탈근대라는 맥락에서 친밀성의 변화를 사유하도록 가족 연구의 시각을 확장시켰다. 사랑과 성, 그리고 결혼과 출산을 결합한 근대가족의 성역할구조를 넘어서는 새로운 친밀성의 개념이 발생하였다. 즉 집단적 정체성을 벗어난 개인들의 자유로운 결합을 강조하는 '순수한 관계'와 같은 후기근대적 사랑의 개념(기든스, 1996), 그리고 가족제도와 복지국가에 의존하여 진행되어 온 근대적인 생애과정의 경로들로부터 벗어난 개인들의 삶의 다양성에 주목하는 '개인화'의 개념(벡 · 벡-게른스하임, 1997)이 제시되기도 했다. 그러나 서구와는 상이한 경제적 · 문화적 조건 속에서 압축적 근대화를 겪은 한국 사회에서 가족과 개인화의 의미는 새로이 해석되기도 했다. 예컨대 장경섭(2009)은 한국의 가족 개념을 전통성과 근대성이 우발적으로 결합한 다원성, 즉 유교적 · 도구적 · 애정적 · 개인주의적 가족 이념의 복합적 결합체로 설명하였다.

그러나 1990년대 중반 이래 가시화된 한국의 신자유주의적 사회변화, 기업의 구조조정의 확대와 고용불안의 증가는 1997년 IMF 위기로 본격화되었다. 그 결과 1990년대 초 전 사회적으로 확산된 새로운 문화의 바람은 급작스러운 경제위기의 찬 서리를 맞고, 가족담론에도 큰 영향을 주게 된다. 1990년대 말부터 급증하기 시작한 이혼율과 2000년대 초반 이래 지속된 만혼과 저출산 현상은 '가족위기' 담론으로 이어졌으며, 가족해체론과 재구성론을 둘러싼 논의를 촉발시켰다. 이와 같은 배경이 2000년대 초반의 급감한 출산율 감소의 위기론과 결합하여 가정의 개념을 혼인과 출산의 역할을 중심으로 규정하는 「건강가정기본법」이 탄생하게 되었다(김혜경, 2005). 한편 IMF의 경제위기론을 배경으로 남편에 대해서는 실직으로 '고개숙인 가장'의 '기를 살려'주자는 논의로부터, 여성에 대해서는 주부의 재테크 능력을 강조하여 주부를 가정 경영자로 재현하고 계몽하는 '주부 CEO' 담론들이 나타났다(박혜경, 2010). 그리고 신자유주의의 확산과 함께 취약해진 농촌지역의 경제상황은 농촌지역 남성들의 결혼 경쟁력을 약화시켰으며, 그 결과 동남아시아의 신부가 수입되어 들어오는 방식의 국제결혼, 소위 '다문화가족'이 증가하기도 했다.

## 7. 맺음말

가족사는 역설적이지만 가족에 대한 역사적 사실(fact)을 밝혀 주는 것이 아니다. 그보다는 무엇이 당대의 중요한 역사적 사실인지를 규정해 온 동력과 담론에 대한 분석을 통해 가족이라는 이름을 신비화하는 권력에 대해 탐문하고자 한다. 이를 통해 이상화된 가족상에서 배제되거나 이상적인 역할 규범으로부터 소외되어 온 다양한 가족들과 가족원들의 존재를 드러내고, 가족이라는 구조를 보다 소통적이고 배려적인, 유연한 결사체로 만들고자 한다. 지금까지 살펴본 것에 따르면 한국의 가족사는 역사적으로 신분과 계급, 젠더 차별을 정교화하는 기제가 되어왔음을 확인할 수 있다. 조선조의 종법사상의 강화, 장자중심의 직계가족제도의 지배이념화가 그러했으며, 식민지 조선에서도 호주제가 고유의 전통으로 근대법적 정당성을 부여받으며 호주중심적 핵가족을 법제화했다. 여기에 서구의 근대적 가족담론과 부부중심성, 과학적 모성론이 결합하여, 가족은 여성의 공간으로 전문화되고 사회적 · 가정적 차원에서 성별분업의 근대적 구조가 형성되었다. 이후 해방과 한국전쟁을 거치며 구축된 분단사회의 반공주의는 가부장적 가족주의를 강화하는 배경이 되기도 했다. 한편 1960~70년대의 발달주의적 국가체제, 즉 박정희체제에서는 부부중심의 핵가족론과 효중심의 대가족론이 번갈아 등장하면서 가족이 전통과 근대의 이념적 표상으로 활용되는 등 담론적 효과로서의 가족의 위치를 보여주었다.

1980년대 후반 이래 90년대 중반까지 한국의 가족담론은 대내외적인 사회경제적 · 문화적 변동 속에서 탈근대의 이념적 충격을 접하게 되며 가족의 의미와 역할에 대해 근본적인 질문이 제기되었다. 그러나 개인적 삶을 보장하는 제도적 기반이 부족한 상태에서 전개된 탈근대 가족론과 개인화론은 근대적 핵가족과 성별분업구조를 해체하기에는 역부족이었다. 2000년대를 넘어서면서는 저출생 위기론이 급부상하면서 결혼과 가족형성을 촉진하려는 정책과 담론이 생산되었으나, 소득과 주거의 문제, 임금노동과 돌봄활동의 갈등, 자기다움의 실천을 제약하는 환경 등으로 인해 가족구성은 제한된다. 이러한 상황에서 행위자들은 자신의 삶을 지속가능한 것으로 구성하려는 다양한 전략들을 실천하고 있다. 결혼 미루기와 1인가구, 동거를 거친 결혼, 이혼과 졸혼, 동성가족, 비혼출산 가족, 공동체적 친밀성 등이 그것이다. 이러한 현상은 가족 다양화 담론만으로는 설명되기 부족하며, 성 · 사랑 · 결혼 · 출산의 복합체라는 근대가족의 코어가 흔들리는 패러다임 시프트로 해석될 수 있을 것이다. 근대 100년을 넘는 한국의 가족사는 새로운 담론과 실천 속에서 근본적으로 새로 쓰여지길 기다리고 있다고 보인다.

06장

# 가족과 개인화

| 신경아(한림대학교 사회학과) |

| 이순미(한국농촌경제연구원) |

# 1. 가족, 오래된 딜레마

인간은 가족 속에서 태어나 일생 동안 다양한 가족 속에서 살아가지만, 혼인과 혈연으로 구성된 '가족'이라는 집단이 인간의 삶에 필연적인 요소인지 또 늘 바람직한 영향을 주는 것인지에 대해서는 역사상 많은 의문이 제기되어 왔다. 그리스의 철학자 플라톤은 지혜로운 철인왕(哲人王)은 가족을 가져서는 안 된다고 주장했는데, 사적인 이해관계에 집착하게 되면 좋은 통치자가 될 수 없으리라는 우려 때문이었다. 조선시대 여성은 정절 규범에 묶여 젊은 나이에 남편과 사별해도 재혼할 수 없었으며 시부모와 자식을 위해 희생해야 했다. 남성은 여성만큼 억압당하지는 않았지만, 가문의 번영을 위해 자신의 욕구를 억눌러야 할 때가 많았다. 우리는 가족 속의 삶을 당연하게 생각하지만, 가족은 아주 오래전부터 딜레마가 되어 왔다.

따라서 근대사회에서는 가족보다 '개인'을 중요시하는 사람들이 늘어나게 되었다. 돌봄과 생계, 친밀성의 공유를 위해서는 가족이 필요하지만, 가족이라는 무게에 짓눌리지 않고 개인으로서 누려야 할 자유와 자율성도 포기할 수 없다는 사람들이 많아지게 된 것이다. 이 같은 가족과 개인을 둘러싼 정체성 갈등은 후기근대사회로 올수록 더욱 뚜렷해지고 있으며, 21세기에 들어와서는 한국 사회에서도 가족에 관한 의식과 생활양식에 주목할 만한 변화가 나타나고 있다. 혼인과 출산의 감소, 만혼(晩婚), 1인가구의 증가, 이혼의 증가 추세는 가족의식과 가족관계의 변화를 드러내는 지표들로서, 한국 사회에서는 지난 20여 년간 대단히 빠른 속도로 전개되어 왔다. 그 결과 2022년 한국은 전 세계 국가 중 가장 낮은 출산율 0.81의 초저출생 사회가 되었고, 1인가구는 41%로 핀란드나 스웨덴 등 북유럽 국가들의 수치에 근접하고 있다.

가족에 관한 한국 사회의 담론 역시 같은 방향으로 전개되어 왔다. 대표적인 것이 'N포 세대', '혼밥', '혼술' 같은 청년세대의 의식과 행동양식에 관한 것이다. '3포'에서 시작되어 '5포', '7포', 'N포'로 늘어나 포기의 대상은 연애, 결혼, 출산, 집(주택), 취업, 취미, 인간관계, 건강, 외모 등 삶에 필요한 거의 모든 것으로 확장되었다. 이렇게 하나씩 포기하고 남은 것은 혼자인 자신, 개인이다. 혼자서 밥을 먹고 술을 마신다. 그런데 이런 개인은 가족의 구속으로부터 벗어난 자유롭고 독립적인 개인일까? 아니면 가족이란 울타리마저 상실한 보호받지 못한 개인일까? 이 장에서는 21세기 한국 사회에서 진행되어 온 개인화(Individualization) 현상의 의미와 특징을 살펴보고 가족관계와 가족구조에 끼친 영향을 생각해 본다.

## 2. 가족주의와 싱글턴 사이에 선 한국 가족

역사적으로 한국은 부계(父系)혈통중심의 가족주의가 강한 사회이다. 부계혈통중심이란 아버지 쪽의 혈연관계를 우선시하여 친족관계를 규정하는 규범을 가리킨다. 가족주의란 가족구성원의 개별적인 욕구보다 가족 전체의 필요를 우선적으로 고려하고 더욱 중요시하는 의식과 관습이다. 조선시대 이래 한국 가족은 가(家)와 친족관계를 중시하는 유교문화적 특성으로 인해 강한 가족주의적 특성을 지녀 왔다. 유교적 질서에서 가(家)는—현대사회의 가족과 똑같은 것은 아니지만—혈연에 기초한 운명공동체로서 개별적인 인간에 우선한다. 따라서 가족구성원들은 가(家)의 일부분으로서 자신을 인식하며 가문의 영속과 번영을 자기 삶의 목표로 삼았다.

가족주의 문화는 현대 한국 사회에서도 여전히 영향력을 가지는 것으로 나타난다(김혜경, 2013; 김혜경 · 황채린, 2022). 20~30대 젊은이들조차 배우자 선택에서 부모의 동의 없이는 곤란하다고 생각하며, 결혼 후에도 부모로부터 경제적 지원을 비롯한 양육이나 일상적 도움을 받는 것을 당연시하는 경향이 있다. 줄고 있기는 하지만 한국의 기혼여성들 중 상당수가 전업주부로 살고 있다는 사실은 한국이 비슷한 발전수준에 이른 다른 어떤 사회보다도 가족주의적 사회라는 점을 시사한다. 취업기회가 한정되어 있다는 이유도 있지만, 자녀양육과 가족돌봄을 위해 여성이 가정에 머무는 것은 여성 개인의 삶보다는 집단으로서 가족의 이해(利害)를 우선시하는 관념의 결과라고 할 수 있다.

그럼에도 불구하고 다른 한편에선 가족과는 분리된 개인적 정체성을 주장하는 목소리도 높아지고 있다. 이혼율 증가, 출산율 저하, 결혼연령의 상승, 비혼(非婚)의 증가 등은 점점 더 많은 사람들이 전통적인 가족의식에서 벗어나 자신의 욕망에 충실한 삶을 살고 있음을 보여준다. 몇 해 전부터 한국의 TV 드라마나 예능 프로그램은 혼자 사는 성인 남녀의 이야기로 채워져 왔고, 30대는 물론 40대를 넘어서도 독신으로 살거나 50~60대 돌싱(이혼 후 독신)이 된 스타들의 일상생활이 인기리에 방영되어 왔다.

서구사회의 경우 이런 현상은 훨씬 오래전부터 나타났다. 유럽이나 미국에서 모두 1960년대 이래 이혼율이 증가하고 결혼연령이 상승했으며 1인가구가 증가해 왔다. 2010년에 이르면 미국에서 전체 가구의 28% 정도가 1인가구로 살고 있으며, 북유럽의 스웨덴 · 핀란드 · 노르웨이 · 덴마크에서는 인구의 40%가량이 혼자 살고 있다(클라이넨버그, 2013: 8, 25). 그 결과 싱글턴(Singleton), 즉 혼자 사는 사람들이 늘어나게 되었는데, 미국 사회에서 혼자 사는 사람들을 7년간 연구해 온 사회학자 에릭 클라이넨버그는 미국 사회가 머지않아 '싱글턴 사회(The Singleton Society)'가 될 것이라고 예견했다.

이처럼 싱글턴 사회, 즉 혼자 사는 삶이 보편적인 현상이 된 사회가 등장하게 된 원인은 무엇일까? 클라이넨버그는 네 가지를 꼽고 있는데, 여성의 취업과 지위 향상, 통신혁명, 대도시의 형성, 고령화(수명 연장)가 그것들이다. 여성들의 사회경제적 지위가 높아지면서 결혼보다 일을 선택하는 여성들이 늘어나고 있으며, 대도시와 디지털 통신혁명은 익명의 공간과 다양한 하위문화, 혼자서 즐길 수 있는 놀이를 공급해 혼자 살기를 촉진한다. 인간의 수명이 늘어나 배우자와 사별하고 혼자 여생을 보내는 노인들이 많아지게 된 것도 원인이다.

혼자 사는 사람들이 많아지는 사회는 어떤 모습일까? 이와 관련해서 우리는 두 가지 상반된 풍경을 그려볼 수 있다.『고잉 솔로: 싱글턴이 온다』에서 클라이넨버그는 사람들이 '왜' 혼자 살기를 선택하는가? 하는 질문에 대해 아래와 같이 말한다.

> 우리가 혼자 살기라는 거대한 사회적 실험을 시작한 것은 혼자 살기가 어떤 목표에 부합한다고 믿기 때문이다. 혼자 살면 현대인들이 청소년기부터 생애 마지막 날까지 신성하게 여기는 개인의 자유, 개인적 통제권, 자아실현과 같은 가치를 추구하기가 편하다. … 혼자 살면 배우자의 필요와 요구에 얽매이지 않고 우리 자신에게 집중할 수 있다. 디지털 미디어와 끝없이 팽창하는 소셜네트워크의 시대인 지금, 혼자 살기가 우리에게 제공하는 가장 큰 혜택은 바로 '고독을 되찾을 시간과 공간'이다. 다시 말하면 혼자 살기는 우리의 자아발견을 도와주고 의미와 목적을 찾는 일을 도와준다(2013: 34).

사람들이 혼자 살게 된 것은 '개인'으로서 자기 인식과 자아실현의 욕구 때문이다. 혼자 사는 것은 외롭게 사는 것과는 다르며, 사람들이 가족 내의 의무와 책임, 간섭과 갈등에서 벗어나 자유롭게 선택하고 자신에게 집중할 수 있게 해 준다는 것이다.

반면 일본의 1인가구 증가 현상을 다룬『무연사회(無緣社會)』(NHK 무연사회 프로젝트팀 지음)에서 저자들은 일본 전역에서 홀로 죽어가는 사람들이 연간 3만 2천 명에 이른다는 사실을 밝히고 '나홀로족(族)'의 죽음에 대한 취재를 시작했다.

**조용히 늘어가는 직장(直葬)**

> 경야(經夜)도 영결식도 없다. 시신을 화장하는 것만으로 추모하는 '직장'이 조용히 늘기 시작했다. 의례는 올리지 않는다. 자택이나 입원했던 병원 등에서 직접 시신을 화장장으로 옮겨 화장하는 장례스타일이다. … 직장에서는 고인을 기리는 사람들이 다 함께 관 앞에서 하룻밤을 지내는 지금까지의 장례에서 볼 수 있었던 광경은 없다. 유족이나 지인은 화장장의 홀 등에 집합해 헌화하며 짧은 시간에 이별을 고한다. 관이 화장로(火葬爐)에 들어가버리면 유골을 수습할 때까지 시간은 금방이다(2013: 70).

장례를 치러줄 사람도 없이 죽는 사람들도 한때 직업과 가족이 있었지만, 직장을 잃고 가족과도 단절되어 혼자 살아왔다. 정부 연금과 임시노동에 의한 수입으로 근근이 살아가는 중고령의 독신자들은 물론, 30대와 40대 사이에서도 무연감(無緣感)이 확산되고 있다(2013: 243). 혈연관계의 약화, 고용 불안정의 심화, 지역사회 공동체의 쇠퇴 등으로 가족과 멀어지고 안정된 직장도 없이 고립되어 은둔자(히키코모리)로 살아가는 사람들이 늘어나고 있으며, 앞으로 더 늘어날 것이라는 것이 일본 사회의 전망이다. 또한 결혼율 자체가 낮아져 일본 사회에서는 2005년 16%였던 평생미혼율(평생 결혼하지 않고 사는 사람의 비율)이 2030년에는 거의 두 배인 30%가 될 것이라고 저자들은 예측한다(2013: 282).

'싱글턴의 사회'와 '무연사회'는 언뜻 보아 매우 다른 것 같지만, 실제로 같은 현상의 다른 두 측면을 보여준다. 전통적인 가족구조와 규범적 가족관계 속에서 살지 않는 사람들이 더 많아질 것이며, 나홀로족의 증가가 인간관계의 약화를 뜻하지는 않는다고 해도, 친밀성의 자원을 가족이 아닌 다른 집단에서 구할 가능성이 커지며 그만큼 지속성이 떨어질 수 있다. 그러나 동시에 사람들은 규범적 구속에서 벗어나고 가족의 생계부양 책임이나 돌봄 책임에서 자유로울 수 있을 것이다. 결국 점점 더 많은 사람들이 가족구성원이기보다는 개인으로서 자신의 정체성을 갖기 시작했다는 것인데, 자기실현의 긍정적 전망과 '무연사회'라는 부정적 전망의 양극단 사이에는 가족 이외 친밀한 관계, 개인성 추구에 대한 사회적 수용도 등에 따라 다양한 스펙트럼이 존재한다. 이러한 변화와 관련된 우리들 자신의 경험은 어떤 것인지, 그리고 사회학은 이런 현상들을 어떻게 해석하고 있는지 살펴보기로 하자.

## 3. 한국 사회의 개인화 현상들

### 1) 가족구성의 변화

#### (1) 혼인율 · 출산율 · 이혼율의 변화

한국의 가족에서 개인화 현상이 진행되고 있는 지표는 혼인율과 출산율의 저하, 그리고 이혼율의 증가이다. 잘 알려져 있듯이, 2000년대 초반 이래 한국은 세계 최저의 출산율을 기록해 왔다. [그림 1]에서 한국의 합계출산율은 1982년 2.39였으나 계속 하락해 2005년 1.08로 세계 최저수준을 기록한 뒤 2021년 0.81로 세계에서 가장 낮은 출산율을 유지하고 있다. 이러한 추세는 혼인율의 저하와 깊은 관계가 있다. 1982년부터 2021년 사이 한국 사회의 조혼인율[1]은 9.9에서 3.8로 하락했다. 법률

1 조혼인율이란 인구 천 명당 결혼하는 사람의 수를, 조이혼율은 인구 천 명당 이혼하는 사람의 수를 의미한다.

혼 이외의 사실혼이나 동거가족에서도 아동의 출생이 가능하므로 출산율 자체는 혼인율과 늘 비례하는 것은 아니다. 그러나 한국 사회에서는 법적으로 인정된 혼인 외의 부부관계에 대한 사회적 수용 정도가 낮고 특히 자녀 출산에 대해서는 더욱 부정적이다. 따라서 한국 사회에서는 혼인율과 출산율이 같은 방향으로 움직인다. 반면 같은 시기 조이혼율은 0.7에서 2.0으로 3배가량 상승했다.

1982년부터 2021년까지 40년 동안 한국 사회에서 진행되어 온 결혼과 출산, 이혼의 변화에 영향을 끼친 주목할 만한 사건은 1990년대 말 IMF 외환위기라고 할 수 있다. 1997년 말 시작된 국가부도 사태는 경제는 물론 정치와 사회, 문화 등 모든 영역에서 급격한 변화를 초래했다. 신자유주의 시장경제체제의 전면적 확대와 세계적 경쟁 원리의 확산, 반복되는 경기 침체는 한국 사회에 만성적인 경제 불안의 그림자를 드리웠다. 여기에 구조조정과 정리해고, 비정규직 확대 등 고용 불안정 역시 이 시기를 출발점으로 급격히 확산되었다. 특히 청년의 고용 불안정은 중요한 사회문제로 떠올라 '청년취업 빙하기', '88만원세대(비정규직)' 같은 담론이 유행했다. 이 같은 경제적 불안은 청년을 비롯한 전체 사회구성원들의 삶의 불안정성으로 이어져 결혼과 출산 · 양육 등 가족구성과 가족생활의 유지에 부정적인 영향을 끼쳤다. [그림 1]에서 1997년부터 2001년까지 공식적인 IMF 구제금융시대였던 시기 혼인율과 출산율, 이혼율의 변화 추이는 서로 밀접한 관계에 있음을 보여준다. 혼인율과 출산율이 급격히 떨어지고 이혼율이 급격히 상승했다. 유례없는 경제위기로 인해 가족구성을 위한 행위가 크게 위축되었음을 알 수 있다.

초혼연령도 계속 높아져 2021년에 이르면 남성의 초혼연령은 33.4세, 여성의 초혼연령은 31.1세를 기록하게 되었다. 남녀 모두 평균적으로 30세를 넘어 첫 결혼을 하는 것을 알 수 있다. 초산연령 역시 높아져 2021년 첫 아이를 낳는 여성의 평균연령은 32.6세를 기록했다. 늦게 결혼하고 늦게 아이를 낳으며, 이혼이 쉬워진 이 같은 가족구성행위의 특징은 그만큼 한국 사회의 성인들이 더 오래 혼자 살게 되었음을 시사한다.

[그림 1] 혼인율 · 출산율 · 이혼율의 변화 추이(1982~2021)

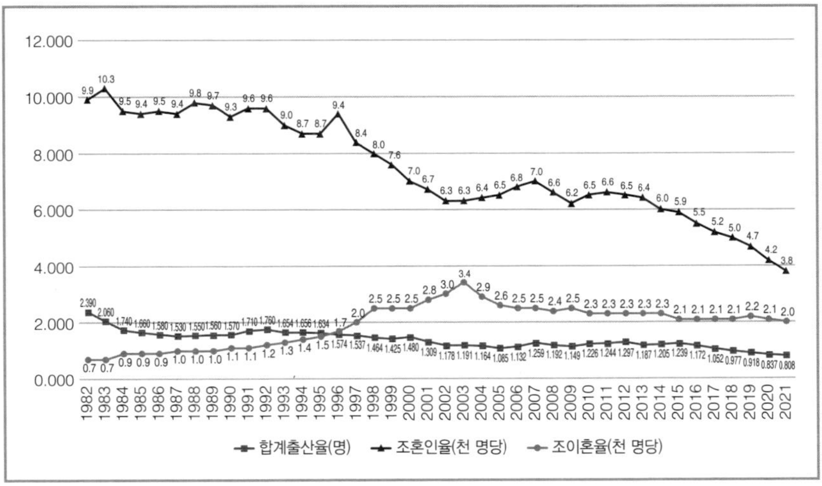


자료 : 통계청, 「인구동향조사」, 각 연도.

## (2) 1인가구의 증가

1인가구는 1980년 전체 가구의 4.8%에서 2021년 33.4%(716만 6천 가구)로 증가해 세 가구 중 한 가구가 1인가구가 되었다. 40여 년 사이에 1인가구는 한국 가족에서 비중이 가장 큰 가족형태가 되었고 이러한 증가세는 세계에서 가장 빠른 편에 속한다. 2021년 1인가구로 사는 사람은 여성과 남성이 각각 50%로서, 2000년 여성 57.5%, 남성 42.5%였던 것과 비교하면 남성 1인가구의 증가세가 더 빨랐던 것을 알 수 있다.[2] 연령대별로는 2021년 현재 20~29세 19.0%, 70세 이상 18.1%, 30~39세 17.1%, 60~69세 16.4%, 50~59세 15.4%, 40~49세 13.3%, 20세 미

2 통계청, 「인구총조사」, 2000, 2021.

[그림 2] 1인가구의 연령별 구성(2021)

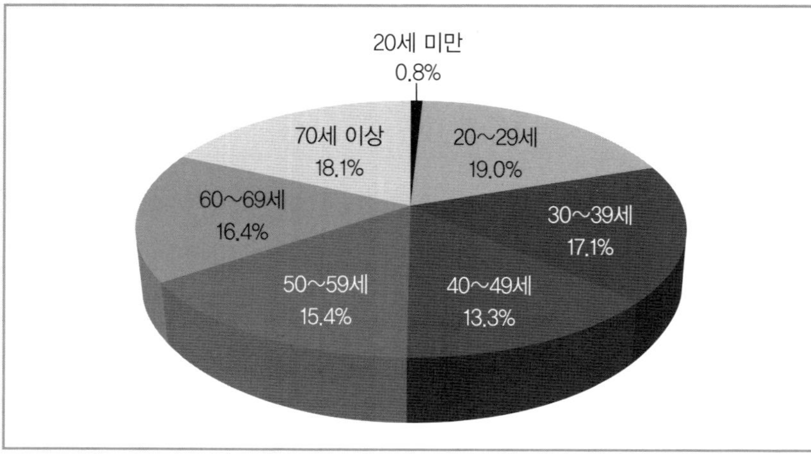


자료 : 통계청, 「인구총조사」, 2021.

만 0.8%로 나타난다([그림 2]). 전 연령대에 걸쳐 비교적 유사한 분포를 보이며, 20대와 70대 이상, 30대가 다소 많지만 50~60대의 장년층에서도 1인가구가 확대되고 있다.

[그림 3]에서 1인가구의 구성을 성과 연령으로 교차시켜 살펴보면, 2021년 전체 1인가구 중 높은 비중을 차지하는 집단은 70세 이상 여자(13.7%), 30대 남자(10.9%), 20대 이하 남자(10.1%), 20대 이하 여자(9.7%), 60대 여자(9.1%), 50대 남자(8.9%), 40대 남자(8.4%)의 순서를 이룬다. 60~70세 이상 여성노인이 많고, 20대의 경우 초혼연령의 상승으로 남녀 모두 1인가구로 살 가능성이 많다는 점을 제외하면, 30~50대 남성의 1인가구 비중이 두드러지는 것을 볼 수 있다.

이러한 특징을 변화 추이로 살펴본 것이 [그림 4]와 [그림 5]이다. [그림 4]는 2000년부터 2020년 1인가구 남성의 연령대 변화를 표시한 것이다. 20대와 30대는 감소했고, 40대는 소폭 증가했으며, 50대는 10.1%에서 18.0%로 가장 크게 증가했다. 60대와 70대 이상의 비중도 늘었다.

[그림 3] 1인가구의 성별 · 연령별 구성(2021)

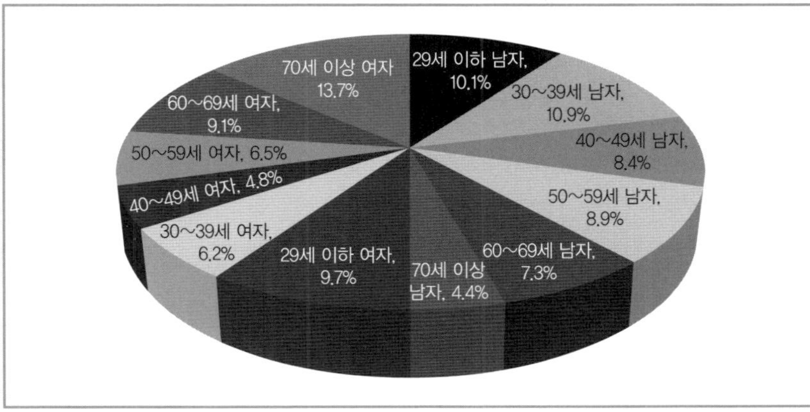


자료 : 통계청, 「인구총조사」, 2021.

[그림 4] 연령별 남성 1인가구 추이(2000~2020)

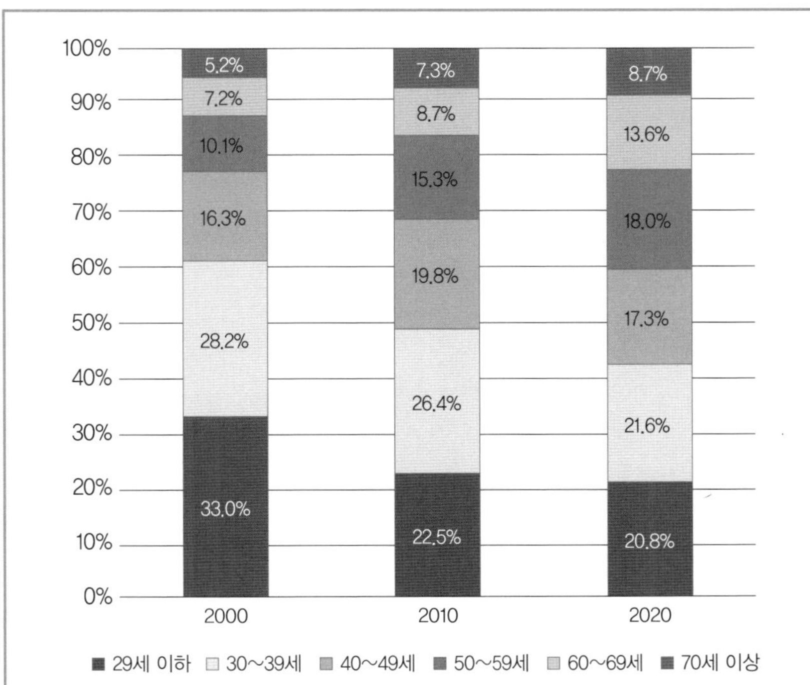


자료 : 통계청, 「인구주택총조사」, 2000, 2010, 2020.

[그림 5] 연령별 여성 1인가구 추이(2000~2020)

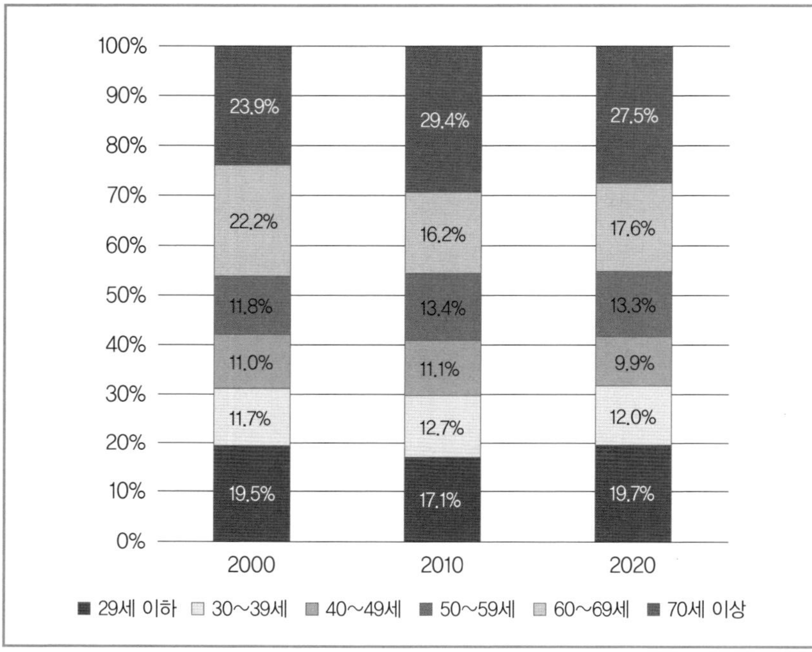


자료 : 통계청, 「인구주택총조사」, 2000, 2010, 2020.

이와 비교하여 여성의 경우 [그림 5]에서 20대와 30대는 별 변화가 없고 40대와 60대의 비중은 감소했다. 대신 50대와 70대 이상의 비중이 커졌다.

그 결과 [그림 6]과 같이 5세 단위로 구분해 보았을 때, 20대 전반을 제외하고 20대 후반부터 50대 후반까지 전 연령 범주에서 1인가구 생활자는 남성이 많다. 이러한 성별 차이는 30대 전반과 후반에서 가장 크게 벌어지며 40대 전체와 50대 전반에 걸쳐 적지 않은 규모로 나타난다. 30대는 여성의 경우 출산능력을 고려해 결혼을 선택하는 사람들이 많은 데 비해, 남성은 절반 이상이 결혼하지 않기 때문이다. 또 40대와 50대에 이르기까지 남성이 많은 것은 결혼하지 않거나 이혼 후 자녀 양육을 주로 여성에게 맡기고 독신으로 살아가는 남성들이 늘어나는 현상으로 볼 수 있다. 이러한 1인가구의 남초 현상은 60대부터 역전되어 연령이 높아

[그림 6] 성 및 연령별 1인가구(2021)

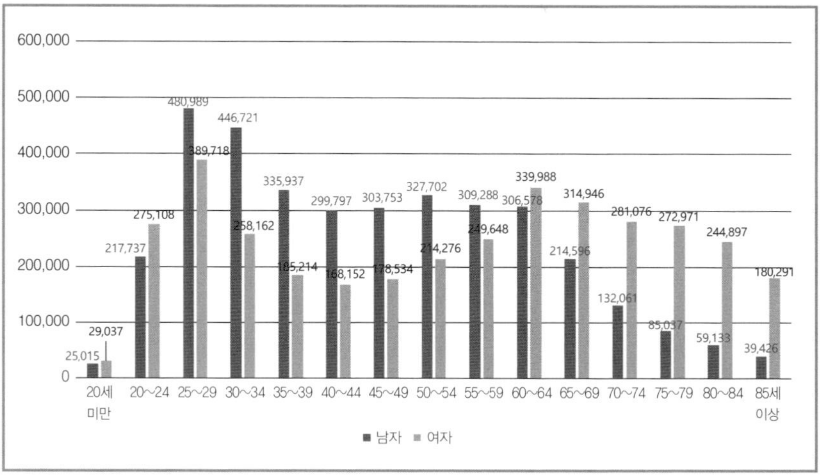


자료 : 통계청, 「인구총조사」, 2021.

질수록 여성이 많아진다. 여성노인의 평균수명이 더 길기 때문이다.

통계청의 「인구총조사」에서 조사하는 1인가구는 혼인상태별로 '미혼', '유배우', '사별', '이혼'을 모두 포함한다. 따라서 결혼을 하지 않았거나 사별 또는 이혼으로 배우자 없이 홀로 사는 사람들은 물론, 배우자가 있지만 분리된 가구 속에서 살아가는 사람들도 비중이 크지는 않지만 존재한다. 그러므로 1인가구의 증가가 단순히 독신으로 살아가는 사람들의 증가를 뜻한다고 볼 수는 없다. 그렇지만 1인가구의 빠른 증가 속도와 높은 비중, 그리고 성과 연령에 따른 차이를 주의 깊게 해석할 필요가 있다. 1인가구라고 해도 성과 연령에 따라 매우 다른 동기와 목적을 갖는다. 김영란 외(2021)의 「2020년 가족실태조사 분석 연구」에서 40대 이하는 학업이나 직장생활, 50~60대는 본인의 이혼, 70대 이상은 배우자의 사망이 1인가구 증가의 주요 원인으로 지목되고 있다.

이 같은 1인가구의 증가 현상에 내포된 사회적 의미는 무엇일까?

첫째, 1인가구의 증가 속도와 성별 · 연령별 분포의 특징이다. 한국의 1인가구는 유례를 찾기 어려울 만큼 빠른 속도로 증가해 2020년 가장 비중이 큰 가구형태로 자리 잡았다. 그리고 성별 분포나 연령별 분포에서 전체 집단에서 비교적 고른 분포를 보인다. 이러한 지표들은 1인가구의 증가가 특정 시기, 특정 인구집단에 한정된 현상이 아니며 전체 인구집단에서 광범위하게 진행되어 온 추세라는 사실을 보여준다.

둘째, 1인가구의 세대별 구성을 살펴보면, 20~30대의 젊은 층이 가장 큰 비중을 차지하는 것을 볼 수 있다. 이것은 학업이나 취업을 위해 혼자 사는 젊은이들이 늘어나고 있다는 사실과 함께, 이들 중 다수가 30대가 되어도 결혼하지 않고 혼자 살고 있다는 것을 의미한다. 생애과정에서 비혼(非婚)인 상태로 살아가는 시기가 더 길어지고 있는 것이다.

셋째, 1인가구 중 두 번째 비중을 차지하는 집단은 노인가구이다. 배우자와 사별하고 혼자 사는 노인들이 많아진 것이다. 과거라면 자식과 함께 살았겠지만, 자녀세대의 의식 변화와 가족규범의 변화로 점점 더 많은 노인들이 혼자 살고 있다. 이 같은 노인 1인가구가 반드시 빈곤하거나 가족으로부터 소외된 삶을 의미하는 것은 아니다. 혼자 살 수 있는 노인들은 오히려 건강상태도 양호하고 독립적인 의식을 가진 경우가 많으며 생계수단도 자녀나 사회의 지원을 받는 등 고립되어 있지 않다(송유진, 2007). 따라서 노인 1인가구 중에는 신체적 능력과 자식에 의존하지 않으려는 독립적 의식을 가진 사람들도 많다.

넷째, 1인가구의 추세 중 주목할 만한 점은 중장년층 남성 중 혼자 사는 사람들이 늘어나고 있다는 점이다(이은미, 2013). [그림 3]에서 볼 수 있는 것처럼, 지난 20여 년간 40~50대의 남성들 중 결혼하지 않거나, 이혼 또는 사별 후 혼자 사는 사람들이 크게 늘었다. 또 직장 때문에 가족과 떨어져 살거나 자녀교육으로 인한 기러기 가족의 증가도 중년 남성 1인가구 증가에 한몫을 하고 있다. 그 결과 1인가구의 증가추세는

40~50대 중장년층에서 가장 뚜렷하게 나타난다.

다섯째, 이 같은 1인가구의 증가추이가 보여주는 외연적 의미(denotation) 이외에, 저변에 깔린 내포적(함축적) 의미(connotation)에 대해 생각해 볼 필요가 있다. 1인가구의 증가는 가족 이전에 개인을 중시하는 사고가 가져온 결과일까? 1인가구로 살아가는 사람들은 가족의 구속이나 가족주의의 압력에서 벗어나 더 자유롭고 자율적일까? 반대로 가족이라는 울타리 없이 자신의 생계와 돌봄을 스스로 책임져야 하는 불안하고 외로운 사람들일까? 1인가구라는 삶의 유형은 스스로 선택한 것일까? 아니면 개인의 의지와는 무관하게 홀로 살 수밖에 없는 조건에 처해진 것일까? 이런 질문들에 대한 답은 다음에서 살펴보기로 한다.

### (3) 미혼율의 변화

결혼과 출산이 늦춰지고 있지만, 결혼하지 않는 인구도 늘어나고 있다. 〈표 1〉에서 2020년 통계청의 「인구주택총조사 표본집계」 결과에 따르면, 15세 이상 미혼인구는 총 1,368만 8천 명으로 5년 전보다 31만 2천 명(2.3%)이 늘었다. 연령별로 살펴보면 15~19세를 제외한 모든 연령층에서 미혼인구가 늘었다. 특히 30대 미혼인구 비중은 지난 2015년 36.3%에서 2020년 42.5%로 6.2%p 늘어났다. 같은 기간 30대 남성과 여성의 미혼율은 각각 6.6%p, 5.5%p 늘었다. 그 결과 1990년 6.8%에 불과했던 30대 미혼인구 비중은 2000년 13.4%, 2010년 29.2%, 2020년 42.5%로 지속적인 증가추세를 나타내고 있다([그림 7]). 성별로 구분해 보면, 2020년 30대 여성의 1/3 가량이 미혼이며, 남성은 절반이 넘는 인구가 미혼으로 살고 있다.

〈표 1〉 연령 및 성별 미혼인구(15세 이상, 2015, 2020)

(단위 : 천 명, %, %p)

| | 2015년(A) | | | 2020년(B) | | | 증감(B-A) | | |
|---|---|---|---|---|---|---|---|---|---|
| | 계 | 남 | 여 | 계 | 남 | 여 | 계 | 남 | 여 |
| 계 | 13,376<br>(31.3) | 7,632<br>(36.0) | 5,744<br>(26.7) | 13,688<br>(31.1) | 7,855<br>(36.0) | 5,834<br>(26.3) | 312<br>(−0.2) | 223<br>(0.0) | 90<br>(−0.4) |
| 15~19세 | 3,167<br>(99.8) | 1,657<br>(99.8) | 1,510<br>(99.8) | 2,421<br>(100.0) | 1,259<br>(100.0) | 1,162<br>(99.9) | −746<br>(0.2) | −398<br>(0.2) | −348<br>(0.1) |
| 20~29세 | 5,849<br>(91.3) | 3,207<br>(94.7) | 2,642<br>(87.5) | 6,140<br>(92.8) | 3,329<br>(95.5) | 2,811<br>(89.8) | 291<br>(1.5) | 122<br>(0.8) | 169<br>(2.3) |
| 30~39세 | 2,682<br>(36.3) | 1,668<br>(44.5) | 1,014<br>(28.1) | 2,815<br>(42.5) | 1,738<br>(50.8) | 1,077<br>(33.6) | 133<br>(6.2) | 70<br>(6.6) | 63<br>(5.5) |
| 40~49세 | 1,149<br>(13.6) | 779<br>(18.2) | 370<br>(8.8) | 1427<br>(17.9) | 953<br>(23.6) | 474<br>(12.1) | 278<br>(4.3) | 174<br>(5.4) | 105<br>(3.3) |
| 50~59세 | 388<br>(4.9) | 257<br>(6.4) | 131<br>(3.3) | 618<br>(7.4) | 436<br>(10.4) | 183<br>(4.4) | 230<br>(2.5) | 179<br>(4.0) | 52<br>(1.1) |
| 60~69세 | 99<br>(2.0) | 51<br>(2.2) | 48<br>(1.9) | 197<br>(3.0) | 118<br>(3.7) | 79<br>(2.4) | 98<br>(1.0) | 67<br>(1.5) | 31<br>(0.5) |
| 70세 이상 | 43<br>(1.0) | 14<br>(0.8) | 29<br>(1.1) | 70<br>(1.3) | 23<br>(1.0) | 47<br>(1.4) | 27<br>(0.3) | 9<br>(0.2) | 17<br>0.3) |

자료 : 통계청, 「인구주택총조사」, 2020.

[그림 7] 성별 미혼인구 비중(30~39세, 1990~2020)

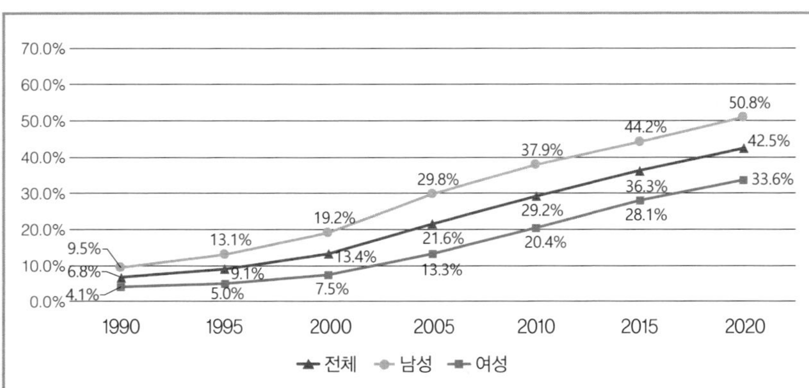


자료 : 통계청, 「인구주택총조사」, 2020.

## 2) 가족과 개인에 관한 인식의 성별 차이

가족과 개인에 관한 인식의 성별 특징을 알아보기 위해 2020년「가족실태조사」중 '삶의 방식과 가족 가치관에 대한 생각' 문항에 대한 응답 결과를 살펴보았다. [그림 8]은 결혼과 가족구성의 독립성과 개인성에 관한 8개 진술에 대한 여성과 남성 응답자의 응답 결과를 표시한 것이다.

먼저 '결혼하지 않고 독신으로 사는 것에 동의한다'에 대해 '그렇다(매우 그렇다+대체로 그렇다)'고 응답한 여성이 39%, 남성이 29%로 나타나 여성의 동의율이 10%p 높게 나타났다. '결혼하지 않고 남녀가 함께 사는 것에 동의한다'에 대해서는 여성 25.1%, 남성 26.8%가 동의해 남성의 동의율이 1.7%p 높다. '결혼하고 아이를 낳지 않는 것에 동의한다'에 대해서는 여성 31.4%, 남성 25.3%로 여성이 6.1%p 높다. '이혼이나 재혼

[그림 8] 삶의 방식과 가족 가치관에 대한 생각(2020)

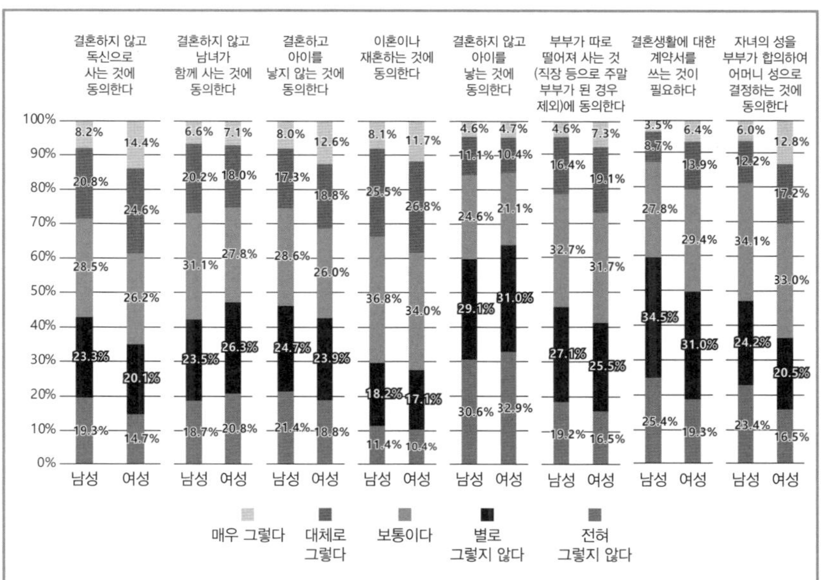


자료 : 여성가족부,「가족실태조사」, 2020.

하는 것에 동의한다'에 대해서는 여성 38.5%, 남성 33.6%로 여성이 4.9%p 높다. '결혼하지 않고 아이를 낳는 것에 동의한다'에 대해서는 여성 15.1%, 남성 15.7%로 남성이 0.6%p 높다. '부부가 따로 떨어져 사는 것(직장 등으로 주말부부가 된 경우 제외)에 동의한다'에 대해서는 여성 26.4%, 남성 21%로 여성이 5.4%p 높다. '결혼생활에 대한 계약서를 쓰는 것이 필요하다'에 대해서는 여성 20.3%, 남성 12.2%로 여성이 8.1%p 높다. '자녀의 성을 부부가 합의하여 어머니 성으로 결정하는 것에 동의한다'에 대해서는 여성 30%, 남성 18.2%로 여성이 11.8%p 높다.

8개 진술 중 여성의 동의율이 높은 것은 6개 진술이며, 나머지 2개 진술은 남성의 동의율이 높게 나타났다. 여성의 동의율이 높은 진술은 결혼하지 않고 독신으로 사는 것, 결혼하고 아이를 낳지 않는 것, 이혼이나 재혼, 부부가 떨어져 사는 것, 결혼계약서, 자녀의 성을 어머니 성으로 하는 것이다. 여성은 남성에 비해 독신이나 무자녀, 이혼이나 재혼, 분리 주거, 결혼 계약, 부성(父姓)주의 폐지에 대해 더 허용적이며 수용성이 높은 것을 알 수 있다. 이에 비해 남성은 결혼하지 않고 사는 것, 결혼하지 않고 아이를 낳는 것에 더 높은 동의율을 보여준다. 동거나 혼외 출산에 대해 상대적으로 허용적인 것을 알 수 있다. 여성의 동의율이 낮은 것은 동거와 혼외 출산으로 인한 부담과 불이익이 더 크리라는 우려 때문일 것이다.

이처럼 이혼이나 재혼, 독신에 대한 동의 정도가 30%대에 머물러 있고 무자녀 가족, 동거, 어머니 성 사용, 혼외 출산 등에 대한 동의 정도는 그보다 더 낮은 응답 결과는 아직까지 한국 사회에서 정상가족규범의 영향력이 크고 이러한 규범을 벗어나는 가족에 대한 수용성이 높지 않음을 보여준다. 그러나 여성의 경우 부계가족중심의 전통 규범에서 좀 더 빠르게 변화하고 있는 모습을 보이며 청년층으로 갈수록 이러한 경향은 훨씬 두드러진다.

## 3) 개인화의 두 의미

혼인율과 출산율의 저하, 초혼연령과 초산연령의 상승은 젊은 세대의 의식과 행동에 관련된 현상이다. 젊은이들이 결혼을 하고 아이를 낳는 가족형성기의 생애과제를 점점 더 지연시키거나 보류하려는 경향이 확대되고 있음을 알 수 있다. 또 이혼과 1인가구의 증가는 연령에 관계없이 전 세대에 걸쳐 일어나는 현상이며, 황혼이혼의 높은 비중은 중고령 연령층에서도 혼자 살기를 선택한 사람들이 늘어나고 있음을 보여준다. 이러한 현상들이 확대되는 이유는 무엇일까? 이 문제를 가족과 개인이라는 프레임으로 분석하면, 두 가지 해석이 가능해진다.

첫째, 경제사회적 위기의 맥락에서 진행되는 개인화이다. 경제위기가 심화되고 고용이 불안정해지면서 젊은 세대가 자신의 가족을 만들어 갈 수 있는 능력이 부족해 혼자 사는 시기가 길어지는 현상이다. 1990년대 말 외환위기 이래 되풀이되고 있는 경제불황과 비정규직 고용의 확산은 젊은 세대의 경제적 조건을 크게 악화시켜 왔다. 몇 해 전부터 언론에서 연애와 결혼, 출산을 포기한 '3포 세대'라는 말이 유행할 정도로 20~30대 비혼남녀가 결혼이나 출산을 미루고 있는 이유 중 하나는 경제적인 어려움이다. 학교를 졸업하고 노동시장에 나온 젊은 세대가 비정규직이나 실업, 오랜 기간에 걸친 교육훈련 등으로 인해 결혼에 필요한 경제적 능력을 갖추지 못함으로써 결과적으로 결혼을 기피하는 현상이 그것이다. 따라서 청년층의 고용 불안정과 주택비용 상승, 결혼비용 증가 등은 이들의 결혼 진입을 방해하는 주요 요인으로 지적되고 있다.[3]

---

**3** 그런데 결혼하지 않는 남녀가 늘어나는 이유는 성별에 따라 다소 다르다. 한국보건사회연구원의 「혼인동향과 혼인이행 분석」(2013년 1월)에 따르면 남성은 학력이 낮고(고졸) 저소득이며 고용이 불안정할수록 결혼을 하지 않거나 못하는 것으로 나타났다. 이에 비해 여성은 학력이 높을수록 결혼이행률이 낮으며, 고용 안정성과 결혼의 관련성은 남성보다는 약하지만, 역시 정규직을 가진 사람의 결혼이행률이 훨씬 더 높게 나타났다. 이것

김혜영(2007)은 비혼 1인가구에 초점을 둔 연구에서 조사대상자의 73.6%가 비자발적 이유로 비혼상태에 있다는 결과를 내놓았다. 비혼상태를 스스로 선택한 것이 아니라고 생각하는 사람이 3/4에 이르는 것이다. 이 중 47.1%는 적절한 배우자를 찾지 못했거나 결혼 기회를 상실해 비혼상태에 있으며 16.9%는 경제적 이유로, 9.6%는 결혼이 주는 부담 때문에 혼자 살고 있는 것으로 나타났다. 자발적으로 선택한 비혼자보다는 결혼하기 어려운 사회경제적 조건에 처해 비혼자가 되는 사람들이 훨씬 더 많은 것이다. 1인가구의 증가를, 자유를 추구하는 개인들의 증가뿐만 아니라 가족을 구성하기 어려운 조건에 직면한 개인들의 증가로 해석해야 하는 이유가 여기에 있다(신경아, 2013).

둘째, 그럼에도 불구하고 한국 사회에서는 가족만큼 개인적 삶을 중시하려는 경향 역시 확대되고 있다. 주관적 의미에서 개인주의의 형성이

**[그림 9] 결혼과 이혼에 대한 인식 변화**

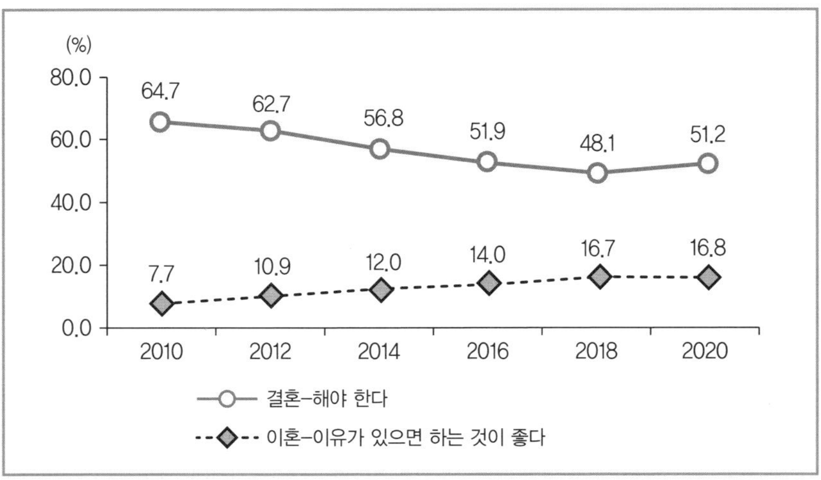


자료 : 통계청, 「2020 한국의 사회지표」.

---

은 한국 가족에서 남성의 생계부양 책임이 여전히 크다는 사실과 함께, 결혼 가능성이 경제적 안정과 밀접한 관계가 있음을 보여준다.

다. [그림 9]에서 결혼에 대한 인식의 변화를 살펴보면, 최근 10년 동안 결혼을 해야 한다는 견해는 감소하고 이혼을 할 수 있다는 견해는 증가해 온 것을 알 수 있다. 또한 이러한 인식에는 성별에 따라 상당한 차이가 나타난다. 2020년 남성의 58.2%가 결혼을 해야 한다고 생각하는 데 비해 여성은 44.4%만이 같은 생각을 하고 있다. 남성에 비해 여성 중 결혼을 생애에서 반드시 거쳐야 할 과정으로 인식하는 사람이 더 적은 것이다. 따라서 '결혼은 해도 좋고 하지 않아도 좋다'는 상대적으로 자유로운 견해를 가진 사람들도 거의 비슷한 비율로 성별에 따라 차이를 보이고 있다. 이혼에 대한 인식 역시 '하지 말아야 한다'는 데 남성의 34.8%, 여성의 25.7%만이 동의하고 있다. 전반적으로 이혼을 금기시하는 태도는 크게 약화된 가운데 여성이 더 수용적인 태도를 보인다.

결혼과 이혼에 대한 견해의 성별 차이는 왜 나타나게 된 것일까? 여성들 사이에서 자유로운 인식이 뚜렷하게 나타난다는 사실은 한국의 가족규범과 가족관계가 갖는 구속성에 대해 여성들이 좀 더 민감하게 느끼

**[그림 10] 성별 결혼과 이혼에 대한 인식(2020)**

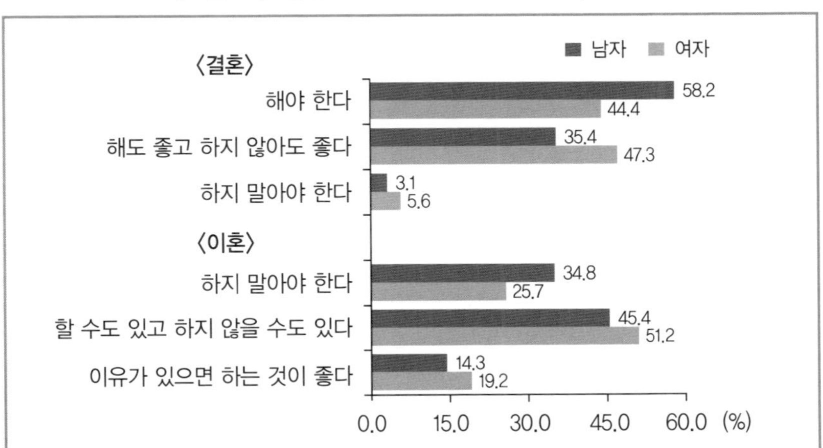


자료 : 통계청, 「2020 한국의 사회지표」.

고 있음을 보여준다. 부계혈연중심의 가족구조에서 여성은 결혼하면 남편의 가족으로 편입되며 시부모 돌봄의 책임을 갖게 된다는 점, 취업한 여성도 양육과 가사노동을 전담하고 있는 현실, 결혼한 여성을 주변화시키는 기업의 제도와 조직문화, 일과 가족 · 개인적 삶 사이의 균형을 지원하는 제도의 실효성 등 결혼과 출산이 가져다줄 책임 앞에서 주저하고 거부하는 여성들이 늘어나고 있는 것이다. 이러한 결과는 결혼을 생애과정의 필수적인 단계로 보았던 전통적인 가족규범에서 여성들이 좀 더 빨리 벗어나고 있음을 보여준다. 한국 사회에서도 가족보다는 개인으로서 자기 정체성을 가지고 살아가려는 여성들이 늘어나고 있음을 알 수 있다.

### 비혼(非婚), 다시 생각해 보기

"비혼은 그 자체로 완성된 삶이다."

결혼하면 남편과 아내, 혹은 아빠와 엄마, 며느리, 사위 등으로 여러 역할을 수행해야 한다. 비혼은 이런 역할을 거부하고 온전히 나에게 집중하는 삶이다. 하현지 에미프 공동대표(25)는 "가족 안에서의 남녀의 차별적인 역할 때문에 엄마는 내가 어릴 때부터 "결혼하면 나처럼 된다. 하고 싶지 않으면 안 해도 된다"고 말했다"면서 "사회생활을 하면서 내가 하고 싶은 일을 하며 살아도 시간이 모자라겠다고 생각하니 자연히 평생 지낼 사람을 찾아 결혼하는 것에 회의적이 됐다"고 말했다. 하 대표는 "비혼은 자신의 삶을 일구는 데 집중하는 삶"이라면서 "흔히 '운명의 사람'이 나타나면 달라질 거라고 하는데 그렇다고 한들 굳이 결혼이라는 관계로 묶일 필요는 없다"고 말했다.

경향신문, '플랫', 2020.12.02.

https://m.khan.co.kr/national/national-general/article/202012021016001

내 삶에 있어서 결혼이라는 제도가 큰 의미를 가진 적은 단 한 번도 없었다. 그러나 사회는 여전히 비혼을 계획하는 사람들을 정상가족에 편입시키기 위해 고군분투하는 모양이다. 고등학교 사회시간, 생애 계획을 세울 때도 선생님께서는 결혼할 것을 상정하고 계획을 세우라고 했고, 거기에 반발하자 "교육과정이 그렇게 짜여 있다"고 답했다. 내 모친은 내가 결혼하기 전에 사람들을 많이 만나 본 뒤 결정해야 한다는 말

> 을 달고 살았다. 결혼하지 않고 친구와 함께 살아간다고 하자 친구와 가족이 같냐는 물음이 돌아왔다.
>
> 비혼으로 살아가는 사람들은 자신의 선택이 틀리지 않았음을 끊임없이 증명해야 한다. … 그러나 다양한 삶의 모습을 보여주지 않으면 선택지는 늘어나지 않는다. … 가족이 유일한 공동체가 아닌 세상, 가족이라는 이름 아래 자녀가 권리를 박탈당하지 않는 세상, 여성들의 비혼이 삶의 당연한 선택지로 여겨지는 세상, 내가 친구와 함께 동반자로서 살아간다고 해도 '결혼'만큼의 무게를 가질 수 있는 세상, 그런 세상이 올 수 있도록 끊임없이 내 삶을 말하고 싶다.
>
> 안선우, "정상은 없다." 『가족사회학 보고서』, 2022.12.

# 4. 개인의 형성과 변화에 관한 이론적 설명

## 1) 근대사회 개인의 출현과 그 의미

'개인(an individual)'은 "'독립'을 추구하는 '자율성'을 지닌 존재로서의 인간"이다. 이 개념은 서구에서 근대사회의 탄생과 함께 성립되었다. 인간을 다른 사람과는 분리된 자의식(自意識)과 자기결정능력을 가진 주체로 규정하는 개인 개념은 서구사회에서 데카르트, 칸트, 라이프니츠, 볼테르 등 근대적 계몽주의 사상가들에 의해 확립되었다. 왕과 귀족이 통치하던 봉건질서를 무너뜨린 시민계급은 구질서에서 분리된 '개인'으로서 자신의 존재를 주장하기 시작했고, "이제 개인은 공동체의 구성원이라는 전통적 위치에서 벗어나 해방되었으며, 사회는 개인을 중심으로 움직이게 되었다(로랑, 2001: 36-40)."

> 개인이 자율성을 지닐 수 있는 것은 자신의 내부에서 지적인 삶을 살기 때문이다. 개인은 스스로를 의식하는 존재이다. 마음 깊숙한 곳에서 자신과 마주하고 스스로에게 돌아오는 존재이다. 반성할 수 있는 이런 자질 때문에 개인은 자신을 초월하고 자기 결정권을 지닐 수 있다. 따라서 개인은 이중의 의미에서 주체가 된다. 다시 말해 개인은 타인과 자신을 본질적으로 구분 짓는 '주관성' 속에서 내면적으로 존재하는 인간인 동시에, 책임이 따르는 '행위'와 '선택'을 의식적으로 실천하는 인간인 것이다(로랑, 2001: 12-13).

중세 유럽에서 가문, 성별, 사회적 지위, 그 밖의 정체성과 관련된 속성들은 비교적 고정되어 있었고 각 사람이 특별한 잠재력과 독특성을 가진 존재라는 인식은 존재하지 않았다(기든스, 1997). 삶의 여러 단계에 거쳐 전환점은 있었지만 이는 제도화된 과정에 종속되어 있었고 그 속에서 인간의 역할 역시 수동적이었다. 따라서 전 근대사회에서 '개인'은 존재하지 않았으며 개성은 칭찬받을 만한 것이 아니었다. 근대사회가 출현하면서, 특히 분업이 확대되면서 비로소 분리된 개인이 주목을 받게 되었다. '개인주의'라는 용어는 1820년대 프랑스에서 사용되기 시작하였는데, 이것은 무엇보다도 인류를 구성하는 기초단위가 사회적 집단(국가, 계급, 가족 등)이 아니라 개인—분리할 수 없고 서로 환원되지 않으며 실제로 홀로 느끼고 행동하며 생각하는 인간—이라는 신념에 기초한다. 다시 말해 개인은 그 어떤 다른 개인이나 사회적 집단에도 소속되지 않는다는 믿음이다(로랑, 2001: 11-12). 이처럼 근대사회에서 신분질서가 해체되고 전통집단의 구속력이 약화되면서 발생하는 역할선택의 상황을 개인주의라고 할 수 있다.

## 2) 후기근대사회의 개인과 친밀성

### (1) 자기기획으로서의 개인화와 합류적 사랑의 가능성

영국의 사회학자 기든스(A. Giddens)는 우리가 살고 있는 현대는 '전통과 권위의 부재(不在)'라는 특징을 지닌 시간이라고 규정했다. 전통사회에서는 전통과 권위가 지배적인 규범으로서 개인의 정체성에 절대적인 영향력을 끼쳤지만, 탈(脫)전통사회인 현대사회에서 자아(self)는 수많은 선택과 다수의 정체성에 열려 있다는 것이다(기든스, 1997). 기든스에 따르면, 현대사회에서 사람들은 과거의 행동양식들이 폐기되면서 열리는 새로운 기회를 잡을 수 있고 스스로를 더욱 능동적인 존재로 변화시킬 수도 있게 되었다. 따라서 현대사회에서 개인들은 자기 삶을 기획하고 그 기획을 실천해 감으로써 자아를 실현한다.

> 삶에서 중요한 전환점을 잘 처리하는 것, 집을 떠나는 것, 새 일자리를 구하는 것, 실업에 맞서는 것, 새로운 관계를 형성하는 것, 상이한 영역이나 일과들 사이에서 왔다갔다하는 것, 병에 대응하는 것, 요법을 시작하는 것. 이 모든 것은 개인적 위기가 여는 새로운 기회를 잡기 위해 위험을 의식적으로 환영하며 무릅쓴다는 것이다(기든스, 1997: 149-150).

이처럼 개인은 위험과 기회 사이를 이동하며 자기정체성을 구축하고 성찰적 기획을 통해 자기 삶의 역사를 스스로 써 나갈 수 있다. 개인으로 하여금 "그의 첫 번째 충성은 그 자신에게 바쳐져야 한다"는 명제가 현대사회의 개인들이 지닌 신념체계의 핵심에 있다. 사회구성원들이 탈전통적 질서 속에서 성찰적 기획을 통해 자기충족적 개인(a self-sufficient individual)이 되어 가는 것이 후기근대사회의 특징인 것이다.

이처럼 성찰적 프로젝트로서 개인의 삶에 대한 인식은 가족과 개인의 관계를 어떻게 바꾸어 놓았는가? 근대사회에서 처음 등장한 개인 간의 친밀성 양식은 낭만적 사랑(romantic love)이었다. 과거 결혼제도가 집단 간 동맹을 위한 수단이거나 경제적 이해(利害)에 깊은 영향을 받았던 것에 비해 근대사회에 들어와 시민계급의 구성원들은 자신의 욕망에 충실하고 사랑에 기반한 일부일처제를 실현하려 했다. 이때 등장한 것이 낭만적 사랑으로, 이는 두 사람이 서로에게 매혹되고 투사적 동일시를 통해 연인관계가 되며, 사랑은 특별한 사람에 대한 독특한 감정, 일생에 한 번뿐인 영원한 감정이라고 믿는 일종의 문화적 각본(a cultural script)이었다. 이처럼 서구 봉건사회에서 결혼계약이 친족 간 경제적 계약의 성격을 지닌 것이었던 데 비해, 낭만적 사랑 관념은 개인 간의 감정교류에 초점을 둔다는 점에서 훨씬 더 개인화된 형식이라고 할 수 있다.

근대사회에서 낭만적 사랑은 개인의 감정에서 시작되었지만, 시간이 흐르면서 결혼에서 핵가족을 이상화하고, 남성 생계부양자와 여성 주부라는 성역할 모델을 재생산하는 결과를 낳았다. 이에 따라 여성은 가정 속에 머물며 어머니로서 또 아내로서 친밀성의 전문가가 된 대신, 노동시장 등 공적 영역에 접근할 수 있는 기회를 잃었다. 남성은 친밀성 등 관계에 대한 민감성을 잃고 생계부양자라는 도구적인 역할에 집착하게 되었다. 이처럼 낭만적 사랑은 결혼계약을 가문 간의 결합에서 개인 사이의 결합으로 바꾸고 그 토대를 경제적인 것에서 감정적인 유대로 변화시켰다. 그러나 낭만적 사랑에 의해 맺어진 개인들의 유대는 성별 불평등을 지속시키는 방향으로 전개되었고, 친밀성의 교류를 이성애 중심적인 것으로 한정시켰다.

20세기 중반이 지나면서 서구사회에서는 핵가족과 성역할 관념에 대한 근본적인 도전이 제기되었다. 결혼율이 낮아지고 이혼율이 증가하였으며 한부모 가족이나 재혼 가족 등 가족의 다양화 현상이 전개되었다.

또 기혼여성들의 취업이 증가하여 자녀를 둔 여성들도 직업을 가지고 독립적인 소득을 갖는 것이 보편적인 라이프스타일이 되어 갔다. 이러한 현상들은 핵가족 속의 개인들이 자신을 더욱더 개인주의적으로 인식하게 되었음을 보여준다. 가족이라는 집단에 앞서 개인으로서 자신의 욕구와 생애기획을 우선시하는 경향이다. 이처럼 개인주의적 성향이 확대되는 후기근대사회에서 기든스는 '순수한 관계'와 '조형성(plasticity)', '합류적 사랑(confluent love)' 개념을 가지고 가족구성의 새로운 모델을 제시했다.

『현대사회의 성 · 사랑 · 에로티시즘 : 친밀성의 구조변동』에서 기든스는 후기근대사회에서 개인들은 가족이나 다른 사회집단으로부터 벗어나 순수히 '관계'에만 초점을 둔 친밀성을 발전시켜 나갈 수 있다고 보았다. 이런 관계 속에서 개인들은 피임기술 등 다양한 처방을 가지고 성적 자율성을 누릴 수 있게 되었는데, 이러한 조형적 섹슈얼리티의 가능성 덕분에 개인들은 집단적 구속에서 벗어나 자유롭게 친밀한 관계를 만들어 갈 수 있게 되었다. 여기서 섹슈얼리티는 근대사회의 낭만적 사랑처럼 이성애만을 의미하지 않으며 동성애까지 포함하는 훨씬 더 넓은 범위의 성적 감정과 행동을 가리킨다. 또 개인들이 친밀한 상대와 쾌락을 얻는 기술과 방법이 다양해짐에 따라 결혼생활에서 섹슈얼리티는 훨씬 더 중요한 비중을 갖게 되었다.

기든스는 순수한 관계와 조형적 섹슈얼리티의 토대 위에서 형성되는 친밀성은 합류적 사랑일 것이라고 주장한다. 합류적 사랑이란 자신의 욕망을 상대방에게 투사하는 것이 아니라, 서로 다른 정체성을 인정하며 연대를 통해 새로운 정체성을 구축하고 공유해 가는 친밀성 형성의 새로운 방식을 가리킨다. 또 '특별한 사람'을 발견하는 것에서 시작되는 낭만적 사랑과는 달리 합류적 사랑이란 '특별한 관계'에 초점을 두며 능동적이고 우발적인 감정에 기초한다. 따라서 이혼이나 이별은 합류적 사랑이 가져오는 결과의 하나다. 개인들은 독립적이고 평등한 위치에서 관계에 몰두하며 감정이 소멸되면 헤어지고 새로운 사랑을 찾아 나선다.

결혼계약의 토대를 경제적 관계에 둔 전통적 결혼에서 근대사회의 낭만적 사랑과 일부일처제 결혼, 그리고 다시 합류적 사랑으로의 변화는 가족관계에서 개인의 감정과 선택이 더욱 중요한 결정력을 갖게 되는 역사적 변화과정이라고 할 수 있다. 결혼이 가문과 친족에 의해 결정되던 시대에서 개인 간의 감정에 토대를 두지만 한 번 결혼하면 개인의 의지에 무관하게 결혼생활을 지속해 가는 시기를 거쳐, 이제 서구사회에서 결혼은 개인의 독립성과 정체성의 차이를 인정하면서 새로운 정체성을 구성해 가는, 그러나 언제든 감정적 유대가 사라지면 그것을 해소하고 또 다른 대상과 새로운 관계를 만들어 갈 수 있는 유연한 결합으로 바뀌어 왔다. 결혼과 친밀한 관계 맺기의 이 같은 역사적 변화를 이끌어 간 것은 가족을 비롯한 사회집단의 구속에서 벗어나 자신의 내적 욕구에 충실하려는 후기근대적 개인의 존재라고 할 수 있다.

### (2) 가족 이후의 가족 : 엘리자베트 벡-게른스하임

『사랑은 지독한, 그러나 너무나 정상적인 혼란』, 『장거리 사랑』, 『가족 이후에 무엇이 오는가』 등 사랑과 결혼, 가족에 관한 여러 권의 저작을 울리히 벡과 함께 쓴 엘리자베트 벡-게른스하임(E. Beck-Gernsheim)은 20세기 후반 이래 유럽 사회에서 진행되어 온 가족과 부부, 연인 관계의 변화를 분석해 왔다. 그녀는 유럽에서 1960년대 말과 1970년대 초 격렬한 사회운동의 시대에 학생운동과 여성운동이 '가족을 둘러싼 전쟁'을 시작했다고 지적한다. 가족은 이데올로기이자 감옥이며 일상의 폭력과 억압이 자행되는 장소라는 비판이 그것으로, 이 시기 이후 전통적인 가족에 대한 반란이 진행되어 왔다는 것이다. 따라서 그녀는 "개인화의 원동력이 어떻게 가족을 변화시켰는가?"라는 질문을 던지고 유럽 가족의 변화를 설명하였다.

전통적 가족이 변화하고 가족보다 개인의 정체성이 우선시되는 변화의 징후로, 벡-게른스하임은 세 가지 현상을 지적한다. 첫째, 여성의 취업률이 높아지고, 평생직업을 갖는 여성들이 늘어나고 있다는 사실이다. 이는 핵가족 내 성역할 분업을 해체시키는 효과와 남성에 대한 여성의 경제적 의존성을 약화시킴으로써 여성의 개인적 주체성을 강화한다. 둘째, 이혼에 대한 태도가 긍정적으로 바뀌고 이혼율이 상승한 것이다. 일단 결혼하면 평생 함께 살아야 한다는 결혼관이 약해지고, 결혼뿐만 아니라 이혼도 선택의 문제가 됨으로써 개인의 의사와 결정이 중요해졌다. 셋째, 노동시장의 불안정성 증가이다. 비정규직 고용이 늘어남으로써 과거에 비해 개인들은 쉽게 직장을 잃을 수 있게 되었고, 고용이 불안정해짐에 따라 삶의 불안정성도 증가하였다. 직업을 갖지 못한 사람들은 결혼이나 출산을 위한 결정을 내리기가 점점 더 어려워지고 있으며, 전통적인 생계부양자 역할을 전담할 수 없는 남성들이 늘어남에 따라 가부장적 가족관계도 흔들리게 되었다. 이런 변화는 전통가족에서 남성의 가부장적 권위를 약화시키고 여성의 경제적 · 정신적 독립성을 강화시켰으며, 개인의 의사결정권을 확대시켰다.

따라서 서구사회에서 결혼과 이혼은 개인의 생애과정에서 여러 차례 경험할 수도 있는 사건이 되었으며, 현재의 배우자는 생애 어느 한 시기의 동반자일 뿐 일생에 걸쳐 함께 살 것인지는 불투명하게 되었다. 동시에 개인은 복수(複數)의 결혼을 통해 여러 명의 배우자를 만날 수 있게 되었는데, 이는 부부관계의 허약성을 드러내는 변화이기도 하지만, 개인들이 그만큼 자신의 감정에 충실한 결혼생활을 하게 되었음을 보여주는 현상이기도 하다. 따라서 결혼한 남녀도 현재의 배우자와 언제까지 함께 살지 알지 못하는 상황에서 언젠가 혼자 살아야 하는 때를 대비해야 한다. 벡-게른스하임은 이 같은 자기방어전략으로서 여성의 취업이 늘어나며, 이혼가정의 자녀들은 일찍부터 독립과 상실에 적응하는 법을 배움으로써 부모의 개인화가 자녀의 개인화를 가져온다고 해석한다(벡-게른스하임, 2010: 67).

이러한 변화의 결과 가족의 모습은 어떻게 바뀌고 있는가? 벡-게른스하임은 '패치워크 가족(patchwork families)'이라는 이름을 붙이고 있는데, 여러 조각의 천을 짜깁기해서 만든 조각보처럼, 어머니와 아버지가 다른 아이들이 한 가정에서 자라는 현상을 가리킨다. 다양한 혈연과 서로 다른 경험을 가진 사람들이 한 가족 속에서 살아가게 되는 것이다. 이런 가족에서 살아가는 사람들의 경험은 어떤 것일까? 결혼관계의 유연성을 받아들이기 시작한 서구사회에서 패치워크 가족은 대안적 공동체를 만들기 위한 실험의 하나로 인정받고 있다(배정희, 2001: 56-57). 모양과 색이 다른 조각들을 이어 아름다운 조각보를 만드는 것처럼, 서로 살아온 이력과 경험, 혈연관계가 다른 개인들이 모여 가족을 이루지만, 친밀성을 나누고 공존하며 살아가는 방법을 찾기 위해 부심해 온 것이다. 따라서 패치워크 가족을 무조건 부정적인 것으로 보아서는 안 되며, 일시적인 감정에 이끌려 가족관계를 해체하는 무책임한 개인들의 변덕으로 보아서도 안 된다. 패치워크 가족은 혈연가족처럼 친밀감이나 정서적 구속력이 크지 않을 수 있지만, 불안정한 사회에서 서로를 지원해 줄 수 있는 네트워크가 될 수 있다.

벡-게른스하임은 개인주의 의식이 확대됨에 따라 더 많은 사람들이 일생에서 결혼과 이혼, 재혼을 반복해 가리라고 예견한다. 이처럼 연속적인 결혼은 혈연을 넘어서 구성된 새로운 가족관계를 만들어 갈 것이며, 패치워크 가족에서는 과거의 가족규범이 구속력을 갖기 어려우므로 새로운 관계 정의가 필요하리라고 본다. 가족 간 새로운 연대와 신뢰의 규칙이 될 이 정의는 가족구성원들이 협상을 통해 스스로 찾아내고 실험을 통해 완성해 나가야 할 것이다.

## 5. 한국 사회의 가족과 개인

한국 가족의 특징 중 하나로 '개인주의 없는 개인화'가 지적되어 왔다(심영희, 2011). 가족보다 개인의 권리와 정체성을 주장하는 의식은 약한 반면, 개인으로 살아갈 수밖에 없는 사회적 조건이 급속히 전개되어 왔다는 주장이다. 이처럼 가족주의 문화가 강한 한국 사회이지만, 개인으로서 자기욕구를 중요시하는 경향은 서서히 확산되고 있다. 대표적인 예로 양계화(兩系化) 현상을 지적할 수 있다. 부계 가족주의와 '출가외인(出嫁外人)' 관념이 지배했던 과거와는 달리, 여성쪽 친족과의 관계가 확대됨으로써 부계와 모계가 나란히 중요성을 갖게 되어 양계화 현상이 진행되고 있다는 것이다. 이재경(1999)은 이를 한국의 '신가족주의'라고 규정하였는데, 이는 여성들이 자신의 원가족과 혈연관계를 지속해 나가고자 하는 개인적 의식을 갖게 되었지만, 이것은 가족돌봄을 위한 지원을 둘러싸고 이루어지는 가족주의적 유대관계의 재편성으로 보아야 한다는 것이다.

2000년대 들어 한국 사회에서도 개인화의 추세는 점점 더 뚜렷해지고 있다. 이 같은 추세는 사회경제적 변화와 개인들의 주관적 의식의 변화라는 두 측면으로 진행되고 있다. 1990년대 말 이후 경제위기와 고용불안정으로 인해 사회적 보호 없이 위험을 혼자 감수해야 하는 개인들이 급증하는 '위험의 개인화'가 사회경제적 변화라면, 전통적인 가족규범에서 벗어나 자기 욕구에 따라 생애과정을 기획해 가려는 개인들이 늘어나고 있는 현상은 '개인주의의 형성'이라고 할 수 있다. 이러한 구조적 위험의 개인화와 개인을 정체성의 중심에 두려는 주관적 개인의식의 형성은 젠더와 계층에 따라 각 집단 내에서 다른 속도로 진행되고 있다(김혜경 · 이순미, 2012; 허은, 2017).

그러므로 한국 가족에서 개인과 개인주의의 사회적 인정은 여전히 '미완의 과제'로 남아 있다. 유교문화의 부계혈연중심 가족제도, 민족주의, 국가주의 등 집단주의 문화 속에서 개인의 가치나 개인주의 개념이 충분히 숙고되지 못해 왔기 때문이다. 개인의 우선성이란 집단의 목적을 위해 개인에게 동의 없이 희생을 강제할 수 없다는 인식이다(김수정, 2019). 개인주의는 자아의 우선성을 강조하며 자아중심으로 자아와 세계를 성찰하고 자발적 선택을 통해 자기를 구성하는 수행적(performative) 행위를 추구한다. 그러나 한국 가족에서 부모와 자녀 간의 위계적 문화는 온존해 있으며, 신자유주의 생존 경쟁에서 가족을 자신의 사회경제적 지위 재생산 수단으로 이용하는 가족주의 문화 역시 강력하다. 동시에 앞서 본 것처럼, 개인으로서 자율성과 사생활(privacy), 자기발전을 추구하는 새로운 생활양식에 대한 요구 역시 여성과 청년세대를 중심으로 서서히 확산되고 있다.

한국 사회에서 개인과 개인주의는 억압적이고 권위적인 가족관계를 민주적이고 평등한 관계로 바꿔갈 수 있을까? 결혼, 사랑, 연애와 같은 친밀성이 기든스의 주장처럼 상호 존중과 배려, 수평적인 소통을 지속하는 순수한 관계로 변해갈 수 있을까? 이것이 가능해지려면 한국 사회에서도 개인의 목소리가 더 많이 들리고 개인주의의 가치가 더욱 적극적으로 수용되어야 한다. 그리고 이러한 변화를 위한 사회경제적 조건으로서 개인에 대한 사회의 보호체계가 더 튼튼해져야 한다. 개인의 선택이 존중되고 더 많은 선택지가 가능해질 때 가족 역시 더욱 풍부한 삶의 양식이 될 것이다.

07장

# 친밀성의 변화와 섹슈얼리티

| 손승영(전 동덕여자대학교 대학원 여성학과) |

| 정승화(인천여성가족재단 정책연구실) |

성과 사랑에 관한 관념과 태도는 시대에 따라 변화해 왔다. 남녀 간의 사랑을 숭고하게 여기고 사랑의 결실을 결혼으로 생각하는 태도는 그리 오래되지 않은 근대형성기에 만들어진 것이라 할 수 있다. 그리스 시대로 거슬러 올라가면 동성 간의 성애를 숭고한 사랑으로 여기는 관념이 있었다. 로마시대에 들어서 이성애가 주류적 성애로 안착되기 시작하였다. 중세시대에는 기독교의 영향 속에서 신에 대한 사랑을 가장 숭고하게 바라보았고, 부부간 성에 대해서 다시 터부시하는 태도가 생겨났다. 이런 이유로 출산을 목적으로 한 성관계가 아닌 경우 이를 도덕적 타락으로 간주하기도 하였다(아리에스 외, 1996: 157-158).

서양에서 낭만적 사랑에 기초한 새로운 결혼관과 연애관이 자리를 잡은 것은 18세기로 이때부터 개인의 감정과 선택에 의미를 부여하고 사생활을 중요시하는 방향으로 변화가 일어났다. '궁정식 사랑(courty love)'이라는 용어가 귀부인과 기사의 사랑을 표현하듯이 귀족계급의 낭만적 열정과 결합되어 결혼과 무관한 특권층의 문화로 여겨졌던 사랑과 연애는 점차 일반 대중으로 확산되기 시작하였다. 동시에 남녀 간의 사랑이 결혼이라는 제도와 결합하는 형태로 나타나기 시작하였다. 결혼생활에서 부부간의 돌봄과 배려에 기반한 감정적 유대가 중요하게 인식됨에 따라 부부간의 친밀성과 사랑이 핵심 가치로 정착하게 된 것이다.

한편 피임약의 보급과 함께 추동된 20세기의 성혁명은 결혼과 가족제도에 또 하나의 커다란 변화를 가져왔다. 성과 사랑, 결혼이 각각 분리되기 시작한 것이다. 사랑 없는 성, 결혼 밖의 성, 결혼을 목적으로 하지 않는 연애 등이 개별적인 의미를 지니게 되었다. 후기 근대사회에서 개인주의화가 가속화되면서 이러한 변화는 더욱 가속화되고 있다. 친밀성의 영역은 결혼제도와 분리되기 시작하였고 비혼과 만혼, 이혼의 증가로 인해 1인가구가 늘어나고 있다. 2020년 통계청 사회조사에 따르면, '결혼을 해야 한다'고 응답한 사람은 미혼/비혼 남성의 경우 40.8%인 데 비해 미혼/비혼 여성은 22.4%에 불과하였다. 결혼의 당위성에 대한 인식은 성별에 따라 매우 크게 격차가 벌어지고 있고 젊은 세대에서 그 격차는 더욱 크다. 2020년 통계청 인구주택총조사에 의하면, 2000년에 15.5%에 불과하던 1인가구는 2010년에는 23.9%, 2020년에는 31.7%로 증가하였다. 20년 사이 1인가구의 비율은 두 배 이상 증가하였다. 노인 1인가구도 증가하면서 개인들이 일생을 두고 혼자 사는 기간이 전반적으로 연장되는 추세이다. '결혼의 탈제도화' 현상과 이성 간 동거 및 동성커플의 증가, 자녀를 낳지 않는 이성애 커플의 증가 등 결혼과 출산을 전제로 하는 표준적 인생모델이 약화됨에 따라 '친밀성의 탈제도화' 현상도 나타나고 있다(벡, 2000). 결혼이 선택가능한 하나의 삶의 방식으로 변화되면서 친밀성의 실천이나 성이 개인의 정체성과 관련하여 의미화되는 방식에 있어서도 커다란 변화를 초래하였다. 이를 종합하여 섹슈얼리티(sexuality)라는 말로 표현하는데, 섹슈얼리티는 성성으로 번역되기도 하지만 섹슈얼리티라는 용어 그대로 사용되는 경우가 많다. 섹슈얼리티는 성적 행동과 사랑, 친밀성 등 성에 관한 인식과 친밀성의 실천 전반을 아우르는 개념으로 성과 관련한 인간의 관념과 행동을 포괄적으로 지칭하는 용어이다.

이 장에서는 성과 사랑에 대한 현대사회 인식의 변화를 설명하는 이론과 문화연구들을 살펴보고 개인들이 친밀한 관계를 맺는 방식과 형식 등에 어떤 변화가 일어나고 있는지 조명해 보고자 한다.

# 1. 섹슈얼리티에 관한 이론 소개

## 1) 성적 욕망의 이론

섹슈얼리티에 관한 인식과 담론은 시대에 따라 변화를 거듭해 오고 있다. 과거에는 성이라고 하면 규범과 제도에 의해 단속되어야 할 몹쓸 충동이거나, 개인들의 내밀한 욕망과 환상의 복합물인 비밀 영역으로 간주되는 경향이 있었다. 현대사회로 옮겨오면서 성은 공적 영역에서 공개적으로 논의되는 주제가 되었다. 1960년대 이후부터 섹슈얼리티는 서구의 사회과학에서 활발하게 다루어지면서 철학 · 사회학 · 역사학 · 심리학 등 여러 영역에서 탐구되고 있다. 성은 자신과 파트너의 쾌락을 증진시킬 수 있는 소통과 관계의 기술로 논의되기도 한다. 또한 정체성을 형성하는 내면의 핵심에 자리 잡고 있어서 탐구하고 세련(洗練)화 시켜야 할 영역으로 간주되기도 한다. 한편 섹슈얼리티는 성폭력이나 성매매, 성산업 등에 있어서와 같이 타인의 자율성과 주체성을 훼손하고 인간성을 소외시키는 폭력이나 범죄와 연관된 사회문제로 논의되기도 한다.

섹슈얼리티 논의를 활발히 진행한 대표적 학자로는 지그문트 프로이트와 그의 제자 빌헬름 라이히를 들 수 있다. 프로이트는 성을 인간이해의 핵심 요인으로 간주하여, 무의식과 성욕을 인간이해에 대한 성찰적 근거로 삼았다. 그는 성적 충동을 억제하고 건강하게 발산시킴으로써 인간문명이 발달한다고 가정하였다. 즉, 소망의 직접적이고 즉각적인 충족을 추구하는 '이드(id)'를 '초자아(super-ego)'가 억압하고 성적 에너지를 생산적이고 문화적인 활동으로 승화시킴으로써 문명이 발전하게 된다고 보았다. 프로이트는 무의식이 어떤 방식으로 억압된 성적 충동에 영향을 미치는지를 파악하는 데 관심을 두었고 성숙한 사람의 자아완성은 성적 충동의 억제를 통해 이루어진다고 보았다(프로이트, 1996). 또한 프로이트는 개인의 초기 사회화가 중요해서 유아기에 형성된 부모와의 관계가 평생 인간의 심리구조에 영향을 미친다는 입장을 견지하였다.

한편, 사회의 윤리적 · 도덕적 기준을 중시해서 개인의 성욕 억제가 인간문명을 발전시킨다고 본 프로이트와 달리, 라이히는 성을 억압하는 것은 문명에 창조적이지 않고 오히려 성해방을 통해 인간 자유의 본성을 실현할 수 있다는 점을 강조하였다. 마르크스주의와 프로이트주의의 결합을 시도한 라이히는 계급해방과 동시에 성해방을 이룸으로써 인간해방을 달성하는 데 목표를 두었다(라이히, 2000: 31). 라이히는 인간의 자연스러운 성충동과 성적 욕망에 기반한 자유로운 성을 이해해 주는 사회를 행복한 사회의 필수조건으로 간주하였다. 이에 프로이트와는 정반대로 성억압이 아니라 성해방을 주장한 것이다. 라이히의 성해방론은 20세기 중반 서구의 성적 자유주의에 영향을 미쳤고 페미니즘의 성장과 함께 사적 영역에서의 섹슈얼리티 경험과 사생활에 대한 공적 토론을 증가시켰다. 프로이트와 라이히는 성에 대한 이해나 해석에 대한 방향은 달랐지만, 두 학자 모두 인간의 무의식과 성욕에 관한 논의를 체계적으로 전개했을 뿐만 아니라 성욕이 인간의 심리형성에 중요하다는 인식이나 관심을 공유한 점에서 공통점을 지닌다.

### 2) 권력으로서의 섹슈얼리티 이론

근대적 개념의 섹슈얼리티 이론을 체계화한 것으로 평가되는 미셸 푸코는 섹슈얼리티를 억압과 해방의 관점이 아니라 성을 둘러싼 담론과 사회제도들, 그리고 이를 통해 작동하는 권력에 주목하였다는 점에서 새로운 관점을 보여주었다. 푸코는 일상생활에서 성이 자아에 미치는 영향력에 관심을 두었고 근대 권력이 작동하는 핵심적인 방식이 성을 관리하고 규율하는 기술(테크놀로지)과 연관된 것으로 분석하였다. 섹슈얼리티에 대한 담론을 통해 근대 권력은 개인들의 자아를 조직화하고 규율하는 새로운 방식의 권력을 작동시킬 수 있게 되었다고 주장하였다(푸코 외, 1995). 푸코는 근대의 고해성사 양식에서 드러난 섹슈얼리티 관련 내용이 자아의 내밀한 영역의 핵심 사안으로 구성되면서 신도들의 내면을 규제하는 수단이 되었다고 설명하였다. 고해성사라는 양식화된 고백의 장치를 통해 개인들이 스스로 욕망을 점검하고 신부 앞에서 고해함으로써 성을 특정한 방식으로 사유하고 성찰하도록 규제하는 효과를 발휘한 것이다. 즉 근대시대는 성을 억압한 것이 아니라 성을 비밀스러운 내면의 충동으로 자리하게 만들었다. 개인의 정신과 신체를 단련하고 스스로 욕망을 다스리고 성찰하게 하는 자아관리의 수단으로 활용하는 방법으로 성을 특정한 방식의 담론 질서 속에 배치한 것이다. 성은 고해성사의 양식으로, 혹은 심리학자나 교육자들이 성적 욕망을 분석하고 치료하거나 교정해야 할 문제로 언급되었다. 근대의 권력은 성을 통해 개인 스스로가 내면을 점검하고 규제하고 훈육하도록 길들이는 새로운 방식의 규율 권력을 형성하였고 그러한 권력을 작동시키는 데에 섹슈얼리티에 관한 '담론'이 중요한 역할을 했다고 보았다.

푸코는 서양에서 섹슈얼리티에 관한 담론이 차단되거나 억압되었다기보다는 19세기에 이르러 특수한 형식의 담론으로 정형화되었다고 분석했다. 이는 권력이 물리적 강제력을 통해서 행사되는 방식이 아니라 사회 전반에 걸쳐 제도의 그물망 속에서 상호작용하고 개인들의 내면에 스며들어 스스로 작동하게 하는 방식으로 변형되었다고 설명했다. 푸코는 정신분석학자들이 1870년대부터 동성애에 대한 의학적 분석을 시작하면서 새로운 개입과 통제방식을 만들어 냈다고 보았다. 이전에는 도덕적 타락이나 악마의 유혹에 빠진 윤리의 문제로 논의하기도 했던 동성간의 성행위를 개인의 정체성을 구성하는 핵심적인 요소로 간주하여 '동성애자'라는 범주를 발명하였고, 이를 통해 동성애자를 일반인과 분리하여 수용소에 감금하거나 치료대상으로 규정하는 권력이 작동하게 되었음에 주목하였다. 광기나 성적 본능에서 기인한 다양한 욕망에 도착증과 편집증의 이름을 부여하고 각각을 병인(病人)으로 규정하고 분류하는 체계가 만들어지고 이러한 지식-권력을 통해 소위 '정상적 성'이라는 이성애중심적 규범성을 만들어 내었다는 것이다(푸코 외, 1995: 23).

푸코는 권력과 성담론과의 연관성을 지적하였지만 여기에 작용하는 젠더에 관한 문제는 제대로 다루지 않았다. 성과 연관된 일련의 제도와 인식, 실천은 젠더에 따라 매우 차이가 있을 뿐만 아니라 계층, 인종과의 연계성 속에서 권력은 다르게 작동하는데, 푸코는 이러한 교차성에 의해 복합적으로 발생하는 권력관계에 대해서는 주목하거나 설명하지 않았다. 특히 여성과 남성의 성을 규제하는 권력의 작동은 매우 다르게 작동하는 측면이 있으나, 이에 대해서는 무관심하였다. 제프리 윅스는 이러한 푸코의 젠더맹목성을 비판하며 사회적 행위로서의 성을 계급, 젠더, 인종, 성적 지향성이라는 변인들을 고려해서 섹슈얼리티 경험이 달리 나타날 수 있음을 논의하였다. 윅스는 권력을 사회적 행위와의 관계를 통해 설명함으로써 지배와 피지배, 계급, 성별, 인종갈등 등의 문제를 포괄적으로 다룰 필요가 있음을 강조하였다(윅스, 1994).

### 3) 성찰적 근대성과 섹슈얼리티

푸코의 섹슈얼리티에 대한 논의들을 비판적으로 분석한 앤소니 기든스는 성의 모순과 병폐에 주목해서 현대사회에서는 섹슈얼리티와 연관된 일상생활에 대한 성찰 속에서 민주주의를 다시 고민할 필요가 있다고 주장하였다. 기든스는 푸코가 성에 관한 담론이 개인들의 신체와 정신을 규율하는 권력으로 작용하는 방식에 대해서는 흥미로운 분석을 제시하였지만, 가족제도의 변화와 밀접하게 연관된 사랑과 섹슈얼리티의 문제에 대해서는 간과하였다고 비판하였다(기든스, 1995: 46). 기든스는 성과 권력의 연관성을 부정하지 않으면서도 근대사회에 형성된 제도적 성찰성에 주목해야 하며, 근대사회에 권력이 형성되는 과정에서 나타나는 유동적 현상에 대해서도 주시해야 할 필요성을 강조한다. 제도적 성찰성이란 제도화된 질서가 그 자체로 공고하게 작동하는 것이 아니라, 제도는 항상 반성과 숙고의 과정 아래 놓여 있다는 것을 강조한 개념이다. 기든스는 근대성은 이러한 자기 반성과 변용의 과정에 열려 있다고 설명했다. 이를 '성찰적 근대성'이라고도 한다. 특히 섹슈얼리티는 미리 정해져 있는 자연적 조건이나 사회적 규범을 수용하여 따르기만 하면 되는 방식으로서가 아니라 우리 각자가 가지고 있는 내면의 진정한 본성을 발현시키기 위해 스스로 계발하고 완성해 가야 하는 것, 즉 되비쳐 보고 성찰하는 과정과 연결되었다는 것이다. "섹슈얼리티는 우리의 신체와 자기정체성, 그리고 사회 규범이 일차적으로 연결되는 지점인 자아의 '성형가능한(malleable)' 일면으로 기능한다.(기든스, 1996: 45)"고 보았다. 기든스는 특히 피임의 기술과 재생산기술의 발전에 주목하고 이렇게 변화된 섹슈얼리티의 실천을 '조형적 섹슈얼리티(plastic sexuality)' 개념을 통해 설명한다(기든스, 1996). 조형적 섹슈얼리티는 지속적 관계나 사랑이 전제되지 않아도 가능한 성관계를 의미한다. 이는 전통적 가족에서의 자녀출산이나 친족관계에 통합되어 있던 의무적 섹슈얼리티로부터 출산을 전제로 하지 않은 섹슈얼리티로의 변화로 설명하였다. 조형적 섹슈얼리티 개념은 성을 결혼과 분리시켰고 이는 여성의 정조만을 차별적으로 강조했던 성에 관한 이중관념을 느슨하게 만들어 여성의 성적 자율성을 강화하는 방향으로의 변화를 추동하였다. 또한 기든스는 사랑에 있어서도 평생 한 사람을 사랑하겠다는 지고지순한 '낭만적 사랑'의 개념으로부터 사랑의 대상자나 내용은 바뀔 수 있다고 설명하는 '합류적 사랑'의 개념으로 옮겨가는 경향성을 조명하였다.

이상 살펴본 바와 같이 섹슈얼리티 논의는 시대마다 그 관점을 달리하고 있으며, 다양한 형태의 성과 사랑에 대한 이론은 섹슈얼리티 담론이 권력과 관련이 있다는 점을 일깨우며, 남성중심의 성담론과 성행위에 대해 비판적 관점에서 다시 생각해 볼 수 있는 계기를 제공하였다.

# 2. 현대사회의 성과 사랑의 모습

## 1) 사랑 이데올로기의 확산과 차가운 친밀성

현대사회에서 성과 사랑은 전 생애를 거쳐 추구해야 할 가치로 자리잡으며, 젊은 시기 또는 한때의 열정으로 그치는 것이 아니라 배우자나 파트너와의 일생에 걸친 친밀감의 실천이 행복의 조건으로 간주되고 있다. 그런데 이와 같이 일평생 지속되는 사랑에 대한 추구는 20세기 후반에 형성된 관념이라고 할 수 있다. 사랑 이데올로기의 포괄적 수용은 사랑에 대한 인식을 변화시킴과 동시에 사랑을 함으로써 행복해질 수 있다는 환상을 부풀렸다(곽삼근 외, 2017). 그뿐만 아니라 또래집단과의 관계에서 멋있는 이성 친구가 있다는 자체가 개인의 가치를 높이는 방식으로 작동하기도 한다. 대중매체는 이러한 사랑의 미화와 사랑 이데올로기의 확산에 중요한 역할을 담당하고 있다. 어린 시절부터 자주 접하게 되는 동화책과 만화영화 등을 통해서는 남녀의 우연한 만남과 이끌림의 이야기를 수도 없이 듣고 배운다. 왕자가 곤경에 처한 착하고 아름다운 여성을 만나 첫눈에 반하고 적극적으로 구해 주는 과정에서 사랑이 싹튼다는 이야기를 통상적으로 접하게 된다. 이성과의 낭만적 사랑이 고정적 문화 모델로 작동하는 가운데, 두 사람이 결혼해서 아들딸 낳고 행복하게 잘

산다는 이야기로 끝을 맺는다. 이러한 서사는 결혼이 사랑의 완성임과 동시에 가족중심 이데올로기를 강화시키는 기제로 활용되어 온 것이다. 드라마나 영화는 사랑의 정형화되고 왜곡된 이데올로기를 전파하는 역할을 하고 있으며, 여기에 더 많은 것을 욕망하게끔 부추기는 상업주의가 가세하면서 낭만적 사랑의 각본이 공고화되어 왔다. 사랑 이데올로기가 확산되었던 단적인 예는 드라마에서 주인공뿐 아니라 거의 모든 출연자가 커플로 연결되는 결말의 구성이다. 사랑 이데올로기가 급속히 유포됨에 따라 사랑이 종교처럼 숭배되는 경향마저 생겨났다. 사람들은 사랑으로 인해 행복하게도 되고 사랑 때문에 쓰라린 배신을 당하면서도 또 다른 사랑을 추구하는 현상을 자주 목격하게 된다(벡 외, 2002).

울리히 벡과 엘리자베트 벡-게른스하임은 현대사회에서 사랑의 의미가 점차 중요해지고 있는 현상의 원인을 개인화에서 찾고 있다. 과거에 개인을 지탱해 주었던 공동체나 집단에서의 연대의식이 약화됨에 따라 현대사회에서는 개인화 현상이 진척되고 개인은 훨씬 더 자유로워진 반면, 더 강한 외로움을 느끼게 되었다는 것이다. 개인은 고독함을 달래줄 방도를 찾게 되고 그 대체물로 사랑과 연애에 몰입하는 관계로 빠져들고 있다. 개인화와 사랑에의 중독은 깊은 관련이 있어서 사랑에의 몰입은 개인의 정체성 형성과도 연결되어 있다. 에릭슨이 얘기하듯이 청소년기에는 나는 누구인가라는 존재의미를 찾고자 노력하는데, 성인이 되어서도 사랑을 추구하고 자아정체성에 대한 질문을 계속함으로써 사춘기를 연장하는 특성을 보인다는 것이다(Erikson, 1950).

현대사회에서는 연애에 대한 환상과 낭만적 관계에 대한 갈망이 커지고 있지만, 정작 사랑 그 자체에 집중하기보다는 다른 사람들의 인정이나 경제적 실리가 내재된 '차가운 친밀성'을 우선시 하는 역설적인 결과로 이어지게 된다(일루즈, 2010). 에바 일루즈는 이러한 변화를 '감정자본주의(emotional capitalism)'라는 개념으로 설명한다(일루즈, 2010). 정서적 담론과 경제담론이 결합해서 정서가 경제행위의 중요한 축을 이루게 됨에 따라 친밀성의 영역에서도 변화가 일어나게 된다는 것이다. 일루즈에 따르면, 근대에 구애와 결혼 풍습을 규제하는 것은 개인들의 연애 감정이나 심리적 속성과 관련된 문제는 아니었다. 사회적 신분과 종교, 경제적 지위 등 명시적이고 객관적인 배우자 선택의 원리가 강하게 작동하였다. 결혼 상대자를 고르는 방식에서 파트너의 매력과 가치를 평가하는 기준에 대중매체가 커다란 영향력을 행사하게 되고 '감정'이라는 범주와 '성적 매력'이라는 범주가 주요한 평가 기준이 되면서 아름다움과 섹시함, 사회경제적 지위는 결혼 시장에서 계산되고 평가되는 핵심 자원이 되었다. 일루즈는 "언제든 더 나은 선택을 할 수 있으리라고 자신의 기회를 극대화하려는 의식" 즉, 최적의 선택을 하겠다는 합리화의 경향이 낭만적 사랑에도 침투하게 되었고 이것이 남성과 여성의 관계맺기를 구조적으로 변화시킨 배경이라고 설명하고 있다(일루즈, 2013). 일루즈는 '자유'가 시장원리에 침윤되었을 때 개인들이 행복한 삶을 꿈꾸고 더 나은 배우자를 만나고 더 매력적인 사람이 되고자 하는 욕망이 어떻게 신자유주의적인 자기계발의 욕망과 그 좌절로 경험되는지를 포착하고 있다. 디지털기기의 발전 속에서 파트너의 선택지가 무제한적으로 확대된 환경 자체가 남성과 여성의 결합 혹은 결혼을 어렵게 만드는 역설적 조건이 되고 있다는 진단이다. 낭만적 연애에 침투한 경제관념은 남성과 여성의 가치와 매력을 계산가능하고 비교가능한 것으로 여기는 태도를 일반화한다. 미래에 더 나은 사람을 만날 수 있을 거라는 기대와 현재의 파트너가 최적의 선택이 아닐 수도 있다는 불안감 속에서 현대의 연애는 만남과 헤어짐이 빈번하게 일어나는 만큼 누적된 상처 속에서 자아의 상실을 동반하게 만든다.

한편 심리학의 발달과 대중화 속에서 현대 연애의 특징적인 요소는 사랑의 대상을 자아의 가치와 자존감의 핵심적인 요소로 생각하는 치유학적 사유방식을 유행시켰다는 점이다(일루즈, 2013; 정승화, 2014). 특히 수동적이고 헌신적인 이전 시대의 사랑의 관념이 여성을 인형의 집에 가두는 족쇄로 기능하는 각본이었다는 자각을 가진 현대 여성은 사랑의 관계 속에서 자율적인 존재여야 한다는 욕구와 상대방을 통해 자아에 대한 인정을 추구하고자 하는 욕구를 동시에 갖게 된다. 자존감을 인정받을 수 있는 사회적 관계가 남성에 비해 협소한 여성은 사랑의 관계에서 남성의 인정을 통해 자아의 가치를 확인하는 경향이 강했기 때문이다. 최근 유행하고 있는 '가스라이팅'이라는 용어가 젊은 여성들에게서 호소력을 가진 이유는 사랑의 상대로부터의 인정을 추구하는 경향이 강한 여성들이 남성의 심리적 통제에 놓이기 쉽다는 점을 자각한 것이라고 할 수 있다.

남성과 여성의 관계를 주조해 온 이성애 규범과 규칙들, 데이트 관행과 애정표현의 방식은 성평등한 관계의 문법을 요구하는 이들에게 검토와 비판의 대상이 되고 있다. 데이트 비용을 공동분담하고자 데이트 통장을 만드는 이들부터 성 고정관념에 기초한 외모 가꾸기를 벗어나려는 탈코르셋 운동을 실천하는 이들, 평등한 이성애 관계의 불가능성을 고민하고 비혼주의를 선언하거나 평등한 동성 간의 파트너십을 대안적인 관계로 추구하는 이들에 이르기까지, 연애 문법에서 친밀감을 표현하고 성적 매력을 어필하는 다양한 문화적 코드를 성평등의 이름으로 성찰하면서 평등한 관계의 규범과 민주적 소통의 방식을 고민하는 이들이 늘어났다.

이전 시대 낭만적 관계에 기초한 행동양식은 평등하면서도 열정적인 관계에 대한 상상이 부족한 현대의 남성과 여성에게 이성교제를 더욱 어려운 과업으로 만들고 있다. 성찰적이고 대안적인 친밀성에 대한 요구가 높아지게 되면서, 한편으로는 연애를 어떻게 할 것인가라는 문제에 고심하면서 연애를 골치아프고 혼란스러운 과제로 생각하는 이들도 많아졌다. 다른 한편으로는 연애란 이성과의 만남의 횟수와 날짜, 관계의 진도에 따라 일련의 미션을 수행하면 완성되는 양식화된 게임이나 프로젝트와 같은 것으로 생각하는 이들도 늘어나고 있다(김현경, 2003).

## 2) 이벤트화된 연애문화

결혼의 전제조건으로 사랑의 감정이 중시되면서 연애는 결혼을 위한 탐색기로서의 의미를 지닌다. 하지만 최근에 연애는 결혼과 무관하게 독자적으로 그 중요성이 부각되고 있고 연애를 하는 사람들만이 향유하는 특유의 연애문화가 형성되고 있는데, 여기에는 대중매체와 소비문화의 영향력이 중요하게 작용하고 있다. 발렌타인데이나 화이트데이를 비롯해서 각종 기념일에 연인끼리 주고받는 선물의 규모가 점차 커지고 있으며, 선물 내용은 사이버 공간을 통해 사랑의 자랑거리로 활용되기도 한다. 드라마나 영화 속에서는 데이트 장면이 화려해졌을 뿐만 아니라 이벤트가 자주 등장한다. 각 방송사에서는 짝짓기 프로그램이나 가상결혼 관련 방송을 통해 이벤트화된 프러포즈 사례들을 종종 소개하고 있다. 식당이나 영화관을 통째 빌려서 프러포즈함으로써 감동을 선사하거나 하트모양으로 장식된 촛불 행렬이나 꽃과 풍선으로 가득한 방안 분위기, 감미로운 생음악이 흐르는 카페나 식당 등은 남자가 여자에게 프러포즈할 때 자주 등장하는 고급스러운 분위기이다. 어떤 분위기를 연출하든지 간에 일관된 모습은 남자가 연인이 모르게 준비를 하며, 아무것도 모르고 따라온 여자가 감동하여 프러포즈를 받아들이는 방식이 주된 내용이다. 사랑에서의 상업화된 내용이 강해질수록 정형화된 젠더 역할을 염두에 둔 모습이 연출되고 있다. 이러한 상업화된 낭만성에 기초한 연애문화 속에서 젊은 남성과 여성은 잘 짜인 연애각본에 따라 행동하는 경향을 보이며, 사랑을 잘 표현하기 위해서는 그에 걸맞는 소비가 뒷받침되어야 한다고 생각하고 있다.

상업주의와 결합된 이벤트화된 연애문화는 이성애 각본에 따라 연출되어진다. 여성과 남성의 성역할 고정관념을 기반으로 이벤트를 기획하고 적극적인 구애 활동을 하는 것을 남성의 역할로 배분하고 여성은 남성이 준비한 이벤트에 몹시 감동하여 이를 수용하고 성적 스킨십을 '허용하는' 방식으로 연애의 시나리오가 만들어지게 된다. 이벤트화된 연애문화는 연애관계에서의 스킨십 강도를 기념일을 기준으로 높이기도 한다. 이벤트화된 연애문화는 사랑에 관한 환상을 부풀리면서 현실의 성에 관한 제도와 규범의 힘을 약화시켜 성적 경험을 연애의 필수적인 요소로 만들고 있다.

성적 실천에 대한 가치관이 정립되지 않거나 성적 경험에 대해 물질적으로나 심리적으로 준비가 충분하지 못한 상태에서 이루어지는 성관계는 특히 여성의 성적 자율성이 침해되는 경향을 보인다. 성적 경험의 기회는 늘어났지만, 상대를 배려하고 존중하는 성관계의 실천이나 평등한 관계에 대한 논의는 빈곤하여 연인들이 성에 관한 솔직한 대화를 나누기 어렵다. 성에 관한 이중관념이 여전히 강고하게 남아 있는 편이어서 여성들은 특히 자율적인 성적 경험을 하기 어려운 조건에 놓여 있다. 성인이 되어서도 부모와 함께 사는 비율이 높은 한국 사회의 젊은이들의 성적 경험은 모텔이나 여행지에서 이루어지는 경우가 많은데, 낯선 공간이나 모텔에서의 성적 경험은 여성들에게 더 불안감을 안겨 준다(이안나, 2013). 상당수 여성들은 결혼과 관계없이 자유로운 성적 경험을 할 수 있다고 생각하지만, 성적 자기 결정권을 갖는 성관계가 현실적으로 어떤 방식이어야 하는가에 대해서는 구체적인 모습을 상상하는 데에는 어려움을 겪는다. 남성과 여성의 권력의 차이를 낭만적인 각본으로 미화하는 가부장적 문화는 박력 있고 주도적인 남성의 성적 접근을 남성다움으로 바라보게 한다. 남성의 적극적인 성적 접근은 데이트 과정의 일부이고 말로써 상대의 동의를 묻는 것은 열정의 분위기를 해치는 것이라 여기는 남성들의 행위는 종종 데이트 폭력과 구분되지 않는다. 성에 관해 수동적인 자세를 취하도록 길들어져 온 여성들은 거부의 의사를 표현하는 데에도 소극적이고 남성의 기대에 순응하면서 원하지 않는 성관계를 하기도 하고 때로 데이트 강간을 경험하기도 한다. 데이트 폭력에 대한 인식이 사회적으로 확산되면서 많은 여성들이 이전의 성 경험 당시 혼란스럽고 상처받았던 감정과 기억을 나중에 소환하면서 '데이트 성폭력'으로 인식하기도 한다(배수희 · 손승영, 2016). 폭력의 경험이 발생한 순간과 폭력을 인식하고 해석하는 시간의 간극, 그리고 남성과 여성이 성 경험을 이해하고 해석하는 방식의 차이, 관계에서의 소통 부재가 성을 더욱 위태로운 가해와 피해의 경험으로 물들게 한다.

소비문화와 결부된 낭만적 연애의 환상은 현실에서의 상대적 빈곤을 더 강하게 실감하게 만들기도 한다. 주고받는 선물의 가격, 이벤트의 성대함 등이 연애의 진정성을 평가하는 척도가 되기도 한다. 또래 집단의 인정이나 과시적 소비문화와 연결된 연애문화는 데이트 비용을 감당하기 위해 아르바이트를 하거나, 어느 정도 경제력을 갖춘 후에나 연애를 할 수 있다고 생각하여 연애 자체를 유예하는 경향이 생겨나기도 한다. 이와 동시에 성과 연애를 한 번도 경험하지 않은 사람은 '모태솔로'로 불리며 무언가 결격사유가 있는 것으로 여겨지는 경향이 한동안 확산되었다. 커플중심의 연애문화에서 솔로들은 더욱 소외감을 느끼면서 연애를 하진 않은 상태 자체를 무언가 결핍되어 있는 상태로 간주하게 된다. 오랫동안 연애를 하지 않고 있는 상태가 지속되면 연애세포가 죽어버려 연애를 할 수 없는 사람이 될거라는 불안감이 유포되기도 하였다.

### 3) 표준모델로부터의 이탈과 가족다양성의 증가

자유연애가 새로운 관계맺기나 친밀성 형성을 위해 포괄적으로 수용됨에 따라 섹슈얼리티는 결혼과 관계없이 삶의 과정에서 겪어야 하는 경험적 의미로 점차 다양한 연령층에 확산되고 있다. 사랑을 시작하는 연령도 하향화되고 있어서, 중·고등학생들을 비롯한 10대도 이성교제를 시작하는 등 점차 데이트 연령이 낮아지는 추세이다. 반면 학업이나 취업준비 등으로 인해 결혼연령은 점차 높아져 가다 보니, 혼전 데이트 기간이 과거에 비해 훨씬 더 길어지고 있다. 또한 젊은 세대뿐만 아니라 중년층과 노년층의 성과 사랑에 대한 관심도 늘어나고 있다. 이혼율이 높아짐에 따라 '돌싱(돌아온 싱글)'이나 재혼 비율이 증가하고 있고 연애와 사랑, 성의 문제는 젊은 세대만의 전유물이 아니라 나이에 상관없이 일평생 다양한 양상으로 전개되고 있다.

연애, 사랑, 섹슈얼리티를 규제하던 기존 제도의 규범이 느슨해지고 개인이 추구하는 라이프 스타일에 따른 선택의 폭이 어느 정도 확장되면서 개인들의 연애 경험과 친밀한 관계맺기의 양상은 매우 다양해지고 있다. 적극적으로 사랑의 감정에 매달리기보다는 '원나잇'이라 불리는 일회적인 성관계를 실천에 옮기는 젊은이들이 있는가 하면, 친밀한 관계맺기에 수반되는 노력과 헌신을 거부하고 대신 그 시간을 자신에게만 투자하고 싶다는 소위 '초식남'과 '건어물녀'도 익숙한 모습으로 자리 잡았다. 초식남은 이성애 연애보다는 자신의 취미활동에 적극적인 남성을 지칭할 때 주로 사용되는데, 성역할 고정관념에 구애받지 않고 요리나 뜨개질 등 취미생활에 몰두하는 남성을 지칭할 때 많이 사용된다. 건어물녀는 직장에서는 완벽하고 세련되고 깔끔한 외모를 보이다가 퇴근 후 집에 돌아와서는 외모도 가꾸지 않고 청소도 하지 않은 채로 맥주를 마시며 오징어 등 건어물 안주를 즐기는 여성을 지칭하는 용어로 주로 애완동물을 키우며 혼자 사는 20~30대 비혼여성을 지칭한다. 2000년대 초반 초식남과 건어물녀라는 용어의 등장은 연애의 환상을 즐기지 않으며, 연애에 포함됨으로써 겪어야 하는 사랑의 긴장과 갈등이나 남성다움과 여성다움의 역할을 피하려고 하는 사람들을 새로운 문화현상으로 포착한 것이라고 할 수 있다. 이성애중심적인 커플문화가 주도하던 시기에 연애에 관심이 없고 이성의 관심을 끌기 위한 노력을 하지 않으면서 결핍감을 느끼지 않는 젊은 남녀는 독특한 성향의 사람들로 간주된 것이다. 이제 연애보다는 자신의 일상을 즐기고 자신의 개성과 취미생활에 몰두하며 '나 혼자 산다'는 누구나 선택가능한 자연스러운 하나의 라이프 스타일로 자리 잡고 있다. 한편, 연애가 규범화된 관계맺기의 형태로 자리매김되면서 연애의 전단계로 호감을 갖는 연애 이전의 단계, 즉 연애 규범에 얽매이지 않는 다양한 탐색적 연애가 가능한 중간단계로 '썸'의 관계가 양식화된 형태로 자리 잡기 시작하였다. 연애라는 관계조차 부담스러운 이들은 썸을 통해 연애의 부담을 덜어내고 연애 감정만 느끼는 느슨한 친밀성을 이어가기도 한다(안혜상, 2017).

결혼과 가족이라는 제도 밖에서의 사랑 경험이 빈번해짐에 따라 낭만적 사랑을 통해 평생을 약속했던 사랑의 지속성에 대한 의미는 약화되고 있다. 과거의 제도적 결혼으로 인한 생애 표준모델과는 달리, 개인이 조정하고 선택할 수 있는 여지가 커지고 있는 것이다. 젊은 여성들의 일에 대한 의지가 증가하고 평생직을 추구하는 여성의 비율이 늘어나면서, 가족이나 생애주기에 대한 '표준모델'은 점점 여성들에게 그 영향력을 상실하게 되었다(벡-게른스하임, 2010). 과거에는 잘 정립된 규칙들에 의해 생애주기가 결정된 반면, 오늘날에는 자신의 선택에 의해 조정하는 방식이 가능해진 결과, 스스로 조정하고 균형 잡는 곡예가 시작된 셈이다(벡 외, 2012: 121-129). 친밀성의 탈제도화와 세계화의 진전 속에서 가족의 모습과 개인들의 삶의 양식은 다양해지고 있다. 가족과 떨어져서 사는 분거가족, 재혼한 부부로 이루어진 재결합가족, 초국적 부부, 초국적 모성, 경제력이 없는 성인 자녀가 부모와 함께 사는 캥거루족, 동성커플가족, 반려동물과 함께 사는 가족, 연인이나 가족이 아니지만 함께 살기로 한 생활공동체 등 다양한 형태의 가족이 늘어나고 있다. 가족은 혈연과 혼인, 입양을 통해서만 구성된다고 법으로 규정되어 있지만 현실에서는 개인들이 가족으로 생각하며 함께 생활하는 사람을 가족으로 인식하는 경우가 증가하고 있다. 반려동물을 포함해서 주거와 소비, 가사, 경제활동을 공유하는 생활공동체와 동성커플을 가족으로 인정해야 한다는 요구의 목소리도 높아지고 있다. 혈연과 혼인, 입양을 가족구성의 주요한 행위로 인식하는 단수의 '가족' 개념이 점차 쇠퇴하고 있고 이제는 복수의 '가족들'의 의미가 적용되고 있다. 결혼하지 않고 함께 사는 이성애 커플이나 동성커플의 동거, 질병과 노화로 인해 믿고 의지할 수 있는 후견인, 생활을 함께 하는 비혼공동체 등 가족관계를 폭넓게 인정하는 방향으로 가족의 개념은 빠르게 변화되고 있다. 동성커플이 합법적으로 결혼할 수 있는 권리를 주는 것에 대한 조사에서 40대는 54.4%가 반대한다고 응답한 반면, 20대에서는 65.1%가 찬성한다고 대답하였다.[1] 가족의 의미는 다양해지고 있고 친밀성을 상상하는 방식도 다양해지면서 사실혼 이성애커플과 동성커플의 법적 권리를 보장해 주는 「생활동반자법」 도입에 관한 논의도 활발하게 전개되고 있다.

동성애에 대한 인정을 둘러싸고 보수단체와 일부 종교단체의 반대 여론이 존재하지만, 최근 동성애문제는 개인의 성적 지향(sexual orientation)과 관련된 정체성의 인정과 관련된 문제로서보다는 가족다양성에 대한 인정과 다양한 친밀성의 스펙트럼의 하나로 수용되는 경향을 보이

1 중앙일보, 2021.09.16일자 기사 "결혼 꼭 해야 할까?" 20대에서 벌어지는 '여진남보' [2040세대 성향 리포트](https://www.joongang.co.kr/article/25007692 검색일 2022.10.9.)

고 있다. 성적 지향이란 한 개인이 일관되게 특정한 성별이나 성적 대상에 대해 끌림과 욕망을 갖는 경향성을 지칭하는 용어로 개인의 성적 지향은 초기 유년기에 형성되거나 생물학적 요인에 영향을 받는다는 의견도 있지만, 후천적인 요인과 개인의 기질이 복합적으로 작용한 결과라는 주장이 일반적으로 받아들여지고 있다. 퀴어이론과 실천의 확장 속에서 이성애와 동성애, 양성애, 무성애 등으로 성적 지향을 구분하며 한 개인의 성적 정체성을 분류하던 논의는 점차 퇴조하였고, 이분화된 성별 정체성에 갇히지 않는 트랜스젠더 범주가 확장되면서 개인들은 일생을 두고 다양한 성적 정체성과 성별 정체성을 가질 수 있는 것으로 주장되고 있다. 퀴어이론 안에서 젠더 정체성이 변화가능한 것으로 액체화되면서 성적 지향의 의미도 유연화되고 있고 다양한 성 정체성에 대한 인정 요구도 증가하고 있다. 하지만 이성애중심적 정상가족 이데올로기는 여전히 강하게 작동하고 있어 동성커플과 성소수자에 대한 사회적 인정은 차별과 공존하고 있다.

한편, 한 사람과 배타적으로 친밀한 관계를 맺는 것이 아니라 연인들의 합의에 의해 다자연애(폴리아모리)를 추구하는 사람들도 있다. 2008년 개봉한 영화 "아내가 결혼했다"에서 다자연애를 추구하는 천진하고 자기중심적인 아내로 인해 괴로워하는 남편의 모습을 생경하게 묘사하였다면, 2017년에는 『우리는 폴리아모리 한다』라는 책이 출판될 정도로 다자연애를 실천하는 사람들의 경험과 고민이 풍부하게 논의되고 있다. 독점하지 않으면서 평등한 관계를 지향하는 이들은 결혼제도를 거부하기도 하고 때론 결혼의 확장된 형태를 수용하기도 하면서 다양한 생활공동체 및 가족공동체를 실험하고 있다.

한국 사회에서 성과 사랑은 성인다움이나 새로운 가족형성을 위한 통과의례로서의 의미를 벗어나 개인의 일생을 통해 다양한 방식으로 경험되고 있다. 아울러 친밀한 관계에 대한 상상도 평생 동안 지속되는 사랑의 관계나 안정된 가족관계에서 확장과 축소, 분리와 재결합을 반복하고 있다. 친밀성과 섹슈얼리티를 둘러싼 사회적 규범이 약화되고 개인주의가 강화되면서 연애와 성, 친밀성은 관계에 참여하는 이들이 기대하고 협의하는 방식에 따라 형태가 다양하게 변화될 수 있는 관계, 즉 기든스가 전망했던 바와 같이 '순수한 관계'로 변화되고 있는 것이다.

### 4) 비혼 경향의 증가

청년 실업률이 증가하고 강도 높은 스펙 쌓기가 요구되는 현실에서 자신의 욕망을 지연시키면서 '연애, 결혼, 출산을 포기하는 삼포세대'가 등장하였다. 초식남과 건어물녀가 자발적이면서 개인적인 비혼 지향의 청년 남성과 여성의 모습이었다고 한다면, 세대 전체로 확산된 비혼과 만혼의 경향 속에서 '무자식 전성시대', '솔로 계급의 탄생', 'N포세대' 등 청년세대의 절망과 불안정을 묘사하는 청년세대 담론은 한국 사회의 심각한 사회문제로 논의되기 시작하였다(우석훈, 2014). 하지만 이러한 청년에 대한 묘사는 남성중심의 시각에서 조명된 것으로 여성 청년들의 다른 상황과 행위성을 설명하지 못하고 젠더 관점이 부재한 채 세대 간의 갈등문제로만 다뤄지는 경향이 있다(배은경, 2015). 청년 여성들의 삶의 조건과 행위 맥락을 의미 있게 해석한다면, 현재 한국 사회에서 강화되고 있는 비혼 경향은 어쩔 수 없어 내몰린 삼포세대만의 문제가 아니라 적극적인 비혼의 선택을 정치적 태도로 표방하는 여성운동의 새로운 흐름이기도 하기 때문이다(오혜진, 2022; 박진솔, 2022)

역사적으로 독신으로 살면서 교육이나 종교활동, 사회운동에 전념하면서 살아가는 사람들은 항상 존재하였다. 또한 사람들은 특별한 신념이나 비장한 결심 없이 그냥 비혼으로 살아가기도 한다. 그래서 그동안의 비혼선언은 개별적이고 개인적인 선택으로 의미화되는 경향이 강했다.

하지만 비혼 여성에 대한 학술적 연구는 가부장적 성역할에 대한 불만족과 적극적으로 자기의 일과 성취를 추구하며 독립적으로 살고자 하는 여성들의 개인적 선택과 행위성에 주목하였다(심경미, 2002; 이성은, 2015). 청년 여성들의 비혼 경험은 원가족으로부터 주거독립을 하면서 가부장적 가족제도로부터 벗어나 개인적 자아를 발견하면서 주체성을 형성하는 측면이 있다(김혜경, 2013, 김민지, 2021). 비혼 여성들의 혼자살기 경험은 여성들이 독립을 실현하고 대안적 친밀성을 형성하면서 여성을 수동적이고 의존적인 존재로 머물게 하는 가부장적 가족제도와 결혼제도를 극복할 수 있는 저항성과 능동성을 갖는다고 해석되기도 한다(송제숙, 2016). 현재 한국 사회에서 전개되는 비혼, 비출산, 비연애, 비섹스를 뜻하는 '4B운동'은 외모주의에 대한 비판에서 발전한 탈코르셋 운동이 섹슈얼리티 영역까지 연장되어서 전개되고 있는 액티비즘의 경향을 보인다는 점에서 새롭다(박진솔, 2022: 5).

비혼주의의 강화는 최근 디지털 성범죄와 데이트 폭력 등이 빈번해지면서 남성과 친밀한 관계를 맺는 데 따르는 위험부담이 크다고 생각하는 여성들이 증가하면서 추동되고 있는 문화현상이기도 한다. 버닝썬 사건과 N번방 사건처럼 성폭력을 남성 유흥문화의 일부로 삼는 범죄적 성문화가 만연하고 불법촬영 영상이 죄의식 없이 소비되고 있는 현실에서 젊은 여성들은 이성애에 대한 낭만적 환상을 갖기보다 안전하고 자유로운 개인이 되기를 추구한다. 경제력과 배려심을 갖춘 남성을 만나기를 소망하기보다는 현실에서 독립적이고 성공한 여성이 되기를 바라며 여성성의 수행을 위한 외모 가꾸기에 시간과 자원, 에너지를 낭비하지 않고 보다 현실적인 권력과 독립을 보장해 줄 수 있는 경제력과 사회적 자원을 확보하는 것에 관심을 가진다. 여성에 대한 폭력이 심각한 사회문제가 된 현실은 여성들이 자신의 이성애 연애를 비판적으로 바라보게 되는 계기를 제공한 것이다.

한국 사회에서 비혼주의가 하나의 운동으로서 표방되고 있다는 점은 성별위계가 내재한 이성애적 관계 안에서는 여성이 성적 자기결정권을 추구하기 어렵고 남성과 평등한 관계를 모색하기도 쉽지 않다는 점을 보여준다. 많은 여성과 남성은 연애와 단절한 채 독립적인 개인이 되는 것을 인생의 중요 순위로 생각하고 자기계발과 경제력을 삶의 우선순위로 삼고 있어 당분간 결혼율과 출생률은 줄어들고 만혼화 경향도 지속될 것으로 전망된다.

## 3. 친밀한 관계에 대한 성찰을 기대하며

최근의 비혼 경향은 청년세대의 경제적 불안정뿐만 아니라 평등하게 일하고 함께 돌보는 성평등한 파트너십에 대한 여성들의 기대와 실망이 반영되어 있다. 『솔로계급의 경제학』에서 우석훈은 솔로 탈출을 원하는 30대 남자들에게 "빵을 구울 줄 아는 남자가 되라."고 조언하였다. 여기에 '아이와 같이 빵을 굽는 남편'이라면 연애 경험이나 삶의 경험 속에서 이미 실망하고 기대를 접은 30대 솔로 여성들이 한국 남자에 대해서 마음을 조금 여는 기회가 될 수도 있을 것으로 기대하였다(우석훈, 2014: 224-230). 가사와 육아의 분담을 남성들의 결혼 조건으로 꼽은 것이다. 요리와 육아와 같은 가사노동과 돌봄노동은 어느 한 성별이 전담하는 역할이 아니라 남녀 모두에게 요구되는 역량이 되고 있다. 여기에 덧붙여 성숙한 방식으로 친밀한 관계를 맺기 위해서는 상대의 감정을 읽을 줄 아는 공감 능력과 소통의 기술이 필수적이라고 할 수 있다.

개인화 경향의 가속화와 함께 성역할 고정관념에 기반한 낭만적 사랑의 관념이 쇠퇴하면서 친밀성에서 개인들의 선택과 의사소통은 훨씬 더 중요성이 커가고 있다. 최근 남성과 여성은 성과 사랑에 대한 인식뿐 아니라, 사회문제를 진단하고 해결방법을 모색하는 데 있어서도 두드러진 차이를 나타내고 있다. 20대 남성현상으로 진단되기도 했던 성별 인식 격차는 각자의 분리된 사이트에서 생각과 가치관을 더욱 공고히 형성하면서 갈등의 골을 심화하는 방향으로 전개되고 있다. 이성애 연애관계에도 내재되어 있는 성별에 따른 위계를 예민하게 포착하고 불편해 하는 여성들과 페미니스트라면 남성에게 적대적이고 이기적일 것으로 생각하는 남성들이 온라인상에서 키보드배틀 형태의 상호 논박의 소통만 하게 되면서 성별에 따른 인식 격차는 더욱 벌어지고 있다. 남성과 여성 사이의 인간적 이해와 감정적 소통이 축소되면서 상호 성숙을 가능하게 하는 이성애 관계는 어떠해야 하는지 탐색하는 일은 더욱 어려운 과제가 되고 있다.

한때 남성과 여성은 화성에서 온 남자와 금성에서 온 여자와 같이 다른 별나라 출신으로 여겨질 정도로 성별에 따라 생각하는 방식이나 감정 표현 방식이 매우 다른 존재로 여겨졌다. 현대사회에서 생물학이 영향을 미치는 성별의 특성은 우리의 연애나 사랑의 실천에 그리 큰 영향력을 행사하지 못하고 있다. 사회제도와 사회생활에서의 경험, 그리고 관계를 통한 자아와 삶에 대한 성찰의 많은 부분이 사랑에 대한 우리의 기대와 환상을 구성한다. 친밀성은 누구와 함께 살고 누구와 자원을 공유하며 아프고 어려울 때 누가 나를 돌볼 것인가라는 현실적이고 경제적인 문제와도 긴밀하게 연관되어 있다. 서로 다른 두 사람이 만나 어떤 식으로 친밀한 관계를 만들어 나갈 것인가에 대한 문제는 두 사람이 원하는 삶의 스타일을 조화시키는 문제만이 아니라 나는 어떤 사람이고 어떤 삶을 살길 원하는지를 질문하고 그 대답을 찾아가는 과정과도 밀접하게 연관되어 있다.

사랑은 하나됨의 환상이라고 한다. 우리가 서로 다른 타인이고 서로 매우 다른 경험과 욕망을 갖는 존재라는 점은 결합을 어렵게 하는 차이이지만 이러한 차이를 어떻게 수용하고 협상하여 하나의 물줄기로 나아갈 수 있을지를 고민하고 노력하는 과정 속에서 개인들은 성숙해지고 우리의 삶은 고양될 수 있는 가능성을 만난다. 서로 다른 환경에서 자라고 성별에 따라 다르게 사회화된 여성과 남성이 서로를 이해하고 신뢰하며 친밀한 관계를 형성하기 위해서는 여성으로서, 그리고 남성으로 사회화되면서 우리가 경험하고 좌절하였던 삶의 고통과 꿈꾸는 삶의 환희를 공감하고 소통하는 노력이 필요하다. 또한 상대방의 결정이나 생활태도에 대한 존중, 서로에 대한 배려 등을 통해 '둘'의 관계 향상을 위한 해답을 함께 찾아나가는 '과정으로서의 이성교제'와 데이트 문화를 형성할 필요가 있다.

상호 존중과 배려의 친밀성을 형성하기 위해서는 성과 사랑에 대한 진솔한 대화와 자신의 욕망에 대한 성찰이 전제되어야 한다. 성에 대한 자신의 무지나 무책임성을 성찰하고 성과 사랑의 관계가 지속적으로 상대와 교감하고 함께 만들어 가는 관계라는 점을 생각하는 것이 중요하다. 이를 위해서는 성별 불평등이나 권력관계를 비판하고 평등한 관계를 이상으로 하는 대칭성과 호혜라는 친밀성 영역에 있어서의 새로운 관계 규범이 요구된다. 위계를 낭만화하지 않는 평등한 사랑은 어떤 모습이어야 할지에 대한 사색과 고민, 그리고 열정적인 대화가 필요하다.

08장

# 파트너십의 구성과 해체 그리고 재구성

| 이여봉(강남대학교 교양학부) |

전통사회의 결혼제도 안에서, 남편은 경제적 부양을 하고 아내는 가사와 육아를 담당하면서 상호 의존하는 것이 일반적 부부의 삶이었다. 그런데 여성의 교육수준이 높아지고 사회진출이 증가하면서, 여성들이 경제적으로 의존하기 위해 결혼을 해야 할 필요성은 급격히 감소했다. 또한 가사 및 육아의 상당부분이 상품화되고 혈통과 계보를 이어야 한다는 의식이 약화된 오늘날, 남성들 역시 결혼해야 할 당위성이 감소된 것은 마찬가지이다. 결혼 적령기에 관한 고정관념의 틀도 무너져서, 또래들보다 훨씬 늦은 나이까지 독신으로 남아 있는 사람에 대한 부정적 시선이 완화되었을 뿐 아니라 독신에 대해 오히려 '멋있고 자유로운 삶'이라는 동경마저 생겨나고 있다.

사람들은 이제 새로운 성격의 동반자 관계를 원한다. 오늘날의 결혼은, 위계구도와 역할분리가 명확하던 과거와 달리, 역할이 중첩되며 수시로 타협과 절충을 해야 하는 '관계'이다. 그래서 양 파트너[1] 간 의견이 맞지 않아 충돌할 경우 갈등이 표면화될 가능성이 높아졌다. 그런데 '관계'란 본질적으로 가변적 속성을 지니는 것이므로, 갈등의 골이 깊거나 더 이상 상대방에게서 정서적 지원을 얻기 힘들다고 느껴지면 파트너십을 해체할 가능성이 높아진 것이다.

## 1. 만혼의 시대, 비혼의 시대

일정한 연령에 도달하면 당연히 결혼을 하는 것으로 여기던 과거와 비교하면, 한국의 혼인율은 현저히 낮아졌고 초혼연령은 상승하고 있다.

1 파트너란 둘이 짝이 되는 경우의 상대편을 의미한다. 본고는 법적 혼인 여부에 상관없이 짝을 이루는 상대편을 파트너라고 칭하고, 짝이 되어 협력하는 관계를 파트너십으로 명명한다.

[그림 1] 한국의 조혼인율 변화 추이

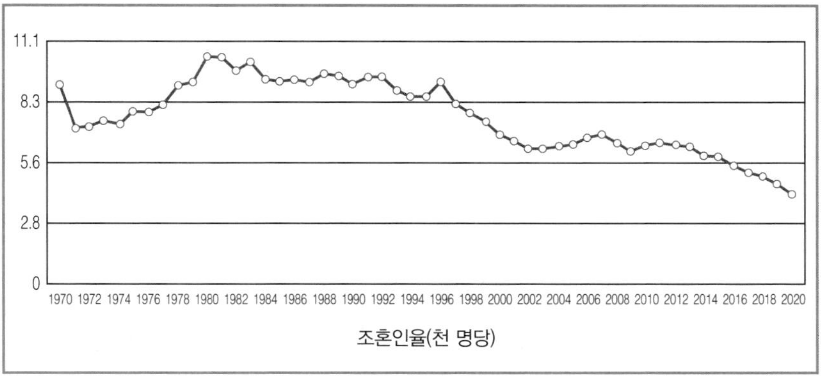


출처 : 통계청, 『인구동향조사』, 각 연도.

2000년대에 들어서면서 7.0 아래로 떨어지기 시작했던 조혼인율[2]은, 다소의 등락에도 불구하고 하락세를 지속하고 있다. 그 결과 2021년의 조혼인율은 3.8에 불과하며([그림 1]), 같은 해 평균 초혼연령이 남자는 33.4세, 여자는 31.1세이다([그림 2]). 이를 전년도인 2020년과 비교하면, 조혼인율은 .4 감소했고 초혼연령은 남자가 .1세 여자는 .3세 상승한 것

[그림 2] 한국의 평균 초혼연령 변화 추이

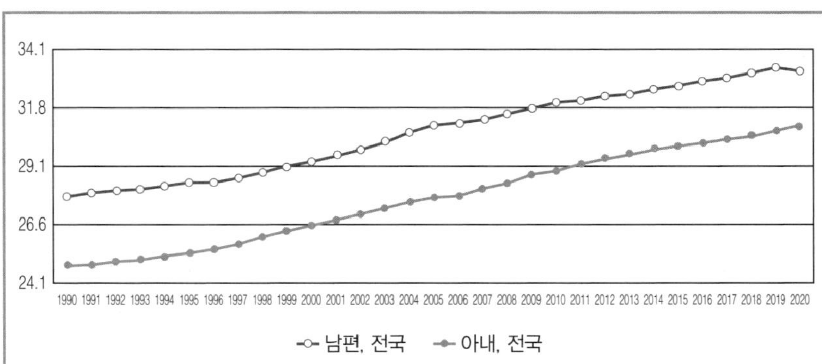


출처 : 통계청, 『인구동향조사』, 각 연도.

2 조혼인율(crude marriage rate)이란 해당 연도의 인구 1,000명당 혼인 건수이다.

으로 볼 수 있다(통계청, 각 연도).

이는 경제불황이 계속되고 청년실업이 급증하면서, 신혼집을 마련하거나 가족을 부양할 엄두를 내지 못하는 젊은이들이 결혼을 미룰 수밖에 없어진 현실과 깊이 연관되어 있다. 또한 초고학력 사회로 나아가면서 학업기간이 연장되고 그만큼 첫 취업시기도 늦어져서, 결혼 시점 역시 늦어질 수밖에 없어진 바와도 관련이 있다. 개인주의가 확산되면서 결혼으로 인한 경제적 · 정서적 부담과 책임 및 의무로부터 자유롭기를 원하는 사람들이 증가했고 또한 결혼 안에서 부부가 서로 의존하며 살아갈 필요성이 감소한 것 역시, 혼인율을 낮추었다. 게다가 "사랑한다면 결혼을 염두에 두지 않고도 혼전 성관계를 할 수 있다."는 인식이 확산되면서, 성관계 상대에 대한 필요가 굳이 결혼의 동기로 연결되지 않게 된 것도 혼인율 저하에 일조하고 있다. 그뿐 아니라 연애결혼이 보편화된 오늘날, 연애는 중매에 비해 우연성의 여지가 많기 때문에 '적당한 상대를 만날 때까지' 혼인하지 않은 채 독신으로 남아 있는 기간이 길어진 것도 사실이다(이여봉, 2006). 결혼의 '적령기' 및 '연령 상한선'의 개념이 흔들리고 "결혼을 하라."는 부모의 압력이 감소하는 것도, 만혼 및 독신 증가와 연관된다(이여봉, 2006).

## 2. 파트너십 구성의 다양화

독신율 증가 및 만혼 경향에도 불구하고, 여전히 많은 사람들이 짝을 찾고 관계를 일구어 간다. 독신의 삶이 갖는 사회적 · 개인적 어려움이 사람들로 하여금 여전히 짝을 찾게끔 하는 것일 게다. 그렇지만 짝과 더불어 관계를 일궈 가는 모습은, 법적 혼인에만 한정되지 않고 다양해졌다.

## 1) 혼외동거

### (1) 혼외동거의 개념 및 특징

혼외동거란 결혼식이나 혼인신고 등의 조건을 구비하지 않은 상태에서 파트너와 성관계를 맺고 일상생활을 공유하면서 함께 기거하는 삶을 의미한다(이여봉, 2006). 그런데 법적 혼인이 이성애 커플에게만 허용되는 반면, 혼외동거는 개인들 간의 사적 약속에 기초하는 것이므로 혼인신고를 하지 않은 이성애 커플뿐 아니라 혼인이 법적으로 허용되지 않는 동성애 커플까지 포괄한다.

우리 사회의 독신율 증가를 견인하는 하나의 요인으로서, 혼외동거의 증가를 꼽는다. 혼외동거는 기혼으로 분류되지 않으므로, 혼인상태 조사 시 독신의 범주에 속하기 때문이다. 물론 혼외동거는 짝을 이루어 동일한 거주지 내에서 상호작용하며 살아간다는 점에서 형태 면으로는 법적 혼인과 유사해 보인다. 그러나 경제 관리를 별도로 하는 경향이 법적 혼인에 비해 상대적으로 강하고, 서로를 성관계의 유일한 파트너로 삼아야 한다는 의무가 약하며, 성역할의 전통적 분리가 덜하다는 점을 특징으로 꼽을 수 있다(이여봉, 2006). 아울러 혼외동거의 경우 파트너의 원가족(family of origin)[3]과는 인척관계나 지원의무 등으로 얽히지 않는다는 점 역시, 법적 혼인과 다르다(이여봉, 2006).

### (2) 혼외동거의 유형

혼외동거의 경우 항상 함께 거주하는 커플만이 아니라, 주중에는 각

3 원가족이란 성인의 부모 및 형제 등 혈족을 뜻한다. 따라서 결혼한 성인의 경우, 남편의 원가족은 아내에게는 시가 쪽 확대가족 그리고 아내의 원가족은 남편에게는 처가 쪽 확대가족으로서, 인척관계이다.

자의 공간에서 생활하다가 주말에만 함께 지내는 경우도 있다. 후자는 주말 부부의 경우처럼 양 파트너의 직장이 서로 멀리 떨어져 있기 때문일 수도 있으나, '혼자 살기'가 주는 독립성과 '함께 살기'가 주는 안정감 및 편리함을 두루 취하기 위한 시도일 수도 있다.

혼외동거의 목적 및 내용을 중심으로 하여, 다음과 같은 유형화가 가능하다(이연주, 2008). 첫 번째 유형은 당장 결혼을 할 수 없는 외적인 상황, 즉 부모의 결혼 반대나 경제적 난관 등으로 인해, 결혼을 유보하는 '결혼대체 동거'이다. 이 경우엔 혼인신고만 하지 않았을 뿐 사실혼 관계이므로, 한편이 일방적으로 관계를 파기할 경우 손해배상청구가 가능하다. 다만 사실혼 관계임을 인정받기 위해서는, 같은 주소지에 거주했는지, 공동의 삶을 위해 급여지출이 이루어졌는지, 혹은 법적 결혼을 한 부부들처럼 서로의 친인척들과 만나고 혹은 경조사에 함께 참석했는지 등과 같은 사실혼임을 입증할 만한 자료들을 제시해야 한다. 두 번째 유형은 법적인 결혼을 염두에 두고 실험단계로서 동거를 하는 '결혼예비 동거'이다. 이들은 같이 살아보고 부부로서 적합한지를 확인한 후에 결혼을 결정하고자 하는 의도를 지닌다. 스웨덴이나 핀란드와 같은 북유럽에서는 혼전동거가 이미 보편화되었고, 프랑스나 독일 등에서도 결혼한 부부의 90% 정도가 혼전동거를 거친 것으로 집계되고 있다. 그렇지만 혼전동거를 경험한 커플의 결혼생활이 그렇지 않은 커플에 비해 만족도나 안정성 면에서 더 유리한 것은 아니다(이여봉, 2006). 혼외동거와 법적 혼인 간에는 유사성 못지않게 차이점도 많아서, 혼전의 동거 경험에 비추어 혼인관계의 질을 완벽히 예측할 수는 없기 때문이다(이여봉, 2006). 오늘날 한국에서도 결혼식을 한 부부가 일정한 기간 동안 혼인신고를 미루면서 함께 지내는 경우가 적지 않다. 이는 결혼식을 통해서 주변친지와 지인들에게 자신들의 결합을 알리기는 했으나, 법적 결합이라는 최종 단계를 유보함으로써 결별의 문턱을 덜 높인 채로 결혼생활이 순조로울 수 있을지를 테스트해 보겠다는 의도로 해석된다. 이 역시 법적 혼인의 범주에 포함되지 않으므로, '결혼예비 동거'로 분류된다. 세 번째 유형은 혼인의사를 전제로 하지 않거나 혹은 혼인의사가 전혀 없이 성생활과 거처를 공유하는 '결혼대안 동거'이다. 제도적인 혼인관계에서 기대되는 역할과 구속을 거부하는 사람들이 대안적인 방식으로 혼외동거를 선택한다. 즉 결혼제도가 주는 부담은 피하되 연애보다는 좀 더 안정적인 관계를 추구하는 것이다. 법적인 혼인에 비해 관계에 대한 책임이나 관계 형성 및 결렬과정이 편리하다는 이유 때문에, '결혼대안 동거'가 선택되기도 한다. 한편 네 번째 유형은, 주거비와 생활비를 절약하기 위해서 혹은 데이트 비용을 절약하면서 정서적 · 성적 친밀감을 나누기 위한 목적에서 함께 사는 '편의형 동거'이다. 최근 부모와 떨어져 타지에서 자취를 하는 학생이나 공장에서 일하는 노동자들 사이에서, 편의형 동거가 증가하고 있다. 이는 혼전 성관계에 관한 금기가 개인적 수준에서 와해되고 실용적 사고가 확산되는 경향과 더불어, 거주비 및 생활비 부담이 치솟는 거시경제 상황과도 연동된다. 또한 외국유학 중인 젊은이들 사이에서 혼외동거가 흔한 것으로 알려져 있는데, 이는 성에 관해 개방적인 외국문화에의 접촉과 부모의 시선이 덜 미치는 곳에서의 자유로움에 기댄 시도이다.

### (3) 혼외동거를 바라보는 이중 잣대와 사회적 보호

한국에서도 혼외동거가 증가 추세이고 혼외동거를 주저하게 하는 문턱이 과거에 비해 낮아진 것은 사실이다. 그러나 이는 일반론일 뿐 자신에게 중요하다고 생각되는 구체적 존재(significant other)의 혼외동거를 바라보는 시선까지 너그러워졌다고 판단하기엔 이르다. 특히 배우자감 혹은 사위나 며느리로 고려하고 있는 상대의 과거 혼외동거에 대한 평가는 상당히 부정적이다. 이처럼 혼외동거에 대한 한국 사회의 시선은 개방성과 보수성을 동시에 지닌 채 폐쇄적 수준에 머물러 있다. 따라서 현재의 관계와 불확실한 미래에 관한 충분한 성찰 없이 혼외동거를 결정하는 경우, 추후 그로 인해 치러야 할 개인적 대가는 만만치 않다.

혼외동거는 관계 결별의 문턱이 낮기 때문에 상호관계를 원활하게 유지하기 위해 결혼한 부부보다 오히려 더 많이 노력하게 된다는 주장이 있다(이여봉, 2006). 그러나 관계의 불확실성 자체로 인해, 법적 혼인보다 오히려 관계 만족도가 낮을 것이라는 주장도 있다(Nock, 1995). 또한 친지들의 인정과 지원이 없는 관계이므로, 파트너 간 결속도가 낮아지기 쉽고 관계의 지속성이 저하될 가능성을 배제할 수 없다(이여봉, 2006). 게다가 파트너 간 서로에 대한 보호자로서의 권리와 의무 및 상속권 등 사회적 · 법적 권리를 인정받기 힘든 것도, 혼외동거 관계에 부정적으로 연관될 수 있다. 그뿐만 아니라 한편의 결별 선언 시 상대편 파트너의 권리를 보장받을 수 있는 근거를 찾기도 어려운 것이 혼외동거이다.

유럽의 많은 국가들 그리고 미국과 호주 등 여러 나라들에서, 혼외의 파트너십도 법적 혼인과 유사하게 서로에 대한 책임과 의무를 강화하고 또한 사회적으로도 가족에 준하는 보호를 제공하려는 방안들이 다양하게 실천되고 있다. 대표적으로 프랑스에서는 1999년부터 시민연대계약(PACS: Pacte civil de solidarité)이 발효되어, 혼외동거 파트너 간에도 부부에 준하는 상호 부양의무와 권리를 보장하는 계약으로서 활용되고 있다. 즉 양 당사자가 해당 계약을 체결하는 경우, 혼외동거 파트너도 가족수당, 소득세 산정, 사회보장 급여 등에서 법적 배우자와 동일한 혜택을 받을 수 있다. 이 제도는 애초에 동성애자 커플의 권리보호를 위한 제도였으나, 동성결혼이 합법화된 2013년 이후에도 계속 유지되어서, 현재 시민연대계약을 맺은 커플의 대다수가 이성애자 커플이다. 다만 PACS는 상속이나 공동입양 등의 권리를 보호하지는 않으므로, 권리보호 면에서 법적 혼인에 비해 제한적이다(송민영, 2016). 2001년부터 시행되고 있는 독일의 생활동반자법(Lebenspartnerschaften)은, 동성애 커플을 대상으로 하여 가족에 준하는 권리와 상호 부양의무 그리고 가사로 인한 채무의 연대 등과 같은 파트너 상호 간 책임과 권리를 보장하고 있다.[4] 한편 영국의 시빌 파트너십(Civil Partnership)[5]은 2018년부터 동성 파트너 사이의 계약에 한정하지 않고 이성 파트너 간의 혼외동거에까지 확대 적용되기 시작했는데, 상속과 세제 및 연금과 친척관계 등에서도 법적 혼인을 한 커플과 동일한 권리를 인정한다.[6]

한국에서도 2014년부터 「생활동반자법」에 대한 입법 논의 및 발의 시도가 있어 왔다. 생활동반자 관계를 맺은 사람들이 국가에 등록하면, 함께 살아가는 데 필요한 사회복지 혜택 등과 같은 법적 권리를 보장하고 또한 파트너 사이의 분쟁을 합리적으로 해결할 수 있도록 지원하자는 것이다. 이는 이성애 및 동성애 커플뿐 아니라 성인 형제나 친구처럼 성애를 포함하지 않은 채 서로 의지하며 사는 관계 역시 동반자로서의 책임과 의무 그리고 사회적 보호 단위로서 인정하자는 것이므로,[7] 전술한 여타 국가들의 관련 제도보다 더 포괄적인 개념이다. 황두영(2020)은 기 제안된 「생활동반자법」이 고비용 구조와 높은 장벽 그리고 복잡하게 얽히는 친족관계 등과 같은 법적 결혼이 갖는 부담을 피하되 고독하지 않을 권리를 사회가 보장하는 방안이라고 주장한다. 어떻든 법적 혼인 외의 대안적 '함께 살기'를 선택하는 사람들이 증가하는 상황에서, 「생활동반자법」은 다양한 함께 살기를 시도하는 사람들을 제도권 안에 끌어안음으로써 전체 사회의 통합을 유지하기 위한 현실적 대처 방안이라고 할 수

---

4 https://www.dailian.co.kr/news/view/1036157/

5 https://news.sbs.co.kr/news/endPage.do?news_id=N1005586286&plink=ORI&cooper=NAVER

6 https://www.yna.co.kr/view/AKR20180628000400085

7 https://www.mk.co.kr/news/society/view/2019/11/965108/

있다. 다만 이는 이성애 관계뿐 아니라 동성애 관계 혹은 성애 자체를 전제하지 않는 '함께 살기'까지를 모두 포괄하여 '가족'으로서 인정하자는 내용이므로, 한국 사회에 여전한 동성애 공포심(homophobia)뿐 아니라 가족에 관해 완고한 이념을 고수하는 세력의 반대를 극복해야 하는 과제를 안고 있다.

한편 2022년 9월 여성가족부는 가족에 관한 기존의 정의, 즉 결혼과 혈연 및 입양에 한정하는 법적 정의를 유지하겠다고 발표하였다.[8] 이는 사실혼 및 다양한 동거가구 역시 법적 가족으로 포괄하겠다고 했었던 2021년 4월 여성가족부의 발표와 배치된다. 또한 사실혼 및 동거가족을 정책적 대상으로 인정하지 않겠다는 의미는 아니라는 해명에도 불구하고, 다양한 모습의 '함께 살기'가 증가하고 있는 현실을 반영하지 못할 뿐 아니라 '넓은 가족' 개념을 지향하는 세계적 추세에 역행한다는 비판으로부터 자유로울 수 없다.

## 2) 법적 혼인

법적 혼인제도 안에 들어가기 위해 개인이 희생해야 하는 부분이 많고 비효율적이라는 지적은 타당해 보인다. 결혼식 자체뿐 아니라 신혼집을 마련하기 위한 경제적 비용이 만만치 않고, 과다혼수의 문제와 그로 인한 양가 간 갈등 역시 드물지 않게 발생한다. 그렇지만 법적으로 결혼한 부부는 연애관계나 혼외동거보다 서로에 대한 책임과 헌신도(commitment) 그리고 관계의 안정성이 높음을 부인할 수 없다. 우리 사회는 결혼식과 혼인신고를 한 남녀를 사회의 핵심적 단위로서 인정하며, 이들을 둘러싼 친인척 및 지역사회의 인정과 지원 역시 부부간의 결속에

8 https://www.khan.co.kr/national/national-general/article/202209241457001

영향을 미쳐서 관계에 대한 책임을 일깨우고 결별의 문턱을 넘어서기 어렵게 하기 때문이다. 그래서인지 여전히 많은 사람들이 서로에 대해 장기간에 걸친 책임과 의무를 감수하면서 결혼을 선택한다.

### (1) 선택하기와 관계 가꾸기

결혼 상대자를 선택하는 결정은, 연애 상대나 혼외동거 상대를 택할 때보다 훨씬 다양한 요소들에 대한 고려를 필요로 한다. 즉 가족배경이나 교육수준 및 종교와 가치관과 취미가 유사한지, 각자가 부족한 면을 상호 보완할 수 있을지, 객관적·주관적인 면에서 균형을 이룬 조합인지, 그리고 무엇보다 결혼으로 인해 양자에게 주어질 역할들을 무리 없이 수행할 만한지 등을 탐색해야 한다(이여봉, 2017). 왜냐하면, 결혼에 대한 결정은 연애나 동거보다 훨씬 긴 미래를 바라보며 행하는 것이고 또한 더 많은 사람들과의 지속적인 관계맺음을 포함하기 때문이다.

자신에게 맞는 결혼 상대자를 선택하는 일에 못지않게 결혼의 성패를 가늠하는 또 하나의 축이, 서로 타협하고 절충하면서 관계를 가꾸어 가려는 노력이다. 부부의 삶이란 의사소통하면서 상호 지원하고 공동의 의사결정을 하며 가족역할들을 둘러싸고 협조하면서 함께 가족을 일궈 가는 과정이므로, 결혼생활의 위기와 장애를 헤쳐 가는 여정에서 서로에게 위안이 되고 의지가 되려는 노력과 기술이 필요하다. 의도했든 의도하지 않았든 서로에게 상처와 고통이 되는 상호작용은 장·단기적으로 부부관계를 훼손한다.

### (2) 역할분담과 역할갈등

가족이 하나의 단위로 기능하기 위해서는 일련의 역할들, 즉 외부에서의 노동을 통해 가족이 소비할 경제적 자원을 마련하는 생산활동과 가사와 육아 및 부양 등의 재생산활동이 모두 이루어져야 한다. 그런데 생산활동과 재생산활동을 양 배우자가 나누어 혹은 공동으로 수행하는 방식에 따라, 역할분담 유형을 3가지로 구분할 수 있다. 그 하나가, 남편이 생계부양을 전담하고 아내가 가사와 육아를 수행하는 전통적 유형이다. 유럽에서는 근대의 낭만적 사랑을 배경으로 그리고 한국에서는 조선시대의 성리학적 가부장제하에서, 이와 같은 역할분리가 이상적인 방식으로 여겨졌다. 두 번째 유형은 아내가 생계부양자이고 남편이 전업주부인 조합인데, 남편의 실직이나 질환 등으로 인해 어쩔 수 없이 아내가 생활전선에 나선 경우와 양 배우자의 능력과 특성에 따라 부부가 자발적 합의에 의해 선택한 경우로 이분된다. 한국이 IMF 구제금융 위기를 겪으며 대량 해고 사태를 경험했던 20세기 말, 실직을 한 남편 대신 아내들이 생활전선에 뛰어들어서 주 생계부양자가 된 가족이 적지 않았다. 이들은 추후 남편이 다시 취업에 성공하여 맞벌이 부부가 되기도 하고, 혹은 아내가 기대 이상의 경제력을 발휘하면서 주 생계부양자 역할을 계속하기도 했다. 그리고 세 번째가 양 배우자 모두 임금노동뿐 아니라 가사와 육아 역할을 구분하지 않고 공유하는 방식으로서, 오늘의 젊은 부부들이 추구하는 유형이다(이여봉, 2017).

노동의 양과 질이 화폐로 환산되고 전문성이나 숙련도 및 업적이 사회적으로 평가되며 학력과 업무 등이 유사한 동료들과 일상적으로 교류를 하는 임금노동에 비해, 가사노동은 무보수인 데다 객관적 평가가 불가능하여 성과가 눈에 띄기 힘들며 개인의 업적으로 축적되는 바 없이 고립된 공간에서 반복적으로 수행되는 것이 단점이다. 반면에 정해진 근무시간을 지켜야 하고 주어진 시간 내에 업무를 완수해야 한다는 압박감 그리고 공적으로 연결되고 수직적 위계질서에 속한 타인들과의 관계맺음에서 오는 스트레스에 시달리는 임금노동과 달리, 가사노동은 시간을 융통성 있게 조절할 수 있고 업무를 둘러싼 수직적 · 수평적 대인 스트레스로부터 자유롭다. 이러한 장단점을 고려하여 각자의 성향에 맞는 역할을 수행하면서 가족이 항상 잘 굴러갈 수 있다면, 양 배우자 모두 만족스럽게 느낄 것이다. 그런데 고용이 불안정해진 오늘날, 중산층의 생활수준을 안정적으로 유지하기 위해서 맞벌이가 합리적인 것으로 여겨지고 있다. 게다가 여성들의 교육수준 향상과 경제적 독립 욕구 증가에 여성 인력에 대한 사회적 필요가 맞물리면서, 맞벌이는 젊은 세대의 규범으로 떠오르고 있다. 이처럼 임금노동이 남편과 아내 모두의 영역으로 받아들여지는 오늘날의 관심사는, 임금노동과 가사/육아노동이라는 양 영역 간의 분담이 아니라, 경제활동은 공유하되 사적 영역인 가사와 육아를 어떻게 분담하고 공유할 것인가에 놓일 수밖에 없다.

오랜 세월 동안 우리 사회에 뿌리를 내려 왔고 개인들에게도 내면화되어 있는 가부장적 분위기는, 아내의 취업 여부와 상관없이 가사 및 육아를 여성에게 부담지워 왔다. 그런데 가전제품의 발달과 가사의 상품화 그리고 자녀 수의 감소는 가사와 육아를 위해 투자해야 하는 기본적 시간과 에너지를 감소시킨 대신, 가사 및 육아에 대한 기대치를 상향조정하게 함으로써 주부 역할에 '전문성'의 잣대를 들이대는 결과를 낳았다. 오늘의 한국 사회에서 주부 역할이란, 음식을 장만하고 세탁을 하며 어린 자녀를 돌보는 수준에 머물지 않고, 자녀의 학업을 위한 정보 수집자이자 교육 보조자 역할에 이르기까지 확장되었다. 바야흐로 CEO형 주부를 이상적으로 여기는 시대이다. 이러한 추세는 한편으론, 저출산 시대이자 가사의 상품화 시대를 사는 전업주부들로 하여금 엄마이자 아내로서의 정체성을 유지하게 하고 대리만족을 구할 근거를 제공하는 것도 사실이다. 그러나 모성 역할의 확장 추세는 전업주부와 취업주부 간 엄마 역할을 둘러싼 긴장관계를 조성하고 취업주부로 하여금 자녀의 학업 관련 정보를 둘러싼 관계망으로부터 소외되게 한다. 자녀의 입시성공과 관련하여 사교육의 역할을 무시할 수 없는 현재의 한국 사회에서, 또래

자녀를 둔 어머니들 관계망에서의 소외는 취업모로 하여금 자녀에 대한 죄책감으로부터 벗어나기 힘들게 한다. 그리고 취업주부가 경험하는 가사와 직업 사이의 이중 역할로 인한 역할 갈등 및 과로로 인한 피로감 그리고 자녀에 대한 죄책감은, 직장의 업무에도 지장을 초래하고 건강을 해치며 가족 갈등을 야기한다.

이론적으로는, 남편과 아내가 가정생활을 영위하기 위한 모든 역할을 공평하게 분담하고 공유하는 것이 맞벌이 부부가 지향해야 할 바이다. 물론 자녀의 학업을 위해 아버지들이 직접 나서는 경우가 늘고 있긴 하다. 이는 아버지와 10대 자녀 간의 친밀성을 높이기 위해서도 바람직한 방안이다. 그러나 남성들에게 직장을 우선시하도록 강요하는 분위기와 업무시간 외의 술자리 문화는 여전해서, 아버지들로 하여금 자녀의 학업에 직접 나서거나 가사 및 육아를 위한 협력 시간과 에너지를 갖기 힘들게 하는 것도 사실이다. 특히 가족의 생계와 자녀의 학업 뒷바라지를 위한 경제적 부양기대가 남성들에게 더 무겁게 주어지는 문화에서, 남성의 일차적 영역은 여전히 '직장'일 수밖에 없다. 그래서 '회사형 인간'으로 내몰리면서 가족으로부터는 자신도 모르는 사이에 소외되고 있는 것이, 전형적인 중산층 남성들이다. 근본적 문제해결은, 남편과 아내가 함께 협력하여 가사와 육아 및 교육을 행할 수 있도록 지원하는 친가족적 직장 분위기—직장 내 육아시설, 육아 및 교육 휴직, 유연근무제 등—가 활성화되고 업무시간 외의 술자리 문화가 줄어들어서 저녁시간을 가족과 함께 지낼 수 있도록 하는 것에서부터 출발한다. 물론 이를 위해서, 친가족적 분위기를 조성하려는 기업의 의지와 더불어 정부 주도의 제도적 지원과 홍보가 필요하다. 또한 양 배우자가 활발히 의사소통하면서 서로의 상황에 맞추어 역할을 조정하고 분담하려는 의지와 노력이 이어질 때, 비로소 눈에 띄는 해결점에 도달할 수 있을 것이다.

### (3) 갈등 대처와 의사소통

부부로 산다는 것은, 긴 시간을 함께 지내면서 차이를 조율하고 타협하며 난관을 함께 극복해 가는 과정이다. 그래서 제한된 시간 동안 가장 좋은 모습으로 만날 수 있고 서로 상대에게만 집중할 수 있던 연애 시절에는 보이지 않거나 문제시되지 않던 부분들이, 결혼 후 갈등의 원인으로 부상하곤 한다. 물론 비슷한 면이 많은 사람들이 부부로 만나면 서로에 대한 이해의 폭이 넓어서 갈등의 소지가 적긴 하다. 그렇더라도 일상생활에서 부딪히는 다양한 사안에 관해 양 배우자가 언제나 같은 판단을 할 것으로 기대할 수는 없다. 특히 남자와 여자는 사고와 표현 방식에 차이가 있고 가족 안에서의 위치와 역할이 다르며 가족관계로 인해 영향을 받는 수준 역시 다르기 때문에, 상대편 배우자의 입장을 완벽히 이해하는 것은 불가능하다. 그래서 일상에서 부딪히는 소소한 의견의 불일치가 부부갈등의 원인이 되곤 한다. 그런데 의견의 불일치가 해소되지 않은 채 반복되면서 쌓이면, 결혼생활에 어두운 그림자를 드리우게 된다.

특히 확대가족과의 갈등은 한국의 결혼생활에서 해묵은 주제이다. 성리학 중심의 부계(父系) 및 부거(父居) 제도가 강력하던 시대엔, 모든 불만과 갈등을 표면화하지 않고 끊임없이 참아내는 인내가 부덕(婦德)으로 여겨졌으므로 가족 갈등이 수면 위로 올라오는 일은 드물었다. 그러나 우리 사회가 개인주의와 평등주의에 익숙해지면서, 결혼하는 딸에게 친정부모가 당부하고 여성 자신이 수용하던 “벙어리 삼 년, 귀머거리 삼 년, 장님 삼 년”의 인내는 더 이상 친정부모가 권장하지도 딸이 받아들이지도 않는다. 반면에 시부모와 시가식구들이 며느리이자 올케 및 형수/제수를 바라보는 의식은, 여전히 결혼을 자신들의 집안구도에 여성 한 명을 편입시키는 것이라고 여겨 왔던 집단주의 정서에 머물러 있다. 그래서 시가 쪽에서 당연시하는 것들이 결혼 당사자인 여성에게는 무리한 요구로 받아들여지고, 양쪽의 태도가 서로의 기대에 어긋나면 갈등이 표면화되기 쉽다. 과거에 비해 처가와의 접촉이 잦고 여성의 교육수준 및 사회활동이 많아진 오늘날, 처부모와 사위 간의 갈등은 새로이 부상하는 주제이다. 소자녀 시대의 부모에게 딸은, 아들과 마찬가지로, 평생토록 가까이 두며 손을 놓지 않고 싶은 존재이다. 그래서 사위의 자격이나 행동이 만족스럽지 않은 경우 처부모가 사위에게 불만을 표출하기도 하고, 자신들의 결혼생활에 처가 식구들의 간섭이 과하거나 부당하다고 느낄 경우 사위가 처가에 대한 불만을 드러내기도 한다. 이들은 유교 윤리와 집단주의 문화가 토착화되어 있는 한국 사회에 서구의 개인주의 및 평등주의 문화가 유입되어 섞이는 과도기가 길어지면서, 세대와 입장에 따라 다른 이념을 받아들임으로 인해 표면화되는 충돌 양상이다. 상호 모순되는 가치관들이 병존할 때, 각 개인은 자신에게 유리한 논리를 선별적으로 선택하기 때문이다. 이처럼 양 배우자와 양가 확대가족 간의 줄다리기는, 드물지 않게 결혼을 준비하는 시점부터 시작되어 결혼생활 내내 이어진다. 그런데 고부갈등의 중간지점에 아들이 그리고 장서갈등의 중간지점에 딸이 존재하므로, 그들이 어떻게 중재하느냐에 따라서 갈등의 수위가 조절되어 수면 아래로 가라앉기도 혹은 부부 갈등이나 양가 확대가족 간 갈등으로 확산되기도 한다.

결혼을 유지해 가는 동안 부모자녀 관계보다 우선적으로 보호해야 하고 친밀해야 하는 것이 부부관계임을, 양 당사자뿐 아니라 이들의 부모형제 역시 확실히 인지하고 받아들여야 한다. 서로의 신발을 바꿔 신어 보고 서로를 이해하려는 노력이 양쪽에서 이루어지면, 결혼을 계기로 하여 새로이 맺어진 관계가 훨씬 부드러울 수 있을 것이다. 이여봉(2017)은 신혼기 동안 부부가 하나의 단위로서 확대가족과 의사소통하고 상호 간 기대에 관한 절충을 이루어 낼 수 있어야, 가족주기 중 다음 단계에서도 안정적 결혼생활을 가꿔갈 수 있다고 주장한다.

결혼에 대한 만족도와 갈등에 대처하는 방식 사이에는 상당한 연관성이 존재한다. 결혼 만족도가 높은 부부는 갈등 상황에서도 서로에 대한 비난이나 인신공격보다는 문제 해결 자체에만 초점을 맞추어 긍정적으로 상호작용한다. 그래서 문제를 해결해 가는 과정에서 더욱 친밀해질 수 있다. 반면에 결혼 만족도가 낮은 부부는 서로를 비난하고 상처를 주기 때문에, 상호작용을 하면 할수록 오히려 갈등이 증폭되는 경향이 있다(Snyder *et al.*, 1977). 이러한 논리가 자성예견이론(Self-fulfilling Prophecy Theory)이다. 서로에 대한 친밀도와 만족도가 높다는 확신이 들 때 결혼을 결정해야 결혼생활이 순탄할 가능성이 높은 이유가 여기에 있다. 한편 상호작용 이론(Interactionist Theory)은 갈등처리과정에서 얻는 심리적 보상이 크고 부정적 대가가 적을수록 결혼 만족도가 높다고 주장한다(Heavey *et al.*, 1993; Noller *et al.*, 1994; Rusbult, 1983). 즉 얼마나 긍정적이고 효율적으로 상호작용하면서 갈등 해결을 위해 노력하고 관계를 가꿔 가느냐에 따라 결혼 만족도가 좌우된다는 것이다. 누구와 결혼하느냐에 못지않게, 서로를 보듬으면서 갈등을 건설적으로 해결하려는 의도적 노력이 중요한 이유가 여기에 있다. 상기 두 이론은 갈등 해결을 둘러싸고 부부간 상호작용과 결혼 만족도라는 두 변인 간 상반된 인과관계를 제시하는데, 이는 부부간 상호작용과 결혼 만족도 간에는 쌍방향적이고 순환적인 연관성이 존재하고 있음을 시사한다.

갈등을 건설적으로 해결하고 친밀감을 높이기 위한 노력이란, 그저 갈등을 회피하는 것을 의미하지는 않는다. 무조건 참으면서 갈등을 회피하는 파트너는 어떤 식으로든 부정적인 감정을 밖으로 흘릴 수밖에 없는데, 이는 상대방의 기분을 나쁘게 할 뿐 불만의 핵심이나 갈등의 원인에 관해서는 정확히 파악하지 못한 채 똑같은 행동을 반복하게 한다. 반면 갈등을 회피하는 당사자는, 더 이상 참을 수 없는 수준에 이르면 해결을 포기한 채 관계 자체를 끝내는 선택을 할 가능성이 높다. 따라서 평상시에 대화를 통해 본인이 느끼는 의견 차이를 배우자에게 전달하고 상대방의 의사를 확인하여 설득하며 타협하려는 시도가 필요하다(이여봉, 2017). 가부장적인 의사소통방식에 익숙한 한국 사회에서, 남편은 권위적이고 일방통행적이며 명령하달식의 의사전달을 해 왔다. 그러한 상호작용과정에서 아내의 자율적 의견 개진이나 주장은 배제되었고, 남편은 가장 가까운 관계여야 하는 아내에게조차 자신의 속내를 드러내 보이지 못하고 스스로 소외되었다. 그러나 이는 성별분업에 기초하여 도구적으로 상호 의존하던 전통시대의 가족에서 규범화되었던 패턴일 뿐, 오늘의 젊은 세대가 추구하는 동반자적 부부모델, 즉 양 배우자가 서로의 정체성을 유지하면서 상호 협력하고 친밀감을 추구해야 하는 모습과는 상당한 거리가 있다(이여봉, 2017).

의사소통이란 말이나 글 등의 언어를 통한 것뿐 아니라 표정이나 제스처 및 음색 등과 같은 비언어적 표현과 반응을 포함한다. 호킨스는 의사소통 유형을 차단형과 억제형 및 분석형 그리고 친숙형이라는 네 가지로 분류하였다(Hawkins, 1977; 김현주, 1995에서 재인용). 첫 번째, '차단형 의사소통'이란 혼자서 속으로만 끙끙 앓으며 고민할 뿐 상대방에겐 전혀 내색을 하지 않는 유형이다. 이 경우 상대방은 구체적인 상황을 파악하지 못해서 적절히 대처할 수 없는 반면에, 당사자는 스스로 초래한 소외감과 중압감으로 인해 극심한 스트레스를 겪는다. 두 번째, '억제형 의사소통'이란 말로 표현하거나 적극적으로 의논하지는 않지만 자신도 모르게 감정을 노출하게 되는 유형이다. 이들은 안절부절하면서도 걱정거리에 관해 구체적으로 설명하거나 도움을 청하지 않아서, 상대방은 막연히 불안을 느낄 뿐 상황을 제대로 파악하지 못한 채 오해를 할 가능성이 높다. 세 번째, '분석형 의사소통'이란 벌어진 상황에 관해 언어로는 설명을 하지만 그에 대한 감정을 드러내지 않는 유형이다. 그런데 벌어진 상황에 대한 객관적 설명과 주관적 해석 및 그에 대한 감정이 일치하여 표현되지 않는 의사소통은, 상대방을 걱정시키지 않으려는 좋은 의도일지라도, 오해를 불러일으키고 상대방으로 하여금 배신감을 느끼게 할 수 있으며 궁극적으로 관계를 훼손할 가능성이 높을 뿐 아니라 상대방으로 하여금 상황에 적절히 대처하지 못하게 한다. 따라서 상황에 대한 설명과 아울러 자신이 그것에 대해 어떻게 생각하고 얼마나 걱정하고 있는지 등에 관해서도 솔직히 털어놓고 의논하는 것이 중요하다. 이것이 호킨스가 분류한 네 번째 유형인 '친숙형 의사소통'이다.

고트만(Gottman, 1994)은 부부관계를 폭포수에 비유했다. 작은 불만과 갈등은 처음엔 별로 표시가 나지 않지만 해결되지 않은 채 쌓일 경우, 마치 완만히 흐르던 물이 낭떠러지에 이르러 폭포수처럼 한꺼번에 쏟아져 내리듯 갈등의 골이 깊게 패여서 관계를 돌이킬 수 없게 된다는 의미이다(이여봉, 2017). 따라서 부부는 관계회복이 가능한 시점을 놓치지 않고 서로를 보듬는 노력을 해야 한다. 서로 상처를 준 경우에도 가능한 한 빠른 시간 안에 상처를 준 것의 다섯 배 이상에 해당하는 수준의 지원과 애정 표현을 한다면 원만한 관계를 이어갈 수 있다는 연구 결과가 있다(Gottman, 1994). 이는 부부관계를 성공적으로 유지하기 위한 노력의 핵심이 애정적 지원을 활발히 주고받는 데 있음을 시사한다.

# 3. 파트너십의 해체

사람들이 파트너십을 형성하는 모습이 다양해지는 것처럼 일단 맺었던 파트너십을 해체하는 모습 역시 다양해지고 있다. 정서적으로 이미 파트너십이 해체된 상태에서 집안 대소사 참석 및 대외적 부부 행세 그리고 법적 혼인관계만 유지하는 경우가 있고, 일상생활을 전혀 공유하지 않으면서 법적 혼인관계만 유지하는 경우도 있으며, 법적 혼인관계 해지와 더불어 모든 관계를 완벽히 끊어 내는 경우도 있으나, 부부로서의 관계는 해지했지만 친구로서 서로 협조하고 배려하는 관계를 이어가는 경우도 있다. 법적 결합의 유지와 동거 여부 그리고 서로에 대한 정서적 배려와 서로로부터의 독립수준은, 늘 같은 방향 내지 같은 속도로만 진행하는 것은 아니다. 법적으로뿐 아니라 심리적으로도 전혼 및 전배우자로부터 독립하는 경우를 관계 해체의 완성이라고 보고 그에 반대되는 극단을 친밀하게 동거하는 부부관계로 본다면, 대부분의 부부는 두 지점을 잇는 선상의 어디쯤엔가 위치한다.

## 1) 졸혼

### (1) 졸혼의 정의

최근 나이든 부부들 사이에서 졸혼이 유행처럼 번지고 있다. 졸혼 즉 '결혼을 졸업한다.'는 것은, 긴 세월에 걸쳐서 성관계와 임신/출산 및 양육과 경제적 부양 등의 역할을 중심으로 함께 엮어 온 삶으로부터 해방된다는 의미이다. 법률적 결혼 상태의 온전한 유지와 배우자 간의 애정적 교류 및 정서적 지지의 상당한 유지 그리고 일상적 생활 돌봄의 약화와 생활공간의 분리 등으로 요약되는 졸혼은, 결혼이나 별거 및 이혼 등 그 어느 것과도 구별된다(김정석 · 김미선, 2020). 즉 졸혼은 법적 혼인관계를 해소하는 것은 아니라는 점에서 이혼과 다르고, 동거관계를 청산하고 각자 분리된 공간에서 독립적 삶을 살아갈 것에 관한 양 배우자간 의사의 합치를 중요한 구성요소로 여긴다는 점에서 일반적 별거와도 다르다(류일현, 2017). 혼외동거가 법적 결합은 아니지만 일상을 공유한다는 점에서 느슨한 결합이라고 할 수 있다면, 졸혼은 법적 결합을 유지하지만 일상을 공유하지 않는다는 점에서 또 하나의 느슨한 결합 형태이다.

### (2) 졸혼의 이유

이여봉(2022)은 졸혼이 출현한 이유로서 평균수명이 증가하여 자녀 출가 후 부부만 남아 살아가는 빈 둥지기가 길어진 것을 지목하였다. 개인주의 사고와 성평등적 가치관 그리고 졸혼 관념의 사회적 확산 또한, 졸혼을 결정하는 데 있어서의 심리적 장벽을 낮추고 있다(김정석 · 김미선, 2020).

졸혼에 이르는 이유에 따라, 졸혼 부부의 상호 우호성 및 서로에 대한 정서적 · 도구적 돌봄수준은 상이하다. 김정석과 김미선(2020)은 양 배우자가 상호 독립성과 개별성을 찾으려는 목적에서 따로 살면서 가끔씩 교류하며 서로를 지원하는 '적극적 졸혼'과, 불만족스러운 동거관계로부터 해방되고자 하는 한편의 요청과 상대편의 수용으로 이루어지는 해방적 차원의 '소극적 졸혼'으로 구분하였다. 이들 중 후자는 법적 이혼에 따르는 번거로움을 생략하고자 하는 것일 뿐 실질적으로는 유사 이혼으로서의 별거이므로 정서적 · 도구적 차원에서 상호 간 지원수준이 낮다.

### (3) 졸혼의 위험성과 대책

일반적인 법적 결혼에서 부부관계와 배우자의 역할이 규범화되어 온 것과 달리, 졸혼의 경우에는 배우자에 대한 구체적 책임과 의무의 범위에 대한 사회적 합의가 존재하지 않는다. 따라서 양 배우자가 졸혼에 대해 갖는 관념 및 기대는 상이할 수 있는데, 그 차이로 인하여 추후 갈등이 발생할 가능성이 적지 않다. 예를 들어, 한편 배우자는 졸혼을 했으니 자유롭게 다른 이성과 관계를 맺어도 된다고 생각하는데 상대편은 법적 이혼을 하지 않았으므로 혼외관계는 안 된다고 여길 수 있다. 그런데 이에 관한 합의 및 절충과정을 거치지 않고 합의서에 구체적으로 명시하지 않은 채 졸혼에 돌입하면, 추후 갈등이 심각해질 수 있고 법적 다툼 역시 애매해질 가능성이 있다. 또한 남편은 졸혼관계에서 생활비는 각자 마련해야 한다고 생각하는 반면 전업주부였던 아내는 남편이 자신의 생활비를 지원할 것이라고 당연시하는 경우, 이에 관한 합의 없이 각자 자신의 생각대로 믿으며 졸혼을 시작하면 이로 인한 갈등을 겪을 수밖에 없다. 졸혼을 거친 후 이혼에 이르게 되면, 졸혼기간은 결혼생활에 기여한 것으로 인정되지 않기 때문에 재산 분할과 관련하여 복잡한 상황에 직면하게 된다(이여봉, 2022).

따라서 졸혼에 돌입하는 양 배우자 간에는 거주 분리에 관한 합의만이 아니라 생활비 및 공동재산 분할과 이성교제 등 무엇을 어느 선까지 개별화하고 각자의 선택에 맡길 것인지 등 세세한 항목들에 관해 구체적으로 합의하고, 계약조건을 위반할 경우에 어떻게 할 것인지에 관해서도 상세히 기록하고 공정증서화해 두어야 한다.

### (4) 졸혼에 관한 전망

졸혼은 황혼에 이른 부부가 지금까지와는 다르게 각자 별도의 삶을 살기로 합의하고 실천하는 것을 의미한다. 그런데 결혼도 이혼도 일회성 사건이 아닌 것처럼, 졸혼 역시 지속적으로 이어지는 과정이다. 졸혼을 통해 각자가 추구하는 새로운 삶에 만족하면서 양 배우자가 친구처럼 서로를 방문하며 지원할 수도 혹은 노년의 홀로서기로 인한 서글픔과 초라함을 느끼며 후회할 수도 있다. 그 차이는 양 배우자가 서로의 독자적 삶을 격려하고 지원하는 우정의 정도와 더불어 실질적으로는 졸혼계약의 구체성 및 합리성 그리고 계약에 대한 성실한 실천 여부에 의해 좌우된다.

아직 졸혼에 관한 사회적 규범이 확립되지 않은 초기 단계이므로, 모든 것들이 개별 부부가 맺어온 관계의 질과 계약에 의존할 수밖에 없다. 그러나 우리 사회에 졸혼이 지속적으로 증가하면 이에 관한 일련의 사회적 규범이 자리를 잡을 것이다. 어떻든 졸혼의 확산은 긴 세월 동안 견고하게 유지되어 왔던 결혼의 경계가 느슨해지고 있음을 드러내는 단면임에 틀림이 없다.

## 2) 이혼

이혼이란 양 배우자가 모두 살아 있는 동안에 결혼관계를 해지하는 것이다. 이혼과 동시에 서로에 대한 권리와 의무가 사라지고 또한 상대방의 부모형제 및 친족과 맺어졌던 인척관계 역시 소멸한다(이여봉, 2017).

### (1) 한국의 이혼 추이

우리 사회의 조이혼율[9]은 1990년대 이후 가파른 추세로 증가되어 2003년에 조이혼율 3.4로 정점을 찍은 이후 완만한 감소세가 진행 중이다([그림 3]). 그러나 2021년을 기준으로 볼 때 한국의 조이혼율은 2.0으로서(통계청, 2022), 여전히 전 세계 평균 이혼율(1.7)을 상회하며 OECD 38개 회원국 중 9위를 기록하고 있다(매일경제, 2022).

---

9 조이혼율(crude divorce rate)이란 해당 연도 인구 1,000명당 이혼 건수이다. 다만 조이혼율은 인구 천 명당 이혼 건수를 계산한 것이므로, 결혼과 무관한 아동층까지 포함한다. 따라서 초저출산 국가인 한국의 경우 아동수가 상대적으로 적기 때문에 조이혼율이 높게 나타났을 가능성을 염두에 두어야 한다.

**[그림 3] 한국의 조이혼율 변화 추이**

출처 : 통계청, 『인구동향조사』, 각 연도.

오늘날 한국 이혼 추세의 대표적 특징은, 젊은 층에 집중되어 있었던 1970~80년대와 달리 이혼이 전 연령층으로 확산되고 있다는 점이다. 전체 이혼 건수가 2003년에 정점을 찍은 이래로 감소하고 있는 바와 달리, 황혼이혼 건수는 지속적인 증가 추세를 보이고 있다([그림 4]). 2021년을 기준으로 할 때 20년 이상 동거한 부부의 이혼이 39,387건으로서 전체 이혼 건수인 101,073건 중 39.0%인데, 이 중 30년 이상 함께 산 부부의 이혼이 17,869건이어서 전체 이혼 건수의 17.7%를 차지한다(통

**[그림 4] 전체 이혼 건수 및 황혼이혼 건수의 변화 추이**

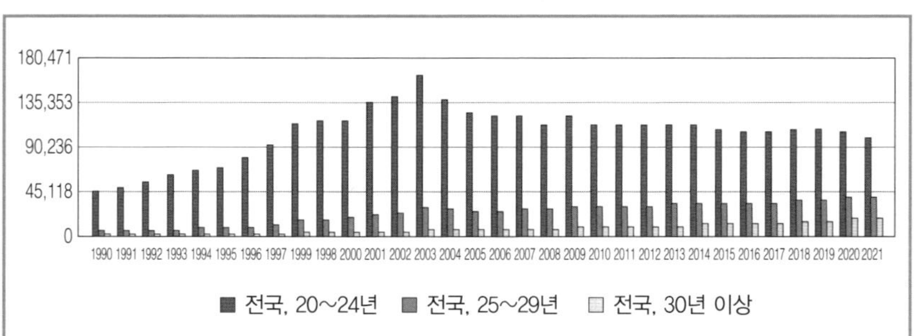


출처 : 통계청, 『인구동향조사』, 각 연도.

계청, 2022).

### (2) 이혼의 원인과 장벽

배우자의 부정이나 폭행이 이혼의 주 이유였던 과거와 달리, 1990년대 이후 이혼 사유는 다양해지고 있다(이여봉, 2017; 이현송, 1999). 구체적으로는 성격 차이, 생활 무능력, 경제문제로 인한 갈등, 폭언, 무시, 모욕, 대화 단절, 성격 파탄, 주벽, 불성실, 무책임, 애정 상실, 확대가족과의 갈등 등이 주 이혼사유이다(곽배희, 2002; 이여봉, 2017). 이들을 다음의 몇 가지로 범주화할 수 있다. 첫 번째는 성격 차이나 애정 결핍 혹은 의사소통의 부재, 외도 등과 같은 관계적 요인이다. 두 번째는 경제문제로 인한 갈등으로서, 구체적으로는 경제적 스트레스가 원인이 되어 부부 사이에 부정적인 상호작용이 오가고 그 과정에서 오해와 갈등이 증폭되면서 이혼에 이르게 되는 경우이다. 셋째, 결혼을 신랑이 속해 왔던 부계 친족체계에 신부를 편입시키는 형태로 여겨온 한국 사회에서 시부모 및 시형제자매에 의해 가해지는 '시집살이'는 해묵은 주제이지만, 평등주의 사고에 익숙한 오늘의 젊은 여성들이 무조건 참으라는 강요를 받아들이지 않으면서 갈등이 표면화되고 있다. 게다가 여성의 사회경제적 지위 상승과 더불어 처가식구들과의 관계 역시 부부생활의 새로운 변수로 등장하였다(이여봉, 2017). 넷째, 성생활의 불만을 표면적으로 드러내지 않던 과거와 달리 성적 만족감이 부부간 친밀도의 핵심으로 인정되면서 그에 관한 어려움과 불만이 중요한 이혼 사유로서 인정되고 있다. 그리고 다섯째, 어떤 경우에도 가족의 울타리를 지켜야 한다고 믿게 했던 집단주의 내지 가족주의적 사고가 개인의 행복 추구권에 대한 각성으로 인해 흔들리면서, 폭력 및 학대 그리고 중독 등이 이혼을 심각하게 고려해야 하는 이유로서 수용되고 있다.

위와 같은 사유들이 존재하더라도, 이혼을 막는 장벽이 훨씬 더 높다고 여겨지면 이혼을 시도하지 못한다. 어린 자녀의 존재, 즉 자녀에게 양친이 있는 가정을 제공해야 한다는 의무감이, 그 첫째일 수 있다. 그러나 자녀양육기의 이혼이 증가하고 이혼 후에 서로 양육권을 차지하려고 애쓰던 경향이 감소하는 현재의 상황은, 이혼을 억제하는 강력한 요인이었던 자녀의 의미가 약화되고 있음을 시사한다(이여봉, 2017; 한경혜 외, 2003). 둘째, 현재의 결혼생활이 고통스럽더라도 이혼 후의 생활이 현재보다 더 못할 것이라고 예측된다면 이혼을 주저할 수밖에 없다. 특히 이혼 후 경제적 독립을 할 자신이 없는 전업주부가 이혼을 주저하는 경우가 이에 해당된다. 다만 여성의 경제활동이 증가하면서, 경제적 능력 부족으로 인해 이혼을 망설이는 경향은 줄어들고 있다. 셋째, 여전히 가부장적인 사회 분위기하에서 보수적인 태도와 사회적 편견을 내면화한 정도가 강한 경우엔 불행한 결혼생활을 감내하며 '결혼 지키기'에 자존심을 걸기도 한다. 그러나 개인의 행복을 우선시하는 개인주의 사고와 이혼에 대한 허용적 분위기가 확산되면서, 이러한 경향 역시 감소되고 있다. 넷째, 사회적 위신이나 명예 혹은 체면 등과 같은 외적인 이유가 법적 이혼을 꺼리게 만드는 경우도 있다. 이들 중에는 대외적인 활동만 같이 할 뿐 대화를 하거나 함께 식사를 하는 등의 상호작용 없이 '한집 별거'를 하거나 혹은 자녀 교육 뒷바라지를 위한 '기러기 가족'으로 위장한 채 법적 혼인만을 유지하는 경우도 있다.

### (3) 이혼의 단계와 적응

결혼이 결혼식 및 혼인신고에 국한되는 일회성 사건이 아닌 것처럼, 이혼 역시 법원의 판결이나 이혼서류에 도장을 찍는 순간에 모든 관계를 잘라내는 단일 사건이 아니라 여러 단계들을 순차적으로 거쳐서 완성될 수도 있고 혹은 미완성의 상태에 머무를 수도 있는 '과정'으로서의 성격을 지닌다(이여봉, 2017).

우선 '정서적 이혼(emotional divorce)'이란 부부간 의사소통이나 정서적 교류가 전혀 없고 서로에 대한 거부감이 심해서 관계를 회복하기 힘든 경우를 의미한다.

이러한 상태의 부부가 각자 독립적인 삶을 시작하고 자유롭게 새로운 배우자와의 관계를 사회적 · 법적으로 인정받으려면, 먼저 '법적 이혼(legal divorce)'을 통해 부부관계를 종료해야 한다. 이미 정서적으로는 상호 유대가 존재하지 않으면서도 집착이나 위신 혹은 어린 자녀의 존재 등과 같은 장벽들 때문에 법적 이혼을 하지 않는 경우도 있지만, 아직 정서적으로 관계 회복의 가능성이 열려 있는 부부가 홧김에 법적 이혼을 서두르는 경우도 적지 않다. 후자의 경우, 부부 상담을 통해 관계회복을 위한 노력을 먼저 시도해 봐야 한다. 성급히 결정하는 이혼을 막기 위해, 2008년부터 한국에도 '이혼숙려제도'가 도입되었다. 이혼숙려제도란 협의이혼을 신청하고 나서 일정한 숙려기간이 경과된 후 정해진 날짜에 양 배우자 모두 법원에 출석하여 이혼의사에 변함이 없음을 확인해야 최종적으로 법적 이혼에 이를 수 있도록 한 제도이다. 미성년 자녀가 있는 경우에는 3개월, 그 밖의 경우에는 1개월의 숙려기간을 갖는 것을 법적 이혼의 성립 조건으로 하고 있다(이여봉, 2017).

'경제적 이혼(economic divorce)'이란 재산분할 및 위자료와 양육비 지급 등에 관한 합의 혹은 판결이 이루어짐으로써, 경제적 공동체로서의 삶을 종료하고 각자 별개의 삶을 시작하는 것을 의미한다. 경제적 분할에 관해 명확히 합의하지 않은 채 서둘러서 법적 혼인관계 종료만 서두르는 경우, 추후 경제적 분할과 관련된 분쟁이 발생할 가능성이 높다.

'지역사회 이혼(community divorce)'이란 부부 공동의 친지와 친구 및 이웃들과 얽혀 있던 관계망을 분리하는 과정이다(이여봉, 2017). 이혼 후의 전남편과 전아내가 모두 이혼 전 공동의 친구였던 사람들과 변함 없는 친분관계를 유지하기는 쉽지 않으므로, 새로운 관계 정립이 필요하다. 또한 자녀가 있는 부부가 이혼에 이른 경우 당사자와 상대방의 원가족 간 인척관계는 종결되지만, 자녀와 상대방의 원가족(family of origin)은 여전히 조손관계 및 삼촌관계 등 혈연에 기초한 친족으로 남는다. 따라서 이들이 어떤 식으로 접촉하며 상호관계를 이어가도록 할 것인지에 관해 협의할 필요가 있다. 이혼 사실로 인해 새로운 관계를 형성하거나 기존관계가 재편되는 지역사회 이혼과정에서 주위의 편견과 낙인을 경험하게 되는데, 이를 극복하는 것이 관건이다.

이와 같은 일련의 과정들을 겪어내고 전 배우자의 영향력이나 전 결혼에 대한 애착과 분노 등으로부터 심리적으로 자유로워지는 것을 '심리적 이혼(psychological divorce)'이라고 한다. 그런데 이혼한 사람들 모두가 심리적 이혼에 이르는 것은 아니어서, 많은 사람들이 전 배우자에 대한 분노와 적의를 끊어 내지 못한 채 살아간다. 그러나 양편이 심리적 이혼을 완수하고 난 후에야, 비로소 자녀들을 위한 양육협조자로서 건강한 관계를 정립하고 또한 전 배우자 및 전 결혼생활의 영향으로부터 벗어나서 새로운 삶을 시작할 수 있다. 그렇지 못한 경우, 전 배우자에 대한 적의와 비난을 자녀들에게 퍼붓게 되어 자녀의 정서 및 부모자녀 관계에도 부정적인 영향을 미치기 쉽다(이여봉, 2017). 또한 심리적 이혼단계에 이르지 못한 상태에서 전 배우자에 대한 복수심으로 인해 재혼을 결심하는 경우, 재혼 역시 건강한 출발이 되기 힘들다.

구체적인 상황뿐 아니라 심정적으로도 훨씬 복잡하게 얽힌 상태에서 이루어지는 것이 현실에서의 이혼이다. 어떻든 이혼이 차선책이라고 여겨진다면, 그 과정이 가능한 한 덜 고통스럽고 이혼 후의 삶이 새로운 출발이 될 수 있도록 노력하는 것이 중요하다. 그래서 이혼하기로 결정한 부부들에게, '이혼 상담'이 권유되곤 한다. 이혼 상담은, 부부간 갈등을 해소하여 부부관계를 회복하기 위해 행하는 부부 상담과 달리, 결혼이 왜 불행해졌는지에 관해 객관적으로 분석해 보게 하고 이혼이 상황적으로 불가피한지에 관해서도 다시 숙고해 보게 하며 이혼과정이 합리적으로 이루어질 수 있도록 필요한 정보 및 지원을 제공하고 또한 쌍방이 서로에게서 심리적으로 독립하여 독자적인 삶을 찾도록 유도하는 데 그 목적을 둔다(이여봉, 2017; 이원숙, 2004). 그런데 상담전문 인력과 재원이 불충분해서, 모든 이혼부부에게 양과 질 면에서 원하는 만큼의 상담이 제공되지 못하는 것이 현실이다. 따라서 이에 관한 제도적 지원이 절실하다.

### (4) 이혼가족 관계

이혼하는 두 사람 사이에 자녀가 있는 경우, 이혼을 하더라도 가족체계는 여전히 남는다. 그래서 한편은 자녀와 함께 한부모 가족으로 그리고 상대편은 비양육친으로서 자녀를 연결고리로 하여 서로 이어져 있다. 자녀 또한 자신의 의사와 상관없이 이루어진 부모의 이혼으로부터 자유롭지 않다. 이혼가정의 자녀라는 사회적 편견으로 인한 열등감, 비양육친에 대한 상실감과 버려졌다는 느낌으로 인한 불안, 서로 적대적인 양친 사이에서의 갈등, 그리고 한부모 가족의 일원으로 살면서 과거에 비양육친이 담당했었던 역할을 대신 떠맡아야 하는 어려움 등이 자녀의 몫으로 남는다(이여봉, 2017; 박부진, 1999).

오늘날 이혼가정의 자녀들이 겪는 어려움의 원인에 관한 분석들이 이루어지고 있다. 우선 첫째, 부모의 이혼과 연관되어 벌어지는 일련의 사건들, 즉 부모 중 어느 한편과의 별거와 이사 및 전학 그리고 비양육친 쪽 친족과의 관계 변화 등이 자녀에게 스트레스로 작용한다. 두 번째, 부모 중 어느 한편과는 분리되어 성장할 수밖에 없는 환경이 자녀에게서 친밀한 부부관계를 관찰하고 모방할 기회를 박탈한다. 세 번째, 이혼으로 인해 양육친에게 경제적 어려움이 초래되는 경우 자녀에 대한 재정적 지원이 부족할 가능성이 높아서 순차적으로 자녀의 성장에 부정적 영향을 끼치게 된다. 네 번째, 양육친이 이혼과정 및 이혼 전후의 스트레스 때문에 자녀에게 적절한 양육을 제공하지 못할 가능성이 있다. 그리고 다섯 번째, 이혼 전과 이혼과정 그리고 이혼 후까지 이어지는 양편 부모 간 갈등 자체가 자녀에게 나쁜 영향을 끼친다(이여봉, 2017; Amato and Booth, 1996). 그런데 이들 중 네 번째와 다섯 번째로 지적된 어려움은 이혼 자체에 의해서 초래된다기보다는 부부간 극심한 갈등상황으로 인해 빚어지는 문제들이다. 따라서 부부 사이가 친밀한 가정의 자녀와 비교된다면 명백한 차이를 보이겠으나, 갈등이 극심한 채로 법적 결혼만 유지하는 가정에서 성장하는 경우와 이혼을 통해 한부모 가정에서 성장하는 경우를 비교한다면 판단은 달라질 수도 있다.

부모의 이혼과 더불어 자녀가 겪는 어려움은 일정한 기간이 지나서 새로운 가족생활에 적응하면 극복된다는 연구(Hetherington and Kelly, 2002; Wallestein and Kelly, 1980)가 있는가 하면, 자녀가 성인이 된 이후의 사회경제적 성취 및 결혼의 안정성에까지 영향을 미친다는 연구도 있다(Amato, 1993; Amato and Keith, 1991; Amato and Booth, 1991; Ross and Mirowsky, 1999). 이들 중 후자는 이혼가정의 자녀가 양친 간의 친밀한 상호작용 대신 서로 분노하고 비난하며 이혼에 이르는 과정을 겪으면서 성장하기 때문에 추후 남과 긍정적으로 관계를 맺는 기술이 부족해지기 때문이라는 논리이다(이여봉, 2017). 또한 부부 갈등과 이혼으로 인해 극심한 스트레스를 받는 부모가 자녀에게 충분한 애정을 제공할 수 없기 때문에, 자녀는 긍정적이고 신뢰감 있는 정서를 발달시키지 못해서 성장 후에도 타인과 친근한 관계를 장기간 이어가기 힘들다는 논리도 타당하다(이여봉, 2017). 부모가 자신들의 이혼과정에서 자녀에게 어떤 환경을 제공하고 어떤 노력을 하느냐에 따라, 이혼 후 자녀의 적응과 상처 극복 여부뿐 아니라 부모자녀 관계의 질도 달라질 수 있다. 따라서 부부는 자신들의 이혼이 자녀에게 미칠 부정적 영향을 최소화하기 위해 노력해야 한다. 우선적으로 '이혼할 수밖에 없는' 현실에 관해 자녀의 눈높이에 맞추어 솔직하고 충분하게 설명하고, 이혼에도 불구하고 양친 모두 자녀에 대한 애정에는 변화가 없음을 자녀의 눈높이에 맞추어 끊임없이 설득해야 한다(이여봉, 2017). 그리고 이혼 후의 삶에서도 자녀에게 지속적이고 적극적으로 애정을 표현함으로써, 자녀의 심리적 불안을 해소시키고 신뢰를 얻도록 노력해야 한다. 이를 위해서라도, 전 배우자로부터 심리적으로 독립하여 양육협조자로서 원활히 상호작용하는 것이 중요하다. 아울러 대안적 역할모델이 될 만한 주변의 화목한 부부들을 자녀와 친밀하고 빈번하게 접촉하게 함으로써, 자녀로 하여금 부모 간의 상호작용에서 보지 못했던 부부간 친밀성을 관찰하고 익숙해지게끔 도와야 한다.

# 4. 파트너십의 재구성

## 1) 연속적 단혼제와 재혼

우리 시대의 가족제도를 연속적 단혼제(serial monogamy)라고 부른다. 이는 한 사람이 한 번에 한 명의 배우자와 관계를 맺지만 그/그녀와의 관계를 종결한 후에는 또 다른 배우자를 맞이할 수 있도록 하는, 즉 일생에 걸쳐서 여러 명의 배우자와 관계를 맺을 수 있도록 허용하는 제도이다. 한편 혹은 양편 배우자 모두 이혼이나 사별로 이전의 결혼관계를 종결한 후 다시 결혼을 통해 형성한 가족을, 재혼가족 혹은 재구성가족이라고 한다. 일각에서는 이혼 후 새로운 사람과의 재혼을 허용함으로써 평생 동안 한 사람만을 사랑해야 한다는 의무감에서 벗어나게 하여 혼인을 유지한 채 불륜관계에 처할 가능성을 줄인다는 점에서, 연속적 단혼을 현대사회에 적합한 결혼형태로 해석하기도 한다(이경덕, 2002). 평균 수명의 증가로 인해 성인으로서 살아가는 기간이 길어진 시대에, 결혼은 더 이상 '일생에 한번 뿐이어야 하는 사건'이라고 할 수는 없다.

지난 20여 년간 초혼 건수가 다소의 등락에도 불구하고 장기적으로는 감소 추세를 보이는 것과 달리, 재혼 건수는 1990년대 말엽 이후 상대적으로 증가된 모양새를 보였다([그림 5]). 물론 재혼 건수의 증가가 초혼 건수의 감소세를 보충할 만큼은 아니고, 최근 몇 년간은 재혼 건수 역시 주춤하고 있다. 그렇지만 전체 혼인에서 한편 혹은 양편 배우자 모두 재혼인 결합이 차지하는 비율이 증가하는 것은 사실이다. 2021년의 경우 전체 혼인 중 재혼인 경우가 22.5%로서, 2020년(21.8%)보다도 증가하였다(통계청, 2021, 2022).

또한 주목할 만한 것은, 1990년대 말부터 남성이 초혼이고 여성이 재혼인 결합이 그 반대의 경우보다 오히려 더 많은 수를 차지한다는 점이

**[그림 5] 혼인종류별 변화 추이**

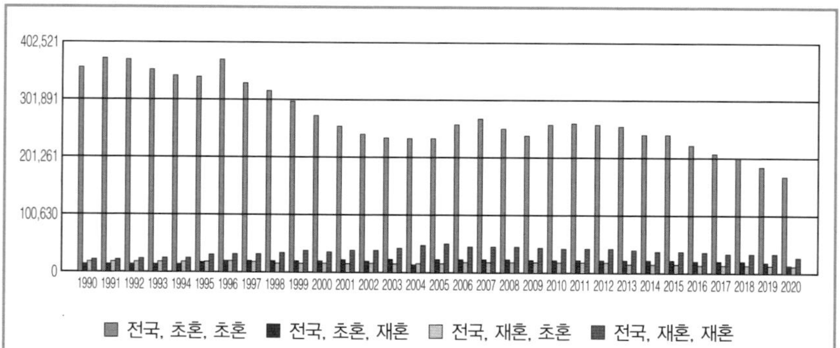


출처 : 통계청, 『인구동향조사』, 각 연도.

다. 2021년에도 여성이 초혼이고 남성이 재혼인 결합은 7,100건인 반면 남성이 초혼이고 여성이 재혼인 결합은 11,700건으로 보고되었다(통계청, 2022). 이는 여성의 재혼에 대한 사회의 부정적 인식과 배우자감으로서 결혼 경험이 있는 여성에 대한 거부감이 완화되고 있음을 시사한다.

## 2) 재혼의 이유와 재혼과정

재혼을 통해, 남성은 전혼 자녀를 위한 어머니 역할과 가사를 담당해 줄 존재를 얻고자 하는 반면 여성은 경제적 부양과 더불어 자녀를 위해 아버지 역할을 해 줄 존재를 찾는 것이 일반적이다(이여봉, 2017). 그럼에도 불구하고 재혼을 결정함에 있어서 우선이어야 하는 것은, 초혼과 마찬가지로, 파트너 상호 간의 정서적 유대이다.

사별 후의 재혼인 경우, 초혼 배우자와 유사한 성향을 지닌 배우자감을 찾는 경향이 있다. 왜냐 하면, 전 배우자와의 갈등으로 인해 전혼을 종결한 것이 아닌 데다 죽은 배우자에 대한 환상이 남아 있기 때문이다. 반면 이혼 후 재혼인 경우엔, 전혼에서 얻은 상처를 극복하겠다는 욕구가 강해서 전 배우자와는 상반된 유형을 찾기도 하고 혹은 성장기로부터 형성된 기호에 따라 다시금 전 배우자와 유사한 유형에게 끌리기도 한다(이여봉, 2017). 어떤 경우든 재혼 상대 후보자군은 초혼의 경우보다는 좁은 범위에 한정되므로, 연령이나 교육수준 및 종교적 배경과 관심사 그리고 생활방식 등 모든 면에서 유사한 상대를 만날 가능성이 초혼의 경우보다 낮다.

한편 재혼 상대자의 전혼 자녀와 동거하면서 양육할 것을 전제로 하는 재혼은, 고려해야 할 변수가 많다. 의붓 자녀와의 관계에는 친부모자녀 관계에 비해 장애 요인이 많은 반면, 의붓 부모자녀 관계의 질이 부부관계에 미치는 영향은 매우 크기 때문이다. 자녀들에게도 부모의 재혼은 새로운 관계맺음에 대한 두려움으로 다가온다. 물론 어떤 상황에서의 재혼인지 그리고 지나온 삶에서 자녀와의 관계를 어떻게 일구어 왔는지에 따라, 자녀들은 부모의 재혼에 있어서 지원자가 될 수도 있고 방해자가 될 수도 있다(이여봉, 2017).

일반적으로 미성년 자녀들은, 사별한 부모에 대한 충성심 혹은 부모의 이혼에 대한 저항감 등으로 인해서, 부모의 재혼을 받아들이기 힘들어 한다. 또한 미성년 자녀의 입장에서, 부모의 재혼은 아버지 또는 어머니의 자리를 다른 사람이 대체한다는 의미이므로 자신에게 다가오는 위기로 여겨지기도 한다. 어떤 경우든, 재혼을 하려는 당사자는 재혼이 자신의 삶에 얼마나 중요한지에 관해 자녀들의 눈높이에 맞추되 솔직하게 설명하고 이해시켜야 한다. 아울러 재혼 배우자를 즉각적으로 '부모로 받아들일' 것을 자녀에게 기대하지도 강요하지도 말고 자율적 선택영역으로 남겨 두어야 하며, 또한 부모의 재혼으로 인해 자녀의 삶이 변화될 가능성을 최소화시키도록 노력해야 한다.

한편 황혼의 재혼을 고려하는 경우, 성인 자녀들은 부모의 재혼으로 인해 자신들의 체면이 손상될 것에 대한 우려와 더불어 추후의 유산상속과 관련된 이유 때문에 노부모의 재혼을 반대하는 경향이 있다(이여봉, 2017; Zastrow and Kirst-Ashman, 1997). 이 경우에도 자식들의 눈치를 보면서 끙끙 앓거나 무조건 화를 낼 것이 아니라, 자신의 남아 있는 삶에서 재혼 상대자와의 관계가 갖는 중요성에 관해 자녀들에게 솔직하고 진지하게 설명해야 한다. 또한 본인의 사후에 자녀들과 재혼배우자 간 재산분쟁의 소지를 없애기 위해, 사전 증여 절차를 밟거나 혹은 재혼계약서에 재산 상속과 관련된 자신의 의지를 명시하고 관련된 모든 이들로 하여금 날인하게 하여 공정증서화해 두어야 한다. 이는 노부모의 재혼을 둘러싼 노인 자신과 성인 자녀 간 갈등의 중간 지점에서 상호 타협하기 위한 하나의 방안이다.

### 3) 재혼가족관계

재혼가족의 관계망은 초혼가족에 비해 훨씬 광범위하고 복잡하다(이여봉, 2017). 왜냐하면, 재혼가족에는 부부 중 어느 한편 혹은 양편 모두 전 배우자 및 전 배우자의 확대가족과 그/그녀의 현 배우자 및 자녀에 이르기까지 의붓관계(step relationship)와 생물학적 관계가 얽혀 있기 때문이다. 그래서 재혼가족을 연계가족(linked family) 혹은 혼합가족(blended family)이라고도 부른다(이여봉, 2017).

재혼부부 사이에서 계자녀든 친자녀든 상관없이 주 양육자로서의 역할은 여성에게 주어지는 것이 일반적이다. 반면에 의사결정과정에서의 권력은 일반적으로 남성에게 더 많이 주어진다. 다만 재혼부부는 초혼부부보다는 다소 균등하게 가족역할을 분담하고 공유하는 경향이 있다(Nock, 1995). 초혼 당시에 비해 나이가 든 두 사람의 원숙함과 전혼에서의 학습효과가, 재혼부부로 하여금 좀 더 평등한 관계를 추구하도록 하기 때문일 것이다.

그러나 재혼 배우자 간의 응집성은 초혼의 경우보다 낮은 것이 일반적이다. 재혼가족이 지닌 구조적 복잡성이 부부관계를 저해할 가능성 때문이다. 즉 자녀가 어느 한편 배우자에게는 계자녀이고 다른 한편에게는 친자녀라는 복잡성이 부부관계를 위협할 수 있고, 당사자 및 확대가족이 전혼 배우자와 현재의 배우자를 비교하며 저울질할 경우 재혼 부부관계에 나쁜 영향을 미칠 수 있으며, 재혼 가족관계에 관한 지침서나 역할모델이 부족한 상태에서 초혼으로 이루어진 핵가족적 틀에 꿰어 맞추려는 경향으로 인해 긴장과 갈등을 경험하기도 한다. 우선 재혼 전 한부모 가족일 때 부재하는 배우자 역할을 자녀가 채우고 있었다면, 해당 자녀는 부모의 재혼 후 그 자리를 양도해야 하는 데 대해 저항할 수 있다. 일례로 아버지와 단둘이 살았던 시절에 10대의 딸이 생활비를 맡아서 살림을 해 왔다면, 아버지의 재혼 후 이 역할을 계모에게 양도하라는 요구는 딸에게는 상실감과 동시에 계모에 대한 적의를 느끼게 할 것이다. 그렇다고 재혼 후에도 가계 관리를 남편의 전혼 자녀가 맡아서 하는 것을, 재혼한 아내로서는 수용하기 어렵다. 또한 자녀는 부재하는 친부모에 대한 충성심으로 인해 아버지 혹은 어머니가 새로운 배우자와 친밀감을 보이는 것에 대한 거부감이 들어서, 계부모에게 적대적으로 맞서면서 재혼 부부관계에 걸림돌이 되곤 한다. 계부모 역시 계자녀에 대한 친밀감과 애정이 재혼과 동시에 즉각적으로 우러나오는 것은 아니어서, 때로 계자녀가 부부 사이의 거추장스러운 훼방꾼으로 느껴질 수 있다. 한편 이혼과 재혼으로 인해 해당 자녀에게 죄책감과 측은함을 느껴오던 친부모로서는, 재혼 배우자와 자신의 친자녀 사이에 갈등이 발생할 경우 재혼 배우자에게 서운함을 느끼기 쉽다. 그런데 이 모든 경우에 필요한 것은, 재혼가족에서 발생하는 이러한 사건들을 생물학적 가족의 틀에 꿰어 맞추고 당장 해결하려 서두르지 않고 한 발짝 떨어져서 있는 그대로 수용하면서 서로를 자연스럽게 받아들일 수 있을 때까지 시간을 갖는 융통성이다.

재혼이라는 하나의 이름으로 뭉뚱그리기 힘들 만큼 재혼가족의 구성과 내용은 다양하다. 그리고 결합의 과정과 구성에 따라 그들 앞에 놓인 여정 역시 여러 갈래이다. 재혼에 임하는 양 배우자 모두 전혼 자녀가 없는 경우라면 초혼과 유사할 가능성이 높지만, 그렇지 않은 대부분의 재혼은 양 배우자가 각각 전 배우자 및 전혼 자녀와 함께 쌓아온 역사 그리고 이전 결혼생활에서 일군 유·무형의 자산과 빚으로 일궈진 토대 위에서 시작한다. 그 이전의 역사 중에는 새로운 배우자와 공유할 수 있는 부분도 있지만, 각각의 영역으로 남겨 두고 건드리지 말아야 할 부분도 존재한다. 따라서 초혼부부가 서로 공유할 수 있었던 모든 것들을 재혼부부 역시 똑같은 수준으로 공유할 수 있으리라는 기대는 무리한 욕심이자 환상이다.

### 4) 다시 행복 찾기

재혼부부 앞에 놓인 수많은 어려움에도 불구하고, 오늘날 재혼하는 부부들 중 상당수는 '새로운 행복 찾기'에 성공한다. 행복한 재혼 혹은 성공적 재혼을 위한 기본 수칙은 재혼가족이 지닌 한계를 인정하는 데서 출발해야 한다는 것이다.

개별 가족 차원의 전략으로서, 우선 첫째, 재혼부부와 얽혀 있는 주변 존재들과의 관계에서 어떻게 서로의 영역을 인정하고 역할 경계를 정착시킬 것인지에 관해서 결혼 전에 충분히 논의하고 합의해야 한다(이여봉, 2017). 둘째, 재혼가족은 생물학적 가족과 다름을 인정하고 가족성원 누구에게도 즉각적 친밀감을 강요하거나 기대하지 않아야 한다(이여봉, 2017). 그리고 셋째, 재혼가족임으로 인해 겪는 어려움을 가족 안에서 사적으로만 해결하려고 할 것이 아니라 적극적으로 주변에 도움을 요청하는 자세가 필요하다. 집안일은 담 밖을 넘어가지 않아야 한다고 믿어 온 '닫힌 가족'에 대한 신념은, 주변으로부터의 도움과 자원을 차단함으로써 재혼가족 구성원들로 하여금 속으로 끙끙 앓으면서 서로를 오해하게 하고 가족문제를 악화시키기 때문이다.

재혼이 드물지 않은 오늘날, 개별 가족 차원의 전략과 노력뿐 아니라 사회의 적극적 지원이 필요하다. 우선 첫째, 초혼 핵가족 중심의 '정상가족 이데올로기'를 극복하고, 재혼가족 또한 동등한 가족형태로 인정되고 수용되도록 적극적으로 홍보해야 한다. 둘째, 재혼가족을 초혼가족의 틀에 꿰어 맞추지 말고, 재혼가족 나름의 특성을 고려하는 법과 제도가 마련되고 준용되어야 한다. 셋째, 재혼가족 내 구성원 각자의 역할과 관계 및 특성 등을 고려한 새로운 가족관계 모델이 개발되고 보급되어야 한다. 그리고 넷째, 온라인과 오프라인을 통해 재혼가족을 위한 전문상담 시스템이 구축되고 활성화되어야 한다(이여봉, 2017).

재혼가족이 지닌 특성들을 우리 사회가 그리고 개별 구성원들이 그 자체로서 인정하고 받아들인다면, 재혼가족 구성원들이 자신들의 관계를 좀 더 유연하게 받아들이며 가족 구성원들 간 그리고 가족 밖의 다양한 가족들과 열린 자세로 공존할 수 있을 것이다.

## 5. 나가며 : 성공적인 파트너십을 위하여

스턴버그는 친밀감과 열정 및 헌신이라는 3요소로서 사랑을 정의한 바 있다(Stermberg, 1988). 이들 중 열정이란 본능적 이끌림에 의해 좌우되는 것으로서 상당한 기간 동안 서로를 실체가 아닌 이상화된 이미지로서 바라보게 한다. 그렇게 서로에 대해 콩깍지를 쓰고 평생을 살 수 있다면 좋겠으나, 그러한 환상은 얼마 지나지 않아 깨어지고 상대방도 자신도 전혀 완벽하지 않은 현실의 모습으로 마주 서 있음을 발견하게 된다. 그런데 어떤 커플은 서로의 장점을 키우고 단점을 보듬으면서 오래도록 하나의 단위로서 살아가고, 또 어떤 커플은 서로를 견디지 못한 채 결별의 수순을 밟는다. 무엇이 이러한 차이를 만들어 내는 것일까?

초혼이든 재혼이든 자신에게 적합한 짝을 찾아낸다는 것은, 완벽한 상대를 만난다는 의미는 아니다. 그보다는 자신이 지닌 성향이나 성적 취향과 조건 그리고 결혼으로 인해 새로이 주어질 역할에 무리 없이 부합되는 상대를 만난다는 의미이다. 이 세상에 존재하는 이성들 중 단 한 사람만이 운명적인 상대인 것은 아니지만, 한 여성이 모든 남성에게 두루 좋은 짝이 될 수 있는 것도 아니고 한 남성이 모든 여성에게 좋은 짝인 것도 아니기 때문이다. 그래서 자신에게 적합한 상대를 선택하는 것은, 성공적인 파트너십을 이루기 위한 하나의 중요한 축이다. 첫 단추를 잘못 끼운 옷은, 다음 단추부터 잘 끼우려고 아무리 노력하더라도 제대로 맞춰지지 않는다. 그래서 어떤 커플은 억지로 견뎌 내며 고통스럽게 살고, 또 어떤 사람들은 그동안 채웠던 단추를 다 풀어내어 벗어 버리고 새로운 짝을 찾아 나서기도 한다.

한편 가족을 일구어 함께 살아간다는 것은 끊임없는 의사소통, 힘겨루기와 갈등, 다툼과 화해 혹은 결별 등 여러 색깔의 날실들과 씨실들을 엮어서 천을 짜는 과정이다. 처음에 잘 골랐다고 해도 중간에 실들이 엉켜서 풀어낼 수 없게 되면, 고운 천을 완성해 내는 것은 불가능하다. 기든스(Giddens, 1992)는 불완전한 남성과 여성이 나름대로의 개별성과 독립성을 유지한 채로 동등한 위치에서 서로를 이해하고 존중하며 배려하는 관계를 오늘날 우리가 추구해야 하는 사랑이라고 설명하고 이를 '합의적 사랑(consensual love)'으로 개념화하였다. 이는 부부가 서로 평등하게 관심과 욕구를 표현하고 더불어 성을 즐기며 친밀감을 키워가야 한다는 의미로서(이여봉, 2017), 관계를 가꿔 가는 과정의 중요성을 의미한다. 성적인 친밀감 및 정서적 지원과 배려 그리고 일상적 삶에서의 의사결정이나 역할 역시 균형적으로 분담하고 공유하려는 마음가짐과 실천이 필요하다. 서로에게 잘 적응하고 관계를 원만하게 가꾸려는 적극적 노력은, 성공적인 파트너십을 이루기 위한 또 하나의 중요한 축이다.

09장

# 현대사회의 부모-자녀 관계

| 이선이(아주대학교 사회학과) |

인류가 오랜 역사를 이어가는 동안 끊임없이 재생산이 이루어져 왔지만, 자녀의 존재가 지니는 의미, 부모가 된다는 것의 의미, 부모의 역할 등은 역사적 · 문화적 맥락에 따라 변해 왔다. 그렇다면 현대사회에서 자녀를 낳고 양육하는 것에는 어떤 구별되는 특징들이 있는 것일까? 본 장에서는 다음의 주제들을 검토하면서, 현대사회의 특성이 부모-자녀 관계에 어떻게 반영되고 있는지 살펴보고자 한다.

- 현대사회의 부모들에게 자녀는 어떤 가치를 지니는 존재인가?
- 현대사회에서 부모가 된다는 것이 어떤 경로를 통해 이루어지며, 어떤 경험을 수반하는가?
- 자녀 양육방식이나 사회화 과정에서 나타나는 현대적 특성은 무엇인가?
- 저성장 경제와 인구고령화 등 최근의 거시적 사회변동은 생애과정에 새로운 변화를 일으키고 있다. 그중 특히 성인기 이행의 장기화는 부모-자녀 관계에 어떠한 영향을 미치고 있는가?

# 1. 자녀의 가치

자녀의 출산과 양육은 가족의 핵심적인 기능으로 여겨지고 있지만, 현대사회에서 출산은 필수가 아니라 선택이며, 또 결혼이 반드시 출산의 전제가 되는 것도 아니다. 이러한 맥락에서 다음과 같은 질문을 해 볼 수 있다. 사람들은 왜 자녀를 가지는 것일까?

## 1) 후기산업사회의 자녀의 가치

농경사회에서 자녀들은 가족의 생산에 필요한 노동력을 무상으로 제공하는 존재였고, 노년기 부양을 담당해 줄 노후 대비책이었다. 또 자녀는 부모의 소유로 여겨졌기 때문에, 때로 부채의 담보로 넘겨지거나, 금전적 이득을 위해 정략결혼의 대상이 되거나, 드물긴 하지만 노비로 팔릴 수도 있었다. 산업화 초기만 해도 어린이들은 부모와 한 묶음으로 공장에 취직하는 경우가 많았으며, 여자 아이들은 하녀로 가정집에 취직하기도 하였는데, 이때 그들의 임금이 부모에게 지급되는 것이 일반적인 일이었다(틸리 · 스콧, 2008).

그러나 현대사회에서 자녀는 과거와 같은 경제적 가치를 지니는 존재가 아니다. 국가나 계급에 따라 다르기는 하지만, 대부분의 사회에서 자녀들은 생산노동에 참여하지 않는다. 반대로, 과거에 비해 양육에 소요되는 기간도 길어지고, 교육비도 막대한 데다가, 출산 후 여성의 경제활동 제약에 따른 기회비용까지 포함하면 자녀는 엄청난 비용을 요구하는 존재이다(Becker, 1981). 게다가 자녀양육에 지출한 만큼 노후에 돌려받게 될 것이라고 기대하는 부모도 많지 않다. 그렇다면 현대사회에서 부모들에게 자녀는 어떤 가치를 지니는 존재인가? 이에 대해서는 조금씩 상이한 논의들이 존재한다.

## 2) 정서적 가치가 높은 존재

우선, 자녀에게 부여하는 정서적 가치의 비중이 엄청나게 커졌다는 논의가 있다. 현대의 부모들은 자녀의 존재 자체로부터 심리적인 만족을 얻는데, 이것은 다른 어떤 것으로 대체될 수 없는 특수한 유형의 만족이라는 주장이다. 자녀가 경제적으로는 무익하지만 정서적으로는 값을 매길 수 없을 만큼 '가치 있는(priceless)' 존재로 전환되는 변화가, 예컨대 미국에서는 19세기부터 20세기 초 사이에 일어났다고 한다. 이 주장의 근거는 자녀의 죽음에 따라 부모에게 부여되는 보험료나 보상금의 책정에 정서적 손실이 기준으로 인정되는 판례가 1920년대에 처음 등장한 사실에 있다(Zelizer, 1985).

심리적으로 생각해 볼 때, 자녀가 정서적 가치를 지닌다는 것에는 다양한 의미가 포함될 수 있다. 우선 자녀는 원초적 결속과 애착의 대상으로서, 특히 비인격적인 현대사회 속에서 엄청난 위안의 원천이 될 수 있다. 어떤 사람들에게 자녀는 자신의 생애를 넘어선 무엇에 연결되는, 즉 자아의 확장을 경험하게 하는 대상이다. 또 아이들은 재미있고, 자극제가 되며, 전에는 몰랐던 새로운 것을 알게 한다. 자녀양육을 통한 성취감, 창의성과 능력의 향상 등 개인적 성장과 발달의 경험을 하는 것에서 가치를 찾는 부모들도 많다. 그런데 핵심적으로 중요한 것은, 자녀들이 부모의 경제적 필요 때문에 존재하는 것이 아니라 부모가 자녀의 요구에 부응하기 위해 존재하게 되는 그런 관계로 부모-자녀 관계가 탈바꿈하였다는 사실이다(Zelizer, 1985).

이처럼 경제적으로는 쓸모가 없을지라도 자녀를 소중히 여길 수 있는 것은 아동기에 대한 이념적 전환이 이루어졌기 때문에 가능하였다. 아동기 이념의 전환을 가능하게 한 요인으로는 새로운 사상의 출현과 교육제도라는 두 가지 요인을 들 수 있다(Levine and White, 1991). 우선, 계몽주의 철학과 심리학이라는 과학적 지식이 아동기 변화의 중요한 밑거름이 되었다. 루소, 로크, 페스탈로치 등은 아동을 독립적인 인격을 지닌 존재로 인정해야 한다는 이념을 주창한 대표적인 사상가들이다. 19세기 후반에는 어린이의 정상적인 성장과 발달이 부모의 사랑과 지원 속에서 촉진된다는 심리학적 이론들이 널리 유포되기 시작하였다. 이러한 새로운 지식들과 함께 아동관 변화에 중요한 역할을 한 것은 보편교육체제였다(Levine and White, 1991). 학교는 아동기가 생산활동보다는 불확실한 미래를 위해 준비하는 시기라는 인식을 강제할 수 있는 강력한 장치였던 것이다. 보편교육체제가 처음 도입되던 당시, 많은 부모들은 노동력의 손실과 교육비용 때문에 자녀를 학교에 보내는 것을 탐탁지 않게 여겼었다. 이러한 불만을 극복하게 만든 것이 바로 자녀가 소중하고 사랑스러우며 무조건 보호하고 돌봐주어야 한다고 여기게 하는 새로운 이념이었다. 결국 아동기 이념의 전환이 가능했던 것은 아동에 관한 새로운 지식과 보편교육제도, 이 두 가지 요인의 결합 때문이었다고 볼 수 있다.

한국의 경우 아동기 개념의 전환이 이루어진 것은 1920~30년대 일제 식민지 시기였던 것으로 밝혀진 바 있다. 이 시기에 서구 문물의 도입과 함께 어린이 인권과 교육권에 대한 강조, 유아기 자녀교육의 중요성, 전통적 권위주의를 대신할 아동중심적인 교육방법 등에 관한 담론들이 중산층을 중심으로 급속히 확산되었다. 또 서구적 의료제도 및 교육제도의 도입으로 생겨난 병원과 학교가 새로운 아동기 개념이 사회에 자리잡게 하는 데에 중요한 역할을 하였다(김혜경, 1998).

### 3) 자녀의 현실적 유용성

정서적 가치를 강조하는 것과 달리, 다른 연구자들은 현대의 부모들에게 자녀가 여전히 현실적 유용성이 있는 존재라는 점을 역설한다. 우선, 자녀는 부모의 사회적 자본이 될 수 있다(Coleman, 1988). 자녀를 매개로 친족이나 지역사회의 누군가와 새롭게 관계를 형성하게 된다면, 부모에게 자녀는 자신의 이득을 확대시키는 자원이라 할 수 있다. 부모가 자녀를 매개로 얻게 되는 이득은 도구적이고 경제적인 것이기보다는 사회적이고 정서적인 것이 될 가능성이 크지만, 어쨌든 부모는 자녀를 통해 자신의 이득을 증진시키고 있는 것이다. 실제로 자녀를 통해 사회적 관계가 확대되는 것을 중요하게 여기는 사람들이 출산의향이 높다는 연구결과가 있어 사회적 자본 가설을 지지하고 있다(Schoen *et al.*, 1997).

자녀의 현실적 유용성을 강조하는 또 다른 논의로는 자녀의 존재가 삶의 불확실성을 감소시키는 가치를 지닌다는 불확실성축소이론(uncertainty reduction theory)이 있다(Friedman *et al.*, 1994). 이 이론의 근본적인 전제는 사람들이 본질적으로 불확실성을 (리스크보다도 더) 싫어하여 이를 축소시키는 방법을 찾도록 동기화되어 있다는 것이다. 선택의 결과가 좋을지 나쁠지 여부와 별도로 불확실성의 축소가 이루어지는 방향으로 선택을 한다는 것이다. 출산은 불확실성을 감소시키는 효과를 지닌다. 다시 말하면, 자녀가 생기면 선택할 수 있는 행위의 폭이 갑자기 줄어드는 것이다. 이 이론의 기본 가설은 자녀를 낳는 것 이외에 삶의 불확실성을 축소할 다른 방법이 적은 사람일수록 출산을 하게 될 가능성이 높아진다는 것이다. 예컨대, 이 이론은 직업적 성공의 전망이 나쁠수록, 원가족의 경제적 · 정서적 지원이 적을수록 출산 가능성이 높다고 예측한다. 이 이론은 높은 자녀양육 비용과 기회비용에도 불구하고 다수의 사람들이 여전히 자녀를 낳는다는 사실, 사회경제적 지위가 낮은 사람들의 출산율이 높은 현상, 10대 미혼모들이 임신중절이 아닌 출산을 선택하는 현상 등을 설명하고자 한다. 또 가족 이외에 다른 노후부양대책이 없는 사회일수록, 또 경제적인 불안정성이 클수록 미래의 안전판으로서 자녀의 가치가 커진다는 것을 시사한다.

### 4) 개인이 아닌 사회적 차원의 자녀가치

모건과 킹(Morgan and King, 2001)은 자녀의 가치를 생물학적 차원, 사회/제도적 차원, 개인적 차원, 이렇게 세 가지 다른 차원에서 논의할 수 있다고 주장한다. 이 주장의 가장 특이한 점은 자녀의 가치란 부모 개인의 차원에서만 존재하는 것이 아니라, 사회적 차원에서도 존재한다는 것이다. 여기에서 사회적 차원의 가치란 규범적 차원의 가치관을 말하는 것이 아니라 개인에게 적용되는 합리적 선택이라는 경제학적 논리와 연결된 것이다.

모건과 킹에 의하면, 자녀의 사회적 가치는 다산이 사회 전체에 어떤 결과를 가져다주는지를 살펴봄으로써 알 수 있다. 농업사회에서는 아동기부터 생산에 투입되기 때문에 높은 출산력을 유지하는 것이 유익하다. 집단의 문화적 정체성이나 정치적 주권이 위협당할 때에도 사회적으로 다산을 장려하는 경향이 나타나는데, 장래에 집단을 지킬 사람들을 확보하려는 의도의 발로일 수 있다. 또 젠더체제가 출산의 가치와 연결되어 있음을 모건과 킹은 역설한다. 출산율이 높으면 여성의 남성에 대한 의존도가 높아지고 남성의 권력이 그만큼 커지기 때문에, 한 사회의 젠더 불평등 구조가 출산율과 긴밀한 상응관계에 있다는 것이다. 예를 들면, 노동시장의 젠더불평등은 출산에 따른 기회비용을 낮추기 때문에 출산의 가치를 상승시킨다. 반면에 여성의 교육수준이 높아지고, 임금이 상승하고, 사회적 지위가 남성과 대등해질수록 출산의 가치는 하락하게 된다. 이처럼 사회체제의 특성에 따라 출산이 지니는 사회적 가치가 달라지는 것을 볼 수 있는데, 이는 곧바로 개인 차원의 가치와 선택을 제한하는 요인이 된다는 것이 모건과 킹의 주장이다. 우리나라의 경우도, 여성의 경제활동 증가는 출산에 따른 기회비용을 증가시킨다. 다른 한편 일-가정 양립이 어렵고, 경력단절 여성의 노동시장 재진입이 어렵다는 현실이 출산에 따른 기회비용을 가중시키는 상황이라 할 수 있다.

### 5) 가족주의 규범과 자녀의 가치

위에서 살펴본 자녀의 가치와 관련된 논의는 주로 합리적 선택의 원리를 기반으로 이루어진 것이며, 이러한 논의는 궁극적으로 한 사회의 출산율을 비롯한 출산경향을 예측하려는 시도에서 비롯된다. 그런데 한편 최근 우리나라를 비롯한 여러 사회에서 벌어지는 저출산 현상의 원인으로 가족주의 규범의 쇠퇴 또는 개인주의의 확대를 지적하는 소리가 높다. 이러한 주장에는 규범적 압력이 개인들의 합리적 가치판단을 제한하는 힘을 가질 수 있다는, 사회학적으로 지극히 타당한 가정이 깔려 있다.

그런데 흥미로운 것은 가족주의 규범이 현대사회에서는 반드시 출산을 촉진하는 방향으로 작용하지 않는다는 것이다. 우리나라에서 최근 증가하고 있는 무자녀 부부에 대한 연구결과에 의하면, 부모의 책임성 규범을 내면화하고 있는 사람들이 오히려 양육이 어려운 현실 사이에서의 갈등의 결과로 출산을 포기하는 경향이 있음을 보여주고 있다. 전통적 가족주의 가치관이 개인주의적 가치관을 배제하는 것이 아니라, 오히려 서로 공존하면서 증폭되는 효과를 지닐 수 있음을 시사하는 결과이다(이민아, 2013).

## 2. 부모가 되는 경험

제2차 인구변천론에 의하면 선진국에서 나타나고 있는 저출산현상은 단순히 출산율이 감소한다는 사실을 넘어서서, 가족 형성과 관련된 삶의 방식(life style)과 가치관의 변화를 수반한다. 제2차 인구변천에서 나타나는 첫 번째 패턴은 결혼의 지연, 즉 초혼연령의 상승과 관련이 있는데, 이에 따라 출산연령이 상승하고, 출산 자녀의 수가 감소하고, 자녀를 아예 낳지 않는 사람들이 증가한다는 것이다. 두 번째 패턴은 결혼제도 밖의 출산의 증가를 말하는데, 미혼 출산과 동거 상태의 출산이 증가한다는 것이다. 세 번째 패턴은 부부관계의 불안정성이 증가하여 이혼율과 재혼율이 상승하고, 아예 결혼을 하지 않고 동거만 하는 사람들이 증가한다는 것이다(Lesthaeghe, 2010; Cherlin, 2010). 제2차 인구변천과 연결되어 나타나는 현상들은 '부모가 된다'는 것이 예전과는 다른 특성을 보인다는 것을 의미한다. 이 절에서는 현대사회에서 부모가 되는 사람들의 인구학적 특징, 부모가 되는 경로의 다양화 현상, 그리고, 부모로의 역할 전환 경험이 과거와 어떻게 다른지 살펴보기로 한다.

## 1) 아이를 낳는 사람들과 낳지 않는 사람들

출산율은 모든 집단에서 고르게 나타나지 않고, 인구학적 특성에 따라 차이를 보인다. 저출산 시대에도 종교를 가진 사람들, 소수인종이나 이민자 집단, 교육수준이 낮은 집단에서는 출산율이 상대적으로 높게 유지되고 있다(Cherlin, 2010). 사회경제적 지위가 출산에 따라 기대되는 이득이나 기회비용의 크기에 영향을 미칠 수 있다는 점에 대해서는 앞서 논의한 바 있다.

### (1) 고령 출산

출산과 관련하여 최근에 나타나는 가장 두드러진 특징은 평균 출산연령이 크게 상승하였다는 것이다. 저출산 시대에 아이를 낳는 사람들이 대체로 나이가 많다. 한국의 경우 평균 초산연령이 매우 빠른 속도로 상승하고 있다. 2021년 어머니의 평균 출산연령은 첫째 아이 기준 32.6세였다(〈표 1〉 참조). 2000년에 27.7세였던 것과 비교하면, 20년 사이에 무려 4.9년이 증가한 것이다. 현재 출산율이 가장 높은 연령층은 30대 전반(30~34세)이다. 과거에 출산율이 가장 높았던 연령층은 20대 후반이었지만, 이 연령대의 출산율은 2000년 이후 가파르게 하락하였다. 이제 출산의 80%가량이 30대 이상에서 이루어지고 있다. 그중 35세 이상의 '고령산모'의 출산이 차지하는 비율은 35%에 이르고 있으며, 이 수치는 지속적으로 상승하는 추세이다. 출산연령이 높아지는 것은 만혼화의 당연한 결과이기도 하지만, 결혼을 하고도 출산을 지연시키는 경향도 함께 나타나고 있다. 2021년에 태어난 첫째 아이 부모의 평균 결혼기간은 2.5년이다. 10년 전에는 1.8년이었으며, 계속 증가하는 추세에 있다(통계청, 2021, 2022).

〈표 1〉 모의 평균 첫째 아이 출산연령과 연령별 출산율

(연령, 해당 연령 여자인구 천 명당 출산아 수)

| 연도 | 평균 첫째 아이 출산연령 | 15~19세 | 20~24세 | 25~29세 | 30~34세 | 35~39세 | 40~44세 | 45~49세 |
|---|---|---|---|---|---|---|---|---|
| 2000 | 27.7 | 2.6 | 39.2 | 150.3 | 84.1 | 17.6 | 2.7 | 0.2 |
| 2010 | 30.1 | 1.8 | 16.5 | 79.7 | 112.4 | 32.6 | 4.1 | 0.2 |
| 2021 | 32.6 | 0.5 | 7.6 | 45.8 | 115.3 | 76.2 | 14.7 | 0.4 |

출처 : 통계청, 「출생 통계」, 2021, 2022.

결혼과 출산의 시기를 늦추는 원인에 대해서는 두 가지 대립되는 주장이 있다. 하나는 문화적 접근으로, 종교적 영향의 약화와 개인화의 확대로 인해 가족형성이나 생애과정에 대한 전통적 규범이 약화된 것을 주요 원인으로 본다(Lesthaeghe, 2010). 다른 주장은 경제체제의 변화를 중시하는 구조적 접근으로, 개인들의 고용 및 재정 상태의 불확실성의 증가를 주요 원인으로 본다. 문화적 접근은 개인들이 선호하는 삶의 방식과 가치관에 근본적인 변화가 일어났다는 점을 강조하는데, 이는 제2차 인구변천론의 주요 주장이기도 하다. 구조적 접근은 가치관의 변화보다 불확실한 경제적 전망에 대응하는 전략적 선택의 결과라는 점을 강조한다. 어떠한 요인이 작용하는 것이든, 결혼과 출산의 지연은 결국 출산율 하락의 매우 중요한 요인이 되고 있다. 가임기라는 시간적 기회를 놓칠 가능성이 높아지기 때문이다.

### (2) 비혼 출산

저출산 시대에 아이를 낳는 사람들의 또 다른 인구학적 특징으로는 결혼하지 않는 상태에서 출산을 하는 사람의 비율이 높아졌다는 것을 들 수 있다. 결혼제도 밖에서 출산을 한다는 의미에서 '비혼 출산(non-marital birth)'이라고 통칭하는데, 비혼 출산은 다양한 형태로 존재한다. 우리가 흔히 떠올리는 '사생아를 낳은 미혼모' 이미지에 해당하는 비혼 출산은 그중 한 가지에 해당한다. 1980~90년대에 미국 사회에서는 10대 여자 청소년들의 출산이 심각한 사회문제로 대두된 적이 있다. 그 경우도 이 유형으로 분류할 수는 있겠으나, 현재와는 다른 사회적 맥락에서 나타났던 현상인 점을 이해할 필요가 있다. 당시는 성적 개방화가 급속도로 확산되는 반면 미성년자들에 대한 성교육이나 피임방법의 보급이 지체되던 시기로서, 과도기적으로 그런 현상이 나타났던 것이며, 현재 10대 미혼 출산은 그 숫자가 급감한 상태이다. 현재 미국에서 이 유형에 해당하는 여성의 나이는 20대로 상승하였다(McKeever and Wolfinger, 2011). 통계청 자료에 의하면, 한국에서는 2021년 약 7,700명의 '혼인 외의 출생아'가 태어났다. 지난 30년 사이 7천~1만 명 수준을 유지하고 있는데, 2012년에 1만여 명으로 정점에 이른 후 감소 추세에 있다. 전체 출산 중 차지하는 비중은 2.9%로서 30년 전 1.0%에서 점진적으로 상승하는 추세에 있다. 미혼모의 연령과 관련하여, 1990년대에 저연령화가 나타나서 10대 미혼모가 50% 이상을 차지하기도 하였으나, 2000년 중반 이후부터 다시 미혼모연령이 높아지고 있는 것으로 보고되고 있다(변수정 외, 2019).

다른 유형으로는 젊은 성인들이 결혼하지 않고 동거하는 상태에서 출산하는 경우를 들 수 있다. 서구사회에서 비혼 출산의 대다수는 동거커플에서 이루어지는데, 미국의 경우 비혼 출산의 절반 정도가 동거커플에게서 발생하고 있다. 동거커플은 출산 후 결혼으로 이행하기도 하지만, 그렇게 하지 않는 경우도 많다. 미국에서 이 유형은 대체로 경제적 지위가 낮고 빈곤율이 높은 특징이 나타나는데, 특히 젊은 나이에 비혼 출산을 한 여성은 빈곤상태를 벗어나기 어렵다(McKeever and Wolfinger, 2011). 동거관계에서 태어난 아이들은 빈곤이나 부모 간 관계 불안정성에 기인하여 삶의 질이 상대적으로 낮은 것으로 보고되기도 한다(McLanahan, 2004). 유럽의 경우, 국가에 따라 차이가 있지만, 동거의 사회적 수용도와 제도화 수준이 높은 국가에서는 삶의 질 격차가 상대적으로 적은 것으로 나타나며, 동거커플에서 촉진되는 젠더 평등성과 개인의 자유에 대한 존중이 아동 발달에 유리하게 작용한다는 주장도 있다(Thornton *et al.*, 2015).

비혼 출산의 세 번째 유형은 자발적으로 비혼 출산을 선택하는 경우이다. 이 유형에 해당하는 여성은 대체로 나이가 많고, 경제적 지위가 높은 특징이 있다. 마지막으로 이혼으로 인해 비혼 출산을 하게 되는 경우도 증가하고 있다.

비혼 출산이 증가하는 현상은 서구사회에서 나타나는 현상이며, 한국, 일본, 타이완, 싱가포르 같은 동아시아 국가들에서는 비혼 출산이 증가하지 않고 있다(Lesthaeghe, 2011). 동아시아에서도 초혼연령의 상승이나 이혼율 상승, 개인주의 가치관의 확산 등 제2차 인구변천에 수반되는 다른 패턴들은 나타나고 있지만, 유독 동거율이 높아지거나 동거관계에서의 출산이 증가하는 현상은 일어나고 있지 않다. 서구국가들에서는 일어나지 않는 초저출산율이 한국을 비롯한 동아시에에서 나타나는 원인 중 하나로 지목되는 것도 바로 낮은 비혼 출산율이다.

### (3) 무자녀

무자녀란 결혼을 하였으나 (또는 안정적인 파트너가 있으나) 평생 동안 자녀를 낳지 않는 상태를 이르는 개념이다. 일반적으로 출산율을 낮추는 요인과 무자녀율을 증가시키는 요인은 다르지 않다. 여성의 학력이 높을수록, 그리고 취업한 여성이 비취업 여성보다 무자녀가 될 가능성이 높다.

한편 무자녀가 되는 것은 어떤 단순한 요인으로 결정되는 것은 아니다. 무자녀는 자발적(또는 계획적)인지, 비자발적(또는 결과적)인지로 구별된다. 그런데 사실 자발적인지 비자발적인지가 고정되어 있는 것은 아니다. 최종적으로 무자녀에 이르는 경로에는 대표적으로 두 가지가 있다고 한다. 하나는 출산 의향이 있기는 하지만 계속 출산을 연기하다가 결국 포기하게 되는 것이고, 다른 하나는 20, 30대 내내 아이를 가질 것인가 말 것인가 의향이 명확하지 않다가 결국 출산을 할 수 없는 나이에 이르는 것이다(Rybinska and Morgan, 2019). 이런 것을 고려할 때 무자녀는 어느 시점에 고정되는 것으로 볼 것이 아니라 과정으로서 이해하는 것이 적절할 수 있다. 무자녀는 여러 경험과 요인들의 축적의 결과로 이루어지며, 따라서 시간 차원을 고려해야 한다는 것이다.

이러한 관점에서 보면 무자녀와 관련된 보다 세부적인 현실들이 재조명된다. 예를 들면, 여성의 고학력이 무자녀 가능성을 높이는 데에는 출산의 연기라는 과정이 개입된다. 출산의 연기는 무자녀의 가능성을 높이는 중요한 요인이다. 또 고학력 여성은 연령이 상승하면서 출산 의향이 긍정적으로 바뀌는 비율이 낮다. 여성의 취업은 출산에 부정적인 영향을 미치고, 직업적 열망이 높을수록 무자녀를 선호하는 것으로 알려져 있지만, 한편 출산에 대한 열망이 경제적 자원에 대한 열망과 결부되어 취업률을 높일 수도 있다. 사회경제적 지위가 낮은 여성들이 무자녀가 되는 과정에는 생식 관련 건강이상이나 난임의 경험이 개입되는 비율이 높다(Mynarska *et al.*, 2015).

## 2) 부모가 되는 다양한 경로

현대사회에서 출산이 필수가 아니라 선택이 됨에 따라 결혼을 하더라도 자녀를 낳지 않는 무자녀 부부가 증가하는 것은 사실이지만, 여전히 대다수의 사람들이 자녀를 낳고 있거나 가지기를 원하고 있다. 다만 초혼연령의 상승에 따라 임신에 어려움을 겪는 사람들이 증가하였다. 이에 따라 다양한 보조생식술을 통한 출산을 시도하거나, 입양을 고려하는 사람들도 증가하게 되었다. 다른 한편, 이혼율과 재혼율의 상승에 따라 혼합가족을 형성하게 되면서 의붓자식을 얻어 부모가 되거나 부모 역할의 범위가 넓어지게 되는 경우도 증가하고 있다. 한마디로, 현대사회에서는 자녀를 얻는 방법이나 경로가 다양해지고 있고, 부모-자녀 관계가 복잡해지고, 관계에 대한 기대나 규범도 다원화되고 있다고 할 수 있다. 자녀를 중심으로 말하면 부모가 1명 또는 2명만 있는 것이 아니라, 친생부모, 양부모, 의붓부모, 난자 또는 정자 기증자, 대리모 등을 포함하여 다수가 존재하는 상황에 있을 수 있으며, 이에 따라 부모가 수행하는 역할도 유동적이 된 것이다.

### (1) 보조생식술을 통한 출산

보조생식술이란 인간의 난자 또는 정자를 체외 채취하여 임신을 도와주기 위해 행해지는 여러 종류의 시술을 일컫는다. 자궁 내 정자주입술, 체외수정시술 및 배아이식이 대표적인 보조생식술이고, 정자공여시술, 난자공여시술, 대리모시술 등도 포함된다. 보조생식술은 자연적인 임신과 출산이 어려운 난임부부[1]를 대상으로 이루어진다. 난임(infertility)[2]이란 남녀가 임신을 목적으로 1년 이상 어떤 피임방법도 사용하지 않고 정상적인 성교를 했으나 임신이 되지 않는 상태로 정의되고 있다. 세계보건기구는 가임기 부부 중 난임부부의 비율을 15%로 추산하고 있다. 한국보건사회연구원이 실시한 전국조사에 의하면 19~49세 여성 중 17.2%가, 초혼연령이 35세 이상인 기혼여성의 경우는 31.9%가 난임을 경험한 것으로 나타난다(박종서 외, 2021). 연령이 높아질수록 난임 가능성은 증가한다. 연령 외에 빈곤, 전반적인 건강상태, 흡연, 비만, 성병 감염 경험 등도 난임 가능성을 높이는 요인으로 알려져 있기도 하나, 그러한 인자가 전혀 없는 사람들도 난임을 경험할 수 있다.

평균 초혼연령의 상승에 따라 난임을 경험하는 사람들이 증가하고 있으며, 보조생식술에 대한 수요가 높아지고 있다. 보조생식술은 특히 고령에 임신을 시도하는 사람들에게 난임을 극복하게 하는 매우 유용한 방법이다. 그러나 보조생식술이 모든 사람에게 성공적인 결과를 안겨 주는 것은 아니다. 보조생식술을 이용하기 위해서는 매우 많은 시간과 돈, 신체적 노력과 심리적 부담이 소요된다. 예를 들어 체외수정의 경우, 과배란 유도, 난자와 정자 채취, 수정 유도, 수정란 배양과 동결, 자궁내막 보강, 자궁 이식, 필요 시 태아 감축, 유전자 검사 등 여러 단계로 이루어진 과정을 거쳐야 하는데, 그 과정에서 임신을 시도하는 여성에게 신체적인 부담과 의사결정의 어려움을 준다. 여러 가지 어려움을 감수하였음에도 불구하고 결국 실패할 가능성도 있다. 난임은 부부관계에도 영향

1 대한산부인과학회의 「보조생식술 윤리지침」에 의하면, 우리나라에서는 원칙적으로 사실상의 혼인관계에 있는 사람들에 한해서 보조생식술을 시행할 수 있다.

2 우리나라에서는 원래 '불임'을 자연적인 임신이 어려운 상태를 지칭하는 용어로 사용하였으나, 2012년에 「모자보건법」의 개정으로 '불임'을 '난임'으로 변경하게 되었다. '난임'은 "쉽게 임신이 되지 않지만, 치료를 통해 임신이 가능한 상태"를 뜻하며, 난임 가정에 희망을 주고 저출산의 해결에 기여하려는 취지가 담겨 있는 용어이다.

을 미칠 수 있는데, 난임문제의 해결이 부부관계의 핵심 사안이 됨으로써 부부간의 친밀성이나 정신건강이나 재정에 압박을 가하는 경우가 빈번하게 발생한다.

보조생식술의 고비용문제 때문에 난임을 경험하는 모든 사람들이 선뜻 난임시술을 이용하기에는 장벽이 존재하며, 따라서 난임시술 이용자 수는 의료정책의 영향을 받는다. 우리나라에서는 2017년부터 난임시술에 건강보험이 적용되기 시작하였는데, 그 결과 2019년에 전년도 대비 난임시술의 결과로 태어난 아기가 3배 정도 증가하였다고 보도된 바 있다(중앙일보, 2021.7.14.).

보조생식술은 난임의 해결책이 되는 것에서 그치지 않는다. 보조생식술 중 난자나 정자의 공여를 통한 체외수정이나 대리모시술은 가족을 구성할 수 있는 새로운 경로를 열어놓게 되었다. 예를 들면 동성애 커플이나 건강상의 이유로 재생산이 불가능한 사람들이 출산을 하는 것이 가능해진 것이다. 한편, 보조생식술의 시행에는 생명윤리와 관련된 문제가 대두될 수 있는 지점들이 매우 많다. 대한산부인과학회에서 반포한 「보조생식술 윤리지침」에는 보조생식술의 시행과정에 내재되어 있는 다양한 윤리적인 문제와 관련 지침이 수록되어 있다.

### (2) 입양

입양이란 출산이 아닌 법적 제도를 기반으로 부모와 자녀의 지위를 획득하는 방법이다. 입양을 이해하려면 입양의 사회적 의미가 역사적 맥락에 따라 달라졌다는 점을 우선 유념해야 한다. 전통적으로 입양은 단절위기에 있는 가계를 계승하려는 목적으로 이루어졌다. 한국의 경우, 조상에 대한 제사를 이어갈 후손을 얻는 것이 입양의 주목적이었으며, 입양 당사자는 친족 중에서 선택되었다. 그러나 현대사회에서 입양은 요보호 아동의 권익과 복지를 고려하는 방향으로 전환되었다. 현대의 입양 대상 아동의 대다수는 미혼모 출산아와 전쟁고아이다. 이와 관련하여 현대의 입양에서 나타나는 중요한 특징 중 하나는 해외입양이 확산되었다는 것이다.

해외입양(국적의 변경을 수반하는 입양)[3]의 시작은 세계대전, 한국 전쟁, 베트남 전쟁 등의 결과로 생겨난 고아들에 대한 구제책에서 비롯되었다. 서구사회에서 해외입양이 특히 활성화된 것은 1960년대부터 2000년대 중반까지였는데, 해외입양이 확대된 데에는 서구사회에서 입양대상 아동이 급감한 점이 중요한 요인이었다. 피임기술의 발달, 낙태 합법화로 미혼 출산 자체가 감소하고, 미혼모에 대한 사회적 수용성의 증가 등이 영향을 미친 결과이다(Cohen, 2018). 2004년부터 2020년 사이 대표적인 입양접수국은 미국, 이탈리아, 스페인, 프랑스, 캐나다, 독일, 스웨덴, 네덜란드, 노르웨이, 덴마크 등이며, 대표적인 입양송출국은 중국, 러시아, 에티오피아, 과테말라, 콜롬비아, 우크라이나, 한국, 베트남, 아이티, 인도 등이다(HCCH, 2022). 해외입양 초창기에 입양송출국들은 빈곤율과 출산율이 높은 특징이 나타났었으나, 현재 러시아, 중국, 한국, 우크라이나 등은 모두 저출산 입양송출국들이다. 이 국가들은 입양에 대한 태도가 부정적인 특징을 지닌다(Selman, 2002).

현대입양에서 나타나는 또 다른 특징은 입양을 비밀리에 진행하지 않고, 공식적인 절차를 따를 뿐 아니라 입양과 관련된 정보를 공개하여 입양 후에도 친생부모와의 접촉이나 교류를 수용하는 방향으로 전환되었다는 것이다. 비공개입양 관행이 공개입양으로 전환되는 데에는 해외입양의 확산이 기여한 바가 크다. 해외입양의 경우 대부분 부모와의 외모

3 해외입양에서 입양대상 아동을 보내는 국가는 입양송출국, 입양아동을 받는 국가는 입양접수국이라고 한다. 해외입양은 국가 간 양방향으로 이루어지지 않고, 입양송출국과 입양접수국이 분리되는 특징을 보인다.

차이가 확연하기 때문에 입양의 사실이 공개되지 않을 수 없다. 또한 유명 연예인들의 해외입양 사례들이 미디어를 통해 알려지는 일들도 한몫하였다고 볼 수 있다(Kreider, 2007).

입양을 하는 부모들의 대다수는 오랜 난임기간을 거친 후에 입양을 선택하게 된다. 따라서 입양 부모들은 대체로 연령이 높고, 사회경제적 지위도 상대적으로 높다. 이들은 입양 절차를 위해 큰 비용을 지출하고, 입양 후에도 양육에 시간적으로나 경제적으로 많은 투자를 하는 특징을 보이기도 한다. 그러나 이러한 경우는 입양의 여러 유형 중 하나일 뿐이다.

최근에는 전 세계적으로 입양이 감소추세에 있다. 미혼 출산이 감소하면서 입양아동 대상이 줄어든 요인도 있지만, 입양에 대한 선호도가 줄어들고 있다는 보고도 있다. 공개입양 관행이 확산되면서 입양에 대한 부정적 인식이 완화되었지만, 입양을 선택하기보다는 난임시술을 통해 출산을 시도하거나, 아예 무자녀의 삶을 사는 것을 더 선호하는 경향이 강해지고 있다는 것이다(Fisher, 2003).

한국에서도 최근에 입양이 전반적으로 줄어들고 있다. 우선 입양대상 아동이 줄고 있다. 또한 해외입양 아동이 2007년 이후 현저히 감소하였다(〈표 2〉 참조). 우리나라는 2013년 헤이그국제아동입양협약[4]에 서명한 후 국내입양을 늘리기 위해 노력하고 있다. 정부에서는 국내입양을 촉진하기 위해 입양아동 양육수당지급, 입양비용 지원, 입양축하금 지급 등을 실시하고 있다. 그러나 매년 200~300명의 아동이 국내에서 가정을 찾지 못해 해외로 입양되고 있으며, 계속 입양송출이 높은 국가로 분류

4 헤이그국제아동입양협약은 해외입양과정에서 아동의 인권을 보호하고 아동의 복지를 최우선으로 고려하기 위해 1993년 헤이그국제사법회의에서 체결한 협약으로, 해외입양절차를 국가가 책임지고, 국내입양을 우선으로 하고 이것이 어려울 경우에만 해외입양을 고려한다는 원칙을 담고 있다. 한국에서는 2013년에 이 협약에 서명하기는 하였으나, 아직 비준하지 않고 있다.

되고 있다(보건복지부, 2021).

〈표 2〉 국내외 입양현황

(단위 : 명)

| 구분 | 계 | 2010년 이전 | 2011 | 2012 | 2013 | 2014 | 2015 | 2016 | 2017 | 2018 | 2019 | 2020 |
|---|---|---|---|---|---|---|---|---|---|---|---|---|
| 계 | 249,220 | 238,105 | 2,464 | 1,880 | 922 | 1,172 | 1,057 | 880 | 863 | 681 | 704 | 492 |
| 국내 | 81,124<br>(32.6%) | 74,409<br>(31.0%) | 1,548<br>(62.8%) | 1,125<br>(59.8%) | 686<br>(74.4%) | 637<br>(54.4%) | 683<br>(64.6%) | 546<br>(62.0%) | 465<br>(53.9%) | 378<br>(55.5%) | 387<br>(55.0%) | 260<br>(52.9%) |
| 국외 | 168,096<br>(67.4%) | 163,396<br>(69.0%) | 916<br>(37.2%) | 755<br>(40.2%) | 236<br>(25.6%) | 535<br>(45.6%) | 374<br>(35.4%) | 334<br>(38.0%) | 398<br>(46.1%) | 303<br>(44.5%) | 317<br>(45.0%) | 232<br>(47.1%) |

출처 : 보건복지부, 2021.

### (3) 재혼과 혼합가족

이혼이 증가함에 따라 재혼을 통해 혼합가족을 이루고 의붓부모가 되는 사례들이 증가하고 있다. 혼합가족(blended families)이란 배우자 중 적어도 한 사람이 재혼이면서 의붓관계가 포함되어 있는 가족을 말한다. 재혼과 의붓관계의 형성은 새로운 현상은 아니다. 그러나 과거의 혼합가족이 대부분 배우자 사별을 배경으로 만들어졌다면, 최근에는 대부분이 이혼 후에 이루어진다는 면에서 예전과는 다른 양상을 보인다. 혼합가족은 초혼으로 이루어진 가족과는 다른 구조적인 특징을 지니고 있다. 우선 친부모 중 한 명은 자녀와 따로 거주한다. 반면에 의붓부모와 의붓자녀 사이에는 아무런 법적 관계가 존재하지 않는다. 재혼한 부부간의 혼인관계에는 법적 구속력이 있지만, 친부/모가 친권을 포기한 후 친양자로 입양하지 않는 한 의붓부/모는 의붓자식의 교육, 재정, 건강, 종교, 기타 복지와 안녕에 대해 아무런 법적인 권한을 갖지 않는다. 이처럼 가족 내 법적 관계가 모호한 현실과 관련하여 재혼은 '완성되지 않은 제도(incomplete institution)'라고 불린 바 있다(Cherlin, 1978).

재혼은 초혼에 비해 이혼 가능성이 더 높은 것이 일반적 사실인데, 주요 원인으로 지목되는 것이 가족 간의 역할이나 규범의 불확정성이다. 혼합가족의 구성원들은 서로 불일치하는 기대와 습관 속에서 많은 오해와 긴장과 갈등을 경험하게 된다. 게다가 혼합가족 내의 복잡하고 모호한 가족관계나 친족관계도 재혼의 안정성을 위협한다. 친부/모와의 관계나 의붓부/모와의 관계 외에도 의붓형제들 간의 관계, 또는 조부모를 포함한 친척들과의 관계 등 복잡하게 확장되어 있는 관계들에서 소소하게 발생하는 긴장과 갈등이 가족의 결속을 어렵게 하는 요인이 되는 것이다.

한편, 복합가족의 증가가 가족관계의 변화를 이끄는 동인이 될 수 있다는 주장도 있다. 재혼한 사람들은 초혼에 머물러 있는 사람들에 비해서 개인의 자율성을 더 중시하는 경향이 있다. 그런데 이러한 개인주의적이고 독립적인 지향성이 복합가족에 연결된 복잡한 인간관계들을 헤쳐 나가는 데에 오히려 유리하게 작용할 수 있다는 것이다. 더 나아가서 자녀들이 개인주의적인 부모의 영향을 받을 수 있는데, 초혼부모 밑에서 자라는 아이들보다, 재혼부모 밑에서 자라는 아이들이 개인주의 성향이 더 강한 것으로 나타난다(Bengtson *et al*., 2002).

### 3) 부모로의 역할 전환

출산을 하든 입양을 하든 의붓부모가 되든, 부모가 된다는 것만큼 삶에 큰 변화를 일으키는 요인도 드물 것이다. 부모로의 이행은 점진적으로 일어나는 것이 아니라 어느 날 갑자기 이루어지며, 한 번 일어나면 되돌릴 수 없는 변화로서 죽음이나 출생의 경험에 비견할 만하다고 로시(Rossi, 1968)가 말한 바 있다.

부모 역할을 수행하는 것은 기본적으로 엄청난 스트레스를 유발하는

데, 주로 경제적 압박과 돌봄노동의 고달픔에 의해 유발된다고 한다. 부모들이 경험하는 정서에 환희, 즐거움 등의 긍정적 정서가 포함되기는 하지만, 분노의 경험이 높은 수준으로 나타나는 특징을 보인다. 자녀를 통해 심리적 만족을 찾고자 하는 현대의 부모들의 기대를 고려하면 이러한 결과는 역설적이라 할 수 있다. 특히 남성보다 여성들이 분노를 많이 느끼는데, 이는 경제적 불평등과 양육책임의 불평등한 분배로 유발되는 것으로 해석되고 있다(손승아, 2000).

경제활동과 관련된 변화는 부모가 되고 나서 겪는 또 다른 중요한 변화의 경험이다. 여성들은 노동시장에서의 일을 줄이고, 남성들은 반대로 늘리는 것이 일반적으로 나타나는 경향이었다. 다만, 근래에는 남성들도 적극적으로 양육에 참가하기 위해 노동시간을 줄이는 경향이 부분적으로 나타나고 있다. 남성들이 아버지가 된 후 노동시간을 늘리거나 줄이는 반대방향의 변화가 나타나는 것은 두 가지 상반되는 아버지상, 즉 '좋은 부양자(good provider)' 아버지와 어머니와 함께 양육에 적극 개입하는 '양육자 아버지(involved father)'가 대조를 이루는 상황이라 할 수 있다. 우리나라에서는 남성들이 육아를 위해 노동시간을 줄이는 추세가 아직은 약하다. 그러나 적어도 자녀양육에의 적극적 개입에 대한 압력과 심리적 부담감은 증가하고 있는 것으로 보인다(한경혜, 1996; 오제은, 2011). 최근 한국 정부는 남성의 육아참여를 확대시키기 위해 육아휴직 제도를 강화하고 있다. 2014년부터는 만 8세까지, 맞벌이 부부의 경우 각각 1년씩 총 2년의 육아휴직을 사용할 수 있다. 통계청 자료에 의하면 2013년의 경우 남성 육아휴직자는 전체 육아휴직자의 3.3%에 지나지 않았는데, 2021년에 24.1%에 이르렀다.

코원과 코원(Cowan and Cowan, 2002)은 현대의 부모들을 가리켜 새로운 '개척자'라고 표현하고 있다. 그 이유는 현대사회에서 부모가 된다는 것이 과거에 부모가 되는 것과는 근본적으로 다르고 또 어렵기 때문이다. 부모 역할을 수행하기 어려운 이유는 현대사회의 구조적 특성 때문이라고 이들은 주장하며, 다음의 세 가지 요인을 제시하고 있다. 첫째는 사회적 고립성이라는 현대 가족이 지니는 특성이다. 현대의 부모들은 공동체의 지원 없이 주로 자신들의 역량과 책임성에 의존하여 자녀를 양육해야 한다는 것이다. 둘째는 선택성의 증가라는 요인이다. 오늘날의 부부는 자녀를 낳는 문제와 관련하여 수많은 선택지를 가지고 있다. 자녀를 낳을 것인가, 몇 명을, 언제 낳을 것인가, 출산 후 어머니가 일을 계속할 것인가, 아버지는 어떤 역할을 할 것인가 등등 모든 것이 선택의 문제들이다. 이는 그만큼 명확한 기준이나 규범이 존재하지 않으며, 따라서 의사결정의 어려움과 부부간의 의견충돌 및 갈등의 요인이 많아짐을 의미한다. 마지막으로는 젠더 이데올로기와 관련된 긴장이다. 현대의 젊은 부부에게는 평등성을 기반으로 하는 친밀성을 추구하는 경향이 강해졌지만, 일-가정 양립의 현실적 어려움 때문에 평등주의와 전통주의의 모순 사이에서 갈등을 경험한다는 것이다.

이와 같은 구조적 배경 때문에 현대사회에서 부모가 된다는 것은 스트레스 요인의 다발을 만나는 것과 같다. 코원과 코원은 부모들이 특히 갈등을 경험하는 5개의 영역을 제시하였다. 첫째는 자아 개념 영역으로, 새로이 획득하게 된 부모로서의 정체성을 기존의 자아 개념과 융합하는 일이 현대의 부모들에게는 쉽지 않은 일이다. 둘째는 윗세대 부모들과의 관계 영역이다. 일반적으로 자녀가 생기면 세대 간 상호작용이 증가하는 경향이 있는데, 이러한 상호작용의 증가는 세대 간, 배우자 간, 또 개인 내면 속의 묵은 갈등을 재현시키거나 새로운 갈등을 부추기는 요인이 되기도 한다. 셋째는 부모-자녀 관계에 관한 것이다. 현대의 부모들은 어린이를 대하거나 돌보는 경험이 없이 부모가 되며, 부부 각자의 아동기 경험이 다르기 때문에 의견충돌이 많고, 게다가 자녀는 자라면서 계속해서 요구가 바뀌기 때문에, 자녀를 대하는 일이 늘 새로운 도전이다. 넷째는 일을 비롯한 사회적 관계 영역이다. 일-가정 양립은 아버지보다 어머니들이 더욱 첨예하게 갈등을 경험하는 문제이지만, 아버지들도 직업성취와 '좋은 아버지'가 되기 위한 요구 사이에서 점점 더 많은 갈등을 경험하고 있다. 다섯째 영역은 바로 부부관계이다. 대부분의 부부들은 출산 이후 부부관계 만족도가 하락하는 경험을 하며, 자녀돌봄, 가사노동, 의사결정 문제와 관련하여 많은 갈등을 경험하게 된다(Cowan and Cowan, 2002).

부모들이 이러한 갈등을 경험하는 것은 개인의 인격적 역량이나 개인주의 가치관 때문이 아니라, 누구에게나 주어지는 구조적 조건 때문이라는 주장을 새겨볼 만하다. 젊은 부부들을 도와주는 제도적 지원이 얼마나 필요한 것인지, 일부 취약계층만이 아니라 취약하지 않은 '정상적인' 아버지 어머니들도 도움이 필요함을 시사한다.

# 3. 자녀양육방식

## 1) 좋은 부모의 기준

자녀양육에서 부모의 역할은 무엇인가? 부모는 자녀를 어떠한 태도로 대하고, 어떠한 방식으로 양육하는 것이 바람직한 것일까? 이에 대해 답하는 것은 결코 간단하지가 않다. 왜냐하면 시대에 따라, 지역이나 문화에 따라, 또 계층에 따라 부모의 역할이나 양육방식의 표준이 다양하게 존재하기 때문이다.

바람직한 양육방식 관련 학설들이 어떻게 변화되어 왔는지 역사적으로 고찰한 연구에 의하면, 아동기 인성형성을 강조하는 학설이 등장하기 시작한 것은 미국의 경우 19세기 초부터였다고 한다. 그 이전의 양육 개념은 아이가 조속히 어른들이 하는 일들을 수행하게 되도록 훈련을 시키는 것이었을 뿐이다. 19세기 말부터 행동과학적 지식을 활용한 체계적 훈육과 습관형성에 대한 관심이 확산되었고, 20세기 중반에는 정서적 · 심리적 욕구의 충족이 강조되는 학설이 풍미하였다. 그리고 20세기 후반부터는 인지능력의 극대화와 사회성 발달에 대한 관심이 고조되었다는 특징이 나타난다(Mintz, 2007).

바람직한 양육방식에 관한 대표적인 이론의 예로 애착이론을 들 수 있다. 애착이론은 정신분석학자 보울비(Bowlby)에 의해 1950년대부터 집중적으로 논의가 전개되었으며, 지금까지도 유아발달에 관한 논의에서 중요한 위치를 차지하고 있다. 유아가 양육자와 얼마나 안정적인 관계를 형성하느냐가 이후 정서 및 사회성 발달에 중요한 영향을 미친다는 주장이 골자를 이룬다. 애착이론에 따르면 유아와 양육자의 관계를 네 가지 유형으로 구별하는데, 안정적 애착, 불안정-회피 애착, 불안정-저항 애착, 그리고 혼돈 애착이 그것이다. 안정적 애착은 부모가 자녀의 감정에 조응하고, 지지하고, 자녀의 요구에 민감하고 일관성 있게 대응할 때 형성된다. 안정적 애착관계가 형성되면 유아는 그 양육자를 안전기지로 이용하여, 주변환경을 탐험하고, 효과적인 학습과 독립성을 발달시키게 된다. 다른 유형들은 모두 안정적 애착형성에 실패하는 예로서, 이후 생애에서 친밀한 관계형성에서의 어려움을 비롯한 다양한 부적응 행동을 나타낼 가능성이 높다.

또 다른 유명한 논의로는 아동심리학자 바움린드(Baumrind)에 의해 제기된 부모의 훈육방식에 관한 논의를 들 수 있다. 부모들에게서 발견할 수 있는 훈육방식을 바움린드는 원래 권위적-권위주의적-방임적, 이렇게 세 가지 유형으로 분류하였으나, 후속 연구자들이 권위적-권위주의적-허용/방임적-무관심/비개입적, 네 가지 유형으로 정교화한 바 있다. 이 분류는 2개의 기준에 따른 것인데, 첫째는 부모가 행동의 지침을 얼마나 엄격하게 제시하는가에 관한 것이고, 둘째는 부모가 자녀의 요구에 얼마나 민감하게 반응하며 지지하는가에 관한 것이다.

권위적 훈육방식은 자녀에게 행동의 규율을 명확하고 일관성 있게 요구하지만, 제시하는 지침의 합리적 근거를 제시하고, 자녀의 반응에 대해 수용적인 태도를 취하며, 자녀의 불응행동에 처벌을 가하기보다 순응행동을 보상하는 방법으로 행동의 강화를 꾀한다. 이러한 훈육방식은 아동 · 청소년기의 제반 발달에 긍정적 영향을 미치며, 문제행동의 발생을 억제하는 매우 바람직한 결과를 가져온다. 권위주의적인 훈육방식은 많은 규율을 제시하고 순응을 강요하며, 지지적인 반응보다 처벌을 많이 사용하는 훈육방식인데, 이는 자율적 자기 통제력의 발달을 저해한다. 허용/방임적 훈육방식과 무관심/비개입적 훈육방식은 부모의 기대요구를 약하게 제시하는 특성을 지니는 훈육방식들이다. 허용/방임적 훈육방식은 자녀에 대한 높은 지지와 감응성을 특징으로 하는데, 자녀의 행동통제가 낮은 수준으로 이루어지는 대신, 부모와 자녀 간에 강한 정서적 결속이 생겨서 친구처럼 관계가 형성되는 장점이 있다. 무관심/비개입적 훈육방식은 친사회적 행동을 촉진하지 못하여, 문제행동을 일으킬 가능성이 높으며, 발달의 여러 차원에서 불리한 결과를 가져올 가능성이 높다(Pinquart and Silbereisn, 2005).

부모와의 안정적 애착형성이나, 권위적 훈육방식의 중요성을 강조하는 이론은 수많은 연구들에 의해 타당성이 검증되고, 현재까지 지속적으로 참조되는 이론들이다. 그런데 이들의 과학적 타당성 여부를 넘어서서, 이러한 논의들은 아이들이 최적의 상태로 성장하는 데에 부모의 영향이 지대하다는 메시지를 강력하게 암시하고 있다. 이러한 이념은 근본적으로 근대 이후에 나타난 아동에 관한 이념, 즉 아동이 연약하고 보호받아야 하는 존재라는 이념과 연결되어 현대 부모들의 역할을 규정하고 있는 것이다.

오늘날의 부모들은 자녀의 신체발육과 건강뿐 아니라, 인성발달, 심리적 만족, 사회성, 학업성취 등등 자녀의 모든 측면에 대해 세심하게 관심을 가질 뿐 아니라, 그 과정에서 부모의 역할이 막중하다고 여기고 있는 특징을 보이고 있다(Mintz, 2007). 현실적으로, 부모들은 아버지건 어머니건, 어머니가 취업을 했건 하지 않았건, 자녀들과 일상적 상호작용과 여가활동을 함께하고, 자녀들이 학업 외 활동을 할 수 있도록 지원하는 등 과거에 비해 훨씬 더 긴 시간을 다양한 형태의 돌봄과 양육에 사용하는 것으로 보고되고 있다. 20세기 초만 해도 부모들은 자녀들을 그렇게 세세하게 보살피거나 보호하지 않았다. 아이들이 약간의 곤경이나 갈등을 겪어도, 스트레스를 스스로 감당함으로써 나중에 세상을 이겨낼 수 있는 강한 성격을 기르게 된다고 여겼다. 그러한 인식이 20세기 후반에 들어서 확연히 바뀐 것으로 나타나는데, 부모들이 자녀를 전폭적으로 지원해야 자신감을 가지고 잘살아간다고 생각하게 된 것이다(Stearns, 2004).

## 2) 집중양육방식

최근에 큰 관심을 끌고 있는 '집중양육방식(intensive parenting)'은 부모의 역할이 극대화된 양육방식이라 할 수 있다. 라루(2012)가 참여관찰을 통해 확인한 바에 의하면, 미국 중산층의 많은 부모들은 "자녀의 스케줄을 조정하고, 가정 안팎에서 지켜봐 주며, 필요한 경우에는 언제든 아이들의 활동에 개입한다. 또 아이의 재능과 인지능력, 사회적 기술, 논리적 추론 등을 개발하는 데 많은 노력을 기울이는데(라루, 2012: 418)," 자녀의 재능을 발견하고 발전시키는 것이 자신의 중요한 역할이라고 여기고 있다. 그들은 자녀들과 많은 대화와 토론을 시도하며, 강제보다는 타협을 통해서 아이가 부모의 마음을 이해하고 스스로 자신의 행동이나 동기를 돌아볼 수 있게 하기 위해 애쓴다. 또 방과 후나 주말에 이루어지는 조직적인 여가활동이 훌륭한 양육의 필수적 요소라 생각한다.

역설적이게도, 이러한 양육방식을 구사하는 이 시대 부모들에게서 나타나는 특유의 증상은 다름 아닌 '불안'이라고 연구자들은 지적한다(Mintz, 2007; Stearns, 2004). 현대 부모들의 불안은 자녀의 성장과 발전에서 부모의 영향이 지대하다고 여기는 이념에서 비롯되었다는 것이다. 부모들은 '자신이 노력하면', '자신이 잘하면' 자녀들이 잘될 것이라고 여긴다. 그러나 바로 그렇기 때문에, 자녀에게 나타난 결과가 자신의 기대에 미치지 못할 때, 자책감에 빠지는 경향이 나타난다(Coleman, 2010). 또, 그렇기 때문에 자녀가 성공할 수 있을지 걱정이 많은 중간계급 부모일수록, "더더욱 자녀의 발전에 도움이 될지도 모르는 기회를 절대로 놓치지 않겠다(라루, 2012: 21)"는 결심 속에서 집중양육방식을 수행하게 된다.

## 3) 계층과 양육방식

앞서 언급한 바와 같이 바람직한 양육방식의 모델은 사회마다 다양할 뿐 아니라, 한 사회 안에서도 계급별 또는 문화적 하위집단별로 다양하게 나타난다. 계급에 따른 양육방식의 차이에 관한 사회학적 논의는 대표적으로 코온(Kohn and Schooler, 1978)의 연구에서 찾을 수 있다. 코온의 연구에서 노동계급의 부모들은 자녀들에게 단정하고 깨끗할 것과, 규율을 지키고 부모에게 순종하고 공손할 것을 강조하는 반면, 중간계급 부모들은 자율성과 독립심 · 호기심 등을 강조하는 경향이 있는 것으로 나타났다. 이러한 양육방식의 차이는 부모 자신들의 직업특성의 차이에서 비롯되는 것으로 확인되었다. 즉, 노동계급의 부모들은 자신의 직업을 유지하는 데에 권위와 규칙에 순응하는 것이 중요하고, 중간계급의 부모들은 자발적 문제해결과 인지적 유연성의 발휘가 중요하다는 차이가 있는데, 그러한 경험의 차이가 자녀양육방식에서의 차이의 중요한 요인이 된다는 것이다. 이러한 양육방식의 차이는 각 계급별로 자녀들을 부모와 비슷한 지위의 직업에 맞게 사회화시키는 결과를 가져오게 된다는 사실에 주목할 필요가 있다.

앞서 검토한 집중양육방식도 사실은 중산층에 국한해서 일반적으로 나타나는 양육방식이며, 하위계층에서는 다른 형태의 양육방식이 더 일반적으로 나타난다는 것이 라루(2012)의 연구결과이다. 라루가 참여관찰을 통해 확인한 바에 의하면, 노동 및 빈곤계급 부모들은 중간계급 부모와 달리, 자녀의 감정이나 의견과 생각을 끌어내려 하지 않는다. 부모와 자녀 사이의 언어사용은 토론이나 대화를 위한 것이라기보다 주로 의사전달을 목적으로 사용되며, 따라서 부모는 지시를 내리는 말을 많이 한다. 여가시간도 중간계급의 집중양육방식에서 나타나는 것처럼 조직적으로 관리되기보다는, 자유로운 시간이 길게 주어진다. 그렇다고 이들이 부모로서 자녀의 발달을 촉진하기 위해 개입할 것이 없다고 생각하는 것은 결코 아니라고 라루는 역설한다. 이들도 중간계급 부모와 마찬가지로 자신이 활용할 수 있는 자원의 범위에서 자녀의 발달에 유리하다고 여겨지는 방법으로 "세심한 주의를 기울이며(라루, 2012: 415)" 양육하고 있는 것이다. 다만 자녀의 능력개발과 관련된 문제를 자녀들의 자율적 영역의 문제로 인식하는 것일 뿐이다. 이러한 논리에 맞추어 라루는 이들의 양육방식을 '자연적 성장을 통한 성취'라고 명명하고 '집중양육방식'과 대조시키고 있다. 이들이 부모로서의 역할로 가장 중요하게 여기는 것은 자녀들에게 집과 먹을거리, 그리고 안전한 환경을 제공하는 것이다.

라루의 연구결과, 중간계급과 하위계급의 자녀양육방식에는 확연한 차이가 있었다. 물론 어느 계층의 부모이건, 자신의 양육방식이 계층에 기반해 있다는 사실을 인식하고 있지는 않았다. 그런데 양육방식의 차이가 자녀에게 가져오는 결과에도 분명한 차이가 있는 것으로 나타났다. 중간계급의 집중양육방식은 자녀에게 권리에 대한 확고한 의식과, 높은 자존감, 어른들 앞에서 어려움 없이 동등한 입장에서 대화하는 법, 다양한 경험을 통한 문제해결 역량 등에서 우위에 서게 한다. 자연적 성장을 통한 성취방식은 자율적으로 스스로 여가시간을 관리하거나 어른의 지도 없이 놀이를 즐길 줄 알고, 활력이 넘치게 하는 장점이 있었다. 이처럼 두 유형의 양육방식이 각기 다른 장점이 있기는 하지만, 중요한 것은 학교를 비롯한 공공기관 등에서 중간계급 부모의 양육방식을 더 높게 평가하고, 또 중간계급 아이들이 습득한 기술과 역량이 또래와의 경쟁에서 더 유리한 결과를 가져온다는 사실이다.

# 4. 사회화와 부모-자녀 관계

## 1) 사회화의 기제 : 고전 심리학 이론들

사회화란 개인이 한 사회의 가치와 규범, 관습과 생존방식을 전수받아, 그 사회의 구성원으로서 적응할 수 있게 되는 과정으로 정의할 수 있다. 아동의 사회화 과정에서 가족, 특히 부모는 가장 중요하고 원초적인 사회화 담당자로 여겨져 왔다. 사회화 과정을 설명하는 고전적인 이론으로는 대표적으로 학습이론, 정신분석이론, 인지발달이론 등의 심리학적 이론들을 들 수 있다. 학습이론 관점에 의하면, 부모는 보상과 처벌 등을 통한 강화기제나 모방기제를 통해 다양한 행동방식과 사회적 역할과 규범을 학습시킨다. 정신분석이론 관점에서는 유아가 본능적 욕구, 특히 오이디푸스 콤플렉스 또는 엘렉트라 콤플렉스를 해소해 가는 과정에서 부모와의 동일시 기제가 작동하면서 기성사회의 문화를 내면화하게 되는 것으로 설명한다. 또 인지발달이론에서는 세상을 인식하게 하는 기본 인지적 도식을 형성하게 될 때 부모에 의해 만들어진 환경의 역할을 강조한다. 이러한 고전적인 이론들을 바탕으로, 부모가 어린 아이의 최초 사회화 담당자로서, 평생 지속적인 효과를 가질 만한 중요한 영향을 어떻게 미치게 되는가를 많은 연구자들이 분석하였다.

그러나 이러한 전통적인 사회화 연구들이 내포하는 전제에 대해 심각한 문제제기들이 이루어져 왔다. 전통적인 사회화 연구에서는 부모가 자녀에게 전수하는 행동양식이나 태도와 가치 등을 고정된 것으로 간주하는 경향이 있다(Putney and Bengtson, 2002). 또 사회화의 담당자는 부모이고 자녀는 대상인 것으로 설정하여 사회화가 일방향적으로 이루어지는 것으로 가정하는 것이 일반적이다. 그러나 현실적으로 부모-자녀 관계에서 이루어지는 사회화 과정은 훨씬 다채롭고 복잡한 양상으로 펼쳐진다. 우선, 사회화란 아동기에만 일어나는 것이 아니라, 성인이 되어서도 평생 동안 지속적으로 이루어지는 과정이다. 사회변동과 기술혁신이 급격하고 끊임없이 이루어지는 현대사회에서, 기성사회의 규범과 생활양식이 고스란히 전수되는 과정으로 사회화가 일어난다고 가정하는 것도 타당하지 않을 뿐더러, 아랫세대가 사회화의 담당자가 되고 윗세대가 대상이 되는 반대방향의 사회화가 일어나는 경우도 많다(Grusec and Davidov, 2007). 또 급격한 사회변동과 더불어, 이혼의 증가와 어머니들의 경제활동 참가 증가에 따라 가족구조 및 관계의 가변성이 증가하고 있는데, 전통적 사회화 이론이 제시하는 학습이나 모방, 동일시와 같은 기제들은 지나치게 단순하고 기계적이면서 결정론적이어서 복잡한 가족의 현실을 설명하는 데에 한계가 많았다(Putney and Bengtson, 2002).

## 2) 사회화의 기제 : 사회학적 이론들

최근에 전통적인 사회화 개념의 한계성을 극복하기 위해 많은 연구자들이 사회화 현상을 재조명하고 재개념화하고 있다. 특히 사회학자들은 전통적 논의에서 주로 심리학적인 기제에 의존하여 사회화 과정을 분석하던 것을 넘어서서, 보다 사회학적인 기제들을 제시하고 있다. 예를 들면 벵슨과 동료들(Putney and Bengtson, 2002)은 부모의 사회적 지위의 계승(status inheritance) 자체가 사회화의 중요한 기제라고 강조한다. 부모의 지위가 계승되는 통로는 다양하게 존재하는데, 가장 기본적으로 사회적 지위에 따라 거주지나 교육기관, 기타 사회적 네트워크 등에 자녀를 위치시키는 것에서부터 시작된다. 자녀들은 자신이 놓인 위치에서 타인과의 상호작용을 하는 과정에서 사회에 대한 특정 인식이나 태도, 자신이 미래에 무엇을 할 수 있는지에 대한 기대감이나 직업적 열망 등을 형성하게 되는 것이다. 앞서 검토한 라루(2012)의 연구에서도 이러한 기제가 잘 나타나 있다. 또 코온 등(Kohn and Schooler, 1983)의 연구에서는 부모의 직업적 지위에 따라 형성된 가치관이 양육행동 영향을 미침으로써, 결과적으로 자녀의 태도에도 영향을 미치게 되는 기제를 보여주고 있다. 이러한 논의에서 '사회화'란 중립적인 개념이 아니라는 점에 주목해야 한다(Putney and Bengtson, 2002). 다시 말해서, 사회적 상황에 관계없이 보편적인 기제로 기계처럼 작동하는 과정을 지칭하는 개념이 아니라는 것을 발견할 수 있다.

또 다른 사회화의 기제로 최근에 관심을 끄는 것은 세대 간 애정적 결속(affective bond) 또는 정서적 친밀도이다. 애정적 결속은, 예컨대 청소년기 심리적 안녕감과 적응력의 증대, 세대 간 자긍심의 전파, 성인자녀의 노부모돌봄 동기형성 등이 중요한 기제인 것으로 확인된 바 있다

(Putney and Bengtson, 2002).

또한 '상황정의(defining)'라는 기제는 상징적 상호작용론적 관점에서 발굴된 기제이다. 학습이론에서는 부모행동의 모델링(모방)이 사회화의 강력한 기제로 제시된 바 있다. 이와 달리 상황정의 기제란, 자녀에게 기대하는 행동을 말로 선포하여 상황을 정의해 줌으로써 특정 행동을 하게 하는 방법을 말한다. 다시 말해서, 부모들이 자녀에게 말하는 것보다 행동으로 보여주는 것이 효과적이라고 상식적으로 생각하지만, 의외로 부모가 말로 하는 반복적인 상황정의, 특히 자녀에 대한 기대를 담은 상황정의가 효과가 있다는 것이다(Starrels and Holm, 2000).

### 3) 사회화의 양방향성

전통적 사회화 논의에서 부모는 사회화의 담당자이고, 자녀는 문화를 전승받는 존재로 상정된다. 그런데 부모가 영향을 미치려 시도할 때 자녀들이 늘 순응하는 것은 아니다. 부모-자녀 관계에는 언제나 통제와 저항이라는 밀고 당김이 존재하는 것이 현실인 것이다. 최근 사회화 논의에서는 자녀가 수동적으로 영향을 받기만 하는 존재가 아니라, 적극적인 상황 해석자이며 주도적 행위자로 조명되어야 한다는 주장이 제기되고 있다. 앞서 다양한 부모의 자녀양육방식을 검토한 바 있는데, 양육방식의 선택이 부모 혼자의 의지에 의해 이루어지는 것이 아니라, 아이가 자신이 원하는 대로 부모의 행동방식을 유도해 내기도 한다는 연구결과도 있다(Grusec and Davidov, 2007). 어느 유명한 유아기 심리학 연구에 의하면, 만 1~3세의 어린 나이에도 아이들은 자기주장과 저항을 할 수 있다. 이때 아이들은 단순히 자기가 원하는 바를 쟁취하기 위해서 그러는 것이 아니라, 자신도 가족의 유효한 구성원이 되려고 적극적으로 시도하는 것이다. 유아들에게도 가족 내에 존재하는 규칙들과 관계의 속성을 이해하려는 동기가 강하게 나타나는데, 그래야만 그 안에서 자신이 살아갈 방법을 찾을 수 있기 때문이다. 어린 자녀가 부모에게 미치는 영향을, 더구나 어린이라는 행위자의 입장에 서서 연구한다는 것이 현재 학계의 실증주의적 연구 풍토에서 어렵기 때문에 이 주제의 연구가 많지는 않다. 그러나 부모의 영향을 받기만 하는 존재가 아니라 부모와 함께 가족의 문화를 구성해 나가는 적극적인 행위자로서의 아동을 서구의 연구자들은 주목하고 있다.

한편, 우리나라에서는 여전히 부모가 가족 내 사회화를 일방적으로 주도하고 있다는 연구결과가 있어서 흥미롭다. 오늘날의 소비주의 문화에서 청소년의 취향이나 소비패턴이 부모들에게 영향을 미칠 것이라는 예측과 달리, 부모는 자녀의 학업성취에 집착하고, 자녀가 학업 이외의 다른 것에 관심을 가지면 제재를 가하고 학업에 몰두하도록 압력을 가하는 경향이 강하게 나타났다. 또한 부모들은 자녀들의 의존적 태도를 당연히 여기고 있었다(손승영, 2009).

### 4) 부모의 영향이 얼마나 큰가?

자녀 사회화 논의에서 근래에 등장하는 또 하나의 쟁점은 현대사회에서 부모 사회화의 영향력이 과연 얼마나 큰가라는 문제이다. 그런데 이 문제는 적어도 세 가지 방향에서 조명할 수 있다. 첫째는 이혼의 증가 또는 부부관계의 약화, 또 어머니 취업의 증가 등으로 인해 가족의 사회화 기관으로서의 중요성이 그만큼 약화된 것이 아닌가라는 질문이다. 이러한 질문은 주로 가족쇠퇴론적인 염려에서 출발하며, 따라서 이혼이나 어머니 취업이 자녀 사회화 및 발달에 부정적인 효과를 미치는지 아닌지에 관한 논쟁으로 이어지곤 한다(Putney and Bengtson, 2002).

부모 사회화의 효력에 대한 또 다른 질문은 개인의 생애형성에서 부모의 영향이 지나치게 과장된 것이 아닌가에 관한 것이다. 생애과정론의 관점에서 볼 때, 부모나 중요한 타자의 영향 외에도 역사적 사건이나 개인의 주도적 선택 등 다양한 요인이 개인의 생애과정 형성에 관여하는데, 부모의 영향을 너무 결정적으로 취급하는 경향이 있기는 하다. 이와 관련하여 발달심리학자 해리스(Harris, 1998)가 도발적인 주장을 펼쳐 관심을 끈 바 있다. 해리스는 개인들의 인성에 영향을 미치는 요인의 반은 유전적인 것이고, 나머지 반은 가족이 아닌 외부의 사회환경이라고 주장한다. 문화를 개인에게 전승하는 가장 중요한 담당자는 또래집단이고, 부모가 영향을 미치더라도 후에 또래집단의 영향으로 부모의 영향이 무효화된다는 것이 그의 주장이다. 해리스의 주장은 많은 논쟁을 불러일으켰는데, 적어도 비행 등 일부 영역에서는 부모보다 또래집단의 영향력이 크다는 그의 주장의 타당성이 인정되고 있다.

또 하나의 문제의식은 사회변동과 개인의 사회적 위치 등 사회구조적 요인의 영향과 관련이 있다. 끊임없는 문화변동과 강제되는 역할 전환에 직면해 있는 현대인들에게, 어린 시절 부모와의 사회화 경험은 지속적인 영향을 미칠 여지가 적을 수밖에 없다. 젠더역할 변화가 바로 그러한 예로 제시될 수 있다. 즉, 젠더역할 태도는 아동기의 부모의 영향보다는 성인기에 직장을 포함한 다른 기관에서 경험하는 사회화의 영향이 더 크다 (Moen *et al.*, 1997).

## 5. 성인자녀와 부모 관계

일반적으로 부모-자녀 관계는 평생에 걸쳐 지속되며 변화한다. 지속적인 변화 속에서 부모와 성인자녀 간의 관계에서 과거와는 다른 패턴이 나타나기도 하지만, 동시에 과거의 패턴이 현재에 반복적으로 재현되기도 한다. 일반적으로 자녀가 성인이 되면 이전의 의존적 관계에서 '상호 의존적' 관계로의 이행이 일어난다(Cooney, 1997). 그러나 부모-자녀 관계의 어떤 특성은 좀처럼 변하지 않는다는 주장도 있다. 예컨대 부모가 노후에 돌봄이 필요한 상태가 되어도 부모들이 도움받는 것을 불편해 하여, 역할의 전환이 일어나기 어렵다는 주장도 존재한다(Brubaker *et al.*, 1990). 현실적으로, 성인자녀-부모 관계는 매우 다양한 유형으로 존재한다고 보는 것이 타당할 것이다. 벵슨과 동료(Silverstein and Bengtson, 1997)는 성인자녀-부모 관계를 정서적 차원이나 도구적 차원 모든 면에서 강한 결속을 유지하는 관계, 정서적으로 친밀하지만 도구적 교환이 적은 관계, 정서적 소통은 약하지만 도구적 상부상조가 이루어지는 관계, 의무감에서 의례적인 교류를 유지하는 관계, 유리된 관계 등 5가지 유형으로 분류한 바 있는데, 그만큼 성인자녀와 부모 관계가 다양한 형태로 유지되고 있음을 시사한다.

또한 부모-자녀 관계에서 독립성(autonomy)과 연결성(connectedness)의 관계에 대해서는 두 가지 관점이 존재한다. 하나는 이 둘을 대립적으로 보는 것으로, 자녀가 어릴 때에는 부모-자녀 관계에서 연결성이 강하다가, 성인기에 가까워질수록 점차 독립성 쪽으로 이동하는 것으로 보는 관점이다. 서구사회에서는 많은 사람들이 이러한 모델로 부모-자녀 관계를 인식하는 경향이 있지만, 현실적으로 부모-자녀 관계에서 독립성과 연결성은 별도의 차원으로 존재하며, 애착이론 모델에서 나타나듯이 둘 중 하나가 많아지면 다른 쪽이 작아지는 관계에 있다기보다 양자가 서로를 촉진할 수도 있는 관계로 보아야 한다는 것이다. 자녀가 성인기에 접어들면 친밀성, 주거, 재정 영역에서는 독립성이 증가하지만, 정서적 지원과 조언 등 영역에서는 부모의 지원이 높은 수준으로 유지되는 것이 일반적이다(Peterson *et al.*, 2000).

최근 관심이 집중되는 주제 중 하나는 청년층의 성인기 이행과정이 장기화되면서 그것이 부모-자녀 관계 의미의 재구조화에 미치는 영향에 관한 것이다. 성인기 이행의 장기화는 부모에 대한 경제적 의존성의 증가와 동거기간의 장기화를 초래하고 있다. 미성년기를 지난 지가 오래전이지만, 부모들은 교육이나 취업, 독립, 결혼 등 자녀가 성인으로 이행하는 과정을 '공동의 과제'로 여기고 적극적으로 개입하는 현상이 나타나고 있다(Scabini *et al.*, 2006). 이러한 패턴에 대해 자녀의 의존성을 부추겨서 오히려 독립을 지연시키고 있다는 주장이 있다(야마다 마사히로, 2004). 반면, 실험과 모험을 충분히 할 수 있게 하면서 이에 수반되는 리스크를 감당해 줌으로써, 오히려 불안정성이 높은 현대사회에서의 적응력을 높일 수 있다는 주장도 있다(Swartz and O'Brien, 2009). 또 자녀가 독립을 하였다가도 학업복귀, 실직, 이혼 등의 이유로 다시 부모 집으로 회귀하는 '요요형 이행(yo-yo transition)' 패턴도 등장하면서, 앞서 언급한 대로 성인자녀-부모 간의 '독립'과 '의존'을 이분법적인 의미로 해석하기 어렵다는 점이 부각되기도 한다.

# 6. 나가며

현대사회에서 부모노릇을 한다는 것에 대해 어떤 연구자는 '개척자' 같다고도 하고, '혁명'이 일어났다고도 표현한다. 오늘날의 부모들은 자녀를 소중하고 사랑스럽고 무한한 가능성을 지닌 존재로 여기며, 따라서 예뻐하고 보호하고 옹호해 주어야 한다고 생각한다. 또 무엇보다도 '잘' 키워야 한다고 생각한다. 그래서 부모들은 자녀양육에 점점 더 많은 책임을 느끼고 있고, 자기 아이를 최고로 만들기 위해 희생을 감내하기도 한다. 우리 사회에서는 이러한 부모의 극성스러움이 한국적 가족주의 때문이라고 여기는 경향이 있지만, 어쩌면 이것은 벡과 벡-게른스하임

(1999)의 주장대로 개인화의 역설일 수도 있다.

부모의 자녀에 대한 집착은 어린이들에게 가해지는 의도치 않은 정신적 폭력이 될 수 있다고 역사학자 민츠(Mintz, 2007)는 경고한다. 이때의 폭력이란, 부모가 자신의 욕망을 투영하여 과도한 기대를 부과하는 형태로 나타날 수 있다. 또 '아이다움'이란 이런 것이라고 멋대로 규정하여, 이에 벗어나는 행동에는 낙인을 찍는 형태로 가해질 수 있다. 광고업자나, 사업가나, 대중문화 공급자나, 정치인들이 부모들의 불안이나 어린이 자신의 욕망을 자극하여 금전적 이득을 챙기는 것도 폭력의 한 형태이다. 가장 나쁜 형태의 폭력은 바로 어린이들을 대상화하여 어른들이 설정한 기대와 기준에 따라 멋대로 조작하려 시도하는 것이라는 민츠의 비판을 함께 성찰해 볼 만하다.

**10장**

# 국제결혼과 초국적 가족의 출현

| 김현미(연세대학교 문화인류학과) |

세계화와 신자유주의의 급속한 확산으로 국가 간 · 지역 간의 이주는 '이주의 시대'라 불릴 만큼 광범위한 변화를 초래했고(카슬 · 밀러, 2013), 이주를 통한 개별 국가들의 상호의존성은 심화하고 있다. 주로 경제적 활동영역에서 이뤄지던 이주 현상이 최근에는 소위 재생산의 영역으로 확장되고 있다. 출산, 양육, 교육, 노동, 의료를 포함한 다양한 활동이 국가의 단위를 넘어 이뤄지고, 사랑, 연애, 결혼 등 친밀성의 영역에서의 종족 간 교류가 활발해지고 있다. 우리나라 또한 한국인과 외국인 간의 국제결혼이 급증하면서 '다문화가족'이란 새로운 가족범주가 등장했다. 국제결혼의 증가는 세계화로 인한 '개방성'이 확장된 결과라 볼 수 있다. 벡 · 벡-게른스하임(2012)은 이런 의미에서 국제결혼을 국경과 대륙을 넘어 이뤄지는 '사랑의 세계화' 현상의 하나로 본다. 사랑의 세계화는 지리적 · 문화적 · 정치적 경계를 넘어선 사랑을 의미한다. 세계화가 가속화되면서 국가 간 사람들의 이동이 증가하고, 해외진출 기업이나 다국적 기업에 종사하는 사람들이 증가하면서 국적과 인종, 종족, 종교가 다른 사람들이 학교나 일터에서 만나 친밀성과 낭만적 감정을 쌓는 기회 또한 증대된다. 이들은 본국의 종교나 가족 규범 등에서 상대적으로 자유로운 조건으로 해외에서 배우자를 선택하게 된다. 인터넷 등 미디어 과학기술의 발달로 지역적 거리에도 불구하고 24시간 접속이 가능한 지구촌 환경 또한 국제결혼 증가에 기여한다. 인터넷을 통한 전 지구적 연결망은 채팅이나 SNS 접속을 통해 '인터넷 로맨스'를 실현할 가능성을 증폭시켰고(Constable, 2003), 낯선 사람과 친화력과 친밀성을 생성하고, 유지하며 확장해 낼 수 있는 개방성을 강화했다. 이처럼 국제결혼은 문화적 개방성과 개인화 및 글로벌 커뮤니케이션 시스템의 발달을 통해 증가하고 있다.

하지만 국제결혼의 증가는 자발적인 개인의 배우자 선택으로 급증하는 것만은 아니다. 최근 전 세계적으로, 특히 한국을 비롯한 동아시아 경제발전국가에서 급증하는 국제결혼은 '사랑'에 의한 결혼보다는 '편의'에 의한 결혼인 경우가 많다. '편의에 의한 결혼(marriage of convenience)'이란 결혼의 목적이 배우자 간의 경제적 이해관계에 의해 정략적 또는 도구적 형태를 띤 결혼을 의미한다. 하지만 편의에 의한 결혼을 사랑이 없는 부부로 단언하기 어렵다. 가족을 이루고 유지하는 과정에서 사후적으로 신뢰와 친밀성이 강화되는 경우 또한 많기 때문이다. 한국, 일본, 대만, 싱가포르 등 아시아 발전국가의 경우 저출산, 인구 고령화와 돌봄노동 부족을 심각하게 경험하고 있지만, 외국인 이민에 대해서는 소극적인 태도를 보인다. 동아시아 국가들은 외국인의 가족 이민을 받아들이기보다는, 내국인의 배우자 신분으로만 이주하여 정착할 수 있는 결혼이민 통로를 제한적으로 운영하고 있다. 전통적인 남성 생계자 모델을 현실화시킬 수 없는 많은 저소득층 남성들은 자국에서 쉽게 배우자를 구할 수 없을 때, 국가 간의 경제 격차를 활용하여 다른 나라 여성들을 배우자로 맞아들이는 경향이 강하다. 마찬가지로 아시아의 여성들은 더 좋은 미래를 위해 다른 지역으로의 '이주'를 희망하게 된다. 경제적 자원이 빈약한 여성들이 돈을 들이지 않고 이주할 방법은 많지 않다. 여성들은 가족의 생계에 도움을 주면서 경제적으로 부유한 나라의 남성과의 낭만적 친밀성을 꿈꾸며 국제결혼 시장에 참가하게 된다. 국제결혼은 신자유주의적 세계화 과정에서 혜택을 받지 못한 경제적으로나 문화적으로 주변화된 남성들과 자원이 빈약한 여성들의 이주 욕망이 결합하면서 급증하고 있다. 이 때문에 최근 급증하는 아시아 지역 내 국제결혼은 경제적 격차가 있는 국가 간의 사람들을 결혼이라는 제도로 결속시켜 가족의 구성, 유지, 사회화 및 재생산 기능을 가능하게 하는 제도다. 이혜경(2005: 94-95)이 지적했듯이 이러한 국제결혼은 '경제적으로 차이가 있는 국가 간 결합'이므로 '부부관계가 마치 준-계급 관계'로 변하는 경향이 강하다.

국제결혼은 가족 구성과 유지, 아이 출산 및 사회화의 역할이 민족이나 국가 단위에서 해결될 수 없게 되면서 증가하고 있다. 이런 점에서 국제결혼은 '아래로부터의 세계화'라고 볼 수 있다. 국제결혼에 대한 한국 사회의 태도는 문화적 개방화와 민족주의화라는 양 측면을 동시에 보여준다. 한국 사회의 세계화는 이민자와 외국인이 가져오는 문화적 다양성을 받아들임으로써 활력을 얻고 있지만, 다른 한편으로는 민족국가 유지와 재현의 중요한 장소로 간주했던 가족이 초국가적이며 문화적으로 혼종적인 공간으로 변해 가는 것에 대한 우려를 드러낸다. 본 장에서는 세계화 이후 급증한 국제결혼 가족의 사회문화적 의미를 살펴보고, 국제결혼 가족은 어떻게 협상을 벌여 나가면서 '가족'의 의미를 새롭게 만들어 가고 있는지를 다룬다. 또한, 한국의 다문화가족정책과 현실의 다양한 측면에 주목함으로써 국제결혼 가족의 가족 만들기와 가족의 초국화 현상을 다룬다.

# 1. 세계가족, 글로벌 가구, 그리고 초국적 가족

## 1) 용어 : 국제결혼과 결혼이민

'사랑의 세계화'에 따른 개방성의 증가와 유럽, 북미와 아시아 경제발전국가가 지닌 사회경제적 매력 때문에 국제결혼은 빠르게 증가하고 있다. 유엔은 결혼은 "남편과 아내라는 법적 지위를 구성하는 결혼행위, 의례 및 과정을 의미한다."라고 제안한다. 또한, 결혼의 합법성은 공공적·종교적 혹은 각 국가에서 인정한 방식에 따른다고 정의하고 있다. 이혼은 이렇게 결합한 부부의 법적인 종결을 의미한다. 이런 정의를 바탕으로 국제결혼의 개념 또한 정의될 수 있다(UN, 2004: 11). 국제결혼(international marriage)은 배우자 중 적어도 한 명이 외국인일 때 해당하는 결혼을 의미한다. 국제결혼은 내국인과 외국인 간의 결혼이라는 의미에서 혼합결혼(mixed marriage)과 '외국인 간의 결혼(foreign marriages)'을 포괄하는 개념으로 사용된다. 국제결혼은 지역과 국가의 경계를 넘어 혼인이 이루어진다는 점에서 국경을 횡단하는 결혼(cross-border marriage)이라 불리기도 한다. 한 지역 내에서 종족, 인종, 종교와 출신지가 다른 사람 간의 결혼을 지칭하는 의미로 혼합결혼(mixed marriage)이라 부르기도 하는데 유럽의 경우, 국제결혼 또한 혼합결혼의 한 형태로 본다. 미국의 경우 종교, 인종, 종족이 다른 사람들 간의 결혼이란 의미로 교차결혼(intermarriage)이란 말을 사용하기도 한다(김현미, 2016). 미국의 경우 교차결혼은 신혼부부 다섯 쌍 중 한 쌍꼴로 이루어지며, 학력이 높을수록 교차결혼의 빈도 또한 비례하는 경향을 보인다. 하지만 모든 국제결혼이 인종이나 종족이 다른 사람 간의 결혼을 의미하는 것은 아니다. 국제결혼 유형 중 재외교포와의 결혼은 국경을 횡단한다는 의미에서 국제결혼이지만 같은 종족 간의 결혼이란 의미에서 '종족내혼(ethnic endogamy)'이다. 사실 국제결혼의 역사는 '종족내혼형(ethnic endogamy)' 결혼에서 시작되었다. 19세기부터 20세기 초 유럽 여성들은 결혼 상대자를 구하기 위해 신대륙으로 대거 이주했다(Lee, 2013: 1). 신대륙으로 먼저 이주해 간 유럽 남성들과의 편지 교환을 통해, 또는 그들이 낸 광고를 보고 결혼이민을 떠난 여성들을 당시 '편지 신부'로 불렀다. 이후 사진의 발명으로 사진 교환을 통해 결혼이민을 하러 간 여성들은 '사진 신부'로 불렀다. 당시 미국으로 이주해 간 일본, 중국, 한국인들은 인종 간의 결혼을 금지하는 미국법 때문에 현지에서 배우자를 구하기 어려웠고, 결국 본국에서 배우자를 데려와야 했다(Lee, 2013: 1).

이런 형태의 동족 간 국제결혼은 이후에도 결혼이민자의 다수를 차지하게 된다. 1980년대 보트피플이라 불리며 베트남을 탈출했던 이민자 그룹 2세들이 본국인 베트남에 배우자를 구하러 온다든가, 유럽의 이민자 그룹의 2세 또는 3세들이 인도, 파키스탄, 아프리카 지역 등 부모의 출신 지역에서 동족인 배우자를 찾는 것이 그 예이다. 한국계 이민자 그룹도 언어가 통하고 문화적 차이가 크지 않다는 전제하에 한국에 와서 배우자를 찾는 동족혼을 선호한다. 1990년대 이후 한국의 국제결혼에서 재중동포 여성들이 배우자로 선호된 이유도 동족 간 결합으로 언어나 문화적으로 이질성이 덜하다는 믿음 때문이었다.

국적이나 시민권이 다른 사람들 간의 결혼을 통해 가족의 기능을 수행하기 위해서는 한 배우자가 다른 배우자의 지역으로 이주하는 경향이 강하다. 이 때문에 국제결혼은 '가족구성을 위한 이주'라 불린다(Kofman, 2000). 혼인을 통해 가족을 구성(family formation)하기 위한 목적으로 국경을 넘는 이주자를 결혼이민자(marriage migrant)라 부른다. 보통 결혼이민자는 국적이나 영주권을 가진 배우자의 나라에서 장기간 체류하면서 궁극적으로는 시민권을 획득할 수 있는 권리를 부여받기 때문에 이민의 한 유형으로 간주하고 이를 결혼이민(marriage immigration)이라 부른다.

전 세계 국제결혼의 정확한 통계를 파악하기는 쉽지 않다. 실제로 유럽의 많은 나라에서는 전통적 법적 결혼 외에 '등록된 파트너' 제도가 인정되고 있고, 장기간 동거를 하는 사실혼 관계도 부부로서 법적 효력을 갖는다. 또한, 동성 간 결합을 결혼으로 인정하는 국가들이 증가하고 있으므로 법적인 것과 실재하는 것, 이성애 결혼과 비이성애 결혼 사이의 구분이 모호해지고 있다. 다양한 형태의 친밀성이 결합하여 이뤄진 파트너십이 혼재하고 있고, 이런 혼재성은 국제결혼의 정확한 통계와 형태를 파악하는 것을 어렵게 만든다. 결혼 이주를 허용하는 국가에서 국제결혼은 '사적인 결정'으로 존중되지만, 위장결혼에 대해서는 대부분 단호한 태도를 보인다. 이주 통로로 결혼제도가 남용되는 것을 막기 위해, 상업형 국제결혼 중개업을 규제하거나, 인신매매법이나 형법으로 관리하고 있다.

## 2) 개념 정의 : 세계가족, 초국적 가족, 글로벌 가구

국제결혼을 통해 구성된 가족의 형태를 다양한 측면에서 분석해 보자.

첫째로, '세계가족'이란 개념을 적용할 수 있다. 울리히 벡과 엘리자베트 벡-게른스하임은 장거리 사랑을 통해 출신지가 다른 사람들이 이룬 가족을 '세계가족'이라 부른다. 세계가족은 두 가지 유형이 있는데, 첫 번째는 서로 다른 나라나 대륙에 떨어져 살지만 같은 문화에 속하는 '다지역-가족'이고, 두 번째는 같은 곳에 살지만, 구성원이 서로 다른 나라나 대륙 출신으로 구성된 '다민족-가족'이다(2012: 36). 세계가족은 지구화된 세계의 차이들이 구현되는 장소이며, 같은 나라에 살고 거주하는 일국적 '정상'가족과 구별된다. 이 때문에 전통적인 일국가족과는 달리 가족구성원 간의 '차이' 때문에 오는 어려움이 있지만, 그렇다고 해서 전형적인 가족 개념을 포기하거나 해체하는 것은 아니다. 오히려 이들은 다양한 사랑과 삶의 형태들에도 불구하고 전통적인 의미의 가족을 유지하려 한다는 점에서 가족 규범을 충실히 따른다. 국제결혼을 통한 가족 만들기는 경제적 어려움, 문화적 차이, 감정 및 의사소통의 어려움이 존재하지만 이런 어려움이 곧 가족해체로 이어지는 것은 아니다. 국제결혼의 당사자들은 결혼을 통한 가족 만들기에 대한 열망과 욕구가 강한 사람들이기 때문에 다양한 협상을 벌여 나가면서 가족의 의미를 확장해 나간다.

그러나 이들이 만든 가족은 유입국의 가족 전통만을 따르는 것이 아니라 '초국적' 성격을 지닌다. '초국적 가족(transnational family)'은 결혼을 통해 유입국에 온 이민자가 한편으로는 이주국의 문화에 적응하고 동화하려 노력하지만 동시에 본국 가족과의 연결성을 잃지 않고 딸과 아들의 역할을 여전히 수행하고자 한다는 점을 강조한다. 결혼이민자를 포함한 이주자 대부분은 이주국과 모국을 동시에 삶의 준거로 삼으면서 의사결정을 하고 가족을 유지해 간다(Smith and Guarnizo(eds.), 1998). 즉, 초국적 가족은 이주자와 그의 가족이 두 문화권의 구속과 한계에 반응하며 만들어 내는 새로운 형태의 가족을 의미한다. 이 때문에 초국적 가족은 다양한 문화적 습관, 성 역할과 가치관, 효의 개념, 양육과 모성에 대한 이해 등 여러 면에서 가족구성원 간의 협상과 연대를 새롭게 만들어 나가고 이 과정에서 본국과 유입국의 가족문화와 완벽하게 일치하지 않는 가족 실천을 만들어 가기도 한다.

국제결혼 가족을 설명할 때 적용할 수 있는 또 다른 개념은 '글로벌 가구'다. 글로벌 가구란 가족이라는 최소한의 사회적 단위의 기능이 두 국가 이상에 상존하는 가구들에 의해 유지되고 재생산되는 것을 의미한다(더글라스, 2010). 즉, 글로벌 가구는 신체적으로 아이를 출산하는 것뿐만 아니라 보다 넓은 의미에서 수입 및 노동의 공유를 통해 재생산활동을 하는 사회적 단위가 2개국 이상의 가구에서 이뤄지는 것을 의미한다. 글로벌 가구는 가족의 삶의 주기에 따라 결혼 및 배우자 찾기, 출산 및 입양, 자녀 양육과 투자, 살림 및 재생산, 가구 바깥에서 이루어지는 생계활동, 세대 간에 이루어지는 노인돌봄 문제, 은퇴 이주의 제 측면에서 두 나라 이상에 퍼져 있는 가구들의 협조와 교류를 통해 '가족'을 유지해 나간다. 그러나 글로벌 가구는 가구구성원들 사이에 국경을 넘는 움직임과 교류를 통해 가구를 형성하고 유지하려는 노력을 증대시킬 때만이 그 안정성이 유지된다. 따라서 가족원들의 상호 방문과 이후의 지속적인 교류는 가족재생산의 안정성을 위해 필수적인 과정이다.

국제결혼 이민자들은 고향을 주기적으로 방문하고 아이들의 외가나 친가 또는 처와 남편의 본가 방문을 기획한다. 또한, 정기적으로나 부정기적인 '송금'을 통해 본국 가족의 경제적 지위를 개선하고자 노력한다. 양육과 교육에서도 본국과 이주국의 두 가족의 협력은 필수적이다. 친정 가족구성원을 초청해 아이 양육에 참여하게 하는 행위, 노동 이주를 통해 경제활동을 증진하는 행위, 아이를 모 또는 부의 가족에게 보내 교육하는 행위들을 모두 포함한다. 또한, 역이주가 일어나기도 한다. 국제결혼 가족은 상황에 따라, 이주한 배우자의 본국으로 다 함께 이주하여 새로운 삶을 살아가기도 하는데, 이를 역이주라 부른다.

국제결혼 부부의 별거와 이혼 또한 주목할 만한 문제이다. 국제결혼의 경우 이혼이나 별거 후에 부모와 자녀가 두 국가에 흩어진 형태로 생활하게 되는 경우가 많다. 아이들이 모나 부를 따라 태어난 지역을 떠나 이동하여 그곳에서 외국인으로 거주할 경우, 국가의 사회통합지원이나 복지혜택을 받지 못하거나, 소속감의 어려움을 경험하기도 한다.

# 2. 한국에서의 국제결혼 가족

## 1) 다문화가족의 출현

한국인과 다른 국적의 사람들과의 결혼 또한 급증하고 있다. 1994년까지 전체 혼인의 1% 미만에 불과하던 한국인 남성과 외국인 여성 간의 결혼이 1995년을 기점으로 2.6%로 상승하기 시작했고, 한국인 여성과 외국 남성 간의 국제결혼 비율을 앞지르기 시작했다. 2010년에는 국제결혼이 전체 결혼의 11%, 특정 농촌지역의 경우 전체 결혼의 40%를 차지하게 되었다. 2021년 현재, 결혼이민자의 수는 168,611명이고, 이 중 여성이 136,668명으로 81%를 차지한다. 2021년 전체 귀화자 10,895명 중 한국인과의 혼인을 통한 간이귀화자(혼인귀화자)는 58.2%(6,345명)를 차지하고 있다. 한국 내 다문화가구는 34만 6,017가구이고, 결혼이민자 가구가 이 중 82.4%를 차지했다. 결혼이민자의 국적은 한국계 중국인을 포함한 중국과 베트남이 다수를 차지하고, 필리핀, 캄보디아, 일본, 태국, 몽골, 중앙아시아 지역 등으로 다양하다.

국제결혼이 증가하는 이유는 다양하다. 무엇보다 순혈주의를 강조했던 한국 사회가 급속히 개방화되어 가고 있다는 점이다. 그러나 1990년대 이후 국제결혼이 급증한 것은 한국 사회의 사회경제적 변화가 결혼과 배우자 선택에 미친 영향력 때문이다. 자국민 간의 결혼과 가족구성을 통해 안정적으로 인구조절 및 사회적 노동력을 확보해 왔던 한국과 같은 경제발전국은 1990년대 이후 심각한 수준의 출산율 저하, 고령화, 지역적 성별 인구 불균형이라는 인구학적 위기를 경험하고 있다. 그러나 '민족가구'로는 이러한 위기를 극복하기 힘든 상황을 맞이하게 되었다(김현미, 2014: 25-26). 급속한 경제발전에서 혜택을 받지 못한 결혼적령기를 넘긴 저소득층 남성의 수가 급증했고, 여성들의 경우 결혼을 자연스러운 통과의례가 아닌 '선택'으로 간주하는 경향이 강해졌다. 국내 결혼 시장에서 배우자를 선택하는 데 불리한 위치에 있던 남성들이 취할 수 있는 가족구성의 전략은 국제결혼이다. 인구학적 위기를 해결하고 남성들의 불만을 무마시키기 위해 정부와 지역자치단체가 앞장서서 국제결혼을 장려하고 국제결혼 중개비용을 지원했다(김현미, 2006). 마찬가지로 사회보장제도나 공공자원이 부족한 중국, 캄보디아, 필리핀, 태국, 베트남과 같은 개발도상국의 경우, 실업과 빈곤화라는 위기를 극복하고자 결혼이나 노동의 방법으로 자국을 떠나 해외로 이주하는 국민이 급증하고 있다. 한국 고용주가 남성을 선호하기 때문에 고용허가제로 노동 이주를 할 수 없는 여성들은 결혼, 돌봄노동, 엔터테이너 등의 통로로 한국에 오게 된다. 때로는 성차별적인 지역문화에서 벗어나기 위해 여성들은 문화적으로 선망해 온 한국으로의 적극적 이주를 감행하게 된다.

2006년 이후 한국 정부는 국제결혼 가족을 '다문화가족'으로 명명했다. 「다문화가족지원법」 제2조 제1호에 정의된 법적 용어로서 다문화가족은 출생 시부터 대한민국 국적을 취득한 자와 결혼이민자 또는 귀화를 통한 국적 취득자로 이루어진 가족을 의미한다. 하지만 최근에는 다른 민족 · 문화적 배경을 가진 외국인 근로자나 난민 가족을 의미하는 '다문화가정' 또한 다문화가족으로 포함하면서 그 범위가 확장되고 있다.

결혼이주여성이 급증했던 1990년대부터 2005년까지 국제결혼 가족의 정착을 지원하는 종합적인 대책은 없었다. 그러나 2006년 한국 정부의 '다민족 · 다문화사회로의 전환' 선언 이후, 한국 정부는 범정부 차원의 국제결혼 가족에 대한 지원사업을 실행했다. 2006년 4월 「여성이민자 가족 및 혼혈인, 이주자 사회통합지원방안」이 발표되면서 종합대책이 마련되었고(김이선 외, 2006), 2007년 「재한외국인 처우기본법」이 제정되었다. 사회통합과 다문화사회 실현이라는 비전을 갖고 마련된 종합대책은 결혼이민자의 이주와 정착 단계에서 일어나는 인권침해, 생활 부적응, 빈곤문제 등을 타파하고자 하는 목표를 지녔다. 이때부터 한국 정부는 국제결혼 가족을 '다문화가족'으로 명명하여, 정책의 주요 대상으로 삼는다. 국제결혼이 결혼중개업체나 친구나 친척의 소개로 이뤄져 교제 기간이 없고, 언어 소통이 안 되는 상황에서 이뤄진 경우가 대부분이기 때문에 국가나 지방자치단체가 나서서 결혼의 지속성과 안정성을 위해 다양한 지원을 제공했다. 2008년 3월 「다문화가족지원법」이 제정되면서 전국에 '다문화가족지원센터'가 설립되었고, 통합적인 다문화가족 지원서비스가 제공되었다. 주로 결혼이주민의 한국어 교육, 통·번역 지원, 아동의 언어발달지원 등에 집중되었던 서비스중심의 사업에서, 가족 간 관계 향상, 배우자 간 성평등, 인권 관점에 기반을 둔 다문화 이해 교육, 취업지원과 자조모임지원을 포함한 사회통합과 상담 기능의 강화 등으로 정책이 변화했다. 다문화가족의 사회통합 방향에 관한 '관점'은 현재까지도 지속적으로 변화하고 있다. 하지만 중개업자의 허위정보에 의한 결혼 당사자들의 피해와 결혼이민자의 인권침해나 성차별 또한 여전히 개선되어야 할 문제로 남아 있다. 한국 국적 배우자의 신원 보증을 통해야만 결혼이민자의 체류가 보장되는 현재의 법은 결혼이민자의 지속적인 종속과 폭력 피해를 방치하는 결과를 낳기도 한다. 다문화가족 자녀들에 대한 '낙인' 또한 우리 사회가 시급히 해결할 문제이다. 최근에는 독립적으로 존재하던 전국의 다문화가족지원센터가 건강가정지원센터로 통합되고 있고, 다문화가족 또한 다양한 가족의 하나로 간주되고 있다.

### 2) 다문화가족정책의 의의와 한계

다문화가족 정책은 빠른 시간 내에 결혼이민자의 정착을 돕는 통합적 서비스를 제공한다는 점에서 의의가 있다. 하지만 다문화가족정책에 투영된 '가족'의 의미가 개방성, 문화 간 상호 이해, 성평등을 지향하고 있는지에 관해서는 큰 우려와 비판이 제기되고 있다.

국제결혼은 한국인들이 국적과 인종, 지역을 초월하여 '사랑'을 하고 '가족'을 만든다는 점에서 한국 사회의 고질적인 외국인 기피증을 고쳐나가는 데 크게 이바지했다. 그런데도 한국은 오랫동안 한민족 간의 동족내혼(endogamy)을 이상적 결혼으로 간주하던 사회였기 때문에 '가족은 한 핏줄'이라는 생각이 강하다. 이 때문에 결혼이민자의 다수를 차지하는 결혼이주여성은 혈연주의가 강한 한국 가족의 '이방인'으로 간주한다. 이들은 한국 국적의 배우자이며, 한국 아이의 어머니로 국적을 취득하고 법적으로는 한국인이 되지만, 여전히 한국 가족과 지역사회의 배타성 때문에 심리적 소속감을 획득하기 어렵다. 특히 초기 다문화가족정책은 이주여성이 한국 가족에 운반해 오는 문화적 혼종성에 대한 불안을 한국의 전통적 가부장제 가족으로의 정착으로 귀결시키고자 하는 의지가 반영되었다. 필자는 한국 정부의 결혼이주여성에 대한 정책과 사회통합 모델의 특징을 '부권 가족적 복지모델(patriarchal family-oriented welfare model)'이라고 정의했다. 이 모델에 담긴 성별 이데올로기는 남성을 생계부양자로 설정하고, 이주여성을 재생산 노동의 대체 인력으로 상상한다. 이 모델은 이주여성들이 속한 계급적 위치나 실제 행하는 다중적 역할이나 실천을 보지 않고, 출산과 '가족'의 구성, 유지, 재생산이라는 틀에 종속시키고, 이를 위해 필요한 사회적 서비스를 공급하는 것이다. 정부가 국제결혼을 장려하는 이유가 '저출산' 해결이라는 도구적 목적에 있고, 다문화가족 지원정책이 결혼이민자 여성을 '출산하는 어머니'라는 편협한 범주로 상상하고 있음을 보여준다(김현미, 2014). 실제로 여전히 지방자치단체의 다문화가족정책 담당 부서는 '저출산' 관련 정책을 추진하는 부서와 일치하는 경우가 많다. 허오영숙(2018)의 조사에 따르면 서울시 25개 자치구의 다문화가족 관련 담당 부서 중 이주민과 다문화가족지원센터의 활동이 활발한 몇 군데를 제외하고 출산다문화팀, 출산장려다문화팀, 저출산대책팀, 출산아동팀 등에서 다문화가족정책을 담당하고 있었다. 다문화가족의 존재 근거가 저출산 위기 해결이며 여성의 체류권이나 국적 취득 또한 한국 아이의 생물학적 모성과 연동되어 있다는 점에서 문제로 지적되고 있다.

두 번째는 문화적 개방성에 대한 것이다. 한국 정부의 다문화가족정책의 기조가 이민자들이 본국에서 운반해 오는 문화를 '문제가 있는 것', '이질적인 것', 결국은 한국 사회에 동화되기 위해 버려야 할 것으로 간주하는 경향이 강하다. 국제결혼 가족 내 문화적 혼종성을 창조적 또는 필연적이라기보다는 잠재적 불안과 위협으로 간주한다. 문화적 혼종성에 대한 두려움은 한국 다문화가족정책의 기본기조를 이민자들이 이른 시일 안에 한국 문화에만 동화시키는 것에 집중하게 했다(김현미, 2014: 29). 한국의 다문화가족 지원정책이 빠른 동화를 통한 한국화라는 목적에 얽매이다 보니 다문화가족이란 범주 내의 이질성, 차이, 계층, 문화적 자존감을 고려하기보다는 다문화가족 전체를 '취약계층'과 동일시하는 경향이 생겨났다(김현미, 2014: 205).

다문화가족을 별도의 범주로 설정하는 정책은 한국인의 문화적 수용성과 개방성을 증진하지 못한다. 다문화가족의 안정적인 정착과 역량 실현을 위해 가장 중요한 한국 사회의 다문화 수용성은 크게 달라지지 않고 있다는 점에서 여전히 정책 효과에 대해 의문을 갖게 한다. 다문화 수용성은 "서로 다른 인종적 · 문화적 배경을 지닌 집단을 한 사회의 구성원으로 받아들이는 정도를 일컫는 개념"으로 문화적 다양성(diversity)과 "이민자집단과 가까운 관계를 맺고자 하는 정도와 관련되는 관계성(relationship)"을 의미한다(최항순, 2019). 국민 다문화 수용성 지수는 2012년 51.17점, 2015년 53.95점, 2018년 52.81점, 그리고 2021년에는 52.27점으로 낮아졌다. 수용성 지수가 낮아진 원인을 "코로나19 확산은 이주민과의 교류 기회를 줄이고, 외부에 대한 개방성을 떨어뜨리는 요인으로 작용한" 것으로 해석했다.[1] 성인과 비교하면 청소년은 수용성이 소폭 상승했다. 하지만 다문화가족 청소년의 학업 지속성은 크게 개선되지 않고, 이들의 문화적응 스트레스가 여전히 존재하고, 스트레스가 높을수록 삶의 만족도가 낮아졌다(조성희 · 박소영, 2021)

1990년대 중반 이후 한국 사회가 이민 수용국으로 변화한 지 30년이 지난 현재, 다문화 수용성이 높아지지 않고 있는 원인을 단순히 다문화 정책의 탓으로 돌릴 수는 없다. 이 문제는 오랜 기간 국민 개념을 형성해 온 혈연, 언어, 토착성을 바탕으로 한 강력한 '정체성'의 정치가 여전히 견고하다는 점을 일깨운다. 다문화가족정책이 '인권증진'과 성평등을 주장하면서도 동시에 외국인, 혼혈, 취약계층을 의미하는 관용구적 차별

1 대한민국 정책브리핑(www.korea.kr). 「2021년 국민 다문화 수용성 조사」결과 발표 https://www.korea.kr/news/pressReleaseView.do?newsId=156501576

'표식'으로 다문화가족을 고착시키고 있다는 비판이 여전히 제기되고 있다. 다음 절에서는 다문화가족이 실제로 경험하는 문화적 차이와 협상을 살펴본다.

## 3. 문화교차지역으로서의 다문화가족[2]

국제결혼 가족은 인종, 젠더, 나이, 국적, 생활양식, 가치관 등이 다른 사람들 간의 문화적 교류와 교환이 일어나는 장소이다. 이런 점에서 결혼이민자와 한국인이 만들어 내는 '가족'은 전형적인 한국 가족과는 차이가 있으며, 문화교차지역으로서의 새로운 형태의 '한국 가족'을 구성해 간다. '다민족-가족'으로서의 국제결혼 가족은 다양한 생활양식과 가치관이 '충돌'하거나 '협상'을 벌이는 공간이 된다. 이런 의미에서 국제결혼 가족은 문화적 '차이'를 교섭하며 적응하는 문화교차지역의 특징을 지닌다. 문화교차지역으로서의 '가정'은 때로는 새로운 정체성을 만들어 내는 창조의 공간이 되기도 하지만 때로는 권력 차이로 인한 갈등의 증폭을 통해 가정해체로 이어지기도 한다(로살도, 2000). 결혼이민자들은 자신이 운반해 온 문화를 포기하고 유입국의 문화를 따르는 일방적 동화에서 벗어나, 본국, 경유국과 정착국의 문화를 중재하고 결합해 독특한 가족문화를 만들어 내고 있다. 다음에서는 결혼이주여성의 심층 면접을 통해 국제결혼 가족 내의 문화적 '차이'가 어떻게 인지되고 타협이 이뤄지는지를 살펴보자.

---

**2** 3절은 졸고, "결혼이주여성의 가정 만들기 : 문화 접경지대 번역자로서의 이주여성," 「비교한국학」 18(3), 2011에 나온 내용 중 일부와 이후 수행된 결혼이주여성의 면담내용을 덧붙였다.

### 1) 의식주와 생활양식의 차이와 교섭

무엇보다 중국, 베트남, 우즈베키스탄 등 사회주의권에서 온 여성들은 집을 계속 옮겨 다녀야 하는 한국의 주거 현실에 가장 충격을 받는다고 한다. 사회주의권 국가에서는 정부로부터 땅이나 집을 받는 경우가 대부분이다. 이 때문에 좋든 나쁘든 '누구나 집을 갖는 것은 당연한 일'이고 일이나 학교문제 때문에 특별한 사정이 있어 이사를 하는 경우를 제외하고는 평생 내 집이 정해져 있다. 그러므로 한국의 월세나 전세 제도 등에 대한 이해가 없는 상황에서 자주 거주지를 옮겨야 하고 '돈' 때문에 마땅히 살 공간을 구하지 못하는 상황에 대해 매우 당황해 한다. 중국에서 온 조선족 최옥분 씨는 무역 일을 해서 돈도 많이 벌었고, 중국에서 55평 이상의 아파트에 살았다. 한국 남성을 중국 현지에서 소개받아 한국으로 온 지 8년이 지난 지금 10번 정도 주거지를 옮겼다. 최옥분 씨는 10번의 이사와 짐 풀기, 더 열악한 집으로의 이사 때문에 한국에서의 삶은 중국에서 한국으로 온 이주보다 더 뿌리가 뽑히고 떠도는 삶으로서의 불안감을 주었다고 한다. 한국에서 주거 난민이 된 여성들은 본국에서의 물리적으로 안정된 삶과 한국에서의 경제적으로 위계화된 불안한 삶을 대조시킨다. 결혼이주여성들은 자신이 몸담은 물리적 장소로서의 한국의 '집'에 대한 불만을 고향에서의 넓고 큰 집과 대조하거나 고향에서의 삶의 풍요로움을 한껏 부풀려 이야기하는 것으로 풀어나간다. 농촌에 이주한 여성들은 남편을 설득해서 '읍내'의 아파트로 이사하거나 분거하는 방법을 통해 농촌 속의 고립감을 해소하는 때도 많다.

음식문화나 식습관 또한 차이가 있다. 간단한 먹을거리를 사서 아침을 해결하는 매식 문화권에서 온 중국이나 동남아시아 출신 여성들은 아침부터 밥, 국, 반찬 등을 차려서 먹는 한국의 조식문화에 매우 놀랐다고 한다. 여성이나 남성 가릴 것 없이 경제활동에 동등하게 참여하는 중국이나 동남아시아 여성들은 남성은 임금노동자/여성은 가사노동자라는 성별 이분법에 근거한 여성들의 '밥 차리기' 문화를 매우 낯설어한다. 또한, 밥을 차린다는 것은 그 말 자체로 '쌀밥'을 짓는 것을 의미한다. 쌀밥뿐만 아니라 빵이나 국수를 식사로 즐겨 먹는 중국 및 동남아시아 여성들은 밥, 국, 반찬을 만드는 것에 익숙하지 않을 뿐 아니라, 자신들에게 익숙한 본국 음식을 못 먹는 어려움을 겪게 된다. 이들은 한국 식구들이 집에 부재한 때를 빵이나 국수를 먹을 기회로 인식한다. 이들은 남편이 밥을 해결하고 들어오는 날이나 출장 가는 기회를 활용하여 국수를 해 먹거나 고향 음식을 차린다. 같은 나라 출신 여성들과 모임에서 함께 음식을 해 먹거나 자신의 생일이나 아이들의 생일 때 '너그러워진' 한국 가족의 인정에 호소하며 자국의 음식을 만들기도 한다. 베트남 출신으로 한국에 온 지 12년이 된 티엣타이 씨는 가족의 큰 행사, 아이들 생일 때나 손님 초대 시에는 항상 베트남 음식을 차린다고 한다. 특히 이런 날은 남편을 앞세워 음식을 나르거나 접대하게 하고 음식에 관해 설명하게 함으로써 친척들과 아이들 친구들에게 베트남 음식의 '우수함'을 자연스럽게 알린다고 한다. 그녀는 평소엔 한국식으로 먹지만 특별한 날에는 베트남 음식을 차린다.

이주여성은 한국 여자들은 잘났든 못났든 이에 상관없이 '밥 차리는 여자'가 된다고 농담을 한다. 이주여성들은 "미워서 밥을 안 차려 줬다.", "부인을 사랑해 줬더니 반찬이 좋게 나왔다.", "더운 밥을 꼭 차려 주겠다." 등 '밥'을 중심으로 부부관계의 애정이나 신뢰, 역할기대 등을 표현하는 한국인들의 말을 이해 못했다고 한다. 그러나 시댁식구들이나 남편이 여성이 '부인 역할을 잘하느냐'를 측정하는 가장 중요한 기준 중 하나로 아침에 일어나 밥을 차리는지 아닌지에 관심을 두는 것을 알게 되었다고 한다. 한국 남편의 아내가 되기 위해 '밥 차리는 여자'가 되어야 하는 문화적 압력을 경험하게 된다.

## 2) 젠더관계

한국 남성과 이주여성들 간의 국제결혼에서 가장 논란이 많은 것은 ‘성역할’에 관한 것이다. 한국 남편은 경제적 상황이 어떠하든 간에, 남성은 생계부양자/여성은 가사노동자라는 이분법적 성역할을 믿는 경향이 강하다. 따라서 실질적인 생계부양자가 아니어도, 가사에 참여하지 않는다. 하지만 결혼이민자의 다수를 차지하는 중국, 베트남, 필리핀, 몽골 등에서는 여성의 취업과 경제활동을 당연한 것으로 여긴다. 단순히 ‘돈’을 벌기 위해 취업하는 것뿐만 아니라 사회적 존재로서 인정받기 위해 여성에게 일은 필수적이다. 물론 계층의 차이가 있겠지만 중국에서는 ‘전업주부’란 말을 거의 쓰지 않으며, 베트남의 경우 여성이 가정경제를 책임진다는 생각이 강하다. 이 때문에 부부 모두 취업하는 것은 당연한 것으로 받아들여지고, 이때 부부는 가사와 양육에 함께 참여한다. 먼저 퇴근해 집에 오는 사람이 식사를 준비하거나 가사를 하는 것을 매우 자연스럽게 받아들인다. 이주여성은 한국 남편이 집에 오면 “텔레비전 리모컨과 하나가 되어 꼼짝도 하지 않으려고 한다.”라고 말한다. 음식이나 생활습관이 익숙하지 않은 상황에서 이주여성의 전적인 가사분담은 큰 스트레스를 주고 부부갈등의 원인이 된다.

또한, 국가나 기업이 운영하는 양육과 보육의 기반시설이 잘 갖춰지고, 주변에 친척과 친지들이 함께 모여 사는 공동 양육환경에 익숙했던 이주여성들은 어머니에게 일차적인 모든 양육의 책임을 전가하는 한국 문화에 대해 매우 힘들어한다. 특히 아이 키우는 방식이 매우 다르다. 보통 다른 나라의 아이들은 어릴 때부터 집안일을 배우고, 식사 준비와 설거지를 하는 것부터 스스로 학교 갈 준비를 하고 자기 방을 정리한다고 한다. 그러나 한국에서 이 모든 일은 어머니의 일이 된다. 어머니가 모든 가사를 하고, 아이의 모든 준비물을 챙겨주고 숙제를 돌봐주어야 한다고 생각한다.

이주여성은 한국식 '어머니 역할'에 대한 스트레스가 아주 많다. 단순히 어머니로서 많은 일을 담당해야 한다는 부담감 때문만은 아니다. 한국 사회의 문화적 편견이나 차별 때문에 자신의 정체성을 숨겨야 하거나 어머니의 문화를 전수할 수 없는 환경 때문이다. 문화적 동화의 압력이 높은 상황에서 이주여성들이 행하는 전략 중 하나는 자신이 국제결혼을 한 이주여성이라는 사실을 숨기고 한국인인 것처럼 살아가는 것이다. 특히 외모로는 한국인과 구별이 잘 안 되는 중국 여성의 경우 한국어를 잘하게 되면 자신이 국제결혼 가족이라는 것을 드러내지 않는다. 한족 출신의 중국 여성 왕리 씨는 자신이 당하는 차별적 시선이 자기 아이들에게 대물림되는 것에 대한 공포와 두려움 때문에 아이들에게 중국어나 중국 문화를 가르치지 않았다. 시간이 지나면서 자존감을 회복한 후 아이들에게 중국어를 가르치면서 '모국과의 관계를 회복'하게 되었다. 전에는 자신을 '부족한, 언제든지 들킬 수 있는 한국인처럼' 생각하고 살아왔지만, 이제는 본국과 한국의 문화를 연결하는 소통자로 자신을 바라보게 되었다. 이를 통해 정서적으로 안정되었고, 아이에게 이중언어/다문화를 가르치면서 어머니가 지녀야 할 자부심을 느끼게 되었다.

부부간 친밀성에 대한 기대도 종종 갈등의 원인이 된다. 한국 드라마를 보고 한국에 대한 이미지를 구축해 온 이주여성들은 한국 남성들이 상냥하고 친절하며 애정이 많다고 생각했다. 국제결혼 이후 여성들의 친밀성에 대한 욕망은 한국 남성들의 무뚝뚝함과 말 없음에 의해 자주 좌절되지만, 한국 남편들도 초국적 가족의 구성원으로 자신의 역할과 행동을 변화시키기도 한다. 중국에서 온 김동매 씨는 50세인 남편이 공간에 따라 어떻게 자신의 역할과 태도를 변화시키는지에 대해 말한다.

> 남편은 중국 문화에 대해서 너무 잘 알고 있어요. 중국에 가면 애도 같이 안아주고, 물건도 들어줘요. 한국 공항에 딱 내리면 바로 변해요. 남들이 쳐다본다고 애도 안 안아주고, 가방도 안 들어요. 저는 한국에 오면 그냥 주부예요. 중국에서는 일했지만, 여기서는 그냥 주부가 돼요. 아기 보고, 집안일 하는 것이 내 일이예요. 다른 일을 할 수가 없어요. 집안일을 많이 하고 집안일만 하라고 하니까 너무 힘들었어요. 남편이 조금도 도와주지 않아서 많이 싸웠어요.

김동매 씨는 남편이 '중국'에서 보인 자상한 태도를 한국에서도 실천해야 한다며 남편과 자주 언쟁을 벌였다. 남편의 비일관성을 지적하고 어떤 때 가장 가족답냐는 질문으로 남편을 추궁하자 남편이 서서히 변해가고 있다고 한다. 국제결혼을 한 한국 남성들에 관한 생애사 연구에서 지적하듯이 한국 남성들 또한 사업의 파트너, 성적 욕망의 실현, 지배 욕구 등 '도구적' 목적으로 국제결혼을 한 경우가 대부분이지만 결혼과정에서 새로운 디아스포라적 정체성을 갖게 된다(이근무 · 김진숙, 2009). 남성들은 여성들이 모국과 철저히 단절되기를 원해 친정방문을 허락하지 않았음은 물론 TV에서 부인 나라 얘기가 나오면 채널을 돌리거나 시청을 방해하는 등 여성들의 모국과 연관된 모든 기억을 지우려고 했다. 그러나 이런 남성들도 여성들의 삶에 대한 '경험적 이해'에 도달하게 되면 여성의 친정방문을 허락하거나 동반방문하고, 처가 쪽 식구들을 초청하고, 배우자들의 발달 욕구에 조응하여 여성을 대학에 진학하게 하거나 여성들의 공동체활동을 지원하기도 했다. 연구자들은 남성들의 이러한 변화는 '부인과 소수자로서의 연대의식 확보 → 자기문화의 해체 → 타 문화와의 접점에서 재구성 → 디아스포라 위치에 서기'라는 과정을 통해 만들어진다고 분석한다. 이주여성도 자신과 마찬가지로 상흔이 있는 소수자라는 것을 인식하게 되면서 한국 남성들은 근거 없는 우월의식을 버리고 자신의 문화를 해체하는 작업을 하게 되고 이후 여성들이 운반해 온 문화들의 긍정적인 점들을 이해하고 수용하게 되는 과정에 이르게 된다는 것이다. 국제결혼을 한 한국 남성을 대상으로 한 또 다른 연구(김희정 · 박정란, 2022)는 한국 남편들이 외국인 배우자의 개방적 문화를 '버거워하거나', 나만 바라보는 아내에 대해 갑갑함과 부담감을 느끼지만, 화목한 가정에 대한 기대감이 높고, 자신이 변화해야 한다는 것을 생각하고 있다는 점을 강조한다. 이들은 특히 다문화가정에 대한 선입견 때문에 불편한 마음을 토로하고, 결혼이민자만큼이나 차별적인 시선에 저항했다.

## 4. 초국적 가족 만들기

많은 결혼이민자는 "당신의 가족은 누구입니까?"라는 질문에 항상 본국의 가족을 언급하는 경향이 강하다. 그들에게 가족은 고향의 '내 가족'과 한국의 '우리 가족'을 포함한다. 이들의 이주동기 중 하나가 자신의 계층 상승뿐만 아니라 본국의 친정식구가 자신의 결혼을 통해 얻을 수 있는 경제적 혜택을 고려한 것이기 때문에 이주여성들은 본국 가족과의 결속과 유대를 지속시키는 경향이 강하다. 한국에서의 사회적 자본이 결핍된 이주여성들은 "위기 시 이러한 위기를 완충해 줄 만한 사회관계를 갖고 있지 못하기" 때문에 국가 간 경계를 넘는 초국적 가족의 존재는 필수적인 자원이 된다(김정선, 2010; 이혜경 외, 2006).

두 개 이상의 가족이 하나의 가구처럼 기능하기 위해서는 육아, 교육, 경제활동, 사회적 안전망의 확보 등 모든 측면에서 유기적 연결성을 가져야 한다. 이를 위해서는 주기적인 만남과 방문, 물적 자원의 교환, 가족을 함께 만들어 간다는 동반자 의식 등이 수반되어야 한다. 국제결혼 여성들은 첫아이 출산 후나 본국 부모님이 아플 때, 형제자매들의 결혼 시 친정을 방문하면서 감정적 연결성을 만들어 낸다. 일상적으로 국제결혼 가족들은 인터넷 연결망을 통해 친정, 처가, 외가의 가족들과 연락한다. 또한, 본국의 가족들을 초청해 양육에 참여하게 하거나 일자리를 제공하기도 한다. 특히 최근에는 양육에 참여하는 외할머니가 증가하고 있다. 출산보조 및 양육과 관련한 부모 초청비자가 비교적 쉽게 발급되는 상황도 그러한 초국적 양육과 돌봄에 기여한다. 친정어머니가 한국에 나와 딸의 살림살이나 양육을 돕는 경우가 드물지 않다. 황정미(2016)의 연구에 의하면 이주여성들은 자녀돌봄의 어려움을 해소하기 위해 초국적 가족자원의 도움을 받는데, 응답자의 거의 절반 정도가 모국 가족으로부터 다양한 돌봄지원을 받은 경험이 있었으며, 응답자의 1/3 정도가 자신의 자녀를 앞으로 모국으로 보낼 계획이 있다고 응답하였고, 교육 · 경제활동 · 은퇴 후 생활을 위해 모국으로 귀환할 계획이 있다는 여성들도 많았다. 특히 교육수준이 높은 이주여성들은 자신의 자녀와 가족의 미래를 위해 출신국과 거주국을 연결하는 일종의 가족 전략(family strategy)을 구성하고 있는 것으로 보인다. 한국에 나온 친정어머니들은 일차적으로 일하는 딸을 도와 아이들을 돌보거나 살림을 돕는다. 간간이 경제적인 활동에 참여하면서 수익을 올리기도 한다. 이 과정에서 아이들은 간단한 엄마 나라의 언어를 습득하기도 한다. 또한, 아이들이 외가로 보내지는 예도 있다. 여성들이 전업으로 일을 해야 할 상황이 오거나, 급증하는 교육비를 감당하지 못해 어쩔 수 없이 보내는 예도 있고, 아이들을 '글로벌 인재'로 키우기 위해 잠시 엄마 나라에 보내 이중언어를 익히게 하고자 하는 구체적인 목적을 가진 예도 있다(김영옥 · 김현미, 2013).

경제적 교류 또한 초국적 가족을 구성하는 필수요소가 된다. 모든 국제결혼 가족이 '송금'을 현실화시킬 수는 없다. 국제결혼 가족 중 자원이 빈약한 저소득층이 많고, 남편들의 경제력이 약한 경우에 송금은 불가능한 꿈이 된다. 그러나 많은 결혼이주여성과 남편은 주기적 또는 간헐적으로 여성의 본 가족에게 송금한다. 보낸 돈은 주로 부인 가족의 주택을 신축하거나 매입하는 데 사용된다. 또한, 송금은 가족들의 학비나 자립기반으로 사용됨으로써 향후 지속적인 송금 없이도 경제적 자립을 할 수 있게 도와준다(허오영숙, 2013). 흥미롭게도 송금은 '투자'로 활용된다. 표면적으로는 '송금'의 형식을 띠지만, 실제로는 향후 한국 가족의 '역이주(return migration)'를 위해 투자되는 돈인 경우도 많다. 한국에서보다 부인 나라에 '역이주'하여 더 좋은 미래를 기획할 수 있다고 생각하는 한국 남편들은 부인 가족을 통해 땅을 매입하거나 사업기반을 마련한다.

송금은 부인의 본 가족으로의 즉각적이고 정기적인 돈의 국제적 이동만을 의미하지는 않는다. 장기적인 전망에서 부인 가족의 생계를 마련해주는 수단으로 한국의 남편들이 종종 하는 일은 부인의 가족을 한국으로 초대하는 것이다. 전라남도에 사는 김현광 씨는 30대 후반에 중국 한족 여성과 결혼을 했다. 수산양식업의 초기 투자비용이 많아 이미 빚을 많이 진 김현광 씨는 부인의 은근한 기대를 알고 있지만 송금할 돈이 없었다. 가난하고 고립된 삶에 실망하여 날로 기운을 잃어가는 부인을 위해 김현광 씨는 중국의 장인, 장모를 한국으로 초대했다. 이들을 자신의 집으로 오게 하는 것이 아니라 서울의 변두리에 방을 잡아주고 이들이 '이주노동'을 할 수 있게끔 도와준 것이다. 장인과 장모는 짧은 이주노동 기간 여러 가지 잡일들을 하며 꽤 많은 돈을 저축할 수 있었고, 이 금액 중 일부는 현금이 부족해 고생하는 사위 김현광 씨의 수산양식업에 투자되었다. 김현광 씨는 3년간의 이주노동을 마치고 중국에 돌아가는 장인, 장모에게 꾼 돈을 모두 갚았고 이자까지 넉넉히 계산해 드렸다. 부인 장수린 씨는 부모님이 한국에 3년 계시는 동안 함께 시간을 보낸 것은 고작 초반의 며칠과 명절의 짧은 기간밖에 안 된다고 했다. 장수린 씨는 부모가 그리워서라기보다 부모에게 중국에서 먹고 살길을 마련해 주기 위해 부모를 초청했고, 이 과정에서 남편이 적극적으로 서류를 준비해서 초청을 해 준 것에 대해 고마워하고 있었다. 이제 중국으로 돌아간 장수린 씨의 부모는 땅과 기계를 사서 좀 더 풍요로운 농부로의 계층이동을 실현할 것이다.

국제결혼 가족은 전 생애주기를 걸쳐 자신의 이주 동기를 실현하고, 남편과의 동반자적 관계를 구성해 내는 노력을 멈추지 않는다. 결혼이주여성의 정착과 통합은 자신의 본래의 이주목적인 두 국가 간의 사회적 재생산의 위기를 통합적으로 잘 해결해 가고 있다는 느낌이 들 때이다. 결혼이주여성은 적절한 수준의 물적 · 정서적 교환을 통해 자신의 본 가족과 한국에서 만든 새로운 가족 간의 문화적 · 경제적 · 사회적 연결성을 만들어 내는 데 이바지한다는 생각을 가질 때 비로소 이주지인 한국에서 심리적 소속감을 느끼게 된다는 뜻이다. 이 기획에 동참하는 한국 남편들 또한 초국적 가족의 구성원으로서 새로운 정체성을 확보해 간다. 경제적 교류를 통해 두 가족이 함께 경제적 위기를 해결하고 미래를 기획하는 과정에서 부부의 동반자적 연대가 강화되기도 한다. 경제적 교류가 활성화되면서 한국 남편들은 처가식구들에게 신뢰와 애정을 갖게 되고 감정적 연결성을 확보하게 된다. 이처럼 국제결혼의 초국적 친족망은 두 국가의 시민들을 하나의 가구로 연결하면서 일을 분담하고 삶의 위기를 해결한다(김영옥 · 김현미, 2013). 국제결혼 가족은 앞에서 언급한 세계가족, 초국적 가족과 글로벌 가구의 혼합적인 성격을 띠며 한국의 중요한 가족 형태로 자리잡고 있다.

## 5. 국제결혼 가족의 자녀와 2세

이민자 2세라는 개념은 외국인 배우자가 결혼이민을 통해 구성한 가족의 경우, 이들의 자녀를 지칭하는 용어로 사용되기도 한다. 생물학적 순혈 개념을 강조해 왔던 나라들에서 종족, 인종, 국적이 다른 사람들 간의 결합을 통해 태어난 자녀들은 피의 섞임이란 의미에서 종종 혼혈로 불리지만 이 용어는 낡고 문제가 있다. 즉, 순수혈통의 우수성이나 정상성을 전제하면서 사회적 낙인이나 차별적 용어로 사용되기 때문이다. 결혼이민자와 국민 배우자, 또는 다양한 종족 간 결혼을 통해 태어난 자녀들은 일본의 경우 '하프' 또는 '더블'로, 한국의 경우는 다문화가족 2세 등으로 불린다. 미국의 경우 부모의 다양한 유산을 물려받았다는 점에서 혼합문화전통을 가진 아동(mixed heritage children)이란 용어를 사용하기도 한다.

정부의 체계적인 지원에도 불구하고 정책 담론이 소위 다문화가족이나 국제결혼 2세, 중도입국 자녀들에 대한 사회적 불안이나 우려를 반영하고 있다는 비판도 제기된다. 국제결혼이 급증한 대만의 경우 2004년 대만의 교육부 차관이 '외국인 신부'는 자질이 낮아(poor quality), 대만 인구의 질을 떨어뜨리기 때문에 아이를 덜 낳아야 한다는 발언을 해 큰 물의를 빚었다(Hsia, 2007: 56). 한국에서도 이와 유사한 사건이 일어났다. 2019년 6월 11일에 '다문화가족' 대상 공식행사에서 익산 시장은 인사말에서 다문화가족 자녀에 대해 '잡종'이라는 표현을 썼고, 이에 항의하여 수많은 결혼이주여성이 항의 집회를 열었다(김철효 · 신민주 · 고재훈, 2021). 이처럼 국제결혼 자녀들에 대한 근거 없는 '우생학적 열등성' 담론은 새로운 인종주의를 만들어 낼 소지가 다분하다. 한국 사회 또한 다문화가족 자녀의 언어적 · 심리적 부적응을 강조하거나 이들의 경제 형편 때문에 학교 교육을 받지 못해 사회 부적응자로 전락할 수 있다는 과도한 우려를 드러내는 경우가 있다. 마찬가지로 부모가 이민자라는 이유로 이들을 '한류 전도사'라 부르거나 글로벌 리더로 양성한다는 도구적 관점을 드러내기도 한다. 이런 우려와 기대는 이민자 2세들의 사회통합에 기여하기보다는 이들을 하나의 동질적인 대상으로 보는 사회적 낙인을 만들어 낸다. 이런 관점 때문에 다문화가족 2세들은 정부의 복지 공약의 대상으로, 기업의 사회적 책임 프로그램의 쉬운 대상으로 선택되었고, 동시에 다문화가족 2세에 대한 과도한 유용성 담론(문화 대사, 글로벌화, 한류 전도사)을 강조하는 방향으로 담론이 전개되고 있다. 과도한 기대, 낙인, 불안, 우려, 개입의 정서는 이민자 2세들을 특별한 대상으로 분리할 우려가 있기 때문에 궁극적으로는 이민자의 공정한 통합이라는 목표로부터 멀어질 수 있다.

## 6. 마치며

가족은 문화를 전수하고 구성원의 사회화를 담당하는 제도이다. 과거 한국 사회는 단일문화주의(monoculturalism)를 통해, 사회적 동질화와 연대를 강조해 왔고, 가족은 단일민족 정체성을 실현하는 중요한 단위였다. 그러나 최근 글로벌 이동성이 심화하면서 한국의 가족은 급격히 초국화되어 가고 있고, 단일문화주의는 점차 현실과 부합하지 않는 '이념형'이 되고 있다(구정화 외, 2010). 국제결혼 가족은 글로벌 시대에 태동하는 새로운 가족형태로 향후 더욱 증가할 것이다. 국적과 인종, 종교, 종족적 차이를 초월하여 '사랑'을 하고 '가족'을 구성하는 인구가 증가한다는 의미에서 사랑의 세계화 현상이라 볼 수 있다. 또한, 경제부국이나 경제개발국 두 나라의 신자유주의적 세계화 과정에서 혜택을 받지 못한 사람들이 이주를 통해 생존문제를 해결하고 동시에 좋은 삶을 현실화시키기 위한 전략으로 국제결혼을 선택한다. 국제결혼은 배우자가 속한 각각의 가족의 생존 가능성을 확장해 줄 수 있는 '아래로부터의 세계화'라고 볼 수 있다. 국제결혼 가족은 전 생애주기를 걸쳐 자신의 이주 동기를 실현하고, 배우자와의 동반자적 관계를 구성해 내는 노력을 멈추지 않는다. 한국의 국제결혼 가족은 한국의 가족 규범이 재생산되는 장소이기도 하지만 이주민이 운반해 오는 다양한 가족 규범과 가치들에 의해 도전과 변형이 만들어지는 장소이다. 동시에 국제결혼 가족은 삶의 위기를 함께 해결하기 위해 경제적 자원을 교환하고 감정적 연대를 만들어 내는 '글로벌 가구'이다.

특히 반-이민 국가였던 동아시아 국가들에서 결혼이민자의 급증은 사회적 기대와 우려 모두를 낳는다. 가족을 통해 국가 주권과 민족 문화의 정체성을 생산해 왔던 한국을 포함한 일본, 대만 등 동아시아 발전국가에서 가족은 전통과 고유문화를 보존하는 문화적 지표로 사유되어 왔다. 그러나 국제결혼이 증가하면서 가족과 지역사회의 문화적 혼종성 또한 증가하게 되었고, 소위 단일한 민족 문화의 재생산은 불가능해졌다. 아시아에서 급증한 국제결혼은 전형적인 동아시아 단일민족중심의 시민권(East Asian mono-ethnic citizenship) 개념을 변화시키고 있다. 이중국적을 허용하지 않는 한국의 국적법은 최근 결혼이주민에게 복수 국적을 허용하는 등 '호의적 예외' 규정을 신설했다.[3] 국적법의 이러한 변화는 폐쇄적 · 단일적 · 규정적 국적 기준에서 개방적 · 복수적 · 생활적 기준으로 나아간 한국 사회의 자기반성의 성찰일 수 있다. 결혼이주민이 본국의 국적을 유지하는 것은 불확실한 미래에 대한 대처일 수 있고, 이는 귀환 이후의 본국에서의 재정착을 돕는 필수적인 법적 지위를 제공한다. 또한, 다문화가족의 '역이주', 즉 한국 남편이 부인의 나라로 이주하는 역이주가 증가하는 추세를 고려해 볼 때, 결혼이주여성의 복수 국적은 한국의 다문화가족이 신자유주의적 경제 불안의 위험에 대처하는 생존 전략일 수 있다.

---

3 2011년부터 허용된 '복수 국적'은 국적 취득자 중 혼인 관계를 유지하고 있는 결혼이민자 등의 경우 국내에서 외국 국적을 행사하지 않겠다는 서약을 하면 외국 국적을 유지하더라도 한국 국적을 상실하지 않도록 한다.

결혼, 별거, 이혼, 아이 양육 등은 지극히 사적인 문제지만, 국제결혼의 경우 결혼관계의 해체는 양 국가의 법, 가족제도, 국적법 등 복잡한 작동방식에 크게 영향을 받는다. 부모의 이혼이나 별거로 한국에 거주하지 못하고 어머니를 따라 본국으로 귀환하는 자녀들도 급증하고 있다. 하지만 이들은 한국 영토 안에 머물러 있지 않다는 이유로 관심을 받지 못하고 있다. 방법론적 내셔널리즘(methodological nationalism)에 기반을 둔 다문화가족정책은 결혼이민자의 적응과 통합에만 주목하게 되고, 영토를 벗어난 국가 '경계 밖' 존재들에 관해서는 관심을 두지 않는다. 이런 이유로 베트남 등에 거주하는 다문화가족 자녀들은 한국과 베트남 사회 모두에서 '잊힌 존재'로 취급되어 왔다(김현미 외, 2019). 이들의 사회적 성장을 지원하고 사회적 지원에 접근할 수 있도록 누가 초국적 연결과 양육에 대한 책임을 다할 것인지에 대한 문제가 부상하고 있다.

11장

# 일-생활 균형과 가족의 변화

| 강이수(상지대 문화콘텐츠학과) |

| 이은아(이화여대 여성학과) |

# 1. 현대사회와 일-생활 균형

현대사회에서 일과 생활의 균형을 뜻하는 '워라밸(WLB : work-life balance)'에 대한 요구는 일상적인 관심으로 자리 잡고 있다. 일-생활 균형이란 일과 가족, 여가, 자기 개발 등 다양한 삶의 영역의 조화와 균형을 이루며, 만족스러운 생활을 영위하는 것을 의미한다. 일-생활 균형은 어린 자녀나 돌봄이 필요한 가족구성원이 있는 경우뿐 아니라 일과 자신의 삶을 조화롭게 영위하려는 모든 개인과 조직에게 중요한 문제로 여겨지고 있다.

통계청이 발표한 「사회조사」에 따르면 2011년에는 '일을 우선시 한다'는 응답이 54.4%로 높았으나 2021년에는 '일과 가정생활을 비슷하게 여긴다'는 응답(48.2%)이 '일을 우선시 한다'(35.5%)보다 높게 나타났다. 또한 청년들 사이에는 직업선택 시 '워라밸이 보장되며 자유로운 연차 사용'이 가능한 회사가 최고의 직장으로 인식되기도 한다.

OECD 국가를 비롯한 많은 국가에서 맞벌이(2인 소득) 가구가 늘어나고 저출산문제가 대두되면서 일-생활 균형이 중요한 이슈가 되었으며, 이를 위해 장시간 노동을 완화하고 노동자중심의 유연근무제를 확대하는 등 일-생활 균형정책을 시행해 왔다. 한국 사회는 2005년 합계출산율이 1.09로 감소하기 시작하면서 2000년대 중반 이후 기혼여성의 경력단절 예방과 일-가족 양립이 중요한 정책 과제로 떠오르기 시작하였다. 초기에는 맞벌이 가족, 특히 기혼여성을 중심으로 한 '일과 가족'의 양립에 관심을 두었으나, 이후에는 가족의 변화와 다양한 삶의 영역에 대한 요구가 늘어나면서 '일-생활 균형' 개념으로 확대되었다.

그러나 OECD의 '더 나은 삶의 지수(BLI: Better Life Index)'를 보면, 한국은 2022년 기준 40개국 중 30위이다([그림 1] 참조). 또한 '더 나은 삶의 지수'의 지표 가운데 '일–생활 균형'은 40개국 중 37위로 하위권이며, 세부 지표를 보면 장시간 근로(19.7%)는 41개국 중 37위, 여가 · 개인적 돌봄(14.8시간)은 25위, 그리고 성평등은 22개국 중 13위 수준이다. 일–생활 균형을 위해서는 절대적 노동시간이 중요한데, 한국은 장시간 노동자 비중이 OECD 평균보다 10% 이상 많은 것으로 나타난다(OECD, Better Life Index, 2022). 일–생활 균형에 대한 인식과 관심은 높아지고 있으나 한국은 여전히 절대적 노동시간이 길고, 경제활동참가율의 성별 격차가 크며, 여성의 돌봄노동 부담이 큰 편이다.

[그림 1] OECD 국가별 일–생활 균형 지수(2022)

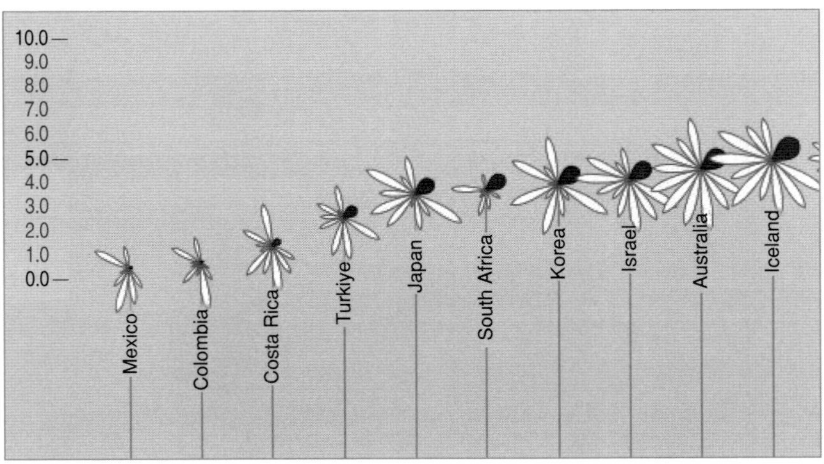


출처 : OECD, Better Life Index(https://www.oecdbetterlifeindex.org/topics/work–life–balance/)

또한 코로나19 팬데믹 시기 학교와 어린이집 등 공적 돌봄 서비스가 중단되면서 돌봄 공백과 위기가 초래되었고, 가족돌봄 부담이 주로 여성에게 전가됨으로써 여성은 일–생활 균형의 어려움을 더 많이 겪은 것으로 나타났다(신경아, 2021). OECD 조사에 따르면 한국은 팬데믹 상황에서 여성이 주로 또는 전적으로 12세 미만 자녀를 돌본 비율이 64%로 OECD 평균(62%)보다 높고, 남성이 돌본 비율은 17%로 OECD 평균(22%)보다 낮을 뿐 아니라 초등학생 이하 자녀가 있는 여성은 다른 여성에 비해 실직 비율이 더 높았는데 퇴직 사유는 '돌봄 때문'이라는 답변이 가장 많았다(OECD, 2021; 허민숙, 2022에서 재인용). 이처럼 돌봄의 위기 혹은 공백 시기에 여성의 돌봄 부담이 늘어나면, 이는 여성의 이중부담과 고용중단으로 이어지게 된다.

이 장에서는 현대 사회에서 점점 중요해지고 있는 일-생활 균형을 이해하기 위해 우선 '일-가족' 관계의 역사적 변화에 따른 이론적 접근과 맥락을 살펴보고, 젠더 관점에서 일과 삶의 균형을 위한 이슈와 과제가 무엇인지 보고자 한다. 또한 한국 사회에서 일-생활 균형정책이 어떻게 시행되어 왔는지, 그리고 일-생활 균형을 위한 방향과 시사점은 무엇인지 살펴볼 것이다.

## 2. 일-가족에 대한 접근 : '일-가족 갈등'에서 '일-생활 균형'으로

### 1) '여성문제'로서의 '일-가족 갈등'

일-가족에 대한 학문적 관심은 1960년대 이후 일-가족 갈등(work-family conflict), 일-가족 양립(work-family reconciliation), 일-가족 균형(work-family balance) 등 일과 가족의 관계가 노동자에게 어떤 영향을 미치는지를 중심으로 논의가 시작되었다.

역사적으로 일과 가족의 관계는 산업화의 국면에 따라 다르게 인식되었다. 산업사회 이전에는 일과 가족 영역이 미분화되었는데 미국에서는

1840년대 초까지 'housework(가사노동, 집안일)'라는 단어가 없었을 정도로 가정에서 행해지는 일과 가정 밖에서 행해지는 일이 개념적으로 구분되지 않았다(강이수, 2009: 54). 그러나 산업화 이후의 산물로서 일터와 가정이 공간적으로 멀어지고, 일 중심의 생활양식이 '성취'로 이해되면서 가족은 노동력 '재생산' 집단으로 추락되었으며, 그 결과 '공장의 시간(industrial time)'이 '가족의 시간(family time)'을 규정하게 되었다(신경아, 2009: 31).

산업화 초기 근대적 성별분업의 구축은 일–가족 분리와 갈등의 역사와 맥락을 같이한다. 일터와 가정이 공간적으로 분리되고, 남성이 임금노동을 수행하고 여성이 가사노동을 전담하는 근대적 성별체제가 구축되면서 일과 가족의 불균형과 갈등이 드러나기 시작하였다. 자본주의 성장과 함께 일과 가족 영역관계에서 기업은 사회의 중추기관이자 생활의 중심으로 자리 잡은 반면 가족은 기업의 요구에 봉사하는 역할로 재배치되고 '일 중심적 사회조직'으로의 재편이 진행되면서 일과 가족은 대립적인 영역이 되었다.

18, 9세기에 공고하게 자리 잡게 된 이 같은 가족유형을 '남성 생계부양자 가족(male breadwinner family)'이라고 한다. 남성 생계부양자 가족 체제하에서 여성들은 주변화되거나 여성의 이상적 역할은 가정에 있다는 '가정중심성' 이데올로기로 인해 임금노동을 하는 경우에도 일과 가정의 이중역할 부담을 고스란히 감내하여야 했다(Williams, 2000). 이러한 성별분업 규범으로 인해 여성들은 경제활동 참여가 늘어나도 비정규직이나 단시간 노동자 등 주변화된 노동시장에 머물거나, 일과 가족 생활이라는 이중부담으로 고용을 중단하게 되었다.

따라서 일–가족 갈등에 주목하는 연구들은 주로 기혼여성들이 겪는 일과 가족의 이중부담에 초점을 맞추며, 시간 부족으로 인한 갈등, 일–생활 영역으로부터 오는 긴장, 그리고 아내와 어머니로서의 역할 갈등

등에 주목해 왔다. 즉, 일–가족 갈등은 출산 및 양육 시기 여성들이 노동시장으로부터 이탈되어 경력단절로 이어지는 '여성문제'가 된 것이다. 그리고 일하는 여성에게 '일'과 가족'은 양립이나 균형의 영역이기보다는 갈등의 요소가 되었으며, 돌봄의 책임으로부터 자유로운 남성과 무관한 문제로 여겨져 왔다.

그러나 일–가족 갈등은 단순히 가족 내 남녀 간의 갈등이나 여성 개인의 문제가 아니라 사회 전체의 경제적 요구와 인구구조의 변화, 정책 방향 등과 밀접하게 연관되어 있다. 여성의 경제활동 참여가 증가하면 출산율이 낮아지는 특성은 다른 선진국에서도 일반적으로 나타났던 현상으로 1980년까지 주요 선진국도 '높은 여성고용률/낮은 출산율'이라는 구조를 보여 왔다. 그러나 낮은 출산율문제를 해결하기 위해 다양한 일–가정 양립 지원제도를 실시 · 확충하였고, 이제는 '높은 여성고용률/적정 출산율'의 사회로 전환되고 있다(김태홍 외, 2012). 한국은 2000년 이후 일–가정 양립 지원에 대한 정책적 관심을 확대하고 있으나 여성의 경력단절문제가 계속 남아 있고, 저출생 현상도 심화되고 있는 상황이다. 일과 가족이 더 이상 여성에게 양자 선택의 대상이 되지 않도록 '일–가족 생활 양립'을 위한 적극적 지원이 더욱 중요해진 것이다.

### 2) 일–생활 균형과 패러다임 전환

'일–생활 균형'이라는 개념은 일과 가족을 넘어 자아 또는 개인적 삶(personal life)을 위한 시간이 필요하다는 차원에서 일과 가족, 그리고 개인의 삶의 균형 또는 일과 생활의 조화와 균형을 강조한다. 또한 일과 삶의 균형은 개인의 열망, 경력과 관련된 '일'과 가족, 건강, 기쁨과 관련한 '삶'이라는 두 단어로 구성되며, 일과 삶 두 가지 모두를 분리할 것 없이 조화롭게 만든다는 뜻을 담고 있다(오정희 · 정승언, 2019: 181). 따라서 일–생활 균형은 어린 자녀가 있는 맞벌이 가구나 기혼여성의 일–가족 양립을 지원하는 육아지원 중심의 '가족친화적 정책'보다 더 넓은 개념으로 사회 전반의 패러다임 전환이 필요하다. 특정한 가구형태나 성별이 아닌 모든 개인이 일과 생활의 균형을 이룰 수 있어야 하며, 이는 노동시장의 변화뿐 아니라 돌봄의 사회화, 가족친화적 정책 등 다양한 정책적 목표를 통해 실현할 수 있다.

그러나 여성의 노동시장 참여가 늘어난 만큼 남성의 돌봄노동 참여가 늘어난 것은 아니다. 혹실드는 20세기 여성의 역할이 극적으로 변화하기는 했으나 여성의 노동시장 진입이 여성이 책임져 온 가사역할의 재조정을 가져오지는 못했으며, 이에 따라 '빠르게 변하는 여성과 느리게 변하는 남성' 간의 긴장이 지속되는 '지연된 혁명'이라고 지칭한 바 있다(Hochschild, 1997). 따라서 일–생활 균형은 보편적 혹은 추상적 개인이 아닌 성별화된 사회에서 노동자의 경험과 관점을 중심으로 논의되어야 하며, 함께 일하고 함께 돌볼 수 있는 사회가 이루어져야 한다.

# 3. 한국의 일–가족 변화와 젠더 관계

## 1) 시기별 일–가족의 변화

서구 산업화 이후 일–가족 관계가 변화한 것처럼 한국 사회도 산업화 이후 여성의 노동시장 참여, 교육수준 향상 및 성별 불평등에 대한 사회적 인식과 도전이 확산되면서 일–가족의 변화가 진행되었다. 먼저 1960~70년대 빠른 속도로 산업화가 진행되면서 여성의 경제활동 참여도 확대되었다. 그러나 이 시기에는 여성이 가정을 책임져야 한다는 강력한 '가정중심 이데올로기'가 작동되고 있었으며, 일–가족 양립을 둘러싼 사회적 갈등은 아직 표면화되지 않았다. 이 시기의 산업은 여전히 농업을 중심으로 한 1차 산업이 지배적이었고, 제조업에 취업한 여성들은 주로 어린 미혼여성들이었다. 또한 도시부문의 영세 자영업자 부인들은 대부분 무급 가족종사자로 취업하고 있었고, 취업여성 중 임금근로자의 비율은 20~30%에 불과하였다. 따라서 농가와 도시 지역의 무급 가족종사자로 일하는 기혼 취업여성들의 경우 일과 가족은 혼재 · 중첩되어 있었다.

1980년대 들어서면서 여성의 취업의식이 높아지고 다양한 계층의 여성들이 경제활동에 참여하기 시작하였다. 여성의 경제활동참가율은 1980년 42.8%에서 1990년 47.0%로 증가하였으며, 여성취업자 중 임금근로자의 비율은 1990년에 56.6%에 이르게 된다. 특히 기혼여성의 취업이 크게 증가하기 시작하였다. 제조업 생산직 여성노동자의 주력 노동력인 미혼여성이 1970년대 후반부터 서비스업으로 이동하면서, 기혼여성들이 대체하여 들어가기 시작하였고, 1990년대 들어서면 기혼여성노동자들이 생산직 노동력으로 대체되는 모습을 보인다. 여성의 취업이 확대되면서, 특히 기혼여성노동자가 크게 늘어나고 여성의 이중부담이 본격적으로 현실화되었다. 그러나 사회적으로 보육시설 등 여성의 이중부담 완화를 위한 제도적 지원이나 성역할 변화를 위한 국가 차원의 정책은 부족하였다. 이 같은 상황에서 여성들은 일-가족 갈등을 경험하며, 개인적 차원에서 문제를 회피하거나 자신을 희생하는 전략을 선택할 수밖에 없게 된다.

1990년대 이후 신자유주의적 경제질서의 확산 속에서 여성의 경제활동참가율은 전체적으로 증가 추세를 보이지만 고용형태상으로는 불안정한 비정규직 여성노동력이 급증하는 노동력의 질적 구조 변화를 겪게 된다(강이수, 2001). 여성취업자 중 임금근로자 비율이 더욱 크게 늘어나 1995년 59.1%에서 2010년에는 전체 여성취업자 중 72.7%에 이르게 되었다. 그러나 여성이 여전히 돌봄의 일차적 책임을 지고 남성은 일차적 생계부양자라는 규범이 견고하게 남아 있는 상태에서 여성은 일-가족 양립의 어려움을 경험하며, 저출생현상도 심화되기 시작한다. 합계출산율은 1970년 4.53에서 1980년 2.82, 1990년 1.57, 2005년 1.09로 급격히 감소하면서 저출생문제 해결을 위해 2006년 제1차 저출산 고령사회 기본계획을 수립하였고 일-가정 양립을 정책의 추진과제로 명시하였다. 그러나 일-가정 양립은 저출생문제 해결을 위한 방법이자 여성의 문제로 한정되었으며, 여성들이 직면한 일-가족 갈등을 해결하기에는 매우 부족한 실정이었다.

한편, 대다수의 국가에서 가구형태가 빠르게 변화하고 가구규모도 축소되고 있다. 한국의 4인가구 비율은 1990년 29.5%에서 2021년 14.7%로 감소하고 1인가구 비율은 같은 기간 동안 9.0%에서 33.4%로 증가하였다. 지금까지 일-가족 양립이 주로 가족형성기에 집중되어 있었다면, 가족형성 및 가구구성이 빠르게 변화함에 따라 일-생활 균형은 특정 성별이나 세대가 아닌 모든 개인의 전 생애에 걸친 과제로 대두되고 있다.

〈표 1〉 18세 미만 자녀가 있는 유배우 가구

(단위 : 천 가구, %, %p)

| | 2020년 | | 2021년 | | 증감 | |
|---|---|---|---|---|---|---|
| | | 비중 | | 비중 | | 비중 |
| 18세 미만 자녀가 있는 유배우 가구[1] | 4,236 | 100.0 | 4,309 | 100.0 | 73 | - |
| 맞벌이 가구 | 2,164 | 51.1 | 2,299 | 53.4 | 135 | 2.3 |
| 비맞벌이 가구 | 2,072 | 48.9 | 2,010 | 46.6 | -62 | -2.3 |

주 : 1) 막내자녀 기준, 18세 미만 자녀가 없는 경우는 제외함.

출처 : 통계청 보도자료, "2021년 하반기 지역별 고용조사 맞벌이 가구 및 1인가구 고용현황," 2022.6.21.

## 2) 여성의 경제활동 참여와 성별화된 돌봄노동

2022년 여성의 경제활동참가율은 54.6%로 남성 73.5%보다 낮은 수준이며, 합계출산율은 2021년 0.81 수준이다. 또한 2021년 하반기 기준 유배우 가구 중 맞벌이 가구 비중은 46.3%이며, 18세 미만 자녀가 있는 유배우 가구 중 맞벌이 가구 비중은 53.4%로 맞벌이 가구도 조금씩 늘어나고 있다.

또한 성별 고용률 추이를 보면 여전히 성별 격차가 크게 나타난다. 2022년 연령별 고용률을 보면 15세부터 29세까지는 여성 고용률이 남성 고용률보다 높으나 30대 이후에는 여성 고용률이 감소하고 35~39세 사이의 성별 격차가 가장 크게 나타난다. 특히 여성의 연령별 고용률은 30대 초반에 감소하고 후반에 증가하는 M자 형태를 보이며 이는 역U자형을 보이는 서구국가와 다른 양상이다([그림 2] 참조). 여성의 평균 출산연령이 2021년 현재 33.4세임을 볼 때 임신 및 출산 시기에 여성이 일을

[그림 2] 성별/연령별 고용률(2022)

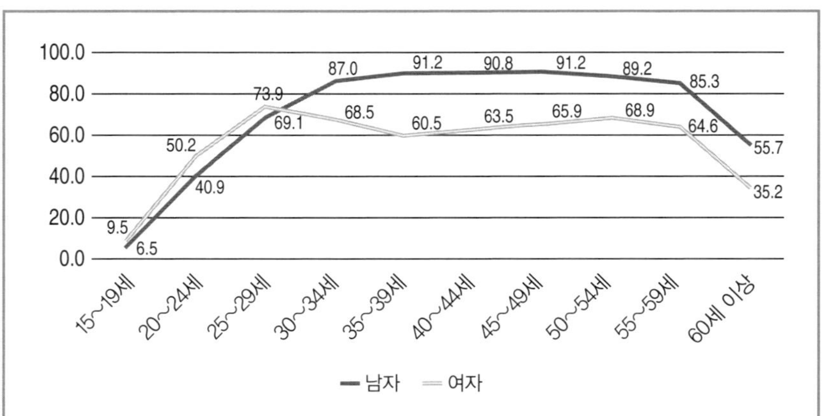


출처 : 통계청, 「경제활동인구조사」.

지속하기 어려운 사회적 환경과 구조가 크게 변화하지 않고 있음을 짐작할 수 있다.

특히 일-가족이 서로 분리되고 양립하기 어려운 영역으로 간주되는 이유는 돌봄노동이 여전히 여성에게만 전가되어 있는 성별분업과 견고한 남성 생계부양자 이데올로기와 연관된다. 통계청의 「생활시간 조사」에 따르면 2019년 평일 가사노동 시간은 여성 2시간 55분, 남성 44분으로 여성이 남성보다 더 많다. 또한 맞벌이 가구와 외벌이 가구 모두 여성의 가사노동 시간이 남성보다 길다. 2019년 맞벌이 가구의 가사노동 시간은 여성 3시간 7분, 남성 54분으로 여성이 더 많고, 여성만 취업한 외벌이 가구에서조차 여성 2시간 36분, 남성 1시간 59분으로 여성이 더 많다. 남성의 가사노동 참여가 늘고 있으나 여전히 성별에 따른 가사노동 시간 배분은 매우 불균등하다. 가사노동과 돌봄노동의 대부분이 여전히 여성의 일로 전가되어 있는 상황에서 여성은 남성보다 일-가족 균형의 어려움을 더 많이 경험할 수밖에 없다.

돌봄 역할에서의 남성 배제는 남성에게도 자기돌봄 능력을 갖지 못하고 관계로부터 고립되는 문제 등을 경험하게 한다. 최근에는 청년 세대를 중심으로 남성의 돌봄 참여에 대한 요구와 기대가 높게 나타난다. 남성의 성평등 태도와 실천 사이의 일관성이 높고 전통적 남성성 규범에서

〈표 2〉 맞벌이 및 외벌이 가구의 시간 사용

단위 : (시간 : 분)

| | 맞벌이 가구 | | | | 외벌이 가구 | | | | | | | |
|---|---|---|---|---|---|---|---|---|---|---|---|---|
| | | | | | 남편만 취업 | | | | 아내만 취업 | | | |
| | 2014 | | 2019 | | 2014 | | 2019 | | 2014 | | 2019 | |
| | 남편 | 아내 | 남편 | 아내 | 남편 | 아내 | 남편 | 아내 | 남편 | 아내 | 남편 | 아내 |
| 가사노동[1] | 0:41 | 3:13 | 0:54 | 3:07 | 0:46 | 6:00 | 0:53 | 5:41 | 1:39 | 2:39 | 1:59 | 2:36 |

주 : 1) 가정관리, 가족 및 가구원 돌보기

출처 : 통계청 보도자료, "2019년 생활시간 조사 결과," 2020.7.30.

벗어나서 성평등을 실천하는 것이 남성의 삶의 질을 높인다는 연구 결과도 있다(Holter *et al.*, 2009, 마경희 외, 2018에서 재인용). 돌봄의 공백이나 위기가 남성의 돌봄노동 참여로만 해결되는 것은 아니나 일-생활 균형과 돌봄의 공백을 해결하기 위해서 '돌봄의 탈여성화'가 먼저 이루어져야 하며, 나아가 돌봄의 책임을 함께 나누는 '돌보는 남성성'으로의 전환이 필요하다(안숙영, 2017).

### 3) 장시간 노동과 이상적 노동자 규범

장시간 노동은 개인이 다양한 삶의 영역에서 보낼 수 있는 시간을 제한하며, 일-생활 균형을 어렵게 만든다. 여기에 더해 가족 유형과 구성의 변화 및 고용조건 변화에 따른 시간 갈등과 시간 구속(time bind)의 문제가 점점 심각해지고 있다(제이콥스 · 거슨, 2010). 현대인의 삶은 노동시간이 줄면 여가시간이 늘어나는 단순한 구조가 아니라 보다 복합적인 맥락에 놓여 있고, 점점 시간이 부족한 '바쁜 현대인'의 일상에 놓이게 된다는 것이다. 미국 사회에서 '과로하는 미국인에 대한 논쟁'이 진행된 바 있는데, 개인의 평균 노동시간은 크게 변하지 않았지만, 남성 1인 생계부양자 가족에서 2인 부양자 가족으로 바뀜으로써 부부의 노동시간, 즉 가구당 노동시간은 크게 증가해 왔다고 한다. 그 결과 시간 부족, 시간 압박, 시간 쥐어짜기 등 시간 부족과 '바쁨의 문화(culture of busyness)'가 개인의 의식을 넘어서 사회적 차원으로 더욱 확대되고 있다고 지적되었다(제이콥스 · 거슨, 2010: 150).

한국은 OECD 국가 중에서 근로시간이 긴 국가이면서 근로시간제도의 경직성이 높은 국가에 속한다. 한국의 근로시간은 2021년 1,915시간으로 2008년 2,228시간보다 감소하였으나, OECD 회원국의 평균 근로시간 1,716시간보다 199시간 많으며 38개 회원국 중 5위로 근로시간이 길다(조민주 외, 2022).[1] 노동시간이 길어질수록 일–가족 갈등이 늘어난다는 연구 결과는 장시간 노동 체제하에서 남녀 모두 자신과 가족의 삶을 위한 절대시간이 매우 부족할 수밖에 없음을 보여준다.

더 나아가 '일' 중심의 사회는 전형적으로 남성을 중심으로 한 이상적 노동자 규범(ideal worker norm)을 강화하면서 가족과 여성의 삶에 긴장과 스트레스를 초래해 왔다. '이상적 노동자 규범'이란 출산이나 양육을 위한 의무나 부담을 갖지 않으며 언제라도 시장노동이 요구하는 초과 노동까지도 감당할 수 있는 노동자를 이상적 노동자로 보는 것이다. 이상적 노동자 규범에서 벗어난 여성은 이차적 노동자로 여겨지고, 일과 가족의 이중부담을 경험하게 된다. 이상적 노동자 규범은 남성에게도 일을 우선시하게 함으로써 절대적 시간 부족과 일–생활 균형을 어렵게 만든다. 따라서 일–생활 균형을 위해서는 노동시간 단축과 함께 생계부양자를 중심으로 한 이상적 노동자 규범의 해체가 함께 이루어져야 한다.

### 4) 노동시간의 유연화와 조직문화

많은 국가에서 일–생활 균형을 위하여 노동시간 단축 외에도 노동시간의 유연성을 강화하는 정책을 확대해 가고 있다. 생애주기의 필요나 돌봄 역할이 집중되는 시기에 노동자가 일하는 시간과 장소를 선택할 수 있는 유연근무제는 노동자의 일–생활 균형에 도움이 된다. 무엇보다 노동자가 통제권을 가질 경우, 근무 시간과 장소의 유연화는 여성의 일–가

1 많은 국가들은 우리보다 앞서 근로시간 단축제를 도입해 왔는데, 미국 주 40시간, 일본 주 40시간, 프랑스 주 35시간 등으로 법정근로시간을 규정하고 있다. 한국은 2018년에 노동시간 단축을 위해 법정근로시간을 기존의 68시간에서 52시간으로 단축하는 주 52시간 근무제를 도입하였다. 고용노동부의 「사업체노동력조사」에 따르면 주 52시간 근무제 도입 이후 연간 근로시간은 2017년 2,014시간에서 2018년 1,986시간, 2019년 1,978시간, 2020년 1,952시간으로 줄어든 것으로 나타난다.

족 갈등을 해소하고 고용을 지속하는 데 도움이 될 수 있다(Chung and Horst, 2018; Lott, 2015). 유럽 국가들은 유연근무제를 지속적으로 확대해 왔는데, 2015년 유럽 28개국 대상 조사 결과 스웨덴과 덴마크는 50% 이상, 핀란드와 네덜란드는 40% 이상의 노동자들이 근무시간 조절이 가능하며, 직장이 아닌 집이나 기타 공공장소에서 일한 노동자의 평균 비율도 18.6%에 이른다(정희정, 2019).

그러나 유연근무제는 직종이나 업무특성, 또는 고용형태 등에 따라 사용자 범위가 제한되기도 한다. 또 '이상적 노동자 규범'이 남아 있는 조직 내에서 가족돌봄이나 자녀양육 등을 위해 특정한 노동자만 주로 유연근무제를 사용한다면 사용자에 대한 편견이나 낙인 효과가 발생할 수도 있다. 예를 들어 여성들만 주로 유연근무제를 사용하게 된다면 여성의 돌봄노동 역할을 강화하고, 직장 내 불이익으로 인해 임금이나 노동조건에서의 성별 격차가 더 늘어나는 '젠더 함정'의 위험이 있을 수 있다(홍승아, 2012, Lott and Chung, 2016). 따라서 유연근무제 제도 도입을 넘어 유연근무제의 자유로운 사용과 이로 인한 불이익을 겪지 않도록 여성과 남성 모두의 일-생활 균형을 위한 사회적 규범과 조직 문화의 변화가 필요하다.

# 4. 일-생활 균형을 위한 정책과 과제

## 1) 일-생활 균형정책의 의미

현대사회에서 여성 취업이 증가하면서 가족체계는 남성 생계부양자 모델에서 2인 또는 1.5인 생계부양자 모델로 전환되고 있으며, 이에 따라 가족 재생산 및 돌봄이 중요한 문제로 부각되고 있다. 돌봄노동(care work)은 20세기 후반까지 이론적 개념이나 정책의 항목으로 다루어지지 않았으나, 여성의 취업 증가 그리고 고령화라는 사회적 · 인구학적인 환경 변화에 따라 돌봄을 둘러싼 사회문제가 확산되면서 이를 사회적으로 해결해야 할 필요가 높아지고 있는 상황이다. 일–생활 균형은 이와 같은 돌봄의 문제를 포함해 노동자 개인의 삶의 질 향상뿐 아니라 조직의 발전과 사회를 위해 중요한 정책적 목표가 되고 있다.

일–생활 균형지원정책은 일–가정 양립(work–family reconciliation), 일–생활 균형(work–life balance), 가족친화(family–friendly) 정책 등 다양하게 언급되고 있다.

우선 일–가정 양립정책은 "제도화된 아동돌봄 서비스를 통하여 부모들이 육아로 인한 노동의 중단 없이 취업을 지속할 수 있도록 지원하고 남녀 근로자의 출산휴가와 자녀양육휴가 보장을 통하여 성별에 관계없이 육아 참여를 장려함으로써 성평등적인 노동생활과 가정생활을 병행할 수 있도록 지원하는 것"(Sumer, 2016; 윤자영 외, 2016: 159에서 재인용)을 의미한다. 그러나 일–가정 양립이 주로 여성의 역할병행문제에 집중하는 정책적인 한계가 있어, 이미 오래전 저출산 · 고령화문제를 겪은 유럽 국가들은 일–가정 양립을 넘어 일–생활 균형정책(work life balance policies)으로 전환하였다.

1990년대 후반 EU 주요국의 일자리정책 목표는 경제활동참가율을 높이고 실업률을 최소화하는 것이었는데, 이를 위해 노동시간 단축과 일–생활 균형모델을 추구하기 시작하였다. EU는 2019년 일과 삶의 균형정책 지침서(Work–life Balance Directive)를 통과시키고 회원국들로 하여금 남성이 아이 출산 후 10일 내 육아휴직을 낼 수 있도록 제도를 마련하였다. 또한 육아휴직 4개월 중 2개월을 부모 간에 양도할 수 없도록 하며 8세 이하 자녀를 둔 맞벌이 부모 및 보호자 역할을 하는 직원들이 유연근무제를 이용할 수 있도록 제도를 마련하도록 하였다. 즉, 일–생활 균형을 위해 남녀가 함께 참여하도록 하는 정책을 내놓은 것이다.

일-생활 균형정책이 비교적 잘되어 있는 스웨덴은 '공동 부양자-공동 모' 육아휴직제도와 보육서비스의 공적 지원 체계 확립, 6시간 근로제 등의 유연근로제 확대를 대표적으로 들 수 있다. 1974년 세계 최초로 부모 육아휴직제도를 도입하고 부모 육아휴직제도를 주로 여성들이 사용하는 문제를 해결하기 위해 1995년 부부가 각각 아이를 최소 30일은 돌보도록 하는 부모 육아휴직 의무 할당제를 도입하였으며, 2002년 부모 육아휴직 할당일 수를 60일로 확대하여 남성 육아휴직자가 크게 증가하였다(홍희정, 2019).

일-생활 균형정책에서 보다 중요한 문제는 어떤 정책이 있느냐 하는 문제보다, 이 같은 정책들이 얼마나 성평등을 지향하고 있으며, 성평등을 위한 실질적인 효과를 가지느냐의 문제이다. 이 같은 맥락에서 중요한 것이 각 국가가 시행하고 있는 정책 모델의 성격과 유형에 대한 이해라고 할 수 있다. 일-생활 균형정책의 강화가 반드시 성평등을 담보하는 것은 아니며, 많은 제도들은 성평등 관점의 정립과 방향성이 미흡한 경우도 있기 때문이다.

맞벌이 가구 증가로 전형적인 '남성 생계부양자 모델(male bread-winner model)'의 적합성이 약화되고 있는 상황에서 보다 더 젠더평등한 정책 모델로 이행하기 위해서는 일-생활 균형이 남녀 모두에게 중요한 문제라는 방향성을 명확하게 하는 것이다. 새로운 젠더관계 구성을 위해서는 양육과 돌봄을 남녀가 동등하게 참여해야 한다는 점을 인식하고, 여성이 돌봄노동을 주로 전담하는 현실에서 국가가 돌봄노동의 가치를 사회적으로 인정하고 보상하여 성평등이 가능하도록 하는 노력이 필요하다(Fraser, 2000). 즉, 일-생활 균형을 위해 여성과 남성이 함께 일하고 돌볼 수 있는 사회가 되도록 사회구조의 재편과 성별 체제(gender regime)의 변화가 필요하다. 남녀 모두 유급노동과 무급노동에 평등하게 참여하고, 돌봄과 생계부양을 함께 수행하는 보편적인 생계부양자 역할과 돌봄제공자 역할을 통합하는 정책이 계속 모색되어야 할 것이다.

### 2) 한국의 일-생활 균형정책 도입

한국의 일-가족 양립지원정책은 1990년대 이후 조금씩 진행되기 시작하였다. 일-가족 양립지원정책은 초기에는 취업과 임신 · 출산 · 양육의 가족 책임을 조화롭게 병행할 수 있도록 한다는 목표하에 주로 여성의 육아와 일의 병행 차원에서 접근한 것이 일반적이었다. 2000년대 중반 이후로는 저출산 · 고령화문제에 따른 사회적 위기감이 고조되면서 일-생활 균형이 중요한 정책 의제가 되었으며, 여성의 경력단절 예방과 출생률 제고를 위해 제도적 기반을 강화하였다. 먼저 2001년 「모성관련법」(근로기준법, 남녀고용평등법, 고용보험법)의 개정을 통해 모성권 보장 및 일-가정 양립을 위한 다양한 제도를 도입하였으며, 1997년 제정된 「남녀고용평등법」을 2001년 개정하여 직장과 가정생활의 양립 및 고용촉진을 법의 목적에 포함하고, 남성도 육아휴직을 할 수 있게 되었다. 그러나 이 시기에는 모성보호 및 남녀고용평등 강화라는 관점이 보다 강조되었다.

그리고 "일 중심에서 가정과의 균형을 중시하는 근로자들의 의식변화에 대응하고 저출산 · 고령화 시대에 여성 인력의 경제활동 참여를 늘리기 위하여 일 가정의 양립을 위한 정책"을 강화하기 위해 2007년 「남녀고용평등법」을 「남녀고용평등과 일 · 가정양립 지원을 위한 법률」로 개정하면서 배우자 출산휴가, 육아기 근로시간 단축제 등이 본격적으로 시행되기 시작했다고 할 수 있다. 이어서 2007년 「가족친화 사회환경의 조성 촉진에 관한 법률」도 제정되었다. 저출산 및 고령화 사회로의 급속한 전환과 여성의 경제활동 참여 증가 등 사회환경이 변화함에 따라 가정생활과 직장생활을 조화롭게 병행할 수 있는 사회적 분위기나 제도적 장치 마련에 대한 필요성이 증대되면서, "가족친화적인 사회환경 조성을 촉진하기 위한 종합적이고 체계적인 지원체계를 구축함으로써 사회 전반에 가족친화적인 환경의 정착 및 국민의 삶의 질 향상에 기여하려는 것"을 목적으로 법이 마련된 것이다.

먼저 「남녀고용평등과 일 · 가정양립 지원을 위한 법률」을 중심으로 일-가족 양립지원정책의 유형을 살펴보면 다음과 같다. 일-가족 양립지원정책을 대상과 방법에 따라 구분해 보면 출산전후휴가와 배우자 출산휴가, 육아휴직과 같은 부모휴가, 육아기 근로시간 단축과 가족돌봄 휴직, 가족돌봄 근로시간 단축, 유연근무제 등 노동시간정책, 직장 어린이집 설치 등 양육지원 등이 있다. 부모휴가정책은 출산전후휴가와 배우자 출산휴가, 육아휴직 등의 자녀출산에 대한 지원정책을 포함한다. 출산휴가의 경우 대부분의 국가들이 법률로써 보장하고 있는데, 최근에는 남성의 돌봄참여 확대를 위한 부성휴가가 확대되고 있으며, 이외에 가족간호휴가, 아동간병휴가 등이 시행되고 있다. 일-생활 균형의 요구는 노동자의 노동권과 부모권의 조화를 위해서도 중요한데, 일-생활 균형정책의 남성 사용은 아직 저조한 편이다. 무엇보다 남성의 돌봄노동 참여와 일-생활 균형을 위한 제도적 지원이 강화되어야 하며, 돌봄노동의 책임이 있는 시민을 기준으로 사회체제의 변화가 필요하다.

### 3) 한국의 일-생활 균형정책

#### (1) 출산휴가제도

출산휴가제도는 출산을 전후하여 여성근로자에게 제공되는 휴가제도이다. 1953년 「근로기준법」 제정 당시 산전후휴가라는 명칭으로 도입되었으며, 60일간의 유급휴가로 규정되었다가 1961년 산후 30일 확보 규정이 도입되었다. 이러한 산전후휴가의 기본적 골격은 2000년대까지 유지되었다. 2000년대 이후 저출산 · 고령화사회로 인한 문제점들이 본격적으로 제기되면서 2001년 법 개정을 통해 휴가기간을 60일에서 90일로 확대되었다. 또한 임신 16주 이후 유·사산 여성근로자에게도 보호휴가 제공과 함께 휴가급여를 제공하는 것으로 개정하였다(김태홍 외, 2012). 2008년에는 산전후휴가의 명칭을 출산전후휴가로 변경하고, 2014년에는 다태아 출산 시 휴가기간(120일)을 확대하는 규정을 마련하였다.

한편, 2008년에는 법 개정을 통해 남성근로자에게 3일의 유급휴가를 부여하는 배우자 출산휴가제도를 도입하였으며, 2012년부터는 최대 5일로 연장하고 휴가일 중 최초 3일은 유급으로 개편하여 남성의 돌봄 참여를 확대하고자 하였다. 2019년에는 배우자 출산휴가기간을 유급 10일로 확대하였다. 배우자 출산휴가는 출산을 여성과 남성의 공동책임으로 인정한다는 점에서 의미가 있다. 그러나 출산휴가 및 육아휴직제도는 근로기준법과 고용보험법을 토대로 하고 있어 근로기준법상 근로자로 적용대상자가 제한되어 있으며, 특수고용형태종사자 등 도급적 노무제공자, 학생, 가정주부 등은 제도를 활용할 수 없는 한계가 있다(박귀천, 2021: 602).

### (2) 육아휴직제도

육아휴직제도는 “근로여성에 대하여 근로능력 발전에 못지않게 모성존중 또한 중요”하다는 것을 강조하면서 1998년 「남녀고용평등법」에 도입되었다. 육아휴직제도는 영아를 가진 근로여성을 대상으로 시작되었으며, 점차 그 범위가 확대하였다. 제도 도입 당시 육아휴직은 ‘생후 1년 미만의 영아’로 규정되었다가 이후 생후 3년 미만의 영유아(2005년), 만

6세 이하의 초등학교 취학 전 자녀(2010년), 만 8세 이하 또는 초등학교 2학년 이하의 자녀(입양 자녀 포함)(2014년)로 확대되었다. 또한 처음에는 신청대상을 근로여성으로 한정하였으나 2001년부터는 '생후 1년 미만의 영아를 가진 근로자'로 남성을 포함하였다. 육아휴직기간 또한 제도 도입 당시 「근로기준법」에 따라 산전 · 산후 유급휴가기간을 포함하여 1년 이내로 규정되었으나 2005년 육아휴직 기간은 1년 이내로 하되, 당해 영유아가 생후 3년이 되는 날을 경과할 수 없도록 개정하여 온전히 1년의 육아휴직기간을 사용할 수 있게 되었다. 그리고 법 개정을 통해 2008년부터 육아휴직 1회 분할 사용, 2010년에는 만 6세 이하의 초등학교 취학 전까지 대상 자녀를 확대하였다.

한국의 출산휴가 및 육아휴직 제도는 2000년대 중반 이후 휴가기간, 소득대체율, 제도의 유연성 등 측면에서 많은 발전을 이뤘다고 평가할 수 있지만 그럼에도 출산 양육기 여성의 경력단절이 지속되고 고용형태와 임금수준의 성별 격차가 크다는 문제가 남아 있다(박귀천, 2021). 2020년 육아휴직 사용자를 보면, 여성 77.3%. 남성 22.7%로 여성이 남성의 3배 이상이며, 출생아 부모의 경우 여성의 육아휴직 사용률은 63.9%, 남성은 3.4%이다. 부모휴가제는 부모 공동사용을 전제로 도입한 제도임에도 불구하고 남성의 사용률은 매우 낮은 현실이다.

스웨덴의 부모휴가 할당제는 할당된 기간을 사용하지 않으면 상실되는 형태로 고안되어 있어 배우자에게 전환할 수 없으며, 따라서 남성의 돌봄 참여를 확대하며 가족 내 성평등을 제고하는 효과를 갖는다. 한국은 남성의 육아 참여를 위해 2014년 '아빠 육아휴직 보너스제'를 도입하였으며, 2022년 개편된 3+3 부모 육아휴직제는 부모 모두 육아휴직 시 3개월 동안 통상 임금 100%를 받을 수 있도록 하였다. 그러나 고용보험 가입기간, 해당 사업장에서의 근무기간 등과 같은 조건으로 인해 비정규직에게는 육아휴직제가 매우 제한적으로 주어지며, 낮은 출산 및 육아휴직 급여수준은 제도 사용을 어렵게 만드는 요인이 될 수 있다. 따라서 육아휴직 사용이 어려운 노동자나 남성의 육아휴직 확대 등을 위한 노력이 필요하다.

[그림 3] 전체 육아휴직자 수

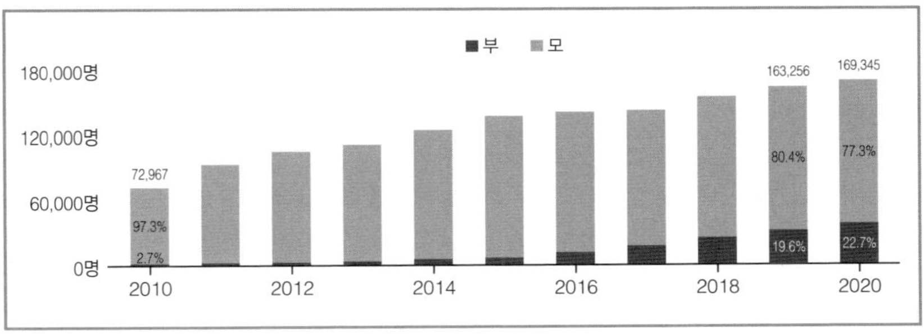


출처 : 통계청 보도자료, "2020년 육아휴직통계 결과," 2021.12.21.

[그림 4] 출생아 부모의 육아휴직 사용률

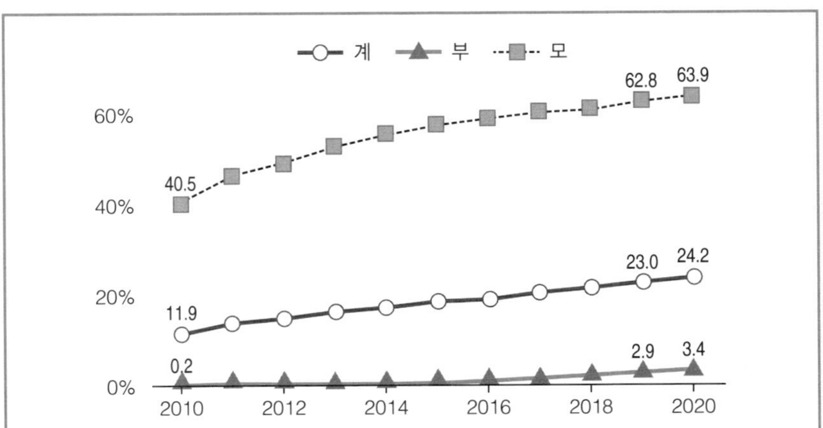


출처 : 통계청 보도자료, "2020년 육아휴직통계 결과," 2021.12.21.

〈표 3〉 출생아 부모의 육아휴직 사용률

(단위 : %, 명)

<table>
<tr><th colspan="2"></th><th>2016</th><th>2017</th><th>2018</th><th>2019</th><th>2020</th></tr>
<tr><td colspan="2">육아휴직 사용률<br>(A/B×100)</td><td>19.3</td><td>20.8</td><td>21.7</td><td>23.0</td><td>24.2</td></tr>
<tr><td rowspan="2"></td><td>부</td><td>0.9</td><td>1.7</td><td>2.3</td><td>2.9</td><td>3.4</td></tr>
<tr><td>모</td><td>59.2</td><td>60.6</td><td>61.2</td><td>62.8</td><td>63.9</td></tr>
<tr><td colspan="2">출생아 부모 중<br>육아휴직자(A)</td><td>77,089</td><td>73,962</td><td>75,227</td><td>76,136</td><td>73,105</td></tr>
<tr><td rowspan="2"></td><td>부</td><td>2,375</td><td>4,126</td><td>5,278</td><td>6,340</td><td>6,812</td></tr>
<tr><td>모</td><td>74,714</td><td>69,836</td><td>69,949</td><td>69,796</td><td>66,293</td></tr>
<tr><td colspan="2">출생아 부모 중<br>육아휴직 대상자(B)</td><td>398,966</td><td>356,402</td><td>346,914</td><td>331,409</td><td>302,490</td></tr>
<tr><td rowspan="2"></td><td>부</td><td>272,663</td><td>241,208</td><td>232,690</td><td>220,350</td><td>198,748</td></tr>
<tr><td>모</td><td>126,303</td><td>115,194</td><td>114,224</td><td>111,059</td><td>103,742</td></tr>
</table>

출처 : 통계청 보도자료, "2020년 육아휴직통계 결과," 2021.12.21.

### (3) 육아기 및 가족돌봄 등 근로시간 단축

근로자가 육아기 동안 평상시보다 근로시간을 단축해 근무할 수 있도록 2008년 '육아기 근로시간 단축제도'가 도입되었다. 육아기 동안 근로자가 1일 또는 주당 통상 근로시간을 단축해 근무할 수 있도록 하는 것인데, 사업주 노력의무로 규정되어 있는 육아기 근로시간 단축제도를 2012년 사업주의 의무로 변경하였다. 또한 육아휴직 1년과 별도로 육아기 근로시간 단축을 1년간 보장하며, 육아휴직 미사용 기간은 추가로 육아기 근로시간 단축으로 사용할 수 있다. 또한 최소 3개월 단위로 횟수 제한 없이 사용할 수 있으며, 하루 1시간 단축도 가능하다.

또한 가족의 질병, 사고, 노령으로 인하여 그 가족을 돌볼 수 있도록 '가족돌봄 휴직제도'(근로자의 가족돌봄 등을 위한 지원)가 2008년부터 시행되었다. 2019년 가족의 범위를 조부모, 부모, 배우자, 배우자의 부모, 자녀 또는 손자녀로 확대하였으며, 휴직기간은 최대 90일간 사용할 수 있다. 그리고 긴급하게 가족을 돌볼 필요가 있는 경우 1년에 최대 10일을 사용할 수 있는 '가족돌봄 휴가'를 신설하였다. 가족돌봄 '휴가'와 '휴직'을 합쳐 최대 90일간 사용할 수 있다. 또한 '가족돌봄 등 근로시간 단축제도'는 근로자가 가족돌봄, 본인건강, 학업, 은퇴준비의 사유로 소정근로시간을 단축할 수 있는 제도로 2020년 최초 시행되었으며, 2022년부터 1인 이상 사업장까지 확대되었다. 근로시간은 15~30시간이며 30시간 이내의 범위에서 단축가능하다.

2021년「일 · 가정 양립 실태조사」결과에 따르면 육아기 근로시간 단축제도에 대한 인지도는 '잘 알고 있다' 31.4%, '대충 알고 있다' 21.0%, '들어본 적은 있다' 15.3%로 어느 정도 알고 있는 것으로 나타난다. 그러나 사용 실태는 '필요한 사람은 모두 자유롭게 이용 가능'은 55.8%, 활용실적이 있는 사업체 비율은 7.4%로 낮게 나타났다. 이는 가족돌봄 휴직제도의 경우에도 유사하게 나타난다(전기택 외, 2022). 즉, 제도에 대한 이해는 어느 정도 있지만 여전히 사용하기 힘든 상태임을 확인할 수 있다.

한편, 코로나19 팬데믹 기간에 급격히 늘어난 가족돌봄 수요에 대응하고, 가족돌봄 휴가를 확대하기 위하여 가족돌봄 비용을 긴급 지원한 바 있다. 그런데 고용노동부의 지급 현황을 보면, 2020년 여성 62.1%, 2021년 여성 67.2%로 가족돌봄 부담이 여성노동자에게 집중되고 있는 것으로 나타났다.[2] 따라서 가족돌봄 관련 제도 기반을 강화하는 것과 더불어 가족을 돌봄 책임이 있는 남성과 여성 모두 누구나 제도를 사용할 수 있도록 하는 노력이 필요하다.

---

**2** 매일노동뉴스, "코로나19 가족돌봄 휴가 10명 중 7명 여성노동자," 2022.9.29.(https://www.labortoday.co.kr/news/articleView.html?idxno=211207)

### (4) (노동자 중심의) 유연근무제

유럽의 많은 국가들은 일-생활 균형을 위한 유연근무제를 확대해 가고 있는데, 한국도 2010년 공공기관을 중심으로 유연근무제를 시범 도입하고, 2012년부터 전 공공기관으로 확대 시행한 바 있다. 이후 박근혜 정부는 고용률 70% 로드맵을 발표하면서 여성의 일·가정 양립과 경력단절 예방을 위한 대책으로 유연근무제를 강조하기도 하였다.

유연근무제는 '근로자와 사용자가 근로시간이나 근로장소 등을 선택·조정하여 일과 생활을 조화롭게 하고, 인력활용의 효율성을 높일 수 있는 제도'를 의미한다. 우리의 경우 도입된 유연근무제의 유형을 정리하면 〈표 4〉와 같다.

〈표 4〉 유연근무제 유형

| 유형 | 내용 |
|---|---|
| 시차출퇴근제 | 기존의 소정근로시간을 준수하면서 출퇴근시간을 조정하는 제도 |
| 선택근무제 | 1개월 이내의 정산기간을 평균하여 1주간의 소정근로시간이 40시간을 초과하지 않는 범위에서 1주 또는 1일 근무시간을 조정하는 제도 |
| 재택근무제 | 근로자가 정보통신기기 등을 활용하여 주거지에 업무공간을 마련하여 근무하는 제도 |
| 원격근무제 | 주거지, 출장지 등과 인접한 원격근무용 사무실에서 근무하거나 사무실이 아닌 장소에서 모바일 기기를 이용하여 근무하는 제도 |

출처 : 일쉼동체워라벨(https://www.worklife.kr/website/index/m2/flexitime_what.asp)

유연근무제는 근로기준법과 가족친화법에 이와 관련한 법 조항이 제시되고 있기는 하나 아직 유연근무제도에 대한 통일적 법적 근거는 명확하지 않은 상황이다. 아울러 노동자가 자율적으로 통제 조정할 수 있는 것은 '선택적 근로시간제'뿐으로 일-생활 균형을 위한 정책이라고 하기에는 아직 미비한 상태이다.

유연근무제 사용 역시 저조한 편인데, 2021년「일 · 가정 양립 실태조사」에 따르면 유연근로제도(시간선택제, 시차출퇴근제, 선택근무제, 재량근무제, 원격근무제, 재택근무제 등) 6개 중 1개 이상 도입한 사업체는 전체의 27.3%이며, 근로자의 필요에 따라 일하는 시간과 장소를 조정할 수 있는지 묻는 질문에 72.2%가 조정하기 어렵다고 응답하였다(전기택 외, 2022). 유연근무제 도입뿐 아니라 사용되는 맥락도 중요하다. 유연근무제 사용자가 특정 성별에 집중되거나 혹은 사용자에 대한 불이익이 발생하지 않도록 국가의 젠더체계와 기업의 조직문화, 그리고 조직구성원의 인식 등 다양한 변화가 함께 이루어져야 한다.

## 5. 성평등한 일–생활 균형 사회를 위하여

많은 국가에서 근대적인 성별분업은 여성의 경제활동 참여와 맞벌이 가구 증가, 그리고 일–생활 균형을 위한 다양한 정책과 제도로 인해 점차 약화되어 가고 있으며, 2000년대 이후 한국에서도 많은 제도적 변화가 있었다. 그러나 여전히 일과 가족을 둘러싼 성별화된 관계의 맥락은 크게 변화하지 않고 있는 것 또한 사실이다. 특히 일–가족 양립의 문제는 기혼여성의 문제로 한정되어 왔으며, 저출산 해결을 위한 정책적 도구라는 시각으로 접근해 온 경향이 강하였다. 그러나 2인 생계부양 가구를 비롯한 가구 형태와 개인의 삶의 양식이 다양해지면서 일–가족 양립에서 일–생활 균형으로 관점이 변화되고 있다.

일과 다양한 삶의 영역의 조화와 균형에 대한 노동자의 요구를 충족할 수 있도록 사회적 규범과 젠더체제, 그리고 정책적 지원이 필요하다. 즉, 여성의 이중부담 완화와 지원을 위한 많은 제도적 · 정책적 지원이 필요하며 일–생활 균형을 위해서는 근본적으로 '남성 생계부양자 모델'에 근거한 일과 가족의 관계를 재조정할 필요가 있다. 특히 '이상적 노동자'상을 넘어서 좋은 노동자상에 대한 규범도 바뀔 필요가 있다. 남성을 기준으로 하는 이상적 노동자상을 벗어나 "좋은 노동자란 일과 가족 사이에서 효과적이고 만족스러운 방식으로 다중적 역할을 잘 수행할 수 있는 사람"이라고 정의하는 것이다(제이콥스 · 거슨, 2010). 또한 성별화된 일–가족 문제와 불평등한 성별분업의 변화가 전제되어야 하며, 이를 위해 여성과 남성 모두 함께 일하고 함께 돌보는 사회로의 패러다임 전환이 필요한 것이다.

성평등한 일–생활 균형이란 모든 개인이 '다양성', '유연성', '시간의 질'을 생활 속에서 얼마나 확보하는가의 문제라고 할 수 있다. 다양성이라는 것은 사람들이 다양한 생활 양식과 계획을 추구하는 것, 유연성은 주로 일하는 방법의 시간 사용의 문제이며, 시간의 질은 사람들이 건강하게 또 여유 있게 살 수 있는 자신 또는 가족 시간을 가지고 있는가에 관한 것이다. 이 세 가지 키워드를 균형 있게 유지할 수 있는 사회환경이 바로 일–생활 균형사회라 할 수 있을 것이다(야마구치 가즈오, 2010).

이렇게 볼 때, 먼저 일–생활 균형을 위해서는 여성과 남성 그리고 개인의 삶에 대한 근본적인 가치관과 패러다임의 변화가 필요하다고 할 수 있다. 일과 가족, 그리고 생활의 균형을 추구하기 위해서는 우선 첫째, 노동의 공유와 돌봄노동의 가치회복이 필요하다. 노동의 공유란 시장노동과 돌봄노동을 남녀 함께 공유하는 것을 의미한다. 즉 노동일의 단축과 노동시간의 단축, 노동시간의 유연화, 일자리 나누기 등을 통해 시장노동의 기회를 공유하는 것을 의미한다. 그리고 남성도 가족과 공동체 내에서 돌봄노동을 수행하며, 돌봄노동을 공동체 및 국가와 공유하는 것, 즉 사회화하는 것을 가리킨다. 둘째, 이상적 노동자 규범의 해체와 새로운 노동자상의 형성이 필요하다. 남성 생계부양자 모델에 근거한 이상적 노동자상은 여성을 노동시장에서 주변화시킬 뿐만 아니라 최근에는 그 현실적 적합성도 상실해 가고 있다. 따라서 좋은 노동자상에 대한 규범을 바꾸어야 한다. 앞에서도 보았듯이 일과 가족, 다양한 영역의 삶 속에서 효과적이고 만족스러운 방식으로 다중적 역할을 수행해 갈 수 있는 사람들, 즉 일-가족 양립과 균형의 책임을 모두에게 있는 것으로 전제하고 이 두 책임을 성실하게 수행하려는 노동자들이라는 인식을 확고히 할 필요가 있다(신경아, 2009). 이러한 가치관 정립 위에서 일-생활 균형을 위한 구체적인 경제적 조건과 사회적 환경의 조성을 위한 정책적 노력이 지속될 때 성평등과 일-생활 균형이라는 목표가 충족될 수 있을 것이다.

12장

# 가정폭력의 문제와 정책적 대응

| 박언주(동아대학교 사회복지학과) |

가정폭력은 심각한 사회문제이다. 가족은 공적인 영역과 구별되는 사적인 영역으로서 '삭막한 세상의 안식처'이며 가족구성원 간의 애정에 기반한 사랑과 돌봄의 공동체라는 가족에 대한 낭만적 관념은 가족 내에 갈등과 폭력이 존재한다는 사실을 은폐하고 가정폭력의 문제에 국가가 개입하는 것을 지연시키는 데에 기여해 왔다. 페미니스트들은 가정폭력을 심각한 여성의 인권에 대한 침해라고 인식하고 여성에 대한 폭력의 문제를 해결하기 위하여 가정폭력추방운동에 주력하여, 가정폭력의 심각성에 대한 사회적 공감대를 형성하고 가정폭력의 문제에 대한 정책적 개입이 가능하게 하였다. 그러나 우리 사회에서 가정폭력은 여전히 빈번하게 발생하며, 가정폭력 가해자에 대한 사법적 대응과 피해자지원 체계는 다양한 한계를 드러내고 있다. 이 장에서는 가정폭력의 개념, 가정폭력을 설명하는 이론, 가정폭력추방운동, 가정폭력 관련 정책, 가정폭력의 실태 및 문제, 그리고 가정폭력문제 해결을 위한 향후 과제에 대해 살펴본다.

# 1. 가정폭력의 개념

가정폭력(domestic violence), 가족폭력(family violence), 아내구타(wife beating), 아내폭력(violence against wives), 아내학대(wife abuse), 아내폭행(wife assault), 부부폭력(marital violence), 배우자 학대(spouse abuse), 여성에 대한 폭력(violence against women), 친밀한 관계에서의 폭력(intimate partner violence) 혹은 친밀한 관계에서 여성에 대한 폭력(intimate partner violence against women)이라는 다양한 용어가 가족 혹은 친밀한 관계 안에서 발생하는 폭력을 설명하기 위하여 함께 사용되고 있다. '폭력'에 비해 '학대'는 신체적 폭력뿐만 아니라 다양한 형태의 폭

력을 포함하는 것이며, '아내' 혹은 '여성'은 가정폭력이 여성에 대한 폭력임을 강조하기 위한 것이고, '아내'에 비해 '친밀한 관계'는 제도화된 혼인관계 속에 있지 않은 다양한 친밀한 관계를 폭력피해의 대상으로 포함하기 위하여 사용된다.

「가정폭력범죄의 처벌 등에 관한 특례법(이하 「가정폭력처벌법」)」에서 가정폭력은 "가족구성원 사이의 신체적, 정신적 또는 재산상 피해를 수반하는 행위"로 정의된다(제2조 제1항). 이때 가족구성원에는 배우자(사실상 혼인관계에 있는 사람 포함) 또는 배우자였던 사람, 자기 또는 배우자와 직계존비속관계(사실상 양친자관계 포함)에 있거나 있었던 사람, 계부모와 자녀의 관계 또는 적모와 서자의 관계에 있거나 있었던 사람, 그리고 동거하는 친족이 모두 포함된다(제2조 제2항). 즉, 가정폭력은 '가족구성원 사이'의 폭력으로, 배우자에 의한 폭력뿐만 아니라 배우자 이외의 가해자에 의한 가족원폭력, 그리고 폭력 피해자에 따라 아동폭력과 노인폭력을 포함한다. 「2019년 가정폭력 실태조사」에서도 이를 반영하여 배우자에 의한 폭력, 가족원폭력, 아동폭력, 노인폭력의 실태를 조사하여 보고하고 있다(김정혜 외, 2019).

「가정폭력처벌법」의 처벌 대상이 되는 가정폭력범죄에는 가정폭력으로서 상해와 폭행의 죄, 유기와 학대의 죄, 체포와 감금의 죄, 협박의 죄, 강간과 추행의 죄, 명예에 관한 죄, 주거침입의 죄, 권리행사를 방해하는 죄, 사기와 공갈의 죄, 손괴의 죄(「형법」), 그리고 카메라 등을 이용한 촬영죄(「성폭력범죄의 처벌 등에 관한 특례법」)와 불법정보의 유통금지(「정보통신망 이용촉진 및 정보보호 등에 관한 법률」)가 포함된다(제2조 제3항). 이외에도 피해자의 경험을 통해 가정폭력은 신체적 폭력, 성적 폭력, 정서적 폭력, 경제적 폭력, 통제 등으로 유형화되어 설명되고 있다.

이 장에서 가정폭력은 친밀한 관계에서의 여성에 대한 폭력을 의미하는 것으로 사용할 것이며, 아동폭력과 노인폭력을 포함하는 경우 '가정

내 폭력'으로 구분한다(김홍미리 외, 2022). 또한 「가정폭력처벌법」에 범죄로 규정되지 않은 피해자의 다양한 피해 경험을 가정폭력으로 본다.

## 2. 가정폭력을 설명하는 이론

가정폭력을 설명하는 이론은 성격유형 및 병리이론, 사회학습이론, 교환이론, 자원이론, 폭력 하위문화 관점, 스트레스 이론, 가정폭력 관점, 페미니스트 이론 등 다양하다. 이러한 이론들은 가정폭력의 복잡하고 다양한 측면을 설명하는 데 기여하고 있다. 특히, 가정폭력 문제에 대한 분석과 대응에서 가정폭력 관점과 페미니스트 이론은 차이가 있다.

성격유형 및 병리이론은 가정폭력 발생원인을 생물학적 요소, 정신병리학적 요소, 알코올 사용, 공격성 등의 개인적 요소를 중심으로 설명한다. 가해자의 성장배경, 기질, 심리상태, 폭력의 정도나 형태 등, 개인적 특성에 따라 가해자를 유형화한 연구, 알코올 사용과 폭력행위와의 관계 및 공격성이 폭력행위에 미치는 영향에 대한 연구 등이 여기에 속한다.

사회학습이론(social learning theory)은 폭력행동을 학습의 산물로 본다. 가정폭력에 노출되어 성장한 아동은 갈등해결방식 중 하나로 폭력행동을 학습하여 성인기에 폭력을 행사할 가능성이 높다는 것이다. 이러한 폭력의 세대 간 전승은 가해자의 어린 시절 폭력노출 경험에 대한 경험적 자료에 의해 이론적으로 지지를 받기도 했다. 가정폭력 노출아동에 대한 관심 및 우려는 이러한 관점을 반영한다.

교환이론(social exchange theory)은 대인관계에서의 보상과 손실에 초점을 두고 사람들은 공평의 원리에 따라 투자에 비해 보상이 적을 때 폭력을 행사한다고 설명한다. 이 이론은 폭력행사뿐만 아니라 폭력의 중단 또한 설명하는데, 폭력을 사용하는 것이 보상보다 더 큰 손실을 가져올 경우 가해자는 폭력을 중단한다는 것이다. 가정폭력 가해자를 처벌하는 것이 폭력중단을 가져올 것이라는 주장은 이 이론에 의해 지지된다.

자원이론(resource theory)은 폭력을 하나의 자원으로 본다. 사회경제적 계층이 낮은 남성의 경우 자신의 자원이 부족함을 인식하고 가족 내에서 주도적인 위치를 점하기 위하여 최후의 자원으로 폭력을 사용하게 될 가능성이 높다는 것이다. 계층별로 가정폭력 발생률이 차이가 있을 것이라고 보는 입장이 여기에 속한다. 그러나 조사결과에 따르면, 가정폭력은 특정 계층에 제한되지 않고, 모든 계층에서 발생하는 것으로 나타난다.

폭력 하위문화 관점(subculture of violence perspective)은 폭력이 특정 사회 · 문화에서 더 많이 존재한다고 본다. 중상층의 주류문화에서 소외된 하층의 남성은 주류문화의 가치 · 규범을 거부하고 대안문화를 형성하는데, 신체적인 힘에 가치를 부여하고 폭력을 수용하는 문화를 형성한다는 것이다. 저소득층 혹은 아프리카계 미국인들의 하위문화가 더 폭력적이라는 통념을 지지하는 이론이라 할 수 있다.

스트레스 이론(stress theory)은 사회가 복잡해질수록, 삶의 전환기에, 사회적 위기 등의 상황에서 개인이 경험하는 스트레스 수준이 높아지고, 이는 폭력의 원인이 된다고 설명한다. IMF 이후 가정폭력이 증가함을 설명한 연구 및 임신기간이라는 삶의 전환기에 가정폭력이 증가한다는 연구는 여기 속한다.

가정폭력 관점(family violence perspective)은 배우자 학대 혹은 가족폭력과 같은 성 중립적인 용어를 사용하며, 가정폭력은 가족체계의 산물이라고 본다. 가정폭력은 스트레스와 좌절의 상황에서 가족체계의 목적에 부합할 때 발생하며, 폭력행위에 대해 긍정적인 피드백이 제공되면 해당 폭력행위는 강화되고, 가족체계 내부 혹은 외부체계에서 폭력행위가 수용되면 폭력은 가족체계 내에 자리를 잡게 된다고 설명한다. 그러나 부정적인 피드백이 생기면 폭력행위에 대한 대안행위가 나타나며, 폭력이 더 이상 수용될 수 없는 수준에 이르게 되면 가족체계 자체에 변화가 생긴다고 설명한다.

페미니스트 이론(feminist theory)은 가정폭력의 원인에 대해 가부장제 및 가부장제를 유지하는 사회제도, 남성중심적 사회구조 속에서 구조화된 젠더 권력관계 및 성역할 사회화 과정을 중심으로 분석한다. 남성우월주의와 여성이 자원에 접근하는 것을 제한하는 사회적인 강제에 주목하여 여성에 대한 폭력은 여성의 종속적인 지위의 산물이며 전통적 가족의 문화적 유산이라고 본다. 특히, 권력과 통제 이론(power and control theory)은 가해자가 패턴화된 폭력행위를 행사함으로써 권력과 통제의 우위를 획득하는 것으로 가정폭력에 관해 설명한다(Dobash and Dobash, 1979; Pence and Paymar, 1986; Bograd, 1988). 강압적 통제이론(coercive control theory) 또한 폭력적 관계 속의 가해자의 다양한 술책을 피해자에 대한 권력과 통제를 확보하려는 가해자의 시도로 설명한다(Stark, 2007). 이러한 이론은 가해자의 신체적 혹은 성적 폭력행위를 넘어서는 다양한 폭력행위 및 술책을 부각함으로써 가정폭력의 양상을 보다 전체적으로 파악하기 위한 설명틀을 제공해 왔다. 피해자의 인간됨과 자유 및 자율성을 침해하는 가해자의 패턴화된 행위를 설명하는 개념인 강압적 통제(coercive control)는 가정폭력의 특수성을 이해하고 설명하기 위한 유용성을 가진 것으로 주목받고 있다(민윤영, 2021).

# 3. 가정폭력 추방운동[1]

## 1) 가정폭력 추방을 위한 토대구축

우리 사회의 가정폭력 추방운동은 아내폭력의 문제에 대한 사회적 개입의 필요성에 대한 인식으로부터 출발하였다. 1975년 유엔의 '세계여성의 해' 선포를 계기로 크리스천 아카데미가 실시한 여성문제 의식화 교육을 받은 30~40대의 '주부 아카데미' 수료생들, 여성사회교육 담당자들, 그리고 '청년여성회' 회원은 일상 속에서의 여성억압 문제에 주목하여 아내폭력 문제를 발견하였다. 피해여성들에 대한 치유 및 인간성 회복을 돕는 상담활동과 구타문제를 해결하기 위한 사회운동을 전개하는 것을 기본방향으로 삼고, 1983년 6월 11일 두 대의 전화로 한국여성의전화를 개원하고 전화상담 활동을 시작했다.

이후 한국여성의전화를 중심으로 한 가정폭력 추방운동은 1997년 가정폭력방지법 제정 이전까지 다양한 활동을 전개하였다. 첫째, 가정폭력 피해여성을 '문제를 가진 개인'으로 보는 전통적 상담방법을 수용하기보다는 '여성주의' 상담방법을 도입하여 상담방법에서의 패러다임 전환을 시도하였다. 둘째, 1987년 3월 14일 한국 최초의 가정폭력 피해여성을 위한 쉼터를 개소했다. 1992년 보건복지부가 운영하는 자매복지회관에 폭력피해여성들을 위한 쉼터가 마련되기까지 유일한 쉼터로 많은 가정폭력 피해여성에게 피난처를 제공하였다. 쉼터활동은 피해여성들에게 긴급피난처, 개인상담 및 집단상담을 통한 신체적 · 정서적 안정과 치유, 자립준비활동을 지원했다. 쉼터를 퇴소한 여성들을 중심으로 자조그룹을 형성하고 사후지원활동도 진행하였다. 셋째, 피해여성에 대한 의료적

---

1 이 절의 내용은 이현숙 · 정춘숙(1999) 및 정춘숙(2009)을 참고하였다.

처치와 법률적 문제를 지원하기 위하여 의료지원체계 및 법률지원체계를 구축하였다. 이러한 활동들은 이후 공적인 가정폭력 피해자 지원체계 마련의 토대가 되었다.

## 2) 「가정폭력방지법」 및 「가정폭력처벌법」의 법제화[2]

「가정폭력처벌법」이 제정되기 이전에는 「형법」에 상해와 폭력의 죄에 존속에 대한 폭행 규정은 있었으나 비속 및 아내에 대한 폭행은 명시되어 있지 않았다. 한국여성의전화는 1991년 4월 18일 '성폭력(violence against women)특별법 입법을 위한 공청회'에서 아내구타를 규제하는 법의 필요성을 논의하였다. 성폭력은 여성에 대한 폭력(gender violence/violence against women)을 의미하는 것으로, 성희롱이나 아내구타를 포함하는 통합적 개념이었다. 공청회 이후, 한국성폭력상담소와 한국여성의전화는 '성폭력특별법 제정추진위원회'를 결성하여 1991년 10월 가정폭력을 포함한 '성폭력특별법 제정을 위한 청원서'를 국회에 제출했다. 1992년 1월 한국여성단체연합 내 '성폭력특별법제정추진특별위원회'를 구성하면서 전국적으로 특별법 제정운동을 펼쳤다. 그러나 '아내구타가 성폭력 개념에 포함될 수 있는가'하는 문제제기를 중심으로 성폭력 개념을 둘러싼 논쟁이 제기되었다. 성폭력특별법 제정과정에서 가정폭력은 제외되었고, 가정폭력법 관련법을 따로 제정해야 하는 과제가 남게 되었다.

이후 한국여성의전화를 중심으로 1992년 6월 아내구타 공개토론회를 개최하는 등 가정폭력방지법 제정운동이 전개되었다. 1994년 유엔이 정한 '세계가정의 해'를 맞아 한국여성의전화는 지역 여성의 전화와 연대

2 「가정폭력방지법」은 「가정폭력방지 및 피해자보호 등에 관한 법률」의 약칭이다.

하여 1993년 11월부터 법 제정 운동을 본격화하였으며, 1996년 총선을 앞두고 지속적인 법 제정 촉구 활동을 폈다. 1995년부터는 '가정폭력방지법 연구모임' 및 '여성평화를 위한 변호사모임'에서 토론회를 했고, '법안준비소위원회'를 구성하여 체계적인 법안 준비 활동을 펴고, 당해 7월에는 가정폭력방지법 전문가 워크숍을 열었다.

한편, 한국여성단체연합은 가정폭력방지법 제정을 1996년 중점사업으로 채택하고, '가정폭력방지법 제정추진 범국민운동본부'를 발족시켜 시민사회로 법제정운동의 확대를 꾀하였다. 범국민운동본부는 전국에서 9만여 명의 서명을 받아 1996년 10월 30일 국회에 '가정폭력방지법(안)' 제정을 청원했다.[3] 1997년 하반기에는 한국여성단체연합의 '가정폭력방지법 제정추진 특별위원회'가 요청하여 국회 법사위에서 간담회와 공청회가 개최되었다. 마침내, 1997년 11월 제15대 정기국회에서 「가정폭력범죄의 처벌 등에 관한 특례법」과 「가정폭력방지 및 피해자보호 등에 관한 법률」이 각각 통과되게 되었다.[4] 이로써 가정폭력 가해자에 대한 처벌과 가정폭력피해자에 대한 보호 및 지원을 위한 공적 체계가 마련되었다.

---

3 법의 입법방향과 관련하여 가해자에 대한 형사처벌을 강화하는 것을 중심으로 할 것인가 혹은 다양한 보호처분을 중심으로 할 것인가에 대해 논란이 있었다. 처벌중심으로 법이 제정될 경우 이용하는 사람이 없어 사문화될 위험이 크다는 의견이 더 우세했던 당시의 분위기 때문에 가정을 보호하고 가해자를 교정하기 위해 경미한 폭력에 대해서는 일반 형사사건으로 처리하지 않고 가정보호처분제도를 두는 방향으로 의견이 모였다. 제정 당시에는 가정폭력을 범죄행위로 인식하고, 사적인 영역인 가족에 국가의 개입을 정당화하는 것이 주요한 과제였다.

4 법 제정 및 시행 이후 피해자보호명령제도의 도입, 법의 목적이 가정보호 및 유지가 아니라 피해자의 인권보호라는 점을 명시, 가해자에 대한 적정한 처벌, 국가의 책임 명시 등을 주요한 내용으로 담은 전면 개정안을 만드는 등의 노력이 전개되었다. 그러나 2007년의 개정 법안은 검찰권한의 확대 및 상담조건부 기소유예 신설을 주요 내용으로 하였다. 이는 제정 당시의 법안보다 오히려 후퇴한 것이라는 평가 및 우려를 낳았다.

# 4. 가정폭력에 대한 정책적 개입

## 1) 가정폭력범죄의 처벌

「가정폭력처벌법」은 "가정폭력범죄로 파괴된 가정의 평화와 안정을 회복하고 건강한 가정을 가꾸며 피해자와 가족구성원의 인권을 보호함을 목적으로 한다"(제1조). 즉, '가정보호' 및 '피해자 인권보호'를 목적으로 하고 있다.

가정폭력범죄에 대한 사법체계의 대응은 경찰, 검찰, 법원을 중심으로 다음과 같이 이루어진다. 첫째, 진행 중인 가정폭력범죄에 대하여 신고를 받은 경찰은 즉시 현장에 출동하여 응급조치(제5조)해야 하고, 재발의 우려가 있고 상황이 긴급할 경우 긴급임시조치(제8조의 2)를 할 수 있다.[5] 경찰은 가정폭력범죄를 수사하여 사건을 검사에게 송치하여야 하며, 해당 사건을 가정보호사건으로 처리하는 것이 적절한지에 관한 의견을 제시할 수 있다(제7조). 둘째, 가정폭력이 재발될 우려가 있다고 인정하는 경우에 검사는 직권으로 또는 경찰의 신청에 의하여 법원에 임시조치를 청구할 수 있다(제8조). 검사는 사건을 가정보호사건으로 송치할 것인지, 기소하여 형사처벌할 것인지, 불기소처분을 할 것인지 결정하게 된다. 검사는 가정폭력사건을 가정보호사건으로 처리할 수 있는데, 이

5 가정폭력범죄에 대한 응급조치에는 ① 폭력행위의 제지, 가정폭력가해자 · 피해자 분리, ② 현행범인의 체포 등 범죄수사, ③ 피해자가 동의한 경우, 피해자를 가정폭력 관련 상담소 또는 보호시설로 인도, ④ 긴급치료가 필요한 피해자를 의료기관으로 인도, ⑤ 폭력행위 재발 시 임시조치를 신청할 수 있음을 통보, ⑥ 피해자보호명령 또는 신변안전조치를 청구할 수 있음을 고지하는 것이 포함된다(제5조). 긴급임시조치로는 ⑦ 피해자 또는 가정구성원의 주거 또는 점유하는 방실로부터의 퇴거 등 격리, ⑧ 피해자 또는 가정구성원의 주거, 직장 등에서 100미터 이내의 접근 금지, ⑨ 피해자 또는 가정구성원에 대한 전기통신을 이용한 접근 금지를 취할 수 있다(제8조의 2 및 제29조 제1항 제1호부터 제3호).

경우 피해자의 의사를 존중하여야 하며(제9조), 그 사건을 관할 가정법원 또는 지방법원에 송치하여야 한다(제11조). 검사는 가정폭력사건을 수사한 결과 가정폭력 행위자의 성행교정을 위하여 필요하다고 인정하는 경우에는 상담조건부 기소유예를 할 수 있다(제9조의 2). 셋째, 판사는 가정보호사건의 원활한 조사 · 심리 또는 피해자 보호를 위하여 필요하다고 인정하는 경우에는 접근금지를 포함하는 임시조치를 할 수 있다(제29조).[6] 판사는 심리의 결과 보호처분(제40조) 또는 불처분(제37조)을 결정할 수 있다.[7] 법원은 보호처분을 받은 가정폭력 행위자가 보호처분 결정을 이행하지 않거나 그 집행에 따르지 않으면 보호처분을 취소하고, 검찰청의 검사에게 송치하거나 송치한 법원에 이송하여야 한다(제46조). 판사는 피해자의 보호를 위하여 필요하다고 인정하는 때에는 피해자 및 법정대리인 또는 검사의 청구에 따라 가정폭력행위자에게 피해자보호명령 및 임시보호명령을 할 수 있다(제55조의 2).[8]

---

6 임시조치에는 ① 피해자 또는 가정구성원의 주거 또는 점유하는 방실로부터의 퇴거 등 격리, ② 피해자 또는 가정구성원이나 그 주거 · 직장 등에서 100m 접근금지, ③ 전기통신을 이용한 접근금지, ④ 의료기관이나 그 밖의 요양소에 위탁, ⑤ 국가경찰관서의 유치장 · 구치소에의 유치, ⑥ 상담소 등에의 상담위탁이 있다(제29조).

7 보호처분에는 ① 가정폭력행위자가 피해자 또는 가정구성원에게 접근하는 행위의 제한, ② 전기통신 이용한 접근행위의 제한, ③ 피해자에 대한 친권행사 제한, ④ 사회봉사 · 수강 명령, ⑤ 보호관찰, ⑥ 보호시설에 감호위탁, ⑦ 의료기관에 치료위탁, ⑧ 상담소 등에의 상담위탁이 포함된다(제40조). 불처분은 ⑨ 보호처분을 할 수 없거나 할 필요가 없다고 인정하는 경우, ⑩ 사건의 성질 · 동기 및 결과, 가정폭력행위자의 성행, 습벽 등에 비추어 가정보호사건으로 처리하는 것이 적당하지 아니하다고 인정하는 경우 내리는 처분을 하지 아니한다는 결정이다(제37조).

8 피해자보호명령에는 ① 피해자 또는 가정구성원의 주거 또는 점유하는 방실로부터의 퇴거 등 격리, ② 피해자 또는 가정구성원이나 그 주거, 직장 등에서 100m 이내의 접근금지, ③ 전기통신을 이용한 접근금지, ④ 친권자인 가정폭력행위자의 피해자에 대한 친권행사의 제한, ⑤ 가정폭력행위자의 피해자에 대한 면접교섭권행사의 제한이 해당한다(제55조의2).

[그림 12] 가정폭력사건 처리절차

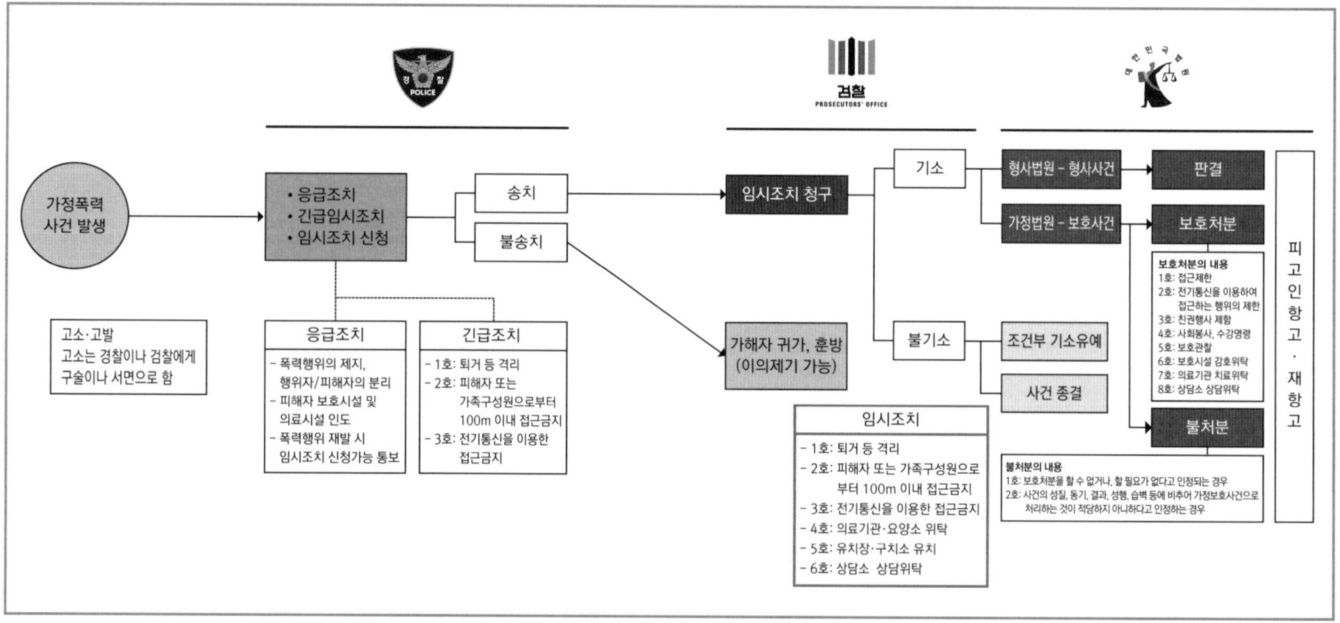


출처 : 신나래 · 정선영 · 김정현, 2022, pp.54–55.

## 2) 가정폭력피해자 지원

가정폭력방지법은 가정폭력을 예방하고 가정폭력의 피해자를 보호 · 지원함을 목적으로 하고(제1조), 가정폭력 피해자의 인간으로서의 존엄성과 안전을 보장받을 권리를 기본이념으로 하고 있다(제1조의 2). 가정폭력 피해자는 가정폭력으로 인하여 직접적으로 피해를 입은 자로 규정하고(제2조), 가정폭력의 예방 · 방지와 피해자의 보호 · 지원은 국가와 지방자치단체의 책무로 명시하고 있다(제4조). 실태조사를 실시하여 그 결과를 가정폭력을 예방하기 위한 정책수립의 기초자료로 활용하도록 하고(제4조의 2), 가정폭력의 예방 · 방지를 위하여 필요한 교육을 하도록 하였다(제4조의 3).

가정폭력방지법의 긴급전화센터 설치 · 운영(제4조의 6), 가정폭력 관련 상담소 설치 · 운영(제5조), 가정폭력피해자 보호시설 설치 · 운영(제7조) 등의 조항에 근거하여 피해자지원 시스템이 구축되어 피해자지원 서비스를 제공하고 있다. 첫째, 여성인권을 보호하기 위한 목적으로 365일 24시간 운영되고 있는 여성긴급전화 1366은 ① 가정폭력 · 성폭력 · 성매매 등 피해자의 신고접수 및 상담, ② 관련 기관 및 시설과의 연계, ③ 피해자에 대한 긴급한 구조의 지원, ④ 경찰관서 등으로부터 인도받은 피해자와 피해자가 동반한 가정구성원의 임시 보호 등 위기개입 서비스를 제공한다.[9] 둘째, 가정폭력 관련 상담소는 ① 가정폭력 신고접수 및 상담, ② 가정폭력 신고자 혹은 이에 대해 상담을 요청한 사람과 그 가족에 대한 상담, ③ 피해자 임시보호 및 의료기관 · 보호시설로의 인도, ④ 가해자에 대한 사법처리 절차를 위한 관계기관 연계, ⑤ 경찰로부터 인도받은 피해자 임시보호, ⑥ 가정폭력 예방 및 방지에 관한 홍보, ⑦ 폭

9 여성긴급전화 1366 센터는 광역자치단체 단위로 1개소씩 전국 16개 시 · 도에 설치되어 있다.

력행위 및 피해에 관한 조사연구를 한다(제6조).[10] 셋째, 가정폭력 피해자 보호시설은 ① 피해자 등에 대하여 숙식의 제공, ② 심리적 안정과 사회적응을 위한 상담 및 치료, ③ 질병치료와 건강관리를 위한 의료기관에의 인도 등 의료지원, ④ 수사 · 재판과정에 필요한 지원 및 서비스 연계, ⑤ 법률구조기관 등에 필요한 협조와 지원의 요청, ⑥ 자립자활교육의 실시와 취업정보의 제공, ⑦ 다른 법률에 따라 보호시설에 위탁된 사항, ⑧ 그 밖에 피해자 등의 보호를 위하여 필요한 일을 수행한다(제8조).[11] 가정폭력피해자를 위한 보호시설의 종류에는 6개월의 범위에서 보호하는 단기보호시설과 2년의 범위에서 보호하는 장기보호시설, 외국인보호시설, 장애인보호시설이 있다(제7조의 2). 국가나 지방자치단체는 보호시설에 입소한 피해자와 동반 가족구성원의 보호를 위해 보호시설의 장 또는 피해자에게 생계비, 아동교육지원비, 아동양육비, 직업훈련비, 퇴소시 자립지원금 등의 보호비용을 지원한다(제7조의 5).

가정폭력피해자는 가정폭력으로 생계유지 등이 어렵게 된 경우 긴급지원대상자로서 생계지원, 의료지원, 사회복지시설 이용지원, 교육지원, 그리고 연료비나 그 밖에 위기상황의 극복을 위하여 필요한 비용 또는 현물 지원을 포함한 긴급지원을 받을 수 있다(「긴급복지지원법」 제2조 제4호 및 제9조).[12] 아울러, 가정폭력으로 인해 한부모로 18세 미만의 자녀를 양육하는 사람은 생계비, 아동교육지원비, 아동양육비 등의 복지 급여에 해당하는 한부모가족지원을 받을 수 있다(「한부모가족지원법」 제12조 1항).

---

**10** 2021년(1월 기준) 전국의 가정폭력상담소는 128개소이며, 가정폭력 · 성폭력 통합상담소 30개소가 포함되어 있다.

**11** 전국에 총 65개의 가정폭력피해자 보호시설(2021년)과 28개소의 폭력피해 이주여성 보호시설(2020년)이 존재한다. 또한 전국에 임대주택 344호의 여성폭력피해자 주거지원 시설이 있다.

**12** 긴급지원의 내용으로는 생계지원, 의료지원, 주거지원, 사회복지시설 이용 지원, 교육지원 등이 있다.

# 5. 가정폭력의 실태 및 문제

## 1) 가정폭력 피해 경험

배우자에 의한 폭력 피해 경험은 여성가족부의 전국단위 가정폭력실태조사를 통해 2004년부터 3년마다 조사 시점으로부터 지난 1년간 만 19세 이상 유배우자(사실혼 포함)를 대상으로 조사되고 있다. 배우자에 의한 폭력 피해율은 신체적 폭력, 성적 폭력, 정서적 폭력, 경제적 폭력과 통제의 폭력유형에 해당하는 행동 중 하나라도 한 번이라도 피해를 당한 경험이 있다고 응답한 비율이다.[13,14] 배우자에 의한 폭력 피해율은 2004년의 조사에서 44.6%로 보고된 이후 전반적으로 감소하고 있으나, 2019년의 가장 최근 조사에서도 27.5%로 여전히 높게 나타난다.[15]

여성이 응답한 지난 1년간 폭력유형별 폭력 피해율은 전체 28.9%, 통제 25.4%, 정서적 폭력 8.3%, 성적 폭력 4.6%, 신체적 폭력 2.1%, 경제적 폭력 1.2%로, 남성의 폭력 피해율보다 높은 것으로 나타났다(전체 26.0%, 통제 24.5%, 정서적 폭력 6.0%, 신체적 폭력 0.9%, 경제적 폭력 0.8%, 성적 폭력 0.6%).

---

**13** 2007년부터의 '부부폭력 발생률'은 2019년 조사부터 '배우자에 의한 폭력 피해율'로 변경되었다. 이는 부부폭력에 포함되어 있었던 '상호폭력' 개념이 권력관계와 가해자를 비가시화하고 상대를 통제하려는 폭력과 그에 대응하는 방어적 행동을 구분해 내지 못한다는 한계를 극복하기 위한 것이다(김정혜 외, 2019).

**14** 배우자에 의한 폭력에 포함되는 하위폭력 유형은 조사 시점에 따라 차이가 있다. 2007년 조사에는 신체적 폭력, 성적 폭력, 정서적 폭력 이외에 경제적 폭력과 방임이 추가되었고, 2010년 조사에는 통제가 추가되었다. 2016년 조사에는 방임과 통제로 구분되었던 것이 통제로 통합되었다. 방임으로 조사되었던 항목은 무시하거나 냉담하게 대하는 행동과 병원에 가야 할 때에 허락을 받도록 하는 행동의 2개의 통제 항목이었다.

**15** 조사 시점으로부터 지난 1년간 배우자에 의한 폭력 피해율은 2007년 40.3%, 2010년 53.8%(통제 포함 시 65.6%), 2013년 45.5%(통제 포함 시 63.3%), 2016년 14.1%(통제 포함 시 41.5%)로 나타났다.

폭력 피해의 영향을 보면, 배우자에 의한 폭력을 경험한 여성이 남성과 비교하여 더 심각한 수준의 신체적 · 정신적 피해를 경험한 것으로 나타났다. 신체적 · 성적 폭력 피해 경험이 있는 여성의 7.4%(남성 3.3%)가 신체적 상처를 입은 경험이 있었다. 신체에 상처를 입은 여성 중 46.6%(남성 23.9%)는 의약품 구입 경험이 있었고, 8.6%는 매번 병원에 갔으나 남성의 경우는 병원치료를 받은 경우가 없었다. 정신적 고통 경험 및 치료 경험과 관련하여, 여성의 정신적 고통이 남성보다 다소 높은 편이었으며, 정신적 고통이 매우 심각하다는 응답은 여성 응답자에서만 보고되었다. 정신적 고통에 대해 '매우 심각하다'와 '심각한 편이다'로 응답한 비율은 거의 모든 하위항목에서 여성이 남성보다 높았다. 특히 '무력감, 자존감 하락'은 16.0%(남성 14.1%), '위협감, 공포심'은 8.4%(남성 3.8%)로 나타났다.

「2019년 가정폭력 실태조사」를 통해 본 노인폭력과 아동폭력의 실태는 다음과 같다. 우선, 만 65세 이상 응답자의 지난 1년간 가족구성원에 의한 노인폭력 피해 경험은 3.8%(여성 3.8%, 남성 3.7%)로 나타났다. 방임은 0.3%(여성 0.4%, 남성 0.3%), 신체적 폭력은 0.2%(여성 0.1%, 남성 0.4%), 경제적 폭력은 0.2%(여성 0.2%, 남성 0.3%)로 나타났고, 정서적 폭력은 3.5%(여성 3.7%, 남성 3.4%)로 상대적으로 높게 나타났다. 노인폭력의 주가해자는 '아들, 딸' 81.7%, '사위, 며느리' 11.5%, '손자, 손녀' 6.9%였으며, 노인폭력 피해자가 주가해자와 동거하고 있는 비율은 24.6%(여성 20.7%, 남성 29.9%)로 나타났다.

한편, 지난 1년간 자신이 양육하는 아동을 대상으로 폭력을 행사한 조사대상의 아동폭력 가해율은 27.6%(여성 32.0%, 남성 22.7%)로 나타났다. 폭력유형별로 살펴보면, 방임의 경우는 2.0%(여성 2.7%, 남성 1.1%)로 상대적으로 낮게 나타났고, 정서적 폭력은 24.0%(여성 27.8%, 남성 19.8%)로 신체적 폭력 11.3%(여성 13.5%, 남성 8.8%)보다 높게 나타났다.

노인폭력과 아동폭력에 대해 가정폭력의 맥락에서 인식할 필요성이 제기되고 있다. 노인폭력은 가정폭력과 별개의 이슈로 인식되고 다루어져 왔다. 그러나 노인폭력은 가정폭력에 개입하지 않고 방치한 결과 확대·재생산되는 측면이 있고 노년까지 가해자의 폭력이 지속되거나 자녀로 가해자가 이동하는 경우도 있다는 점에서 가정폭력의 맥락에서 논의될 필요가 있다(김홍미리 외, 2022). 또한, 아동폭력 사례에서 가정폭력은 충분히 고려되지 않고 있으나, 아동폭력과 가정폭력은 중복발생하는 경향이 있다(Edleson, 2001). 아동의 가정폭력 노출(child exposure to domestic violence)은 그 자체로 아동학대에 해당하며, 이 경우 가정폭력 가해자는 아동학대 가해자임이 분명하다. 그러나 자녀의 주요 돌봄 제공자 어머니로서의 피해자는 가정폭력 맥락에서 가해자의 폭력으로부터 자녀를 보호하지 못했다는 이유로 비난의 대상이 되어 왔고(Lapierre, 2008), 아동학대의 가해자로 지목되어 비판받아 왔다(Radford and Hester, 2006). 「2019년 가정폭력 실태조사」에서 아동폭력 가해에 대한 여성의 응답이 높게 나타난 것에 대해서도 돌봄 제공자가 결정되고 책임이 부과되는 가족의 배경과 사회적 맥락을 함께 고려하여 이해할 필요가 있다(김정혜 외, 2019: 147). 한편, 피해자에게 책임을 묻는 것과는 달리, 아동폭력과 가정폭력의 중복발생 사례에서 가해자는 비가시화되거나 부양하는 아버지로 부각되어 그의 폭력행위에 대해 매우 관대한 기준이 적용되어 왔다(Radford and Hester, 2006). 그러나 아동폭력은 가정폭력의 맥락에서 접근하지 않고 어머니를 가해자로 두어서는 해결가능한 문제가 아니며, 가정폭력의 문제와 같이 페미니스트 관점으로 접근해야 한다는 주장이 존재한다(Stark and Flitcraft, 1988). 아동폭력의 전형적인 맥락은 폭력적인 관계이며 여성은 이러한 폭력적인 관계에서 아동과 함께 피해자임을 강조한 것이다.

## 2) 가정폭력 가해자에 대한 사법체계의 대응

「가정폭력처벌법」으로 가정폭력에 대한 정책적 개입의 근거는 마련되었으나, 가정폭력은 처벌되지 않고 있다. 가정폭력사건에 대한 경찰, 검찰, 법원 등 사법체계의 대응은 소극적이라 할 수 있다. 가정폭력범죄의 112 신고접수는 2021년 218,680건이며, 검거 건수는 46,041건으로 신고접수된 건수보다 현저히 적었다. 검거된 총인원은 53,985명이었고, 이 중에서 구속인원은 410명에 불과했다. 가정보호사건 송치인원은 2018년 14,689명, 2019년 21,228명, 2020년 19,379명, 2021년 24,867명으로 증가하였고, 「가정폭력처벌법」 개정에 따라 임시조치 불이행에 대한 과태료 규정이 처벌 규정으로 변경됨으로써 긴급임시조치 대상자는 전년 대비 50.6%, 임시조치 신청 대상자는 전년 대비 67.5%로 크게 증가하였다(경찰청, 2022: 100). 그러나 가정폭력범죄 행위자의 구속률은 「가정폭력처벌법」 시행 초기인 1998년 12.4% 이후 1.0% 내외로 매우 낮은 수준이다.

검찰의 대응도 불기소 및 공소권 없음으로 처리되는 경향이 우세하여 가정폭력을 기소하지 않는 경향이 뚜렷하게 나타나고 있다(정현미, 2017). 매우 적은 수가 형사사건으로 처리되더라도 약식으로 처리되는 것으로 나타났다. 가정보호사건 송치율은 2014년 이후 대체로 35% 내외를 유지하고 있다. 기소율은 1999년에는 22.1%였지만 그 후 지속적으로 감소하여 2003년부터 2012년까지 10~14% 정도를 유지하다가 2015년 이후 10% 이하로 감소하였다. 가정폭력 사건은 기소되어 형사사건으로 처리되더라도 대부분 벌금형으로 처리되는 것처럼 매우 경미하게 처벌되고 있다. 불기소처분의 비율은 1998년 29.3%였던 것이 꾸준히 증가하여 2003년부터 약 50% 정도의 사건이 검찰단계에서 불기소처분으로 종결되었다. 불기소처분 중에는 2002년을 기점으로 기소유예 비중은 줄어든 대신 공소권 없음으로 처리되는 비율이 현저하게 늘어났다. 2015년의 경우 불기소 50.3% 중 공소권 없음, 혐의 없음, 죄가 안 됨이 40%에 이른다.

법원의 가정보호사건 처리 결과를 보면, 보호처분은 상담위탁, 사회봉사 · 수강명령, 보호관찰이 주를 이루고 있다. 접근행위 제한과 친권행사 제한의 건수는 거의 없고, 치료위탁의 건수는 상대적으로 적다. 불처분 건수는 상담위탁 건수의 2배에 달했으며, 불처분 건수의 비율은 36.9%로 압도적으로 높았다(법원행정처, 2022). 가정폭력 가해자에 대한 접근금지 등을 명령하는 제도인 피해자보호명령의 접수 건수는 2,215건으로 2019년 3,114건보다는 감소하였고, 2015년 1,466건보다는 증가하였다. 한편, 2021년 법원의 기각 건수는 311건, 피해자의 취하 건수는 861건이었다.

### 3) 가정폭력 피해여성의 도움요청

가정폭력이 사회문제로 인식된 이래 학자 및 실천가들이 가장 집요하게 답하려 했던 질문은 "왜 가정폭력 피해여성은 떠나지 않는가?"였다. 이 질문은 떠나는 것이 규범적으로 기대되는 반응임을 암묵적으로 규정한다. 머무름은 기대를 위반하는 행위로 비정상인 것으로 규정되는 동시에 피해자를 비난하는 논리의 근거가 된다. 이 질문에 답하는 과정에서 획일화된 '폭력적인 관계에 머무르는 가정폭력 피해여성'이라는 범주가 구성되었다. 실제로 피해자가 경험하는 폭력의 강도와 빈도는 다양하지만, 가정폭력은 모르는 사람에 의한 폭력보다 더 위험하고, 한 번 발생하면 주기적으로 반복되고(cycle of violence), 점점 심각해지며(escalation of violence), 관계를 끝내지 않고서는 종식되기 어렵다고 전문가들은 믿었다.

이 범주에 속하는 가정폭력 피해여성의 가정폭력에 대한 대응에 대해서는 학습된 무기력 이론(theory of learned helplessness)으로 설명되었다. 학습된 무기력 이론은 가정폭력 피해자로 희생되는 과정에서 피해여성은 가해자에 대한 정서적 의존, 낮은 자존감, 신체적 · 정서적 · 심리적 후유증, 학습된 무기력 등, 매맞는 아내 증후군(battered women syndrome)을 경험하게 되는데, 그 결과 피해여성들이 폭력적인 관계를 떠나지 못하게 된다고 설명한다(Walker, 1984).[16] 그러나 이는 피해여성을 획일화된 특징을 갖는 수동적 피해자로 자리매김함으로써 가정폭력 피해여성을 병리화하는 동시에 가정폭력의 문제를 탈맥락화하는 결과를 초래했다는 비판을 받고 있다(Pleck, 1987; Schechter, 1982; Loske and Cahill, 2005).

가정폭력 피해여성에 대한 이러한 설명에 대해 생존자 이론(survivor theory)은 피해여성은 도움을 요청하는 행동을 통해 가정폭력에 대응하지만 그것이 성공적이지 않을 뿐임을 지적하였다. 생존자 이론은 가정폭력의 위험이 증가할수록 도움요청 빈도가 증가한다는 연구결과에 기반하여 피해여성이 폭력 속에 갇힌 무기력한 피해자이기만 한 것은 아니라고 설명한다(Gondolf and Fisher, 1988). 가정폭력 피해여성이 폭력관계 속에 머무르는 것은 이들을 지원하는 사회적 지원체계의 미흡함 때문이며 '시스템의 실패'이지 그들이 수동적이기 때문이라 보기 어렵다는 것이다. 생존자 이론은 폭력관계 속에 머무르는 동안 여성은 상황을 변화시키기 위하여 지속적으로 도움을 요청하는 행동(help-seeking behaviors)을 하고 있음을 부각하였다. 생존자 이론에 근거한 가정폭력 피해여성의

16 「2019 가정폭력 실태조사」 결과, '무력감, 자존감 하락'의 경우 여성 16.0%, 남성 14.1%, '매사에 우울, 불안'의 경우 여성 10.1%, 남성 6.8%에서 심각한 것으로 나타났다.

탈폭력과정에 대한 연구는 피해여성이 비공식적 · 공식적 지원체계로부터 얼마나 도움요청을 하는지, 어떤 지원체계로부터 도움을 요청하는지, 도움요청을 막는 장벽(barriers)은 무엇인지 등에 대해 밝히고 있다.

「2019 가정폭력 실태조사」에 의하면, 폭력 경험 이후 피해여성의 48.3%는 별다른 대응을 한 적이 한 번도 없으며, 피해여성의 80.3%는 도움요청 경험이 없는 것으로 나타났다. 가족이나 친척(10.0%), 이웃이나 친구(5.6%)의 비공식 체계로부터 도움을 요청한 경우와는 달리, 경찰(2.6%), 여성긴급전화 1366(0.2%), 가정폭력 상담소 및 보호시설/쉼터(입소시설)(0.2%)의 공식 체계로부터 도움을 요청한 경우는 매우 적은 것으로 나타났다. 특히, 가정폭력상담소의 가정폭력 피해자 지원 중 보호시설에 입소한 경우는 2018년 1.3%에서 더욱 감소하여 2021년 0.6%로 나타났으며, 연중 입소인원은 2012년 4,103명에서 2021년 1,547명으로 2,556명(62.3%) 감소하였다(유화정 외, 2019). 가정폭력상담소 이용 건수는 유지되고 있다는 점을 감안한다면 가정폭력 피해자 보호시설의 입소를 막는 장벽이 존재함을 짐작할 수 있다.

# 6. 가정폭력문제 해결을 위한 향후 과제

## 1) 가정폭력 개념 및 정책대상 재고

가정폭력 개념에 대한 재고가 필요하다. 「가정폭력처벌법」에서 가정폭력은 '가족구성원 사이'의 폭력으로 정의되는데, 가족구성원의 범위를 보수적으로 규정하고 있어서 우리 사회의 가족의 변화를 반영하지 못하고 있다(김효정, 2022). 1인가구 및 초혼연령의 증가로 대표되는 가족구조의 변화는 법률혼과 사실혼 상태 및 동거를 벗어난 형태로 친밀한 관계가 재편되고 있다는 것을 보여준다. 법률혼과 사실혼에 국한되지 않는 친밀한 관계에서의 폭력은 「가정폭력처벌법」이 규정하는 가정폭력의 개념과 정책대상에 포함되지 않는다(김효정, 2022). 스토킹 범죄에 대해서는 「스토킹범죄의 처벌 등에 관한 법률」이 2021년 제정되어 시행되고 있지만, 데이트 폭력에 대한 제도화된 규제는 향후의 과제로 남아 있다(이승현, 2019). 친밀한 관계의 다양성과 복잡성에 따른 다양한 가정폭력 행위에 주목하고 법적 대응이 가능하도록 변화가 요구된다.

또한, 현행법의 가정폭력은 1993년의 UN 「여성폭력철폐선언」에서 젠더기반폭력(gender-based violence)으로 여성에 대한 폭력(violence against women)을 선언한 배경과는 달리 가정폭력(배우자에 의한 폭력), 아동폭력, 노인폭력을 포함한다(김효정, 2022). '가정 내 폭력' 중의 하나라기보다는 젠더기반 폭력으로서의 가정폭력의 본질이 부각되는 방향으로 변화가 요구된다. 아동폭력과 노인폭력에 개입하는 경우에도 가정폭력과의 연결성 및 중복발생에 대해 주목하고, 이를 예방하고 통합적으로 개입하기 위한 정책과 실천방안을 마련할 필요가 있다(김홍미리 외, 2022).

### 2) 가정폭력처벌법의 목적조항을 피해자 인권보호로 일원화

현행 「가정폭력처벌법」은 '건강한 가정을 가꾸며 피해자와 가족구성원의 인권을 보호함'을 목적조항으로 하고 있어서, 이 법에 따른 정책적 개입과 관련하여 가족에 대한 보호와 피해자의 인권에 대한 보호가 상충하여 혼란을 초래하는 문제가 있다(손문숙, 2021; 이승현, 2019). 「가정폭력처벌법」은 국가가 사적인 영역인 가족에 개입할 수 있는 근거를 만들기는 했지만, 가족을 보호하기 위하여 최소한으로 개입해야 한다는 원칙이 법의 목적 및 법안 전반에 흐르고 있다. 이러한 경향은 가족을 보호하기 위하여 가정폭력행위를 범죄화하기를 꺼리고 가해자를 처벌하지 않는 쪽으로 사법체계의 개입을 방향지움으로써 추가폭력을 예방하고 피해자의 인권을 보호하기 어려운 방향으로 작동하고 있다. 피해자 보호를 최우선으로 하는 사법체계의 대응이 필요하다. 가족에 대한 보호가 목적 조항에 유지되는 환경에서는 피해자 보호를 위하여 "폭력 가해자가 떠나고, 피해자는 집에 남는다."는 피해자중심의 원칙이 제도화되기 어렵다 (윤덕경 · 박복순 · 선보영, 2012).

### 3) 가정폭력범죄에 대한 사법체계의 적극적 대응

가정폭력범죄에 대한 사법체계의 소극적인 대응은 가해자에 대한 처벌을 통해 가정폭력이 범죄라는 사회규범적 인식을 확고히 하여 가정폭력을 예방하려는 정책적 목표 달성을 어렵게 한다. 가해자에 대한 처벌 강화가 변화의 방향으로 제시되고 있다. 가정폭력 추방운동의 주체 및 현장실무자들은 상담조건부 기소유예의 한계를 지적하고, 가정폭력 가해자에 대한 의무 체포제(mandatory arrest)의 도입과 경찰의 적극적 대응 등 가해자에 대한 처벌 강화 및 검사의 재량권 축소를 주장하고 있다.[17] 검사의 재량권 축소는 검사의 불기소처분 전에 전문가에 의한 위험성 평가를 수행하며 피해자의 고소나 의사와는 상관없이 검사는 기소하여 재판으로 넘기고(non-drop policy) 법원에서 사건을 심리하면서 조건에 부합할 때만 집행유예와 함께 상담을 명하게 하자는 것이다. 또한 집

17 가해자에 대한 처벌을 강화하는 경우 가정폭력방지법이 보장하고 있는 피해자 의사존중 규정에 반하여 피해자의 선택권을 축소하게 된다는 프레임은 가해자에 대한 처벌을 유예하는 방향으로 작동되어 왔다. 피해자의 안전을 위한 선택으로서의 피해자의 의사는 어떠한 경우에도 우선적으로 고려되어야 할 것이지만, 실제로는 검사나 법원의 결정이 피해자의 이혼결정 여부에 따라 달라지는 결과를 낳거나(이호중, 2009), 가해자에 대한 처분의 책임을 피해자에게 전가하는 문제로 나타나고 있다(신나래 · 박언주, 2022).

행유예 감독기관을 강화하여 행위자를 철저하게 감독하도록 하고, 사회봉사명령보다는 행위자 격리체계인 감호위탁처분을 활용하는 방안이 제안되고 있다. 무엇보다도 사법체계 종사자들의 가정폭력에 대한 민감성 함양이 중요한 과제일 것이다.

### 4) 가정폭력 피해자의 자립개념 전환 및 지원 확대

가정폭력 문제의 해결은 우선적으로 피해여성의 자립실현에 소요되는 인적 · 물적 자원의 확보를 필요로 한다(박영란, 2009). 가정폭력 피해여성의 자립을 위해서는 상담소나 보호시설 이용 단계에서 제공되는 서비스와 프로그램뿐 아니라 보호시설 퇴소 이후에 안정적인 생활을 하게 될 때까지 주거, 의료, 심리정서적 지원이 지속적으로 이루어져야 한다. 이러한 지원이 안정화될 때 가정폭력 피해여성의 탈폭력 노력이 성과로 이어질 수 있을 것이다.

가정폭력 피해자의 자립에 대해 「가정폭력방지법」에는 구체적으로 정의되어 있지 않다. 피해자지원 관련 조항들을 통해서 주거지원, 직업훈련교육, 취업정보 제공 및 취업연계 등으로 정리되며 가정폭력 피해자 보호시설중심으로 지원이 이루어진다(유화정 외, 2019). 가정폭력 피해자 보호시설은 안전을 위해 4대 보험 가입이 요구되는 경제활동 제한, 핸드폰 및 신용카드 사용 제한, 외출 제한 등 신변 보호와 쉼터 위치 노출 방지를 위해 요구되는 여러 제한 조치들을 유지하고 있다(김효정 외, 2022). 안전을 최우선으로 폐쇄적으로 운영되는 보호시설에서 자립을 위한 활동이 제한되는 경우 피해자는 자녀돌봄이 가능한 일을 모색하는 등 개인화된 자립전략을 구사하거나 퇴소 시까지 자립을 위한 활동을 유보하는 것으로 나타났다(신나래 · 박언주, 2018). 보호시설 퇴소 후 피해자의 거취는 결혼관계 지속(33.3%), 남편과 동거(27.5%)하는 비율이 비교적 높고,

독립(26.5%)하는 비율은 비교적 낮은데, 이는 보호시설의 운영방식 혹은 보호시설을 통한 자립지원에 한계가 있음을 보여준다(유화정 외, 2019). 가정폭력 피해여성의 자립 및 자활을 지원할 수 있도록 가정폭력 피해자 보호시설 운영원칙의 유연화 및 보호시설의 다양화, 보호시설 입소로 인한 노동단절을 방지할 수 있는 대안제시가 필요하다(신나래 · 박언주, 2018). 또한, 자립과 관련한 통합정보를 제공하는 자립지원센터를 마련하는 등 보호시설을 이용하지 않는 가정폭력 피해자에 대한 지원을 확대할 필요가 있다(유화정 외, 2019; 박언주 외, 2022).

아울러, 자립이란 가해자에게 생계를 의존했던 피해여성이 경제적 능력을 갖추는 것이라는 통념을 넘어서는 것으로 재조명될 필요가 있다(박언주 외, 2022). 가정폭력 피해자의 경제적 취약함은 경제적 통제, 경제적 착취, 고용 사보타주의 경제적 폭력으로 심화된다(한설아 · 박언주, 2020; Adams *et al*., 2008; Postmus *et al*., 2016). 경제적 취약함을 극복하는 경제적 자립의 중요성을 간과하지 않으면서도, 자립의 개념을 상호 연결과 삶에 대한 통제력을 되찾고 일상을 회복하는 것으로 확장할 필요가 있다. 가해자가 집에 머물고 피해자가 집을 떠나야 하는 탈폭력의 과정에서 피해자는 삶의 기반, 관계, 및 일상을 잃게 된다. 자립 개념을 '일상성(dailiness)의 회복', 지역사회 안에서 함께 잘 살아갈 수 있는 '공동체성 회복', 가해자의 통제로부터 '자율성 회복'을 의미하는 것으로 전환할 필요가 있다(유희정 외, 2019).

# 7. 나가며

「가정폭력방지법」 제4조는 국가와 지방자치단체를 가정폭력의 예방과 방지를 위한 교육 및 홍보의 주체로 명시하고 있다. 지역사회 구성원들을 대상으로 가정폭력문제에 대하여 교육하고 홍보함으로써 폭력의 한계점(threshold for abuse), 즉 폭력에 대해 수용하는 정도를 사회 전반적으로 낮추고 폭력에 대한 민감성을 증진하는 것이 필요하다(박언주, 2010; Fugate *et al.*, 2005). 무엇보다도 가정폭력문제에 대해 젠더 관점 및 피해자중심의 접근을 강조할 필요가 있다. 가정폭력범죄의 처벌과 관련하여, 「가정폭력처벌법」의 목적조항에서 '가정보호'를 삭제하고 '피해자의 인권보호'로 일원화하도록 개정하여, 가정폭력범죄 처벌을 통한 가정폭력의 근절을 위해 사법체계가 보다 적극적으로 대응할 수 있도록 해야 할 것이다. 또한, 재범위험성 평가를 위해 가정폭력의 누적적 연속성과 강압적 통제 효과를 파악함에 있어 객관성을 증진하고 활용도를 높일 수 있도록 해야 할 것이다. 아울러, 가정폭력 범죄 행위에 주목하는 경우, 대항폭력과 주 가해자의 식별, 이별 폭력에 대한 대응 강화 또한 필요하다(김정혜 외, 2019: 206-211). 가정폭력 피해자지원과 관련하여, 젠더 관점에 기반한 생존자중심의 지원이 이루어져야 하며, 가정폭력 피해자지원 체계는 연령, 인종, 민족, 성적 취향, 장애 여부 등에 따른 폭력 피해의 다중성과 다차원성에 따른 피해자 다양성을 인식하고 지원 대상을 확장해 나가야 한다. 또한, 다양하고 독특한 욕구를 가진 가정폭력 피해자지원을 위해 포괄적이고 통합적인 서비스를 제공해야 한다. 아울러 가정폭력 예방과 2차 폭력 피해를 방지하기 위하여 피해자에게 사각지대와 중단 없는 지속적인 서비스를 제공해야 하고, 이것을 가능하게 하는 지역사회의 기관 간 연계를 구축하고 국가 보조금 등 안정적 재원을 확충하기 위한 법 개정운동을 전개해야 할 것이다. 마지막으로, 젠더 관점에 기반한 공인된 가해자 개입프로그램을 마련하고 개선하기 위해 성과 평가체계를 확립해야 할 것이다(김효정 외, 2022).

# 참고문헌

## 제1장

**계봉오 · 고원태 · 김영미.** 2021. “여성의 고학력화와 결혼시장 미스매치 가설에 대한 비판적 검토, 1990-2015.” 『조사연구』 22(1): 61-89.

**김경애.** 1999. “흔들리는 모성, 지속되는 모성역할: 저소득층 모자가정의 여성 가장.” 『한국여성학』 15(2): 82-112.

**김동춘.** 2020. 『한국인의 에너지, 가족주의』. 피어나.

**김두헌.** 1949. 『조선가족제도연구』. 을유문화사.

**김모란.** 1995. “한국사회의 혼인 거래 관행의 의미에 관한 연구.” 『한국사회학』 29(3): 48-71.

**김순남.** 2022. 『가족을 구성할 권리』. 오월의 봄.

**김유선.** 2016. “저출산과 청년 일자리.” 『노동사회연구소 이슈페이퍼』 8: 1-19.

**김현주.** 2001. 『장남과 그의 아내』. 새물결.

**김혜경.** 2013. “부계 가족주의의 실패? IMF 경제위기 세대의 가족주의와 개인화.” 『한국사회학』 47(2): 101-141.

**김혜경 · 정진성.** 2001. “‘핵가족화’ 논의와 ‘식민지적 근대성’: 식민지 시기 새로운 가족 개념의 도입과 변형.” 『한국사회학』 35(4): 221-254.

**김혜영.** 2013. “위험사회: 한국가족의 중층적 변화와 정책 과제.” 2013년 4월 한국사회학회 대토론회 자료집.

**남춘호 · 남궁명희.** 2012. “생애과정의 탈표준화 경향에 대한 경험적 연구: 성인기 이행의 구조변동을 중심으로.” 『지역사회연구』 20(2): 91-128.

**박경숙 · 김영혜 · 김현숙.** 2005. “남녀의 결혼시기 연장의 주요 원인: 계층혼, 성역할분리규범, 경제조정의 우발적 결합.” 『한국인구학』 28(2): 33-62.

**박명선.** 1991. “월남한 가족의 경제생활사: 1950년대를 중심으로.” 『여성, 가족,

사회』 1.

**박미해.** 2010. 『유교 가부장제와 가족, 가산』. 서울: 아카넷.

**박영신.** 1987. "한국사회의 변동과 가족주의." 『역사와 사회변동』. 한국사회학연구소.

**박재홍.** 2003. "세대 개념에 관한 연구: 코호트적 시각에서." 『한국사회학』 37(3): 1-24.

**벡, 울리히 외(Beck, U. *et al.*).** 2012. 『장거리 사랑: 사랑은 지독한 그러나 너무나 정상적인 혼란 속편』. 이재원 · 홍찬숙 옮김. 새물결.

**변화순 외.** 2000. 『최근 가족해체 실태 및 복지 대책』. 서울: 한국여성개발원.

**봄베크, 에마(Bombeck, E.).** 2007. 『가족에 미쳐라』. 황희경 역. 휴먼하우스.

**서선희.** 1991. "가족은 유용한 분석단위인가?" 『가족학논집』 3: 55-68.

**신경아.** 2001. "노동시장과 모성, 가족의 문제-남성중심적 노동자 모델을 넘어서." 『경제와 사회』 51: 97-122.

**심영희 외.** 2000. 『모성의 담론과 현실』. 나남출판.

**쏘온, 배리 · 매릴린 얄롬 엮음(Thorne, B. and M. Yalom(eds.)).** 1991. 『페미니즘의 시각에서 본 가족』. 권오주 외 옮김. 한울.

**안호용 · 김홍주.** 2000. "한국 가족변화의 사회적 의미." 『한국사회』 3: 89-132.

**양현아.** 2000. "호주제도의 젠더 정치: 젠더 생산을 중심으로." 『한국여성학』 16(1): 61-89.

______. 2002. "호주제도 위헌소송에 관한 법사회학적 고찰: '가족'의 변화를 중심으로." 『한국사회학』 36(5): 206-236.

**여성한국사회연구회 편.** 1990. 『한국가족론』. 서울: 까치.

**유홍준 · 현성민.** 2010. "경제적 자원이 미혼 남녀의 결혼 연기에 미치는 영향." 『한국인구학』 33(1): 75-101.

**윤영수.** 2015. 『소비행위를 통한 로맨스 감정 구성과 갈등』. 이화여자대학교.

**은기수.** 2001. "결혼연령 및 결혼코호트와 첫 출산 간격의 관계: 최근의 낮은 출산력 수준에 미치는 함의를 중심으로." 『한국사회학』 35(6): 108-143.

**이광규.** 1994. "한국사회의 가족주의 전통과 그 변화." 『한국청소년연구』 17: 5-11.

**이동원 외.** 1996. "한국 가족사회학 50년의 성과와 반성." 『가족과 문화』 1: 1-58.

**이민아.** 2013. “계획적 무자녀 가족: 한국사회에서 아이 갖기의 의미와 가족주의의 역설.”『한국사회학』 47(2): 143-176.

**이순미.** 2014. “생애과정의 복합적 탈근대화와 가족화와 개인화의 이중적 과정: 1955~1974년 성인기 이행 배열을 중심으로.”『한국사회학』 48(2): 67-106.

**이순형.** 1997. “조선조 혼인관계의 유지 원리: [조선왕조실록]의 이혼사례 분석.”『한국사회학』 31(3): 130-155.

**이재경.** 1995. “정의의 관점에서 본 가족.”『한국여성학』 11: 41-65.

______. 2002.『가족의 이름으로』. 또하나의 문화.

______. 2022.『한국가족: 신가족주의에서 포스트 가족주의로』. 이화여자대학교 출판문화원.

**이혜경 외.** 2006. “이주의 여성화와 초국가적 가족: 조선족 사례를 중심으로.”『한국사회학』 40(5): 258-297.

**이효재.** 2003.『조선조 사회와 가족』. 한울.

**이효재 편.** 1988.『가족연구의 관점과 쟁점』. 까치.

**임인숙.** 2000. “경제 위기가 남편의 상실감에 미치는 영향.”『한국사회학』 34(4): 293-315.

**자레스키, 엘리(Zaretsky, E.).** 1983.『자본주의와 가족제도』. 김정희 옮김. 한마당.

**장경섭.** 1992. “핵가족 이데올로기와 복지국가-가족부양의 정치경제학.”『경제와 사회』 15: 173-204.

______. 2009.『가족, 생애, 정치경제: 압축적 근대성의 미시적 기초』. 창비.

______. 2019.『내일의 종언? 가족자유주의와 사회재생산 위기』. 집문당.

**장현섭.** 1993. “한국사회는 핵가족화하고 있는가.”『한국사회사연구회논문집』 3: 191-195.

**조귀동.** 2020.『세습 중산층사회: 90년대 생이 경험하는 불평등은 어떻게 다른가』. 생각의 힘.

**조옥라.** 1986. “가부장제에 관한 이론적 고찰.”『한국여성학』 2: 4-33.

**조　은.** 1990. “도시 빈민가족의 생존전략과 여성.”『한국가족론』. 까치.

______. 1991. “일제하 향촌 반가의 가족생활의 변화.”『여성, 가족, 사회』. 창간호.

______. 2000. "가부장적 질서화와 부인권의 약화: 조선 전기 재산상속 분쟁 사례를 중심으로." 『한국여성학』 16(2): 116-145.

**조 은 · 조옥라.** 1992. 『도시 빈민의 삶과 공간』. 서울대학교 출판부.

**조 형.** 1997. "도시중산층 전업주부의 권력: 구조적 무권력화와 구성적 권력화." 『한국여성학』 3(2): 189-230.

**조혜정.** 1985. "한국의 사회변동과 가족주의." 『한국문화인류학』 17: 79-96.

______. 1986. "가부장제의 변형과 극복: 한국 가족의 경우." 『한국여성학』 2: 131-200.

**주휘정 · 김민석.** 2018. "청년층의 결혼 이행 여부에 대한 경제적 배경 요인의 영향." 『사회적 경제와 정책연구』 8(2): 59-88.

**최선영.** 2020. 『한국 여성의 생애과정 재편과 혼인 행동의 변화』. 서울대 박사학위논문.

**최재석.** 1965. 『한국인의 사회적 성격』. 일지사.

______. 1976. "해방 30년의 한국사회학, 가족분야." 『한국사회학』 10: 7-46.

______. 1983. 『한국가족제도史연구』. 일지사.

**통계청.** 2017. 『교육수준별 출생 · 사망 · 혼인 · 이혼 분석: 2000-2015년 분석』.

**카르본, 준 · 나오미 칸(Carbone, June · Naomi R. Cahn).** 2016. 『결혼 시장: 계급, 젠더, 불평등 그리고 결혼의 사회학』. 김하현 옮김. 시대의 창.

**한경혜 외.** 2003. "일, 가족 상호작용에서의 성별 차이: 전이 개념을 중심으로." 『한국사회학』 37(3): 58-84.

**한남제.** 1974. 『한국가족연구』. 일지사.

______. 1984. "가족연구의 성과와 문제점." 『한국사회학』 18: 46-70.

**함인희.** 2002. "한국가족의 위기: 해체인가, 재구조화인가?" 『가족과 문화』 14(3): 1-25.

**허 은.** 2017. "개인화와 성별분업: 패널자료를 이용한 가족 형성기 여성의 성역할 태도 분석." 『한국사회학』 51(4): 47-78.

**홍찬숙.** 2012. "한국가족의 압축적 개인화와 젠더 범주의 민주주의적 함의-1990년대를 중심으로." 『여성과 역사』 17: 1-25.

**Alison, R. and B. J. Risman.** 2017. "Marriage Delay, Time to Play? Marital Horizons and Hooking Up in College." *Sociological Inquiry* 87(3): 472-500.

**Arnett, J. J.** 2015. *Emerging Adulthood: The Winding Road from the Late Teens Through the Twenties*. 2nd ed. New York: Oxford University Press.

______. 2016. "Does Emerging Adulthood Theory Apply Across Social Classes? National Data on a Persistent Question." *Emerging Adulthood* 4(4): 227–235.

**Beck, Ulich and Elizabeth Beck-Gernsheim.** 2002. *Individualization: Institutionalized Individualism and It's Social and Political Consequences*. Sage.

**Cherlin, A. J.** 2010. *The Marriage–Go–Round: The State of Marriage and the Family in America Today*. New York: Vintage Books.

**Dizard, J. and H. Gadlin.** 1990. *The Minimal Family*. The University of Massachusetts Press.

**Fincham, F. D.** 2012. "Challenges in Charting the Course of Romantic Relationships in Adolescence and Emerging Adulthood." A. Booth, S. L. Brown, N. S. Landale, W. D. Manning, and S. M. McHale (eds.). *Early Adulthood in a Family Context*. New York: Springer.

**Gurrentz, B.** 2018. *Millenial Marriage: How Much Does Economic Security Matter to Marriage Rates for Young Adults*? SEHSD Working Paper. 2018–09.

**Hochschild, Arlie.** 1989. *The Second Shift*. New York: Avon Books.

**James-Kangal, N. E. M. Weitbrecht, T. E. Franics, and S. W. Whitton.** 2018. "Hooking Up and Emerging Adults' Relationship Attitudes and Expectations." *Sexuality and Culture* 22(3): 706–723.

**Jamison, T. B. and L. Ganong.** 2011. "We are Not Living Together: Stayover Relationship Among College–Educated Emerging Adults." *Journal of Social and Personal Relationships* 28(4): 536–557.

**Klinenberg, E.** 2012. *Going Solo: The Extrodinary Rise and Surprising Appeal of Living Alone*. New York: Penguine Press.

**Manning, W. D. and P. J. Smock.** 2005. "Measuring and Modeling Cohabitation: New Perspectives from Qualitative Data." *Journal of*

*Marriage and Family* 67(4): 989-1002.

**Rubin, Lillian.** 1976. *Worlds of Pain: Life in the Working Class Family*. New York: Basic Books.

______. 1994. *Families on the Fault Line*. Harper Collins Publishers.

**Sassler, S. and A. Miller.** 2017. *Cohabitation Nation: Gender, Class and the Remaking of Relationship*. Okland University California Press.

**Skolnick, A. S. and J. H. Skolnick.** 1997. *Family in Transition*. 9th ed. New York: Longman.

**Sweeney, M. M.** 2002. "Two Decades of Family Change: The Shifting Economic Foundations of Marriage." *American Sociological Review* 67: 132-147.

**Tilman, Kathryn Harker, Karin L. Brewster, and Giuseppina Valle Holway.** 2019. "Sexual and Romantic Relationships in Young Adulthood." *Annual Review of Sociology* 45: 133-153.

## 제2장

**강이수.** 2007. "산업화 이후 여성노동시장의 변화와 일-가족 관계."『페미니즘 연구』7(2): 1-35.

**김동춘.** 1994. "한국 자본주의의 성격과 지배질서: 안보국가, 시장, 가족." 한국산업사회연구회 편.『한국사회의 변동』. 한울.

**김수영.** 2004. "근대화와 가족의 변화." 정진성 · 안진 외.『한국현대여성사』. 한울아카데미.

**김수정.** 2020. "비교국가적 관점에서 본 한국 청년 빈곤의 특수성."『한국인구학』43(2): 77-101.

**김영순.** 2010. "비정규직 여성노동자의 사회권을 통해 본 한국의 젠더체제."『사회보장연구』26(1): 261-287.

**김영옥 · 김현미.** 2013. "'글로벌 가구(Global Householding)' 구성의 관점으로 본 한국-베트남 국제결혼 가족."『젠더와 문화』6(2): 177-213.

**김혜경.** 2009. "박정희 체제하 '핵가족' 담론의 변화과정과 이원구조 연구." 『사회와 역사』 82: 169–212.

**박나리 · 김교성.** 2021. "청년 불안정성의 궤적과 유형: 20대 청년의 고용, 소득, 부채를 중심으로." 『한국사회정책』 28(3): 45–74.

**박승희.** 2002. "주요 사회복지정책론의 가족 위기 대처방식에 대한 비판적 검토." 『사회복지정책』 14: 75–95.

**벡, 울리히 · 엘리자베트 벡-게른스하임(Beck, Ulich and Elizabeth Beck-Gernsheim).** 2002. 『사랑은 지독한, 그러나 너무나 정상적인 혼란(*Das ganz normale Chaos der Liebe*)』. 배은경 외 옮김. 서울: 새물결.

______. 2012. 『장거리 사랑(*Fernliebe*)』. 이재원 · 홍찬숙 옮김. 서울: 새물결.

**변금선 · 김기헌.** 2019. "청년층의 삶의 질 격차에 관한 연구: 1988–1998년생 청년의 다중격차 실태 분석." 『사회복지정책』 46(2): 257–285.

**변수정 · 박종서 · 오신휘 · 김혜영.** 2017. 『다양한 가족의 제도적 수용성 제고 방안』. 한국보건사회연구원 연구보고서.

**송효진 · 황정미 · 조은주 외.** 2021. 『개인화 시대, 미래 가족 변화에 대응하는 포용적 법제 구축 방안』. 경제 · 인문사회연구회 협동연구총서.

**신경아.** 2016. "여성노동시장의 변화에 관한 여덟가지 질문." 『페미니즘 연구』 16(1): 321–359.

**안병철 · 임인숙 · 정기선 · 이장원.** 2001. 『경제위기와 가족』. 미래인력연구센터/생각의 나무.

**에스핑-안데르센(Esping-Andersen, Gøsta).** 2009. 『끝나지 않은 혁명(*Incomplete Revolution: Adapting to Women's New Roles*)』. 주은선 · 김영미 옮김. 나눔의 집.

**여성가족부.** 2021. "가족다양성에 대한 국민인식조사 결과보고서."(https://www.korea.kr/archive/expDocView.do?docId=39726, 검색일: 2022.8.12.)

**오사와 마리(大澤眞理).** 2007. "사회적 배제와 생활보장시스템-'남성생계부양자'형의 역기능." 장지연 · 요코타 노부코 엮음. 『글로벌화와 아시아 여성 : 노동과 삶』. 한울 아카데미.

**올로프, 앤(Orloff, A.).** 2000. "젠더와 시민의 사회적 권리: 젠더 관계와 복지국가에 대한 비교분석." 테레사 쿨라빅 외. 『복지국가와 여성정책』. 한국여성정책연구 외 옮김. 새물결.

**장경섭.** 2009.『가족 · 생애 · 정치경제: 압축적 근대성의 미시적 기초』. 창비.

______. 2011. "개발국가, 복지국가, 위험가족: 한국의 개발자유주의와 사회재생산 위기."『한국사회정책』18(3): 63–90.

______. 2018. "가족자유주의와 한국사회: 사회재생산 위기의 미시정치경제적 해석."『사회와 이론』32: 189–218.

**조주은.** 2004.『현대 가족 이야기』. 이가서.

**최선영 · 장경섭.** 2012. "압축산업화 시대 노동계급 가족 가부장제의 물질적 모순–'남성생계부양자' 노동생애 불안정성의 가족전이."『한국사회학』46(2): 203–230.

**통계청.** 2020. "2020년 사회조사 결과." 통계청 보도자료. 2020.11.18.

**틸리, 루이스 · 조앤 스콧(Tilly, L. and J. Scott).** 2021.『여성 노동 가족』. 김영 옮김. 앨피.

**홉슨, 바바라(Hobson, B.).** 2000. "독신모, 복지 체제 그리고 젠더의 논리." 테레사 쿨라빅 외.『복지국가와 여성정책』. 한국여성정책연구회 옮김. 새물결.

**황정미.** 2000. "발전국가와 모성: 1960~70년대 부녀정책을 중심으로." 심영희 외.『모성의 담론과 현실』. 나남출판.

______. 2005. "저출산과 한국 모성의 젠더정치."『한국여성학』21(3): 99–132.

______. 2007. "경제위기 이후 한국의 가족정책에 대한 고찰–개발국가의 생활보장 시스템과 젠더." 장지연 · 요코타 노부코 엮음.『글로벌화와 아시아 여성 : 노동과 삶』. 한울 아카데미.

______. 2018. "한국인에게 가족은 무엇인가."『황해문화』2018 봄: 16–36.

**Billari, Francesco and Chris Wilson.** 2001. "Convergence Towards Diversity?: Cohort Dynamics in the Transition to Adulthood in contemporary Western Europe." Max Plack Institute for Demographic Research Working Paper WP 2001–039(December 2001).(https://www.demogr.mpg.de/papers/working/wp-2001-039.pdf)

**Carling, Jorgen.** 2005. "Gender Dimension of International Migration." Global Commission on International Migration(GCIM). *Global*

*Migration Perspectives* No.35. www.gcim.org.

**Cherlin, Andrew J.** 2004. "The Deinstitutionalization of American Marriage." *Journal of Marriage and Family* 66(4): 848–861.

**Douglass, M.** 2007. "The Globalization of Householding and Social Reproduction in Pacific Asia." *Philippine Studies* 55(2): 157–181.

**Hochschild, A. R.** 2000. "Global Care Chain and Emotional Surplus Value." W. Hutton and A. Giddens(eds.). *On The Edge: Living with Global Capitalism*. London: Jonathan Cape.

**Kuronen, Marjo(ed.).** 2010. "Research on Families and Family Policies in Europe: State of the Art." Family Research Centre, University of Jyväskylä.(FAMILYPLATFORM: funded by the European Union's 7th Framework Programme)(https://www.researchgate.net/publication/277066399)

**Lesthaeghe, Ron J.** 2010. "The Unfolding Story of the Second Demographic Transition." *Population and Development Review* 36(2): 211 - 251.

**Sassen, Saskia.** 2000. "Women's Burden: Counter–geographies of Globalization and the Feminization of Survial." *Journal of International Affairs* 53(2): 503–524.

**Taylor–Gooby, Peter.** 2004. *New Risks, New Welfare: The Transformation of the European Welfare State*. Oxford/New York : Oxford University Press.

## 제3장

**강순희.** 2014. "청년여성의 초기 노동시장 이행실태와 결정요인." 『여성연구』 87(2): 317–347.

**계봉오 · 황선재.** 2016, "한국의 세대간 사회이동: 출생 코호트 및 성별 비교." 『한국인구학』 39(3): 1–28.

**공　주 · 신광영.** 2018. “한국의 소득불평등에 관한 새로운 접근.” 『산업노동연구』 24(3): 1-34.

**김경근 · 변수용.** 2007. “한국사회에서의 학업성취에 대한 문화자본의 영향.” 『교육사 화학연구』 17(1): 23-51.

**김대일.** 2008. “기혼 여성의 노동공급과 자녀 교육.” 『노동경제론집』 31(2): 73-102.

**김순남.** 2022. 『가족을 구성할 권리: 혈연과 결혼뿐인 사회에서 새로운 유대를 상상하는 법』. 오월의봄.

**김영미.** 2015. “분절 노동시장에서의 젠더 불평등의 복합성.” 『경제와사회』 106: 205-237.

**김영미 · 신광영.** 2008. “기혼여성 노동시장의 양극화와 가구소득 불평등의 변화.” 『경제와사회』 77: 79-106.

**김영옥.** 1999. 『여성취업력 동태적인 변화 분석』. 한국여성개발원.

______. 2006. 『여성노동시장의 양극화 추이와 과제』. 한국여성개발원.

**김창민 · 김은경 · 신광영.** 2020. “가구구조와 소득불평등.” 『한국인구학』 43(1): 31-59.

**김태홍 · 김종숙.** 2002. 『여성 청년층집단의 취업이행 실태와 정책과제』. 한국여성개발원.

**김현주 · 이병훈.** 2007. “자녀의 학업성취에 미치는 가족배경, 사회자본 및 문화자본의 영향.” 『한국인구학』 30(1): 125-148.

**문지선.** 2015. “여성의 시간제 근로가 가구소득 불평등에 미치는 영향.” 『노동정책연구』 15(1): 43-82.

**박소진.** 2009. “‘자기관리’와 ‘가족경영’ 시대의 불안한 삶.” 『경제와사회』 84: 12-39.

**박수미.** 2002. “한국여성들의 첫 취업 진입 · 퇴장에 미치는 생애사건의 역동적 영향.” 『한국사회학』 36(2): 145-174.

**박용민 · 허정.** 2023. “소득동질혼과 가구구조가 가구소득 불평등에 미치는 영향: 국제비교를 중심으로.” 『BOK 경제연구』 2023-2. 한국은행 경제연구원.

**신광영.** 2004. 『한국의 계급과 불평등』. 을유문화사.

**신진욱.** 2013. “한국에서 자산 및 소득의 이중적 불평등: 국제 비교 관점에서 본 한국의 불평등 구조의 특성.” 『민주사회와 정책연구』 23: 41-70.

**윤자영.** 2012. “외환위기 이후 기혼가구의 노동공급 변화 요인.” 『여성경제연구』 9(1): 99−122.

**은기수 · 박수미.** 2002. “여성취업이행 경로의 생애과정 씨퀀스(sequence) 분석.” 『한국인구학』 25(2): 107−138.

**이성균 · 신희주 · 김창환.** 2020. “한국 사회 가구 소득과 자산의 불평등: 연구 성과와 과제.” 『경제와사회』 127: 60−94.

**이순미.** 2015. “외환위기 이후 노동시장의 성불평등.” 『한국여성학』 31(2): 91−129.

______. 2017. “노동경력과 가족경로 분석을 통해 본 청년기 연장의 젠더 차이.” 『한국여성학』 33(2): 181−244.

**이재경.** 2022. 『한국 가족: 신가족주의에서 포스트가부장제로』. 이화여자대학교 출판문화원.

**장미혜.** 2002. “사회계급의 문화적 재생산: 대학 간 위계서열에 따른 부모의 계급 구성의 차이.” 『한국사회학』 36(4): 223−251.

**장상수.** 1999. “한국 사회의 교육수준별 혼인 유형과 그 변화.” 『한국사회학』 33(2): 417−448.

**장지연.** 2012. “다양한 층위의 소득정의와 구성요소에 따른 불평등 수준.” 『동향과 전망』 85: 131−163.

**장지연 · 이병희.** 2013. “소득불평등 심화의 메커니즘과 정책 선택.” 『민주사회와 정책연구』 23: 71−109.

**장지연 · 전병유.** 2014. “소득계층별 여성 취업의 변화: 배우자 소득 수준을 중심으로.” 『산업노동연구』 20(2): 219−248.

**전병유.** 2018. “우리나라 노동시장 분절화의 구조와 시사점.” 『노동리뷰』 168: 21−35.

**전병유 · 정준호 · 정세은.** 2017. “제4장 한국의 불평등 추이와 구조적 특성.” 황규성 · 강병익 편. 『다중 격차 2: 역사와 구조』. 페이퍼로드.

**정성미.** 2019. “2000년 이후 기혼여성의 노동공급탄력성 변화 연구.” 『여성경제연구』 16(2): 1−26.

**정이환.** 2013. 『한국 고용 체제론』. 후마니타스.

______. 2015. “한국 임금불평등 구조의 특성.” 『한국사회학』 49(4): 65−100.

______. 2018. “한국 노동시장의 분절 구조와 대안모색.” 『노동리뷰』 10: 7−20.

**조　은.** 2001. “문화 자본과 계급 재생산: 계급별 일상 생활 경험을 중심으로.” 『사회와 역사』 60: 166-205.

_____. 2011. “부르디외를 빌려도 될까요?: ‘월남가족’과 ‘월북가족’의 계급재생산에서 문화자본 읽기.” 『문화와 사회』 11: 65-105.

**조은주.** 2018. 『가족과 통치: 인구는 어떻게 정치의 문제가 되었나』. 창비.

_____. 2020. “서사화되지 않는 꿈: 개인화와 저소득층 여성 청소년의 삶.” 『현상과인식』 44(4): 151-180.

_____. 2021. “발전국가와 젠더: 통치의 성별화, 성별화된 주체화.” 『역사비평』 134: 146-173.

**최샛별.** 2003. “한국 사회에서의 영어실력에 대한 문화자본론적 고찰: 대학생들의 영어학습실태와 영어능력자에 대한 인식을 중심으로.” 『사회과학연구논총』 11: 5-21.

**퍼트넘, 로버트(Putnam, Robert).** 2016. 『우리 아이들: 빈부격차는 어떻게 미래 세대를 파괴하는가』. 정태식 옮김. 페이퍼로드.

**황규성 · 강병익.** 2017. “제3장 다중격차의 확대와 구조화: 1997년 이후 불평등.” 황규성 · 강병익 편. 『다중 격차 2: 역사와 구조』. 페이퍼로드.

**Blau, P. M. and O. D. Duncan.** 1967. *The American Occupational Structure*. New York: Wiley.

**Bourdieu, Pierre.** 1986. “The Forms of Capital.” J. G. Richardson(ed.). *Handbook of Theory and Research for the Sociology of Education*. New York: Greenwood Press.

**Bourdieu, Pierre and Jean-Claude Passeron.** 1990. *Reproduction in Education, Society and Culture*. Richard Nice(trans.). London: Sage Publications.

**Cherlin, Andrew J.** 2004. “The Deinstitutionalization of American Marriage.” *Journal of Marriage and Family* 66: 848-861.

_____. 2020. “Degrees of Change: An Assessment of the Deinstitutionalization of Marriage Thesis.” *Journal Marriage and Family* 82(1): 62-80.

**Damaske, Sarah.** 2011. *For the Family?: How Class and Gender Shape Women's Work*. NY: Oxford University Press.

**DiMaggio, Paul.** 1982. "Cultural Capital and School Success: The Impact of Status Culture Participation on the Grades of U.S. High School Students." *American Sociological Review* 47: 189–210.

**DiMaggio, Paul and John Mohr.** 1985. "Cultural Capital Educational Attainment, and Marital Selection." *American Journal of Sociology* 90(6): 1231–1261.

**Donzelot, Jacques.** 1979. *The Policing of Families*. Pantheon Books.

**Duschinsky, Robbie and Leon Antonio Rocha(eds.).** 2012. *Foucault, the Family and Politics*. Palgrave Macmillan.

**Esping–Andersen, G.** 2007. "Sociological Explanations of Changing Income Distributions." *American Behavioral Scientist* 50(5): 639–658.

**Foucault, Michel.** 2006. *Psychiatric Power: Lectures at the Collège de France*, 1973–1974. Palgrave Macmillan.

**Gerson, Kathleen.** 2011. *The Unfinished Revolution: Coming of Age in a New Era of Gender, Work, and Family*. NY: Oxford University Press.

**Goldthorpe, John H.** 1987. *Social Mobility and Class Structure in Modern Britain*. 2nd ed. Oxford: Clarendon Press.

______. 2000. *On Sociology: Numbers, Narratives and the Integration of Research and Theory*. Oxford: Oxford University Press.

**Juhn, C. and K. M. Murphy.** 1997. "Wage Inequality and Family Labor Supply." *Journal of Labor Economics* 15(1): 72–97.

**Kalmijn, Matthijs.** 1994. "Associative Mating by Cultural and Economic Occupational Status." *American Journal of Sociology* 100(2): 422–452.

**Kwon, JungHyun.** 2008. "Changes in Labor Force Participation of Married Women in Korea: 1980–2005." 『노동경제논집』 31(2): 129–156.

**Lamont, Michele and Marcel Fournier.** 1992. *Cultivating Differences*. University of Chicago Press.

**Lareau, Annette.** 2011. *Unequal Childhoods: Class, Race, and Family Life*.

2nd Edition with an Update a Decade Later. University of California Press.

**Laslett, Barbara and Johanna Brenner.** 1989. "Gender and Social Reproduction: Historical Perspectives." *Annual Review of Sociology* 15.

**Lauer, S. and C. Yodanis.** 2010. "The Deinstitutionalization of Marriage Revisited: A New Institutional Approach to Marriage." *Journal of Family Theory & Review* 2: 58–72.

**Lee, Chulhee.** 2008. "Rising Family Income Inequality in the United States, 1968–2000: Impacts of Changing Labor Supply, Wages, and Family Structure." *International Economic Journal, Korean International Economic Association* 22(2): 253–272.

**Maxwell, N. L.** 1990. "Changing Female Labor Force Participation: Influences on Income Inequality and Distribution." *Social Forces* 68(4): 1251–1266.

**Ossowski, S.** 1963. *Class Structure in the Social Consciousness*. London, Routledge.

**Park, Hyunjoon and Jeroen Smits.** 2005. "Educational Assortative Mating in South Korea: Trends 1930 - 1998." *Research in Social Stratification and Mobility* 23: 103–127.

**Peterson, Richard A. and Roger M. Kern.** 1996. "Changing Highbrow Taste: From Snob to Omnivore." *American Sociological Review* 61(5): 900–907.

**Robinson, Robert V. and Maurice A. Garnier.** 1985. "Class Reproduction Among Men and Women in France: Reproduction Theory on Its Home Ground." *American Journal of Sociology* 91(2): 250–280.

**Seccombe, Wally.** 1990. "Starting to Stop: Working–Class Fertility Decline in Britain." *Past & Present* 126.

**Seong, Moonju.** 2014. "A Study on Educational Assortative Marriage." *Journal of Digital Convergence* 12(3): 1 - 6.

**Smits, J., W. Ultte, and J. Lammers.** 1998. "Educational Homogamy in 65

Countries: An Explanation of Differences in Openness Using Country-level Explanatory Variables." *American Sociological Review* 63: 264-285.

**Sorokin, P.** 1959. *Social and Cultural Mobility*. New York: Free Press.

**Williams, J.** 2010. *Reshaping the Work-Family Debate*. US: Harvard University Press.

**Wright, E. O.** 1979. *Class Structure and Income Determination*. New York: Academic Press.

______. 1985. *Classes*. London: NLB.

______. 1997. *Class Coungs*. Cambridge: Cambridge University Press.

______. 2005. *Approaches to Class Analysis*. Cambridge: Cambridge University Press.

## 제4장

**강미선 · 김성희 · 정인혜.** 2020. "내 뜻대로 삶 쓰기: 20대 여성의 4B 가치관 형성 과정 연구." 『여성학논집』 37(1): 153-194.

**길리건, 캐롤(Gilligan, Carole).** 1997. 『다른 목소리로』. 허란주 옮김. 서울: 동녘.

**김애라.** 2019. "'탈코르셋', 겟레디위드미(#getreadywithme): 디지털경제의 대중화된 페미니즘." 『한국여성학』 35(3): 43-78.

**김혜경.** 2013. "부계 가족주의의 실패?: IMF 경제위기 세대의 가족주의와 개인화." 『한국사회학』 47(2): 101-141.

**러딕, 사라(Ruddick, Sara).** 2002. 『모성적 사유』. 이혜정 역. 철학과 현실사.

**리치, 아드리엔(Rich, Adrienne).** 2002. 『더 이상 어머니는 없다: 모성신화에 대한 반성』. 이인성 역. 서울: 평민사.

**메이야수, 클로드(Meillassoux, Claude).** 1989. 『자본주의와 가족공동체: 여성, 곡창, 자본』. 김봉률 역. 서울: 까치 출판사.

**박혜경.** 2010. "신자유주의적 주부주체화 담론의 계보학-신문 기사 분석을 중심으로.”『한국여성학』 26(2): 127–158.

**신경아.** 2014. “신자유주의시대 남성 생계부양자의식의 균열과 젠더관계의 변화.”『한국여성학』 30(4): 153–187.

**쏘온, 배리 · 매릴린 얄롬 공편(Thorne, Barrie and Mrilyn Yalom(eds.)).** 1991.『페미니즘의 시각에서 본 가족』. 권오주 외 공역. 서울: 한울출판사.

**얄롬, 매릴린(Yalom, Marylin).** 2003.『아내: 순종과 반항의 역사』. 이호영 옮김. 서울: 시공사.

**양현아.** 2011.『한국 가족법 읽기: 전통, 식민지성, 젠더의 교차로에서』. 파주: 창비.

**엥겔스, 프리드리히(Engels, Friedrich).** 2012.『가족, 사유재산, 국가의 기원』. 김대웅 옮김. 서울: 두레 출판사.

**오클리, 앤(Oakley, Ann).** 1996.『가사노동의 사회학』. 서울: 신광출판사.

**우에노 치즈코(上野千鶴子).** 1994.『가부장제와 자본주의』. 이승희 역. 서울: 녹두.

**이재경.** 2004. “한국 가족은 ‘위기’인가?: ‘건강가정’ 담론에 대한 비판.”『한국여성학』 20(1): 229–244.

______. 2022.『한국가족: 신가족주의에서 포스트가부장제로』. 이화여자대학교출판문화원.

**이화여자대학교 한국여성연구소 편.** 1985.『한국 여성과 일』. 이화여자대학교 출판부.

**이효재.** 1996. “한국 가부장제와 여성.”『여성과 사회』 7: 160–176.

______. 2003.『조선조 사회와 가족–신분상승과 가부장제 문화』. 한울 아카데미.

**정지영.** 2002. “조선후기의 호적과 여성호주.”『여성과 사회』 14: 142–157.

______. 2004. “조선시대 혼인장려책과 독신여성–유교적 가부장제와 주변적 여성의 흔적.”『한국여성학』 20(3): 5–37.

**조순경.** 2000. “한국 여성학 지식의 사회적 형성: 지적 식민성 논의를 넘어서.”『경제와 사회』 45: 172–197.

**조옥라.** 1986. “가부장제에 관한 이론적 고찰.”『한국여성학』 2: 9–38.

**조　은.** 1997. “모성 · 성 · 신분제–조선왕조실록 ‘재가금지’ 담론의 재조명.”『사회와 역사』 51: 109–141.

_____. 1999. "모성의 사회적 · 역사적 구성–조선 전기 가부장적 지배구조의 형성과 아들의 어머니." 『사회와 역사』 55: 73–102.

_____. 2005. "유교적 가부장제와 여성호주 가족–한말(韓末) 한성부 호적 자료를 중심으로." 『한국여성학』 21(2): 39–68.

**초도로우, 낸시(Chodorow, Nancy).** 2008. 『모성의 재생산』. 김민예숙 · 강문순 공역. 한국심리치료연구소.

**콜리어, 제인 · 미셸 로잘도 · 실비아 야나기사코.** 1991. "가족은 존재하는가." 쏘온, 배리, 매릴린 얄롬 공편(Thorne, B. and M. Yalom(eds.)). 『페미니즘의 시각에서 본 가족』. 권오주 외 공역. 서울: 한울출판사.

**파레냐스, 라셀 살라자르(Parrenas, Rhacel Salazar).** 2009. 『세계화의 하인들』. 문현아 역. 도서출판 여이연.

**폴브레, 낸시(Folbre, Nancy).** 2007. 『보이지 않는 가슴』. 윤자영 역. 또하나의 문화.

**프리단, 베티(Friedan, Betty).** 1963. 『여성의 신비』. 김행자 역. 서울 평민사. 1996.

**프리드먼, 제인(Freedman, Jane).** 2002. 『페미니즘』. (이)박혜경 역. 서울: 이후 출판사.

**하딩, 샌드라(Harding, Sandra).** 2002. 『페미니즘과 과학』. 이재경 · 박혜경 공역. 서울: 이화여자대학교 출판부.

**하트만, 하이디(Hartmann, Heidi).** 1981. "성과 계급 투쟁의 장소로서의 가족." 이효재 편. 『가족 연구의 관점과 쟁점』. 서울: 도서출판 까치. 1988.

**허 은.** 2017. "개인화와 성별분업: 패널 자료를 이용한 가족형성기 여성의 성역할 태도 분석." 『한국사회학』 51(4): 47–78.

**혹실드, 알리 러셀(Hochschild, Arlie R.).** 2001. 『돈 잘 버는 여자, 밥 잘 하는 남자』. 백영미 역. 서울: 아침이슬.

**Delphy, Christine.** 1984. *Close to Home: A Materialist Analysis of Women's Oppression*. Univ. of Messachusetts Press.

**Ehrenreich, Barbara and Arlie Russell Hochschild.** 2002. *Global Woman: Nannies, Maids, and Sex Workers in the New Economy*. New York: Metropolitan Books.

**Ehrenreich, Barbara and Deidre English.** 1978. *For Her Own Good*. Garden City: Doubleday.

**Gerson, Kathleen.** 2011. *The Unfinished Revolution: Coming of Age in a New Era of Gender, Work, and Family*. NY: Oxford University Press.

**Glenn, Nakano.** 1994. *Mothering: Ideology, Experience, and Agency*. Routledge.

**Hochschild, Arlie Russell(with Machung, A.).** 1989. *The Second Shift: Working Parents and the Revolution at Home*. NY: Viking.

**Lasch, Christopher.** 1977. *Haven in a Heartless World*. New York, London : WW. Norton & Company.

**OECD.** 2022. *OECD Family Database, PF2.2 Use of childbirth-related leave benefits*. http://www.oecd.org/els/family/database.htm

**Stacey, Judith.** 1996. *In the Name of the Family: Rethinking Family Values in the Postmodern Age*. Boston : Beacon Press.

## 제5장

**기든스, 앤소니(Giddens, Anthony).** 1996.『현대사회의 성 · 사랑 · 에로티시즘: 친밀성의 구조변동』. 배은경 · 황정미 역. 새물결.

**김귀옥.** 2004. "분단, 한국전쟁과 여성: 1950년대 한국 여성의 삶." 정진성 외.『한국현대여성사』. 한울.

**김동춘.** 2020.『한국인의 에너지, 가족주의: 개인의 보호막과 지위상승의 발판인 가족』. 피어나.

**김수영.** 2001. "동아시아의 자본주의 발전과 가족: 한국과 일본의 사례." 고려대학교 박사학위논문.

**김수진.** 2009.『신여성, 근대의 과잉』. 소명출판.

**김은경.** 2007. "1950년대 가족론과 여성." 숙명여자대학교 박사학위논문.

**김진균 · 정근식 편.** 1997.『근대 주체와 식민지 규율권력』. 문화과학사.

**김혜경.** 1998. "일제하 '어린이기'의 형성과 가족변화에 관한 연구." 이화여자대학교 박사학위논문.

______. 1999. "가사노동 담론과 한국 근대가족." 『한국여성학』 15(1): 153-184.

______. 2005. "'건강가정기본법'의 제·개정을 둘러싼 담론에 대한 연구." 『여성과 사회』 16: 67-102.

______. 2006. 『식민지하 근대가족의 형성과 젠더』. 창비.

______. 2009. "박정희체제하 '핵가족' 담론의 변화과정과 이원구조 연구." 『사회와 역사』 82: 169-212.

______. 2012. "1980년대 이후 한국사회 비판적 가족담론의 변화." 『가족과 문화』 24(4): 166-195.

**김혜경 · 신현옥.** 1990. "제조업 기혼 생산직 여성노동자의 상태와 문제." 『여성과 사회』 창간호: 282-318.

**또하나의 문화 편집부.** 1996a. 『새로 쓰는 결혼이야기 1』. 또하나의 문화.

______. 1996b. 『새로 쓰는 결혼이야기 2』. 또하나의 문화.

**마일스, 로잘린드(Miles, Rosalind).** 2005. 『최후의 만찬은 누가 차렸을까』. 신성림 역. 동녘.

**문소정.** 1995. "가족생활의 변화와 여성의 성장." 신용하 · 박명규 · 김필동 엮음. 『한국 사회사의 이해』. 문학과 지성사.

**바댕테르, 엘리자베스(Badinter, Elizabeth).** 2009. 『만들어진 모성: 17~20세기 모성애의 근대사』. 심성은 역. 동녘.

**바렛, 미셸 · 메리 맥킨토시(Barrett, Michele and Mary McIntosh).** 2019. 『반사회적 가족』. 김혜경 · 배은경 역. 나름북스.

**박혜경.** 2010. "신자유주의적 주부 주체화 담론의 계보학: 신문기사를 중심으로." 한국여성학회 편. 『한국여성학』 26(2): 127-158.

**배은경.** 2005. "가족계획사업과 여성의 몸." 『사회와 역사』 67: 260-299.

**벡, 울리히 · 엘리자베트 벡-게른스하임(Beck, Ulich and Elizabeth Beck-Gernsheim).** 1997. 『사랑은 지독한(그러나 너무나 정상적인) 혼란』. 배은경 · 권기돈 · 강수영 역. 새물결.

**서러, 섀리 L.(Thurer, Shari L.).** 1995. 『어머니의 신화』. 박미경 역. 까치글방.

**소현숙.** 2022. "가족 근대화의 모델 찾기에서 가족 '정상성'에 대한 성찰로." 『역사문제연구』 46: 351-388.

**신경아.** 1998. “희생의 화신에서 욕구를 가진 인간으로: 90년대 모성의 변화.” 『여성과 사회』 9: 159-180.

**심영희 · 정진성 · 윤정로 공편.** 1999. 『모성의 담론과 현실: 어머니의 성, 삶, 정체성』. 나남출판.

**쏘온, 배리 · 매릴린 얄롬 엮음(Thorne, B. and M. Yalom(eds.)).** 1991. 『페미니즘의 시각에서 본 가족』. 권오주 · 김선영 · 노영주 · 이승미 · 이진숙 역. 한울아카데미.

**아리에스, 필리프(Aries, Philippe).** 2003. 『아동의 탄생』. 문지영 역. 새물결.

**앤더슨, 마이클(Michael, Anderson).** 1994. 『서구 가족사의 세 가지 접근방법』. 노영주 외 역. 한울.

**양현아.** 2012. 『한국 가족법 읽기』. 창비.

**여성한국사회연구회 편.** 1990. 『한국 가족론』. 까치.

**우에노 치즈코(上野千鶴子).** 2009. 『근대가족의 성립과 종언』. 이미지문화연구소 역. 당대.

**이이효재.** 2003. 『조선조 사회와 가족: 신분상승과 가부장제 문화』. 한울.

**이임하.** 2004. 『여성, 전쟁을 넘어 일어서다』. 서해역사책방.

**이재경.** 2003. “근대의 발명품, ‘과학적 모성’.” 『가족의 이름으로』. 또하나의 문화.

______. 2022. 『한국 가족: 신가족주의에서 포스트가부장제로』. 이화여자대학교출판문화원.

**이종구 외.** 2005. 『1960~70년대 노동자의 생활세계와 정체성』. 한울 아카데미.

**이혜숙.** 2004. “미군정기 여성운동과 여성정책.” 정진성 외. 『한국현대여성사』. 한울.

**이효재.** 1985. 『분단시대의 사회학』. 한길사.

**장경섭.** 2009. 『가족 · 생애 · 정치경제: 압축적 근대성의 미시적 기초』. 창비.

**정지영.** 2002. “조선후기 호주승계 방식의 변화와 종법질서의 확산.” 『한국여성학』 18(2): 5-35.

**조 은.** 1993. “한말 서울의 가족구조.” 『한국 근현대 가족의 재조명』. 문학과 지성사.

______. 1999. “모성의 사회적 · 역사적 구성: 조선 전기 가부장적 지배구조의 형성과 ‘아들의 어머니’.” 『사회와 역사』 55: 73-102.

**조 은 · 이정옥 · 조주현.** 1997. 『근대가족의 변모와 여성문제』. 서울대출판부.

**조은주.** 2018. 『가족과 통치: 인구는 어떻게 정치의 문제가 되었나』. 창비.

**조형근.** 2006. "한국의 식민지 근대성 연구의 흐름." 공제욱 · 김백영 엮음. 『식민지의 일상: 지배와 균열』. 문화과학사.

**조혜정.** 1986. "가부장제의 변형과 극복: 한국 가족의 경우." 『한국여성학』 2: 136–204.

**최재석.** 1983. 『한국가족제도사 연구』. 일지사.

**태혜숙.** 2008. 『대항지구화와 아시아 여성주의』. 울력.

**하트만, 하이디(Hartmann, Heidi).** 1989. "마르크스주의와 여성해방론의 불행한 결혼." 김혜경 · 김애령 편역. 『여성해방이론의 쟁점』. 태암.

**홍양희.** 2005. "조선총독부의 가족정책 연구: '家'제도와 家庭이데올로기를 중심으로." 한양대학교 박사학위논문.

**Anderson, Michael.** 1980. *Approaches to the History of the Western Family, 1500–1914*. Basingstoke: Macmillan.

**Aries, Philippe.** [1960] 1965. *Centuries of Childhood: A Social History of Family Life*. Robert Baldick(trans.). NY: Vintage Books

**Chakrabarty, Dipesh.** 1994. "Postcoloniality and the Artifice of History." H. Aram Veeser(ed.). *The New Historicism Reader*. Routledge.

**Donzelot, Jacques.** [1977] 1979. *The Policing of Families*. R. Hurley (trans.). NY: Pantheon Books.

**Hareven, Tamara and A. Plakans(eds.).** 1987. *Family History at the Crossroads*. Princeton: Princeton U. P.

**Mani, Lata.** 1998. *Contentious Traditions: The Debate on Sati in Colonial India*. University of California Press.

**Minson, Jeffrey.** 1985. "Familiar Terms." *Genealogy of Morals: Nietzche, Foucault, Donzelot, and the Eccentricity of Ethics*. London: Macmillan Press Ltd.

**Shorter, Edward.** 1975. *The Making of the Modern Family*. NY:Basic Books.

**Stone, Lawrence.** 1977. *The Family, Sex, and Marriage in England, 1500-1800*. NY: Harper & Row.

## 제6장

**기든스, 앤소니(Giddens, Anthony).** 1997.『현대성과 자아정체성: 후기 현대의 자아와 사회』. 권기돈 역. 새물결.

**김수정.** 2019. "개인화 시대의 '개인주의'에 대한 개념적 탐색."『한국언론정보학보』94: 8–33.

**김영란 외.** 2021.『2020년 가족실태조사 분석 연구』. 여성가족부.

**김혜경.** 2013. "부계 가족주의의 실패? : IMF 경제위기 세대의 가족주의와 개인화."『한국사회학』47(2): 101–141.

**김혜경 · 이순미.** 2012. "'개인화'와 '위험': 경제위기 이후 청년층 '성인기 이행'의 불확실성과 여성내부의 계층화."『페미니즘연구』12(1): 35–72.

**김혜경 · 황채린.** 2022. "긴급재난지원금 수령과정을 통해 본 성인모색기 청년의 교차하는 가족주의와 개인의식."『가족과 문화』34(4): 38 – 77.

**김혜영.** 2007. "1인 가구의 비혼 사유와 가족의식."『한국사회학회 사회학대회 논문집』: 1041–1057.

**로랑, 알랭(Laurent, Alain).** 2001.『개인주의의 역사』. 김용민 역. 한길사.

**배정희.** 2001, "미래의 가족 형태는 '조각보形'."『주간동아』270: 56–57.

**벡–게른스하임, 엘리자베트(Beck–Gehrensheim, Elizabeth).** 2005.『가족 이후에 무엇이 오는가?』. 박은주 옮김. 새물결.

______. 2010. "가족 이후의 가족, 오늘날의 가족생활."『위험에 처한 세계와 가족의 미래』. 한상진 · 심영희 역. 새물결.

**벡, 울리히 외(Beck, U. *et al.*).** 2010.『위험에 처한 세계와 가족의 미래』. 한상진 · 심영희 역. 새물결.

**송유진.** 2007. "사별후 혼자 사는 노인1인가구의 특성: 지역별 분포와 사회경제적 특성, 결정요인을 중심으로."『한국지역생활과학회지』18(1): 147–160.

**신경아.** 2013. "시장화된 개인화와 복지 욕구(welfare needs)."『경제와 사회』98: 266–303.

**심영희.** 2011. "'21세기형 공동체 가족' 모델의 모색과 지원방안: 2차 근대성과 개인화 이론의 관점에서."『아시아여성연구』50(2): 7–44.

**NHK 무연사회 프로젝트팀 지음.** 2013.『혼자 살다 혼자 죽는 사회: 무연사회』. 김범수 옮김. 용오름.

**이은미.** 2013. "인구와 가계통계로 본 1인가구의 특징과 시사점."『SERI 경제포커스』. 삼성경제연구소.

**클라이넨버그, 에릭(Klineneberg, E.).** 2013.『고잉 솔로: 싱글턴이 온다』. 안진이 옮김. 더퀘스트.

**허 은.** 2017. "개인화와 성별분업: 패널 자료를 이용한 가족형성기 여성의 성역할 태도 분석."『한국사회학』51(4): 47-48.

## 제7장

**곽삼근 · 김신현경 · 김현미 · 손승영 · 이소희 · 주은희.** 2017.『일상의 여성학』. 제3판. 박영사.

**기든스, 앤소니(Giddens, Anthony).** 1995. "푸코와 섹슈얼리티." 푸코, 미셸 외『미셸 푸코, 섹슈얼리티의 정치와 페미니즘』. 황정미 편역. 새물결.

______. 1996.『현대사회의 성 · 사랑 · 에로티시즘: 친밀성의 구조변동』. 배은경 · 황정미 옮김. 새물결.

**김미숙 외.** 2002.『가족의 사회학적 이해』. 학지사.

**김민지.** 2021. "청년세대 고학력 비혼 1인가구 여성의 거주 공간의 경험을 통해 본 가족, 성 이데올로기의 저항과 수용, 변형."『문화와 사회』29(3): 117-172.

**김현경.** 2003. "프로젝트로서의 '연애'와 여성 주체성에 관한 연구: 여자 대학생의 경험을 중심으로." 이화여자대학교 석사학위논문.

**김혜경.** 2013. "부계 가족주의의 실패?: IMF 경제위기 세대의 가족주의와 개인화."『한국사회학』47(2): 101-141.

**동덕여자대학교 한국여성연구소 편.** 2004.『성과 사랑의 시대』. 학지사.

**라이히, 빌헬름(Reich, Willhelm).** 2000.『성혁명』. 윤수종 옮김. 서울: 새길.

**박민자.** 2000. "한국 대학생들의 데이트 과정에 나타난 남녀의 차이."『가족과 문화』12(1): 53-66.

**박진솔.** 2022. "페미니즘 리부트 이후 4B 여성의 정치적 의미에 대한 연구." 이화여자대학교 석사학위논문.

**배수희 · 손승영.** 2016. "데이트 성폭력 피해경험과 인식의 여성주의적 분석." 『여성학연구』 26(1): 93–124.

**배은경.** 2015. "'청년 세대' 담론의 젠더화를 위한 시론: 남성성 개념을 중심으로." 『젠더와 문화』 8(1): 7–41.

**벡–게른스하임, 엘리자베트(Beck-Gernsheim, Elizabeth).** 2010. "가족 이후의 가족, 오늘날의 가족생활." 울리히 벡 외. 『위험에 처한 세계와 가족의 미래』. 한상진 · 심영희 옮김. 새물결.

**벡, 울리히(Beck, U.).** 2000. "날뛰는 세상에서 나대로 살기: 개인화, 세계화, 그리고 정치." 『기로에 선 자본주의』. 박찬욱 역. 생각의 나무.

**벡, 울리히 외(Beck, U. *et al.*).** 2002. 『사랑은 지독한 그러나 너무나 정상적인 혼란』. 강수영 외 옮김. 새물결.

**벡, 울리히 · 엘리자베트 벡–게른스하임(Beck, U. and E. Beck-Gehrensheim).** 2012. 『장거리 사랑』. 이재원 · 홍찬숙 옮김. 새물결.

**송제숙.** 2016. 『혼자 살아가기: 비혼여성, 임대주택, 민주화 이후의 정동』. 황성원 옮김. 동녘.

**심경미.** 2002. "'비혼(非婚)' 여성에 관한 연구: 30대 중반 이후 40대 여성의 경험을 통해 본 비혼에 영향을 미치는 사회문화적 요인을 중심으로." 이화여자대학교 석사학위논문.

**심진경.** 2001. "1930년대 후반 장편소설의 여성 섹슈얼리티 연구." 서강대학교 박사학위논문.

**아리에스, 필립 외(Aries, Phillipe *et al.*).** 1996. 『성과 사랑의 역사』. 김광현 옮김. 황금가지.

**안혜상.** 2017. "신자유주의시대 청년세대 친밀성의 재구성, '썸'." 서울대학교 석사학위논문.

**오혜진.** 2022. "20대 페미니스트 여성들의 '페미니즘'과 그 의미: 페미니스트 되기의 해방과 곤경을 중심으로." 『젠더와 문화』 15(1): 39–79.

**우석훈.** 2014. 『솔로계급의 경제학』. 한울아카데미.

**윅스, 제프리(Weeks, Jeffrey).** 1994. 『섹슈얼리티: 성의 정치』. 서동진 · 채규형 옮김. 서울: 현실문화연구.

**유재원.** 1998. 『그리스 신화의 세계』. 현대문학.

**이성은.** 2015. "비혼 여성의 생활세계 분석을 통한 새로운 가족형태의 탐색." 『이화여자대학교 젠더법학』 7(2): 73–112.

**이안나.** 2013. "모텔 이야기." 『여성학연구』 23(1): 41–73.

**일루즈, 에바(Illouz, Eva).** 2010. 『감정자본주의』. 김정아 옮김. 돌베개.

______. 2013. 『사랑은 왜 아픈가: 사랑의 사회학』. 김희상 옮김. 돌베개.

**정승화.** 2014. "치유적인 것은 정치적인가: 치유 문화에 대한 미국 페미니즘의 비판적 성찰을 중심으로." 『페미니즘연구』 14(1): 193–225.

**푸코, 미셸 외(Foucault, Michel *et al.*).** 1995. 『미셸 푸코, 섹슈얼리티의 정치와 페미니즘』. 황정미 편역. 새물결.

**프로이트, 지그문트(Freud, Sigmund).** 1996. 『성욕에 관한 세편의 에세이』. 김정일 옮김. 열린책들.

**Coltrane, Scott and R. Collins.** 2001. *Sociology of Marriage and the Family: Gender, Love, and Property*. 5th ed. Wadsworth.

**Erikson, E. H.** 1950. *Childhood and Society*. NY: Norton.

**Wood, Julia.** 1997. *Gendered Lives: Communication, Gender, and Culture*. Wadsworth.

## 제8장

**곽배희.** 2002. "한국사회의 이혼 실태 및 원인 분석." 『한국가족의 현재와 미래』 2002년도 한국가족학회 추계학술대회 발표문집.

**김정석 · 김미선.** 2020. "졸혼에 대한 사회학적 단상: 졸혼의 정의, 특성, 기제 및 전망." 『한국인구학』 43(4): 99–114.

**김현주.** 1995. "부부관계." 『가족과 한국 사회』. 경문사.

**류일현.** 2017. "졸혼과 혼인제도." 『가족법 연구』 32(2): 161–190.

**매일경제.** 2022.5. "결혼하면 여자 손해" … '이혼대국 중국, 이혼율 43% 줄어도 울상인 이유.' https//www.mk.co.kr/news/world/10326768

**박부진.** 1999. "재판 이혼시 자녀양육자 선정의 실태 및 문제점." 『가족과 문화』

11(2): 99-121.

**송민영.** 2016. "비혼 동거 커플의 증가와 프랑스의 시민연대계약(PACS)." 『글로벌 사회정책 브리프』 13: 1-4.

**이경덕.** 2002. 『신화 읽어주는 남자』. 명진출판사.

**이여봉.** 1998. "외부 인적 환경과 가정 내 역할수행에 관한 연구." 『동서연구』 10(2): 191-210.

_____. 1999. "부부갈등: 폭력적 비폭력적 상호작용에 관하여." 『교정교화』 9: 107-119.

_____. 2006. 『탈근대의 가족들: 다양성, 아픔, 그리고 희망』. 양서원.

_____. 2017. 『가족 안의 사회, 사회 안의 가족』 3판. 양서원.

_____. 2022. 『21세기 한국가족과 문화: 과거와 현재 그리고 미래의 화해』. 박영사.

**이연주.** 2008. "동거와 한국 가족: 전국조사에서 나타난 동거자의 특성." 『한국인구학』 31(2): 77-100.

**이원숙.** 2004. 『가족복지론』. 학지사.

**이현송.** 1999. "주관적 이혼 사유의 변화: 법원자료를 중심으로." 『가족과 문화』 11(2): 73-98.

**통계청.** 『인구동향조사』. 각 연도.

**한경혜 · 강유진 · 한민아.** 2003. "이혼태도와 관련 요인." 『가족과 문화』 15(1): 77-96.

**황두영.** 2020. 『외롭지 않을 권리: 혼자도 결혼도 아닌 생활동반자』. 시사IN북.

**Amato, P. R.** 1993. "Children's Adjustment to Divorce: Theories, Hypotheses, and Empirical Support." *Journal of Marriage and the Family* 55: 23-28.

_____. 1996. "A Perspective Study of Parental Divorce and Parent-Child Relationship." *Journal of Marriage and the Family* 58: 356-365.

**Amato, P. R. and A. Booth.** 1991. "The Consequences of Divorce for Attitudes toward Divorce and Gender Roles." *Journal of Family Issues* 12: 306-322.

**Amato, P. R. and B. Keith.** 1991. "Parental Divorce and Adult Well-being: A Meta-analysis." *Journal of Marriage and the Family* 53: 43-58.

**Giddens, A.** 1992. *The Transformation of Intimacy-Sexuality, Love and Eroticism in Modern Society*. Stanford University Press.

**Gottman, J. M.** 1994. *Why Marriages Succeed or Fail: What You Can Learn from the Breakthrough Research to Make Your Marriage Last*. Fireside: Simon and Schuster, Inc.

**Heavey, C. L., C. Layne, and A. Christensen.** 1993. "Gender and Conflict Structure in Marital Interaction: A Replication and Extension." *Journal of Consulting and Clinical Psychology* 61: 16-27.

**Hetherington, E. M. and J. Kelly.** 2002. *For Better or For Worse: Divorce Reconsidered*. W. W. Norton & Company: NY.

**Nock, S. L.** 1995. "A Comparison of Marriages and Cohabiting Relationships." *Journal of Family Issues* 16: 53-76.

**Noller, P., J. A. Feeney, D. Bonnel, and V. J. Callan.** 1994. "A Longitudinal Study of Conflict in Early Marriage." *Journal of Social and Personal Relationships* 11: 233-252.

**Ross, C. E. and J. Mirowsky.** 1999. "Parental Divorce, Life Course Disruption and Adult Depression." *Journal of Marriage and the Family* 61: 1034-1045.

**Rusbult, C. E.** 1983. "A Longitudinal Test of the Investment Model: The Development and Deterioration of Satisfaction and Commitment in Heterosexual Involvements." *Journal of Personality and Social Psychology* 45: 101-117.

**Snyder, M., E. D. Tanke, and E. Berscheid.** 1977. "Social Perception and Interpersonal Behavior: On the Self-Fulfilling Nature of Social Stereotypes." *Journal of Personality and Social Psychology* 35(9): 656-666.

**Sternberg, R. J.** 1988. "Triangulating Love." R. J. Sternberg and M. L. Barnes(eds.). *The Psychology of Love*. New Haven, CF: Yale University Press.

**Wallestein, J. and J. Kelly.** 1980. *Surviving the Break-up: How Children Actually Cope with Divorce*. New York: Basic Books.

**Zastrow, C. and K. K. Kirst-Ashman.** 1997. *Understanding Human Behavior and the Social Environment*. 4th ed. Chicago: Nelson-Hall, Inc.

## 제9장

**김혜경.** 1998. "일제하 '어린이기'의 형성과 가족변화에 관한 연구." 이화여자대학교 박사학위논문.

**라루, 아네트(Lareau, Annette).** 2012. 『불평등한 어린 시절: 부모의 사회적 지위와 불평등의 대물림』. 박상은 역. 에코리브르.

**박종서 외.** 2021. 『2021년도 가족과 출산조사』. 한국보건사회연구원.

**벡, 울리히 · 엘리자베트 벡-게른스하임(Beck, U. and E. Beck-Gernsheim).** 1999. 『사랑은 지독한 그러나 너무나 정상적인 혼란』. 강수영 외 역. 새물결.

**변수정 외.** 2019. 『미혼모 가족의 출산 및 양육특성화 정책 과제』. 한국보건사회연구원.

**보건복지부.** 2021. "2022년부터 입양축하금 지급, 입양아동 양육수당 인상"(보도자료).

**손승아.** 2000. "첫 어머니됨의 체험 연구." 서울여자대학교 박사학위논문.

**손승영.** 2009. "한국 가족의 청소년 자녀 사회화 연구: 부모의 기대와 개입을 중심으로." 『한국청소년연구』 20: 57-84.

**야마다 마사히로(山田昌弘).** 2004. 『패러사이트 싱글의 시대』. 김주희 역. 성신여자대학교출판부.

**오제은.** 2011. "첫 아이 출산 후 남편이 경험한 가족관계 변화에 대한 현상학적 연구." 『대한가정학회지』 49(8): 73-83.

**은기수.** 2005. "한국의 가족가치에 대한 국제비교연구." 『한국인구학』 28(1): 107-132.

**이민아.** 2013. "계획적 무자녀 가족: 한국 사회에서 아이 갖기의 의미와 가족주의의 역설." 『한국사회학』 47(2): 143-176.

**중앙일보.** 2021.7.14.자 기사. "신생아 8명 중 1명 난임시술로 탄생."

**통계청.** 2021. "2020년 출생통계"(보도자료).

_____. 2022. "2021년 출생통계"(보도자료).

**틸리, 루이스 · 조앤 스콧(Tilly, L. and J. Scott).** 2008.『여성 가족 노동』. 김영 · 박기남 · 장경선 역. 후마니타스.

**한경혜.** 1996. "남성의 부모기로의 전이와 직업역할: 전이시기와의 관련성을 중심으로."『대한가정학회지』34(2): 231-244.

**Becker, G.** 1981. *A Treatise on the Family*. Cambridge, Mass.: Harvard University Press.

**Bengtson, V. L., T. J. Biblarz, and R. E. L. Roberts.** 2002. *How Families Still Matter: A Longitudinal Study of Youth in Two Generations*. Cambridge: Cambridge University Press.

**Brubaker, E., M. A. Gorman, and M. Hiestand.** 1990. "Stress Perceived by Elderly Recipients of Family Care." T. Brubaker(ed.). *Family Relationships in Later Life*. 2nd ed. Newbury Park: Sage.

**Cherlin, A. J.** 1978. "Remarriage as an Incomplete Institution." *American Journal of Sociology* 84(3): 634-650.

_____. 2010. "Demographic Trends in the United States: A Review of Research in the 2000." *Journal of Marriage and Family* 72(3): 403-419.

**Cohen, P. N.** 2018. *The Family: Diversity, Inequality, and Social Change*. New York: W. W. Norton & Company.

**Coleman, J.** 2010. "Parenting Adult Children in the Twenty-First Century." B. J. Risman(ed.). *Families as They Really Are*. New York: W. W. Norton & Company.

**Coleman, J. S.** 1988. "Social Capital in the Creation of Human Capital." *American Jounral of Sociology* 94: S95-S120.

**Cooney, T. M.** 1997. "Parent-Child Relations Across Adulthood." S. Duck(ed.). *Handbook of Personal Relationships: Theory, Research, and Interventions*. 2nd ed. New York: John Wiley & Sons.

**Cowan, P. and C. P. Cowan.** 2002. "New Families: Modern Couples as

New Pioneers." M. A. Mason, A. Skolnick, and S. D Sugarman (eds.). *All Our Families: New Policies for a New Century*. New York: Oxford University Press.

**Fisher, C.** 2003. "Still 'Not Quite as Good as Having Your Own'? Toward a Sociology of Adoption." *Annual Review of Sociology* 29: 335–361.

**Friedman, D., M. Hechter, and S. Kanazawa.** 1994. "A Theory of the Value of Children." *Demography* 31(August): 375–401.

**Grusec, J. E. and M. Davidov.** 2007. "Socialization in the Family: The Roles of Parents." J. E. Grusec and P. D. Hasting(eds.). *Handbook of Socialization: Theory and Research*. New York: Guilford Press.

**Harris, J. R.** 1998. *The Nurture Assumption: Why Children Turn out the Way They Do*. New York: Free Press.

**Hays, S.** 1996. *The Cultural Contradictions of Motherhood*. New Haven: Yale University Press.

**HCCH(Hague Conference on Private International Law).** 2022. "Statistics Based on Data Provided by Receiving States; Compiled by Professor Selman." hcch.net/en/publications–and–studies.

**Kohn, M. L. and C. Schooler.** 1978. "The Reciprocal Effects of Substantive Complexity of Work and Intellectual Flexibility: A Longitudinal Assessment." *American Journal of Sociology* 84: 24–52.

______. 1983. *Work and Personality: An Inquiry into the Impact of Social Stratification*. Norwood: Ablex.

**Kreider, R. M.** 2007. "Interracial Adoptive Families in the U.S., 2000." T. C. Atwood(ed.). *Adoption Factbook IV. Alexandria*. VA: National Council for Adoption.

**Lesthaeghe, R.** 2010. "The Unfolding Story of the Second Demographic Transition." *Population and Development Review* 36(2): 211–251.

______. 2011. "The "Second Demographic Transition": A Conceptual Map for the Understanding of Late Modern Demographic Developments in Fertility and Family Formation." *Historical Social Research* 36(2): 179–218.

**Levine, R. A. and M. I. White.** 1991. "Revolution in parenthood." M. Woodhead, P. Light, and R. Carr, *Growing up in a Changing Society*. London: Routledge.

**McKeever, M. and N. H. Wolfinger.** 2011. "Thanks for Nothing: Income and Labor Force Participation for Never-Married Mothers Since 1982." *Social Science Research* 40: 63-76.

**McLanahan, S.** 2004. "Diverging Destinies: How Children are Faring Under the Second Demographic Transition." *Demography* 41(4): 607-627.

**Mintz, S.** 2007. "Beyond Sentimentality: American Childhood as a Social and Cultural Construct." A. S. Skolnick and J. H. Skolnick(eds.). *Family in Transition*. 14th ed. Boston: Pearson.

**Moen, P., M. A. Erickson, and D. Dempster-McClain.** 1997. "Their Mother's Daughters? The Intergenerational Transmission of Gender Attitudes in a World of Changing roles." *Journal of Marriage and Family* 59: 281-293.

**Morgan P. and R. B. King.** 2001. "Why Have Children in the 21st Century? Biological Predisposition, Social Coercion, Rational Choice." *European Journal of Population* 17: 3-20.

**Mynarska, M., A. Matysiak, A. Rybinska, V. Tocchioni, and D. Vignoli.** 2015. "Diverse Paths into Childlessness Over the Life Course." *Advances in Life Course Research* 25: 35-48.

**Peterson, G. W., D. Madden-Derdich, and S. A. Leonard.** 2000." Parent-Child Relations Across the Life Course." S. J. Price, P. C. McKenry, and M. J. Murphy(eds.). *Families Across Time: A Life Course Perspective*. New York: Oxford University Press.

**Pinquart, M. and R. K. Silbereisn.** 2005. "Influences of Parents and Siblings on the Development of Children and Adolescents." V. L. Bengtson, A. C. Acock, K. R. Allen, P. Dilworth-Anderson, and D. M. Klein(eds.). *Sourcebook of Family Theory and Research*. Thousand Oaks: Sage Publications.

**Putney, N. M. and V. L. Bengtson.** 2002. "Socialization and the Family Revisited." R. A. Settersten, Jr. and R. J. Owens(eds.). *New Frontiers in Socialization* (Advances in Life Course Research, Vol.7). Oxford: Elsevier Science.

**Rossi, A.** 1968. "Transition to Parenthood." *Journal of Marriage and Family* 30: 26–39.

**Rybinska, A. and S. P. Morgan.** 2019. "Childless Expectations and Childlessness Over the Life Course." *Social Forces* 97(4): 1571–1602.

**Scabini, E., E. Marta, and M. Lanz.** 2006. *The Transition to Adulthood and Family Relations: An Intergenerational Perspective*. New York: Psychology Press.

**Schoen, R., Y. J. Kim, C. A. Nathanson, J. Fields, and N. M. Astone.** 1997. "Why do Americans Want Children?" *Population and Development Review* 23(2): 333–359.

**Selman, P.** 2002. "Intercountry Adoption in the New Millennium: The Silent Migration Revisited." *Population Research and Policy Review* 21: 205–225.

**Silverstein, M. and V. L. Bengtson.** 1997. "Intergenerational Solidarity and the Structure of Adult Child–Parent Relationships in American Families." *American Journal of Sociology* 103(2): 429–460.

**Starrels, M. E. and K. E. Holm.** 2000. "Adolescents' Plans for Family Formation: Is Parental Socialization Important?" *Journal of Marriage and Family* 62: 416–429.

**Stearns, P. N.** 2004. *Anxious Parents: A History of Modern Childrearing in America*. NYU Press.

**Swartz, T. T. and K. B. O'Brien.** 2009. "Intergenerational Support During the Transition to Adulthood." A. Furlong(ed.). *Handbook of Youth and Young Adulthood: New Perspectives and Agendas*. New York: Routledge.

**Thornton, A., S. F. Dorius, and J. Swindle.** 2015. "Developmental

Idealism: The Cultural Foundations of World Development Programs." *Sociology of Development* 1(2): 69–112.

**Zelizer, V. A.** 1985. *Pricing the Priceless Child: The Changing Social Value of Children*. New York: Basic Books.

## 제10장

**구정화 · 박윤경 · 설규주.** 2010.『다문화교육의 이해와 실천』. 동문사.

**김영옥 · 김현미.** 2013. "'글로벌 가구(Global Householding)' 구성의 관점으로 본 한국–베트남 국제결혼 가족."『젠더와 문화』6(2): 177–213.

**김이선 · 김민정 · 한건수.** 2006.『여성결혼이민자의 문화적 갈등경험과 소통증진을 위한 정책과제』. 한국여성개발원.

**김정선.** 2010. "아래로부터의 초국적 귀속의 정치."『한국여성학』26(2): 1–39.

**김철효 · 신민주 · 고재훈.** 2021. "결혼이주여성의 수행적 시민권: 익산시장 이주민 비하 발언 규탄 시위의 경험."『문화와 정치』8(1): 125–165.

**김현미.** 2006. "국제결혼의 전 지구적 젠더 정치학: 한국 남성과 베트남 여성의 사례를 중심으로."『경제와 사회』70: 10–37.

______. 2011. "결혼이주여성의 가정(Home) 만들기."『비교한국학』18(3): 145–174.

______. 2014.『우리는 모두 집을 떠난다』. 파주: 돌베개.

______. 2016. "결혼이민과 이민자 2세." 이혜경 · 이진영 · 설동훈 · 정기선 · 이규용 · 윤인진 · 김현미 · 한건수 저.『이민정책론』. 박영사.

**김현미 · 서선영 · 이수현 · 이은혜 · 정진성.** 2019.『베트남 거주(체류) 한–베 다문화가정 자녀 실태조사』재외동포재단.

**김희정 · 박정란.** 2022. "다문화가정 한국인 남편의 결혼생활 경험에 관한 연구: 경남 K시 사례를 중심으로."『현대사회와 다문화』12(2): 87–112.

**더글라스, 마이크(Douglass, Mike).** 2010. "전지구적 가구화(global house holding)의 관점에서 본 한국, 일본, 대만의 이주와 사회 변화에 관하여."『도시인문학연구』2(1): 203–251.

**로살도, 레나토(Rosaldo, Renato).** 2000. 『문화와 진리』. 권숙인 역. 아카넷.

**문화콘텐츠기술연구원 다문화콘텐츠연구사업단 엮음.** 2009. 『한국사회의 소수자들: 결혼 이민자』. 경진.

**벡, 울리히 · 엘리자베트 벡-게른스하임(Beck, U. and E. Beck-Gernsheim).** 2012. 『장거리 사랑 : 사랑은 지독한 그러나 너무나 정상적인 혼란』. 이재원 · 홍찬숙 옮김. 새물결.

**설동훈 · 이혜경 · 조성남.** 2006. 『결혼이민자 가족실태조사 및 중장기 지원정책 방안 연구』. 여성가족부.

**신은주.** 2009. 『나의 선택, 나의 꿈』. 정인출판사.

**이근무 · 김진숙.** 2009. "국제 결혼한 남성들의 생애사 연구." 『한국사회복지학』 62(1): 135-162.

**이혜경.** 2005. "혼인이주와 혼인이주 가정의 문제와 대응." 『한국인구학』 28(1): 73-106.

**이혜경 · 정기선 · 유명기 · 김민정.** 2006. "이주의 여성화와 초국가적 가족: 조선족 사례를 중심으로." 『한국 사회학』 40(5): 258-298.

**조성희 · 박소영.** 2021. "다문화가족 청소년의 문화적응 스트레스가 삶의 만족에 미치는 영향: 다문화가족 정책지원 이용 경험의 조절 효과를 중심으로." 『다문화와 평화』 15(2): 182-203.

**채옥희 · 홍달아기 · 송복희.** 2009. "몽골 결혼이민여성의 한국가정생활 적응 사례." 『한국가족자원경영학회지』 13(4): 171-192.

**최금해.** 2007. "조선족 여성들의 한국결혼생활 적응유형에 관한 질적 연구." 『여성연구』 72(1): 143-188.

**최항순.** 2019, "다문화가족 정책의 현황과 발전 방향." 『공공정책』 10월호: 11-13.

**카슬, 스티븐 · 마크 밀러(Castles, Stephen and Mark Miller).** 2013. 『이주의 시대』. 한국이민학회 역. 일조각.

**허오영숙.** 2013. 『결혼이주여성의 본국 가족 지원: 송금, 가족 초청, 물품 제공』. 한울아카데미.

______. 2018. "결혼이주여성과 인종차별." 2018년 UN인종차별철폐한국심의대응 시민사회 공동사무국, 서울지방변호사회 주최, 인종차별 보고대회 〈한국사회 인종차별을 말하다〉 발표문.

**황정미.** 2016. "Cross–border Marriages and Transnational Family Networks for Care: A Study of Marriage–migrant Women in Korea." 『여성학연구』 26(2): 195–226.

**Castles, Stephen and A. Davidson.** 2000. *Citizenship and Migration*. London and New York: Routledge.

**Constable, Nicole.** 2003. *Romance on a Global Stage: Pen Pals, Virtual Ethnography, and "Mail Order" Marriages*. Berkeley: University of California Press.

**Hsia, Hsiao–Chuan.** 2007. "Imaged and Imagined Threat to the Nation: The Media Construction of "Foreign Brides" Phenomenon as Social Problems in Taiwan." *Inter–Asia Cultural Studies* 8(1): 55–85.

**Kofman, Elenore, Annie Phizacklea, Parvati Raghuram, and Rosemary Sales.** 2000. *Gender and International Migration in Europe: Employment, Welfare, and Politics*. London: Routledge.

**Lee, Catherine.** 2003. *Prostitutes and Picture Brides: Chinese and Japanese immigration, Settlement, and American Nation–Building, 1870–1920*. The Center for Comparative Immigration Studies, University of California, Los Angeles. U. S. Working Paper, No. 70.

**Smith, Michael P. and Luis E. Guarnizo(eds.).** 1998. *Transnationalism from Below*. New Brunswick and London: Transaction Publishers.

**United Nations(UN).** 2004. United Nations Demographic Yearbook Review.

## 제11장

**강이수.** 2001. "변화하는 노동시장과 여성 노동자." 『경제와 사회』 51: 10–37.

**강이수 엮음.** 2009. 『일 · 가족 · 젠더: 한국의 산업화와 일–가족 딜레마』. 한울아카데미.

**고용노동부 일쉼동체워라벨.** https://www.worklife.kr/website/index/m2/flexitime_what.asp

**김태홍 외.** 2012.『최근 10년간 여성정책 평가와 향후과제』. 한국여성정책연구원.

**마경희 · 조영주 · 문희영 · 이은아 · 이순미.** 2018.『성불평등과 남성의 삶의 질에 관한 연구』. 한국여성정책연구원.

**매일노동뉴스.** "코로나19 가족돌봄휴가 10명 중 7명 여성노동자." 2022.9.29. https://www.labortoday.co.kr/news/articleView.html?idxno=211207

**박귀천.** 2021. "성평등 관점에서의 일 · 가정 양립 관련 법제 개선 방향."『법학논집』25(4): 584–608.

**신경아.** 2009. "일–가족 양립논의의 현황과 쟁점." 강이수 엮음.『일 · 가족 · 젠더: 한국의 산업화와 일–가족 딜레마』. 한울 아카데미.

______. 2021. "팬데믹 시대 여성노동의 위기에 관한 페미니즘적 성찰."『페미니즘 연구』21(2): 3–38.

**안숙영.** 2017. "젠더와 돌봄: 남성의 돌봄 참여를 중심으로."『한국여성학』. 33(2): 107–136.

**야마구치 가즈오.** 2010.『일과 가정의 양립과 저출산』. 이충남 역. 한국보건사회연구원.

**오정희 · 정승언.** 2019. "일과 삶의 균형 인식에 대한 세대와 직위의 효과."『창조와 혁신』12(4): 177–218.

**윤자영 · 홍민기 · 김근주.** 2016.『일 · 가정 양립제도의 노동시장 효과』. 한국노동연구원.

**전기택 · 김종숙 · 김난주 · 신우리 · 최진희 · 노우리.** 2022.『2021년 일 · 가정 양립 실태조사』. 고용노동부.

**정희정.** 2019. "일 · 생활 균형 및 성평등 현안과 유연근로제의 한계."『국제사회보장리뷰』8: 49–60.

**제이콥스, 제리 A. · 캐슬린 거슨(Jacobs, Jerry A. and Kathleen Gerson).** 2010.『시간을 묻다』. 국미애 옮김. 한울아카데미.

**조민주 · 배정윤 · 임현철.** 2022. "한국과 주요 선진국 노동시간 규제 현황 비교."『KIPA ISSUE PAPER』120: 1–10.

**통계청.** 2020.7.30. "2019년 생활시간 조사 결과." 보도자료.

______. 2021.12.21. “2020년 육아휴직통계 결과.”

______. 2022.6.21. “2021년 하반기 지역별 고용조사 맞벌이 가구 및 1인 가구 고용 현황.”

**통계청 경제활동인구조사.** https://kosis.kr/statHtml/statHtml.do?orgId=101&tblId=DT_1DA7012S&conn_path=I2

**허민숙.** 2022. “코로나19 시기의 가족 돌봄: 팬데믹 상황에서의 일 · 생활 균형의 조건과 과제.”『NARS 현안분석』 제245호.

**혹실드, 알리 러셀(Hochschild, Arlie R.).** 2001.『돈 잘 버는 여자, 밥 잘 하는 남자』. 백영미 역. 아침이슬.

**홍승아.** 2012. “일 · 가정양립의 관점에서 본 유연근무제: 전략적 선택인가, 젠더 함정인가?”『가족과 문화』 24(4): 135–165.

**홍희정.** 2019. “스웨덴의 일 · 생활 균형 정책과 시사점.”『국제사회보장리뷰』 9: 109–121.

**Chung, Heejung and Mariska Van der Horst.** 2018. “Flexible Working and Unpaid Overtime in the UK: The Role of Gender, Parental and Occupational Status.” *Social Indicators Research* 151: 495–520.

**Fraser, N.** 2000. “After the Family Wage: Gender Equity and the Welfare State.” *Political Theory* 22(4): 591–618.

**Hochschild, Arlie Russell.** 1997. *The Time Bind: When Work Becomes Home and Home Becomes Work*. Metropolitan Books.

**Holter, Øystein Gullvåg, Helge Svare and Cathrine Egeland.** 2009. *Gender Equality and Quality of Life: A Norwegian Perspective*. The Nordic Gender Institute.

**Lott, Yvonne**. 2015. “Working-time Flexibility and Autonomy: A European Perspective on Time Adequacy.” *European Journal of Industrial Relations* 21(3): 259–274.

**Lott, Yvonne and Heejung Chung.** 2016. “Gender Discrepancies In The Outcomes of Schedule Control on Overtime Hours and Income in Germany.” *European Sociological Review* 32(6): 52–765.

**OECD.** 2021. Caregiving in Crisis: Gender Inequality in Paid and Unpaid

Work During COVID-19.

______. Better Life Index. https://www.oecdbetterlifeindex.org/topics/work-life-balance/

**Sumer, S.** 2016. *European Gender Regimes and Policies: Comparative Perspectives*. Oxford: Routledge.

**Williams, Joan.** 2000. *Unbending Gender: Why Family and Work Conflict and What To Do about It*. Oxford: Oxford University Press.

## 제12장

**경찰청.** 2022.『경찰백서』.

**김정혜 · 윤덕경 · 정수연 · 이인선 · 이주영.** 2018.『경찰의 가정폭력 사건 대응 실태와 개선 방안』. 한국여성정책연구원.

**김정혜 · 주재선 · 정수연 · 동제연 · 김홍미리 · 심선희 · 최현정 · 허민숙.** 2019.『2019년 가정폭력 실태조사』. 여성가족부.

**김홍미리 · 강은애 · 박예슬 · 이혜숙 · 구혜완 · 윤연숙.** 2022.『서울시 학대예방 · 피해 지원체계 현황분석과 정책과제』. 서울시여성가족재단.

**김효정.** 2022. "친밀한 관계에서의 젠더폭력 대응을 위한 정책 방향 모색."『여성연구』 112(1): 65-91.

**김효정 · 황정임 · 고현승 · 박언주 · 유화정.** 2022.『포스트 코로나 시대 가정폭력 피해자 지원체계 전환을 위한 연구』. 한국여성정책연구원.

**민윤영.** 2021. "가정폭력범죄로서 강압적 통제의 법적 수용에 대한 고찰."『형사정책연구』 32(2): 31-67.

**박언주.** 2010. "가정폭력 피해여성의 행동변화에 대한 연구."『한국가족복지학』 30(4): 323-346.

**박언주 · 신나래 · 김정현 · 조윤호 · 김재환 · 김은영 · 김래형.** 2022. "가정폭력피해여성의 자립경험에 관한 연구: 민간 자립지원사업을 통한 변화를 중심으로."『한국사회복지교육』 58: 57-88.

**박영란.** 2009. "가정폭력 피해자 지원 제도 현황과 향후 과제."『가정폭력: 여성인권의 관점에서』. 도서출판 한울.

**법원행정처.** 2022.『사법연감』.

**손문숙.** 2021. “가정폭력처벌법은 가정폭력을 처벌할까?- 가정유지 · 보호에서 피해자의 인권보장으로 목적조항 개정 필수.”『복지동향』 5: 12-21.

**신나래 · 박언주.** 2018. “보호시설에 거주하는 가정폭력피해여성의 직업훈련 경험과 그 맥락에 관한 연구.”『가족과 문화』 30(4): 29-60.

______. 2022. “피해자 의사존중과 강제개입의 논쟁을 통해 살펴본 가정폭력 대응정책의 한계 및 변화의 방향.”『여성연구』 114(3): 33-54.

**신나래 · 정선영 · 김정현.** 2022.『2022 가정폭력 피해자 통합지원 매뉴얼』. 한국여성인권진흥원.

**여성가족부.** 2022.『2022년도 상반기 가정폭력 피해자 지원시설 운영실적』.

**유화정 · 송란희 · 홍예슬.** 2019.『서울시 가정폭력 피해여성 자립지원모델 개발 연구』. 서울시여성가족재단.

**윤덕경 · 박복순 · 선보영.** 2012.『가정폭력 피해자보호명령제도 운영실태와 개선방안』. 한국여성정책연구원.

**이승현.** 2019. “가정폭력처벌법을 통해 본 입법쟁점과 개선방안.”『이화젠더법학』 11(2): 91-120.

**이현숙 · 정춘숙.** 1999. “아내구타추방운동사.”『한국여성인권운동사』. 한울아카데미.

**이호중.** 2009. “『가정폭력방지법』상 가해자 처벌 및 피해자 보호의 현황과 쟁점, 과제.”『가정폭력: 여성인권의 관점에서』. 도서출판 한울.

**정춘숙.** 2009. “「가정폭력방지법」 제·개정과 여성운동.”『가정폭력: 여성인권의 관점에서』. 도서출판 한울.

**정현미.** 2017. “‘가정폭력범죄의 처벌 등에 관한 특례법’의 성과와 과제.”『젠더리뷰』. 44: 12-20.

**한설아 · 박언주.** 2020. “경제적 폭력에 관한 가정폭력 연구의 동향과 함의: 미국의 사례를 중심으로.”『비판사회정책』 68: 307-336.

**허민숙.** 2022. “접근금지명령 이행과 피해자 보호: 가해자 GPS 위치추적 도입 논의를 위한 시론.”『이화젠더법학』 14(3): 71-97.

**Adams, A. E., C. M. Sullivan, D. I. Bybee, and M. R. Greeson.** 2008. “Development of the Scale of Economic Abuse.” *Violence Against*

*Women* 14(5): 563–588.

**Bograd, M.** 1988. "Feminist Perspectives on Wife Abuse: An Introduction." in M. Bogard, and K. Yllo(eds.). *Feminist Perspectives on Wife Abuse*. Beverly Hills: Sage.

**Dobash, R. E. and R. Dobash.** 1979. *Violence against Wives*. New York: Free Press.

**Edleson, J. L.** 2001. "Studying the Co–occurrence of Child Maltreatment and Woman Battering in Families." S. A. Graham–Bermann and J. L. Edleson(eds.). *Domestic Violence in the Lives of Children: The Future of Research, Intervention and Social Policy*. Washington, DC: American Psychological Association.

**Fugate, M., L. Landis, K. Riordan, S. Naureckas, and B. Engel.** 2005. "Barriers to Domestic Violence Help Seeking." *Violence Against Women* 11(3): 290–310.

**Gondolf, E. W. and E. R. Fisher.** 1988. *Battered Women as Survivors*. New York: Lexington Books.

**Lapierre, S.** 2008. "Mothering in the Context of Domestic Violence: The Pervasiveness of a Deficit Model of Mothering." *Child & Family Social Work* 13: 454–463.

**Loske, D. R. and S. E. Cahill.** 2005. "The Social Construction of Deviance: Experts on Battered Women." C. M. Renzetti, J. L. Edleson, and R. K. Bergen(eds.). *Sourcebook on Violence Against Women*. Sage Publications.

**Pence, E. and Paymar, M.** 1986. *Power and Control: Tactics of Men Who Batter*. Duluth, MN: Minnesota Program Development.

**Pleck, E.** 1987. *Domestic Tyranny: The Making of American Social Policy against Family Violence from Colonial Times to the Present*. New York: Oxford University Press.

**Postmus, J. L., S. Plummer, and A. M. Stylianou.** 2016. "Measuring Economic Abuse in the Lives of Survivors: Revising the Scale of Economic Abuse." *Violence Against Women* 22(6): 692–703.

**Radford, L. and M. Hester.** 2006. *Mothering Though Domestic Violence*. Philadelphia, PA: Jessica Kingsley Publishers.

**Schechter, S.** 1982. *Women and Male Violence: The Visions and Struggles of the Battered Women's Movement*. Boston: South End Press.

**Stark, E.** 2007. *Coercive Control: The Entrampment of Women in Personal Life*. NY: Oxford University Press.

**Stark, E. and A. H. Flitcraft.** 1988. "Women and Children at Rist: A Feminist Perspective on Child Abuse." *International Journal of Health Services* 18(1): 97–118.

**Walker, L. E.** 1984. *The Battered Women Syndrome*. New York: Springer.

**Yllo, K. A.** 1993. "Through a Feminist Lens: Gender, Power and Violence." R. J. Gelles and D. R. Loseke(eds.). *Current Controversies on Family Violence*. Newbury Park, CA: Sage Publications.

# 찾아보기


ㄱ

가구 60
가구규모 299
가구근로소득 63~64
가구소득 61, 63
가구소득 불평등 66
가구형태 299
가내 생산 93
가부장제(patriarchy) 93~95, 97~98
가부장제 이데올로기 93
가사노동 32, 88, 90, 99, 295, 301
가사노동자 89~90
가사전담자 101
가스라이팅 172
가정중심성 295
가정중심 이데올로기 297
가정폭력(domestic violence) 320
가정폭력 관점(family violence perspective) 323~324
가정폭력 실태조사 333~334
가정폭력 추방운동 325~327
가정폭력 피해여성의 도움요청(battered women's help-seeking) 337~339
가정폭력 피해여성의 자립 342~343
가정폭력방지 및 피해자보호 등에 관한 법률 331~332
가정폭력범죄의 처벌 등에 관한 특례법 321, 328~330
가정폭력사건 처리절차 330
가족간호휴가 308
가족 개념 84~85
가족계획사업 115
가족구성권 100
가족구성을 위한 이주 268
가족 내 위계 93
가족 다양성 96
가족돌봄 304
가족돌봄 근로시간 단축 308
가족돌봄 휴가 313
가족돌봄 휴직 308
가족돌봄 휴직제도 312
가족신화 3~4, 14
가족위기론 30, 48
가족의 다양성 51
가족의 변화 78
가족임금(family wage) 34, 36, 66

가족임금제 114
가족 재구조화 13
가족 전략(family strategy) 11, 284
가족주기 6, 10
가족주의 3, 7, 13, 15~17, 95, 131, 209, 231~232
가족중심성 59
가족질서 101
가족친화 사회환경의 조성촉진에 관한 법률 307
가족친화적 정책 297
가족폭력 3, 9
가족해체 3, 23, 47
가족해체론 13
갈등 244, 246
감정자본주의 170
강압적 통제(coercive control) 324
강제적 모성 91
개발국가(development state) 41
개인(an individual) 130,
개인주의 148, 152, 199, 232, 236, 244
개인화(individualization) 13, 15~17, 95, 99, 125~127, 131, 147, 234
객관화된 문화자본 74
건강가정 96
건강가정기본법 95, 97, 126
건강한 가족 95
건어물녀 176
결혼 시장 13, 19~23
결혼관 100
결혼대안 동거 191
결혼대체 동거 190
결혼예비 동거 190
결혼의 탈제도화 49, 79, 163
결혼이민(marriage immigration) 268
결혼이민자(marriage migrant) 268
경력단절 296
경제자본 73, 74, 77
경제적 이혼(economic divorce) 211
경제활동 참가 245, 254
경제활동참가율 298
경험으로서의 모성 91
계급 57~59, 79, 251
계급재생산 77
계보학 111
계층화된 남성 생계부양자 모델 45
고령 출산 233, 239
고령화 99
고용률 300
고용보험법 309
고용 불안정 136
고용중단 294
공적 돌봄 54
공정증서 206
공정한 통합 288
관계론적 관점 58
관계적 접근 57~58
관계적인 자아 91

교육동질혼 66, 68~69
교차 90
교차결혼(intermarriage) 267
구조기능주의 105
구체적 존재(significant other) 191
국경을 횡단하는 결혼(cross-border marriage) 267
국적법 289
국제결혼 264, 266
국제결혼 중개업 268
권력과 통제 이론(power and control theory) 324
근대 94
근대가족 104
근대성 99
근대적 젠더 규범 체계 100
근로기준법 309
근로소득 61~63
근로소득 불평등 62
근로시간 312
글로벌 가구(global householding) 40, 269
글로벌 돌봄 연쇄 39
기능주의 95
기능주의 가족이론 85
기든스, 앤소니 125, 167~168
기혼여성노동자 298
기회비용 231
김두헌 5
김혜경 16
김홍주 13

ㄴ

나홀로족(族) 134
낙태죄 폐지 운동 97
난임 239, 242
남녀고용평등 307
남녀고용평등과 일 · 가정양립 지원을 위한 법률 308
남녀차별 93, 98
남성 생계부양자 98~99, 154
남성 생계부양자 가족(male breadwinner family) 35, 295
남성 생계부양자 모델 19, 99, 306
남성의 육아 참여 100
남성중심의 부계 혈통 95
남성중심적인 부부관계 99
낭만적 사랑(romantic love) 154, 162, 168, 170, 177, 182
노동권 308
노동생애(working life course) 44
노동시간 293
노동시간 단축 305
노동시간정책 308
노인폭력 321, 334

ㄷ

다문화가족 264
다문화가족 2세 287
다문화가족 자녀 274
다문화가족지원법 273
다문화가족지원센터 273
다문화 수용성 276

다민족 · 다문화사회로의 전환 273
다양성 95, 316
단일문화주의(monoculturalism) 288
단일민족중심의 시민권(East Asian mono-ethnic citizenship) 289
닫힌 가족 221
대리모 240
더 나은 삶의 지수 292
데이트 성폭력 175
돌보는 남성성 302
돌봄(care) 93
돌봄노동 32, 293, 297, 304
돌봄 위기(care crisis) 37~38
돌봄제공자 307
동거 4, 236
동거 상태의 출산 232, 235
동반자적 관계 286
동성 결혼 18
동성애 공포심(homophobia) 194
동즈로 110
동질혼 68
동화 275
디아스포라적 정체성 282
또래집단 258
또하나의 문화 125

ㄹ

라루 250~253, 255
라이히, 빌헬름 164~165
로르샤 테스트 2

ㅁ

마르크시즘 가족론 10~11
맞벌이 가구 292, 300
맞벌이 부부 38
매맞는 아내 증후군(battered women syndrome) 338
모건 230~231
모성 90, 92, 114
모성고용률 49
모성관련법 307
모성보호 307
모성애 91
모성적 사고(maternal thinking) 92
무급노동 33
무연사회(無緣社會) 133
무자녀 232, 237, 242
문화교차지역 277
문화자본 73~77
문화적 혼종성 275
미니멀 가족 15
미완의 혁명 99
미투 운동 97
미혼모 235
미혼 출산 232, 235, 241
민족주의 111

ㅂ

박정희체제 113
반페미니즘 98
방법론적 내셔널리즘(methodological nationalism) 290

배려의 친밀성 184
배우자 출산휴가 308
배우자 출산휴가제도 309
백래시 98
법적 이혼(legal divorce) 211
베버 7
벡, 울리히 125, 170, 260, 264
벡-게른스하임, 엘리자베트 170, 260, 264
변화순 13
보살핌의 공백 99
보살핌의 분배 99
보육서비스 306
보조생식술 238~240
복지국가 35
복지 의존(welfare dependency) 35
복합가족 4
봄베크, 에마 2
부거(父居) 199
부계(父係) 199
부계 가족원리 95
부계적 가족주의의 해체 99
부계혈연중심 6, 131
부권 가족적 복지모델 275
부모권 308
부모 불안 251
부모 스트레스 246
부모에 대한 저항 256
부모의 영향 257~258
부모-자녀 관계 256
부모휴가 308
부모휴가 할당제 310
부부 상담 211, 213
부부중심가족 8
부부중심의 핵가족 95
부성휴가 308
분단체제 120
분석형 의사소통 202
불평등 98~99
불평등의 분석 단위 59
불평등의 재생산 72
불확실성축소이론 230
비정규직 147
비판 가족론 10
비혼 95, 150
비혼 동거 19
비혼주의 172, 181
비혼 출산 235~236
비혼 한부모 100
빈곤 236
빈둥지 가족 6

ㅅ

사랑의 세계화 264
사랑 이데올로기 169
4B운동 181
사회경제적 지위 230, 237, 242, 251~253
사회권 54
사회불평등 56
사회 양극화 53

사회자본 73~75
사회재생산 31
사회적 자본 229
사회조사 292
사회화 253~258
3포 세대 147
상징자본 74
상호교차(intersectionality) 83
상호작용 이론(Interactionist Theory) 201
상황정의 256
새로운 사회적 위험 36
생계부양자 101, 299, 307
생계부양자 가족 302
생계부양자 모델 304
생계부양자 이데올로기 301
생명윤리 240
생물학적 관계 219
생애 표준모델 177
생애주기 17, 303
생애주기의 탈표준화 17
생애주기 전이 19
생존자 이론(survivor theory) 338
생활동반자관계에 관한 법률 26
생활동반자법 (Lebenspartnerschaften) 193
생활시간 조사 301
선가족 후복지 41
선성장 후분배 41
선택근무제 314
선택성 246
선택적 근로시간제 314
선택적 무자녀 가족 4
성 정체성 179
성별 86
성별 격차 100
성별분업 85, 89, 93~94, 99~100, 114, 295, 316
성별 불평등 297
성별 이데올로기 275
성별 이분법 83
성별 임금격차 66~67, 70, 99
성별체제 295, 306
성역할 280
성역할 고정관념 182
성역할 관념 154
성역할 이데올로기 4
성인기 이행 259~260
성인 모색기(emerging adulthood) 13, 17
성인자녀와 부모 관계 258~260
성적 자기결정권 174, 182
성적 지향 178~179
성차별적 위계 94
성찰적 근대성 167
성찰적 기회 153
성평등 293
세계가족 27, 40, 269
세계화 264
섹슈얼리티 163~164, 176, 180
소극적 졸혼 205
소득 60

소득불평등 60~61, 63
소비 94
소비 공동체 93
소비자본주의 21
소비행위 93
소수자 282
송금 271
순수한 관계 125, 155
스웨덴 310
스크럼 가족 79
스테이 오버(stay over) 관계 20
스톤, 로렌스 107
시간 부족 303
시간제 동거 20
시민연대계약(PACS: Pacte civil de solidarité) 192
시빌 파트너십(Civil Partnership) 193
시차출퇴근제 314
식민주의 111
식민지적 근대성 110
신가족사 105
신가족주의 16, 159
신자유주의 83, 97, 289
신자유주의적 구조조정 36
심리적 이혼(psychological divorce) 212
심성사 105~106
싱글턴(Singleton) 132
CEO형 주부 197

ㅇ

아노미 7
아동간병휴가 308
아동기 228~229, 247~249
아동기의 연장 99
아동노동 33
아동돌봄 서비스 305
아동의 가정폭력 노출(child exposure to domestic violence) 335
아동폭력 321, 334~335
아래로부터의 세계화 266
아리에스, 필리프 107
아버지 245, 247
아빠 육아휴직 보너스제 310
IMF 외환위기 136
안호용 13
압축 성장 41
압축적 개인화 17
애착이론 248~249, 259
양계제 9
양육 306
양육행동 255
어머니노릇(mothering) 91~92
억제형 의사소통 202
FWB(friends with benefit) 20
N포 세대 131
LAT(living apart together) 커플 20
여성문제 296
여성성 98
여성에 대한 폭력(gender violence/violence against women) 326

여성의 경제활동 66, 69, 71
여성의 성(sexuality)에 대한 통제 94
여성의 시민권 99
여성적 자아 92
여성 주부 154
여성차별 98
여성한국사회연구회 125
여성혐오 98
역공(backlash) 98
역이주(return migration) 271, 285
연계가족(linked family) 219
연속적 단혼제(serial monogamy) 215
OECD 292
요새가족 4
우애(companionship) 결혼 8
워라밸 292
원가족(family of origin) 189
원거리 모성(long-distance mothering) 40
원격근무제 314
위험사회 15
유교적 가부장제 7
유배우 가구 300
유신헌법 122
유연근무제 304, 308, 314
유연성 316
유연화 303
육아기 근로시간 단축 308
육아기 근로시간 단축제도 312
육아휴직 100, 245, 307~308
육아휴직제도 306, 309
의붓관계(step relationship) 219, 243~244
의붓 부모자녀 관계 217
이름을 붙일 수 없는 병 89
이민자 2세 286
이벤트화된 연애문화 173~174
이산가족 11
이상적 노동자 303, 316
이상적 노동자 규범(ideal worker norm) 66, 303
이성애 94
20세기의 성혁명 162
이이효재 116
2인 부양자 가족 302
이주 264
이주결혼 99
이주노동 285
이주여성 90, 99, 280
이주의 시대 264
이중부담 90, 294, 298
이중언어 281
이혜경 265
이혼 254
이혼 상담 212
이혼숙려제도 211
이혼율 232, 236
인종주의 287
인지발달이론 253~254
인터넷 로맨스 264

일 · 가정 양립 실태조사 313
일-가정 양립정책 305
일-가족 갈등 294
일-가족 균형 294
일-가족 문제 316
일-가족 양립 292, 294
일-가족 양립지원정책 307
일루즈, 에바 170~171
일-생활 균형 292
일-생활 균형사회 316
일-생활 균형정책 292
일-생활 균형지원정책 305
1인가구 4, 26, 49, 96, 137, 162~163
임금 61~62
임금근로자 298
임금노동 295
임금불평등 66
임금소득 63
입양 240~243

### ㅈ

자기돌봄 301
자녀양육 228, 304
자녀양육방식 247~253
자녀의 가치 226~232
자본의 전환 74
자본주의 93~94, 295
자산소득 62
자성예견이론(Self-fulfilling Prophecy Theory) 201
자연적 성장의 달성 76
장경섭 14
재구성가족 215
재구조화 14~15
재분배정책 63, 65
재생산 88, 92~93, 295
재택근무제 314
재혼 232, 243~244
재혼가족 215
재혼계약서 218
저출산 99, 231~232, 275, 292
저출산-고령화 48
저출산 · 고령화 문제 305, 307
저출산 · 고령화 사회 309
저출생 296
저출생문제 299
적극적 졸혼 205
전업주부 91~92
전통 112
전통적 남성성 301
정상가족(normal family) 3~4, 14, 35, 51, 86, 95~96
정상적인 가족(normal family) 85
정서적 이혼(emotional divorce) 211
정신분석이론 253~254
정체성 281
제2차 인구변천 48, 233
제도(institutional) 결혼 8
제도로서의 모성 91
제도화된 문화자본 74

젠더 83, 85
젠더관계 101, 280
젠더 관점 294
젠더 불평등 100, 245
젠더 위계 83
젠더 위계관계 101
젠더 위계구조 98
젠더 이데올로기 246
젠더질서 95
젠더체계 315
젠더체제 315
젠더폭력(gender-based violence against women) 97~98
젠더 함정 304
젠더화된 이분법 100
조개껍데기 가족 4
조선가족제도연구 5
조선시대 94
조선 후기 94
조이혼율 207
조직문화 304, 315
조형성(plasticity) 155
조형적 섹슈얼리티 155, 168
조혼인율(crude marriage rate) 187
졸혼 204
종법사상 116
종족내혼(ethnic endogamy) 267
좋은 노동자 316
주부 89~90
지역사회 이혼(community divorce) 211
지연된 혁명 99, 297
지위 계승 255
직장 어린이집 308
집단주의 199, 209
집중양육방식 250~251


## ㅊ


차가운 친밀성 169~170
차단형 의사소통 202
차등적 접근 57~58
처분가능소득 63
청년 세대 301
청년세대 담론 180
체화된 문화자본 74~77
초국적 가족 4, 269
초국적 가족연계망 27
초국적 양육 284
초국적 친족망 286
초기 성인기 18
초식남 176
초혼연령 232
최재석 6, 116
출산연령 233, 300
출산율 233, 296
출산전후휴가 308
출산지연 234, 237
출산휴가제도 308
친가족적(pro-family) 담론과 정책 97
친밀도 255
친밀성 100, 155

친밀성의 탈제도화 163, 177
친숙형 의사소통 203
친족관계 244

**ㅋ**

코로나19 팬데믹 293, 313
코온 251, 255
킹 230~231

**ㅌ**

탈근대적 개인화 15
탈산업사회 24
탈식민주의 110
탈제도화 100
탈코르셋 97
탈코르셋 운동 172, 181
통계청 292
통제 256
특수고용형태종사자 309

**ㅍ**

파트너십 186
파트너십 등록제 27
팍스(PACs · 시민연대계약) 27
패러다임 전환 297, 316
패치워크 가족(patchwork families) 158
페미니즘 12, 112
페미니즘 관점 82
편의에 의한 결혼 265
편의형 동거 191
평등주의 199, 246
평등한 사랑 184
포스트 가부장제 16
포스트 식민주의 112
폭력의 한계점(threshold for abuse) 344
폴리아모리 179
표현적 개인주의(expressive individualism) 19
푸코, 미셸 165~167
푸코주의 110
프로이트, 지그문트 164~165
피해자보호명령 329

**ㅎ**

housework(가사노동, 집안일) 295
학습된 무기력 이론(theory of learned helplessness) 338
학습이론 253~254
한부모 가구 96
한부모 가족 4, 9
합계출산율 49, 292, 299
합류적 사랑(confluent love) 155
합리적 선택 230
합심양육 76
합의적 사랑(consensual love) 223
핵가족 9, 34, 94, 105, 154
핵가족 이론 84
행복 추구권 209
헤이그국제아동입양협약 242
혐오 98

호주제 94~97, 100, 113, 118
혼밥 131
혼술 131
혼외동거 189
혼외출산 21
혼외출산율 49
혼합가족(blended family) 219, 243~244
혼합결혼(mixed marriage) 267
확대가족 6
황혼이혼 208
후기근대사회 153
후기근대적 개인 156
후크업(hook-up) 20
훈육방식 248~249

## [저자약력]

### 김혜경


- **약력** : 이화여자대학교 사회학과에서 식민지하 가족사를 주제로 박사학위를 취득하였고, 2004년부터 전북대학교 사회학과에 재직하며 가족사회학과 여성학 관련 수업을 강의하였다. 가족학회장과 여성학회장을 역임하였고 가족연구에 젠더관점을 결합한 연구물들을 생산하였다. 주요 저서로 『식민지하 근대가족의 형성과 젠더』(2006), 『경계의 여성들: 한국 근대 여성사』(공저, 2013), 『조국 근대화의 젠더정치: 가족 · 노동 · 섹슈얼리티』(공저, 2015), 『노인돌봄: 노인돌봄의 경험과 윤리』(공저, 2011), *Asian Families and Intimacies* Vol. I and Vol. III (Sage Benchmarks in Sociology, Sage Pub., 2021. Book Chapter)이 있다.
- E-mail : hkkimyou@jbnu.ac.kr


### 강이수


- **약력** : 이화여자대학교 사회학과에서 수학하고 박사학위를 취득하였으며, 1994년부터 상지대학교에 재직하고 있다. 상지대학교 문화콘텐츠학과 교수와 동 대학원 여성학 협동과정 주임교수를 역임하였으며 주된 관심 분야는 여성노동, 여성정책, 여성문화 분야이다. 저서로는 『한국근현대 여성노동: 변화와 정체성』(2011), 『경계의 여성들: 한국 근대 여성사』(공저, 2013), 『한국현대 여성사』(공저, 2004), 『여성과 일: 일터에서 평등을 찾다』(공저, 2015), 편저로는 『일 가족 젠더: 한국의 산업화와 일-가족 딜레마』(2009) 등이 있고, 연구논문으로는 "변화하는 노동시장과 여성노동자"(2001), "일제하 여성의 근대 경험과 여성성 형성의 차이"(2005), "문화노동의 특성과 젠더의 문제 : 영국 창조산업 논의를 중심으로"(2015), "4차산업혁명과 디지털 성별 격차 : 여성노동의 현황과 쟁점"(2018), "1990년대 이후 여성의 고학력화와 젠더평등의 지체 : 1990-2019"(2022) 등이 있다.
- E-mail : isupine@naver.com


### 김현미


- **약력** : 미국 워싱턴대학에서 사회문화인류학 석박사학위를 받았다. 현재 연세대학교 문화인류학과 교수로 재직 중이다. 주요 연구 분야는 젠더의 정치경제학과 노동, 글로벌 이주와 난민, 그리고 에코 페미니즘과 생태주의 운동이다. 한국에 거주하는 다양한 이주민의 삶의 세계를 현지조사 방법론으로 연구했고, 이들의 본국을 방문하여 초국적 에스노그라피를 쓴다. 저서로는 『글로벌 시대의 문화번역』(2005), 『우리는 모두 집을 떠난다: 한국에서 이주자로 살아가기』(2014), 『페미니스트 라이프스타일』(2021)이 있고, 공저로는 『친밀한 적』(2010), 『우리 모두 조금 낯선 사람들』(2013), 『젠더와 사회』(2014), 『무지개는 더 많은 빛깔을 원한다』(2019), 『코로나 시대의 페미니즘』(2020), 『난민, 난민화되는 삶』(2020), 『아직 끝나지 않은 이야기: 이주여성의 귀환 이후』(2021)

등이 있다.
• E-mail: hmkim2@yonsei.ac.kr

## 김효정

• **약력** : 고려대학교 화공생명공학과를 졸업한 후 이화여자대학교 여성학 석사와 미국 Louisiana State University 사회학 석사 및 박사 학위를 취득하였다. 2020년부터 한국여성정책연구원에서 부연구위원으로 재직하고 있다. 주요 관심 분야는 가족사회학, 젠더사회학, 여성정책, 젠더폭력 등이다. 주요 연구물로는 "친밀한 관계에서의 젠더폭력 대응을 위한 정책 방향 모색"(2022), "코로나19와 가정폭력: 팬데믹의 젠더화된 효과"(2020), "Women's Socioeconomic Characteristics and Marriage Intention in Korea"(공저, 2018), "Marriage, Work, and Racial Inequalities in Poverty: Evidence from the U.S."(공저, 2017), "가정폭력피해여성의 노동경험에 관한 연구: 경제적 폭력의 경험과 탈폭력 가능성 확장의 양면적 구성"(공저, 2015), "저소득층 기혼여성의 노동의 의미에 관한 연구: 소규모 식당노동 종사자를 중심으로"(2010) 등의 논문과 다수의 연구보고서가 있다.
• E-mail : hjkim@kwdimail.re.kr

## 박언주

• **약력** : 이화여자대학교에서 여성학으로 문학 석사, 미국 University of Minnesota에서 사회복지학으로 M.S.W. 및 Ph.D.를 취득했으며, 2011년부터 동아대학교 사회과학대학 사회복지학과 교수로 재직하고 있다. 주요 관심 분야는 사회복지실천(아동과 가족), 노인복지, 문화 다양성 등이며, 가정폭력 분야의 연구를 수행해 왔다. 주요 저서로는 『'조국 근대화'의 젠더정치』(공저, 2015), 『약속과 예측』(공저, 2020), 『연결(불)가능한 신체의 역사』(공저, 2022) 등이 있고, 논문은 "가정폭력피해여성의 모성경험의 구성과 행위성" 『한국여성학』 173-212(2014), "보호시설에 거주하는 가정폭력피해여성의 직업훈련 경험과 그 맥락에 관한 연구" 『가족과 문화』 29-60(2018), "경제적 폭력에 관한 가정폭력 연구의 동향과 함의" 『비판사회정책』 307-336(2020), "가정폭력피해여성의 자립경험에 관한 연구" 『한국사회복지교육』 57-88(2022) 등이 있다.
• E-mail : epark@dau.ac.kr

## 박혜경

• **약력** : 이화여자대학교 사회과교육학과를 졸업한 후 같은 대학교 여성학과에서 문학석사 및 문학박사 학위(가족전공)를 취득하였고, 미국 일리노이대학교(어바나 샴페인) 박사후 연구원, 파이브칼리지여성학연구센터 공동연구원(마운트홀리요크 대학, 미국), 인천연구원 여성정책센터장 등을 거쳐 현재 (재)충북여성재단 대표이사로 있다. 가족 및 친밀성의 구조변화, 성평등정책과 여성운동이 관심사이며, 연구논문으로 "전후 경제개발의 영웅서사를 넘어서" 『경제와 사회』 100(2013), "탈빈곤 전략으로서 이주결혼의 역설" 『가족과 문화』 22-4(2010, 공동), "신자유주의적 주부주체화 담론의 계보학"

『한국여성학』 26-2(2010), “한국중산층의 자녀교육 경쟁과 ‘전업어머니’ 정체성” 『한국여성학』 25-3(2009), “Marital Conflicts and Women's Identities in the Contemporary Korean Family” *Asian Journal of Women's Studies* 7-4(2001, 공동) 등이 있다. 역서로 『페미니즘』(이후, 2002), 『페미니즘과 과학』(이대출판부, 2002, 공역) 등이 있고, 『여성학-여성주의 시각에서 본 또 다른 세상』(2007) 외 다수의 공저가 있다.

• E-mail : phyegyong@gmail.com

## 손승영

• **약력** : 연세대학교 사회학과를 졸업한 후 미국 예일대학교 사회학 석사와 코네티컷대학교 사회학 박사 학위를 취득했으며, 동덕여자대학교 대학원 여성학과 교수로 재직하였다. 주요 관심 분야는 가족사회학, 여성노동, 여성정책 등이다. 주요 저서로는 『한국가족과 젠더: 페미니즘의 정치학과 젠더 질서의 재편성』(2011), 『여성노동과 페미니즘: 보호라는 이름의 차별과 배제의 논리』(손승영 · 박옥주, 2020) 등이 있고 연구 논문으로는 “양육미혼모의 당사자조직 참여 경험과 인식 변화,” 『여성학연구』 27(2017), “해외로 내몰린 미혼모의 자녀들: 배타적 가족문화와 국가의 책임 방기,” 『담론201』 23(2020) 등이 있다.

• E-mail: sysohn@dongduk.ac.kr

## 신경아

• **약력** : 서울대학교 영어교육학과를 졸업한 후 서울대학교 사회학 석사와 서강대학교 사회학 박사 학위를 취득하였으며, 현재는 한림대학교 사회학과 교수로 재직하고 있다. 저서로는 『젠더와 사회』(공저, 2014), 『백래시정치』(2023) 등이 있고, “노인 돌봄의 탈가족화와 노인의 경험” 『한국사회학』 45-4(2011), “시장화된 개인화와 복지욕구” 『경제와 사회』 98(2012), “서구사회 개인화이론에 대한 여성주의적 고찰” 『페미니즘연구』 2-1(2012), “젠더 관점에서 본 유연근무제의 필요성과 딜레마” 『가족과 문화』 33-4(2021) 등 다수의 논문이 있다.

• E-mail : shina@hallym.ac.kr

## 이선이

• **약력** : 이화여자대학교 사회학과를 졸업한 후 미국 Emory University에서 석사 및 박사학위를 취득했으며, 1992년부터 아주대학교 사회학과 교수로 재직하고 있다. 가족, 생애과정, 젠더 등의 주제를 주로 사회심리학적 접근방법으로 연구하고 있다. 가족 관련 주요 저서로는 『가족의 사회학적 이해』(공저, 2002), 『일과 가족 사이』(공저, 2004) 등이 있고, 논문은 “청소년 자녀와 어머니의 교환관계 분석” 『한국인구학』 29-1(2006), “부모와 청소년 자녀의 성별에 따른 지지적 · 통제적 양육행동: 5개국 비교 연구” 『한국

인구학』 31-2(2008), "초기 성인기의 정체성 구성에 관한 연구: 중요한 타자와의 상호작용"『가족과 문화』 25-3(2013), "성인기의 이행과정의 부모자녀관계 유형: 군집분석"『가족과 문화』 27-3(2015) 등이 있다.
• E-mail : sunilee@ajou.ac.kr

### 이순미

• **약력** : 경희대학교 국어국문학과를 졸업하고 전북대학교 사회학과에서 석사 및 박사 학위를 받았다. 한림대학교 사회학과 연구교수, 전북대학교 여성연구소 연구원, (재)전남여성가족재단 선임연구위원을 거쳐 현재 한국농촌경제연구원 부연구위원으로 재직하고 있다. 생애과정 방법론으로 가족의 변화 및 노동과 가족의 얽힘을 주로 연구해 왔고 최근에는 농촌의 젠더와 가족 문제를 연구하고 있다. 저서로는『노인돌봄: 노인돌봄의 경험과 윤리』(공저, 2011),『일 가족 젠더: 한국의 산업화와 일 가족 딜레마』(공저, 2011),『동아시아 개인기록과 근대성 비교연구』(공저, 2017), 연구 논문으로는 "생애과정의 복합적 탈근대화와 가족화와 개인화의 이중적 과정"『한국사회학』 67-106(2014), "가족중심주의와 개인화 사이의 한국 가족"『가족과문화』 1-36(2014), "노동경력과 가족경로 분석을 통해 본 청년기 연장의 젠더 차이"『한국여성학』 181-244(2017) 등이 있다.
• E-mail : wnong@krei.re.kr

### 이여봉

• **약력** : 이화여자대학교 영어영문학과, 미국 University of South Carolina 사회학과 석사 및 박사 학위를 취득하였다. 2003년부터 강남대학교 교양학부에 재직하면서, 세대와 여성을 중심으로 가족연구에 주력해 왔다. 주요 저서로는『21세기 한국가족과 문화: 과거와 현재 그리고 미래의 화해』(2022),『가족 안의 사회, 사회 안의 가족』(2017),『21세기 여성과 남성: 수렴과 확산의 미학』(2010),『탈근대의 가족: 다양성, 아픔, 그리고 희망』(2006) 등이 있고, 논문은 "친족연결망이 부부 간 가사 분담에 미치는 영향: 연령대별 차이를 중심으로"『한국지역사회생활과학회지』 31-4(2020), "모자녀 간 자원교환과 대안인식이 균형유지전략에 미치는 영향"『청소년문화포럼』 65(2020), "세대관계망이 부부간 가사분담과 여가활동 공유에 미치는 영향: 출생집단별 차이 및 발달단계별 변화"『가족과 문화』 31-4(2019), "자원교환과 대안적 비교수준이 모자간 관계만족도에 미치는 영향"『미래청소년학회지』 16-4(2019), "베이비붐 세대 여성의 자녀부양의식 및 가족 관계망 그리고 성인자녀와의 경제적 자원교환이 스트레스 및 우울에 미치는 영향"『한국지역사회생활과학회지』 30-2(2019), "자원교환과 대안적 관계가 부모자녀 간의 권력사용에 미치는 영향"『한국인구학』 42-1(2019) 등이 있다.
• E-mail : yblee@kangnam.ac.kr; yeobong60@naver.com

### 이은아

• **약력** : 이화여자대학교 사회학과를 졸업하고, 동 대학원 여성학과에서 석사 및 박사 학

위를 받았다. 한국여성정책연구원 부연구위원과 이화여대 호크마교양대학 조교수를 거쳐 현재 이화여대 여성학과 부교수로 재직하고 있다. 주 관심 분야는 정책, 이주, 가족 등이며, 저서로는 『여성학』(공저, 2007), 『국가와 젠더』(공저, 2010) 가 있다. "공무원 성인지 교육 '의무화'의 의미와 과제" 『한국여성학』(2021), "행정관료조직과 성 주류화의 정치" 『젠더와 문화』(2018), "혐오표현과 젠더 차별 인식에 관한 연구" 『학습자중심교과교육연구』(2022) 등의 논문이 있다.

• E-mail : euna1441@hanmail.net

## 정승화

• **약력** : 연세대학교 응용통계학과를 졸업하고 동대학원 비교문학협동과정에서 석사, 사회학과에서 박사학위를 받았다. 이화여자대학교 한국여성연구원 연구교수, 연세대학교 인문학연구원 HK연구교수를 거쳐 현재 인천여성가족재단 정책연구실 연구위원으로 재직 중이다. 치유문화의 부상에 주목하면서 감정통치와 자살담론을 연구하였고 최근에는 여성노동과 친밀성의 변화, 여성운동의 새로운 흐름에 관심을 가지고 있다. 주요 저서로 『친밀한 적』(공저, 2010), 『정치의 임계, 공공성의 모험』(공저, 2014), 『동아시아 역사와 자기 서사의 정치학』(공저, 2018) 등이 있고 논문으로 "치유적인 것은 정치적인가"(2014), "한국 근대 가족의 경계와 그림자 모성"(2015), "비관자살의 퇴조와 자살의 의료화 경향"(2019) 등이 있다.

• E-mail : shjoung@gmail.com

## 조은주

• **약력** : 연세대학교 사회학과를 졸업하고 동대학원에서 박사학위를 받았으며 현재 전북대학교 사회학과 부교수로 재직 중이다. 생산과 재생산의 정치에 주목하면서 통치성의 맥락에서 가족 및 인구에 관해 연구하고 있다. 주요 저서로 『가족과 통치: 인구는 어떻게 정치의 문제가 되었나』(2018), 『비판사회이론』(공저, 2022), 『경제학들의 귀환』(공저, 2022) 등이 있고, 논문으로는 "비판의 두 차원과 메타비판의 실패"(2022), "Nationalism, Mourning, and Melancholia in Postcolonial Korea and Japan"(공저, 2021), "발전국가와 젠더: 통치의 성별화, 성별화된 주체화"(2021), "인구구조의 변화와 새로운 법규범의 요청: 저출산 · 고령사회기본법 비판"(2019), "Making the 'Modern' Family: The Discourse of Sexuality in the Family Planning Program in South Korea"(2016) 등이 있다.

• E-mail : echo@jbnu.ac.kr

## 함인희

• **약력** : 이화여자대학교 사회학과 및 동대학원을 마치고 미국 Emory University에서 박사 학위를 받은 이후, 1995년부터 이화여대 사회학과 교수로 재직하면서 가족, 성(Gender), 세대 및 생애주기, 감성 등을 주제로 한 연구에 관심을 기울여 왔다. 주요 저서로는 『현대 한국인의 세대경험과 문화』(공저, 2005), 『다양한 가족제도와 미완의

양성평등』(공저, 2009), 『인간행위와 사회구조』(2018), 『문화로 읽는 페미니즘』(2020, 공저) 등이 있고, 논문은 "먹거리 위험 담론과 주부역할의 강화" 『여성학논집』(2011), "부부간 성관계에 투영된 친밀한 커뮤니케이션의 젠더 격차(Gender Gap)" 『여성학논집』(2012), "국가후원 가족주의(State-sponsored Familism)에 투영된 역설" 『가족과 문화』(2013), "사회경제적 위기와 중산층 가족의 "품위 하락"(Falling from Grace)" 『한국사회』(2013), "여성 관리직 젠더 격차와 유리천장" 『한국사회정책』(2016) 등이 있다.

• E-mail : hih@ewha.ac.kr

## 황정미

• **약력** : 연세대학교 사회학과를 졸업하고 서울대학교 사회학과에서 석사 및 박사 학위를 받았다. 한국여성정책연구원 연구위원, 고려대학교 아세아문제연구소 연구교수를 지냈으며 현재 서울대학교 여성연구소 객원연구원으로 일하고 있다. 개발국가의 젠더 관계와 가족의 변동, 이주와 젠더 문제 등을 주로 연구해 왔다. 저서로는 『경계를 넘는 한인들: 이주, 젠더, 세대와 귀속의 정치』(공저, 2021), 연구 논문은 "육아휴직 이후 무슨 일이 있었을까?" 『여성연구』109(2021), "다문화사회와 이주 어머니" 『아시아여성연구』 51-2(2012), "여성 사회권의 담론적 구성과 아내 · 어머니 · 노동자 지위" 『페미니즘연구』 7-1(2007) 등이 있다.

• E-mail : sarlac@snu.ac.kr

사회학총서 7

가족과 친밀성의 사회학[제2판]

2014년 3월 25일 제1판 1쇄 발행
2023년 2월 25일 제2판 1쇄 인쇄
2023년 2월 28일 제2판 1쇄 발행

저자와의 협의에 의해 인지첨부를 생략합니다.

저 자 김 혜 경 외
발행인 강 희 일 · 박 은 자
발행처 다 산 출 판 사
서울특별시 마포구 대흥로 6길 8
등 록 1979. 6. 5. 제 3-86 호(윤)
전 화 717-3661~2,
F A X 716-9945

정가 24,000원

파본은 바꾸어 드립니다.



http://www.dasanbooks.co.kr
ISBN 978-89-7110-636-5 94330
ISBN 978-89-7110-412-5(세트)